W0005087

FINGER
FOOD

FINGER FOOD

KÖNEMANN

Originalausgabe: Copyright © 1999 Murdoch Books, 45 Jones Street, Ultimo NSW 2007.

Redaktion: Wendy Stephen, Jane Price, Kathy Knudsen, Jody Vassallo
Design: Michèle Lichtenberger, Marylouise Brammer
Photographie (Cover und spezielle Kapitel): Chris Jones, Lindsay Ross
Design (Cover und spezielle Kapitel): Mary Harris, Kathy Knudsen, Michelle Lawton, Kerrie Mullins
Index: Russell Brooks
Bildredaktion: Annette Irish

Originaltitel: The Essential Finger Food Cookbook

Alle Rechte vorbehalten. Dieses Buch, einschließlich aller seiner Teile, ist urheberrechtlich geschützt. Vervielfältigungen, Übersetzungen, Mikroverfilmungen sowie die Einspeicherung und Verarbeitung in elektronischen Systemen bedürfen der schriftlichen Zustimmung des Verlags.

© 2000 für die deutsche Ausgabe:
Könemann Verlagsgesellschaft mbH
Bonner Str. 126
D-50968 Köln

Übersetzung aus dem Englischen: Sabine Meyer, für Lektoratsbüro Bleil
DTP-Satz und Lektorat: Lektoratsbüro Bleil

Projektkoordination: Ulrich Ritter
Herstellung: Ursula Schümer

Druck und Bindung: Leefung Asco Printers Co., Ltd.
Printed in China

ISBN 3-8290-2312-X
10 9 8 7 6 5 4 3 2 1

ACHTUNG: Um einer eventuellen Salmonellen-Erkrankung vorzubeugen, sollten Sie für alle Gerichte stets <u>frische</u> Eier verwenden.

Wird in den Rezepten Wasser verwendet oder mit Salz und Pfeffer gewürzt, wurde dies in der Regel nicht gesondert in der Zutatenliste aufgeführt. Mengenangaben dazu finden sich an entsprechender Stelle des Arbeitsschrittes.

UNSER STERNE-SYSTEM ist kein Beurteilungssystem nach Qualitätskriterien, sondern es klassifiziert die Gerichte danach, wie einfach oder aufwendig sie zuzubereiten sind.
★ Bei einem Stern ist eine schnelle und unkomplizierte Zubereitung möglich – ideal für Anfänger.
★★ Bei Gerichten mit zwei Sternen sollte man ein wenig mehr Sorgfalt und Zeit aufwenden.
★★★ Gerichte mit drei Sternen sind recht aufwendig und erfordern verhältnismäßig viel Zeit, Aufmerksamkeit und Geduld. Doch lohnt der Aufwand allemal. Anfänger: keine Angst! Wenn Sie sich genau an die Rezeptbeschreibungen halten, gelingen die Gerichte.

SNACKS

Snacks haben einfach etwas Verlockendes an sich. Vielleicht ist es dieses wunderbare Gefühl, sich über all die Regeln hinwegzusetzen, mit denen man aufgewachsen ist: „Sitz' still beim Essen" oder „Bleib' sitzen, bis Du aufgegessen hast". Statt dessen schlendert man durch den Raum, ein Getränk in der einen und einen kleinen Leckerbissen in der anderen Hand. Außerdem sind Snacks gleichbedeutend mit Party – interessante Menschen treffen, neue Freundschaften schließen, vielleicht ein bißchen flirten und die Möglichkeit, ohne Teller von einem Gespräch zum nächsten zu gehen. Snacks sollten immer lecker, farbenfroh und frisch sein. Alle bedienen sich von den gemeinsamen Platten, ein Treffpunkt, wo gutes Essen die Stimmung hebt. Snacks dürfen auch aufregend und gelegentlich etwas riskant sein – selbst die Vorsichtigsten probieren einmal etwas Neues, wenn es sich nur um einen Bissen handelt. Beachten Sie jedoch die goldene Regel: Unabhängig davon, ob es sich um exquisite Pekingente oder mundgerechte Süßkartoffelrösti handelt, eines müssen Snacks immer sein – absolut unwiderstehlich.

INHALT

SPEZIELLE KAPITEL

DIE PARTY PLANEN

Was sind Snacks? Diese Frage mußten wir sehr genau überdenken, als wir die Rezepte für dieses Buch zusammenstellten. Wir kamen zu dem Ergebnis, daß man Snacks mit einem, höchstens zwei Bissen aufessen könne sollte, wodurch man auf Teller und Besteck verzichten und sich frei auf der Party bewegen kann. Wenn man sich jedoch dazu entschließt, auf Teller zu verzichten, dürfen die Häppchen weder klebrig noch so geartet sein, daß die Gäste sie überall an Händen und Kleidung haben und verzweifelt nach der nächsten Topfpflanze suchen, um die Reste dort zu verstecken.

Allerdings gibt es auch einige phantastische Rezepte in diesem Buch, die wir Ihnen nicht vorenthalten wollten – beispielsweise Antipasti und eingelegten Käse –, für die man eventuell doch Teller und Cocktailstäbchen oder kleine Gabeln bereitstellen muß. Außerdem zählen Dips zu den beliebtesten Snacks; hierfür benötigen Ihre Gäste natürlich Brot oder andere ‚Dipper‘, damit die köstlichen Kreationen aufgenommen werden können.

Sie werden sehen, es gibt eine große Vielfalt unterschiedlichster Snacks. Diese sind aber nicht nur auf Pikantes beschränkt. Auch Süßes wird bei vielen Anlässen gern gereicht.

NUR EIN HAPPEN ODER EINE PARTY?

Snacks sind ideal für viele Anlässe. Man kann ein paar Freunde zu Hors d'œuvres einladen, bevor man ausgeht oder zu einem späten Abendessen im Anschluß an einen Theaterbesuch; vielleicht bittet man aber auch zu einem formellen Abendessen und möchte zu den Aperitifs Canapés reichen. Oder gibt es eine wilden Party mit 50 Personen, eine Hochzeit mit 250 Gästen oder nur ein kleines Picknick oder einen Brunch im Garten? Snacks sind für jeden Fall das Richtige.

AUFBAU DER EINZELNEN KAPITEL

Wir haben die Kapitel nach Speisen, ihrem Geschmack und ihrer Herkunft eingeteilt. So kann man die Einladung unter ein spezielles Thema stellen und aus einem Kapitel einige Rezepte herausgreifen. Entscheidet man sich z. B. für Tex-Mex-Häppchen, wird man aufgrund des charakteristischen und dominanten Geschmacks der Gerichte wahrscheinlich keine Snacks aus anderen Kapiteln hinzunehmen. Anderes läßt sich dagegen problemlos kombinieren: So kann man z. B. mehrere große Antipasti-Platten anrichten, diese mit Tapas servieren und die Gäste so zu einem Mittelmeerabend bitten. Einige der indischen Speisen passen

RECHTS: Marinierte Forelle mit Gurkentörtchen (Seite 80)

wunderbar zu asiatischen Speisen, besonders thailändischen oder malaiischen. Und natürlich kann man die Rezepte aus den Kapiteln „Party-zeit" und „Etwas Süßes" fast überall hinzuneh-men. Sie haben die Wahl!

DIE AUSWAHL DER SPEISEN

Viele Faktoren werden die Rezeptauswahl beein-flussen. Welche Art von Zusammenkunft ist geplant? Wie lange wird sie dauern? Zu welcher Tageszeit findet sie statt und zu welcher Jahres-zeit? Wie viele Personen werden erwartet? Was für einen Geschmack haben die Gäste, welches Alter und welche Interessen? Sind viele Vege-tarier unter ihnen? Mögen sie Meeresfrüchte? Wieviel Zeit steht für die Vorbereitung zur Verfügung und wie ist die Küche eingerichtet?

Es empfiehlt sich, Snacks einfach zu halten. Weniger ist hier manchmal mehr. Wenige Plat-ten mit sorgfältig ausgewählten Gerichten sind oft beeindruckender als 20 verschiedene Snacks. Und sie geben Ihnen mehr Zeit und Freiheit. Gegebenenfalls die in den Rezepten verwende-ten Mengen einfach verdoppeln oder verdrei-fachen und die Leckerbissen auf den Platten stapeln. Bleiben die Gäste den ganzen Abend, sollte man ein oder zwei Platten mit Süßspeisen vorbereiten, die erst später aufgetragen werden. Tages- und Jahreszeit bestimmen die Wahl heißer oder kalter Speisen – im Sommer ver-zichtet man meist auf etwas Warmes und hat so am Tag der Einladung mehr Zeit, da man nicht bis zum Eintreffen der Gäste kochen muß.

Natürlich hat die Art der Gäste großen Einfluß auf das Menü. Die Spieler des örtlichen Fußballklubs werden Sie wahrscheinlich mit einigen Party-Quiches und Petits fours nicht gerade begeistern, während Großtante Klara bei einem Buffet mit mexikanischen Würstchen und Chillies anläßlich ihres 90. Geburtstages vermut-lich etwas sprachlos sein wird. Hier müssen Sie selbst entscheiden. Als bewährte Richtlinie für eine gemischte Personengruppe gilt jedoch: Einige altbekannte ‚Allrounder' servieren, z. B. Quiches und Törtchen, sowie pikant belegte Brote (insbesondere wenn man Alkohol reicht) und vielleicht ein oder zwei neuere Gerichte. Bei Snacks sind viele Menschen eher bereit, Neues auszuprobieren, da jede Portion aus nur wenigen Bissen besteht (vielleicht ist Großtante Klara also von den Chillies ja sogar begeistert).

Empfehlenswert ist natürlich auch Abwechslung im Angebot. So sollte man nicht unbedingt ge-füllte Garnelen in Wantan neben Garnelenpäck-chen servieren (es sei denn, man lädt die ört-lichen Fischer zu einem Garnelenabend ein). Ferner sollte man Farben und Beschaffenheit der

Gerichte beachten und daraus eine gute Mischung zusammenstellen. Berücksichtigen Sie komplementäre Geschmacksrichtungen – sauer, salzig, scharf, mild, würzig, süß, sowie heiß und kalt –, und versuchen Sie, ein gutes Gleichge-wicht zu finden.

WIEVIEL

Eine der größten Schwierigkeiten für viele Gast-geber ist die Frage der Menge. Woher weiß man, wie viele dieser kleinen Häppchen jeder essen wird? Woher weiß man, welche Snacks am beliebtesten sein werden? Und der schlimmste Fall, was macht man, wenn alles aufgegessen ist?

Bei den meisten Rezepten wird als Menge ‚40 Stück' (z. B. Törtchen oder Pikelets) oder ‚ca. 20 Stück' angegeben, damit man eine Vorstellung hat, in wie große Stücke die Frittata oder die Pizza geschnitten werden soll. Einige Rezepte (wie Carpaccio oder andere Antipasti-Gerichte) lassen sich jedoch nur schwer in

OBEN: Curry-Hähnchen-Pies (links); Lammpies (Seite 104)

OBEN: Schinken-Oliven-Empanadillas (Seite 193)

Stückzahlen berechnen. Hier finden Sie z. B. die Angabe ,für 8 Personen'. Das bedeutet, daß 1 Antipasti-Teller 8 Portionen ergibt.

Bei Snacks vor dem Abendessen kann man als Richtlinie von 3–5 Stück pro Person ausgehen. Für eine kurze (ca. 2–3stündige) Cocktailparty sollte man 4–6 Häppchen pro Person und Stunde einkalkulieren. Für eine lange Party oder auf Festen, bei denen Snacks das Abendessen ersetzen (z. B. bei einer Hochzeit oder einem Geburtstag) rechnet man 8–12 Häppchen pro Person.

Cracker, Nüsse und ähnliches sind dabei nicht berücksichtigt.

Was die Vielfalt angeht, wurde bereits betont, daß weniger mehr sein kann. Besser einige besondere Speisen anbieten, als viele durchschnittliche. Für 10–20 Personen empfehlen wir 6 unterschiedliche Snacks, für jede größere Gruppe die Zubereitung von 8 Rezepten.

Bei einer Abendeinladung beginnt man mit kleinen Canapés, geht dann zu Kräftigerem über (hier würde man auch warme Speisen servieren) und schließt mit süßen Leckerbissen ab.

Es ist immer ratsam, den Gästen bereits bei der Einladung eine kleine Vorstellung darüber zu geben, was sie in puncto Essen erwartet. Wenn Sie also eine 2stündige Cocktailparty planen, geben Sie Anfangszeit und das (angenommene) Ende auf der Einladung bekannt. So werden die Gäste kleine Häppchen, aber keine volle Mahlzeit erwarten. Bei einer Abendeinladung sollte man die Gäste informieren, daß das gereichte

Essen einem Abendessen gleichkommt. Selbstverständlich ist es besser, etwa zuviel zu haben, als daß die Gäste hungrig nach Hause gehen.

BUFFET ODER ,KELLNER'?

Sobald man sich entschieden hat, was man anbietet, stellt sich natürlich die Frage, wie man es anbietet. Auch hier ist entscheidend, wie viele Gäste Sie erwarten und was für Räumlichkeiten Ihnen zur Verfügung stehen. Kommen nur ein paar Freunde vorbei, wird man die Platten wahrscheinlich selbst herumreichen (oder einige der Freunde um Hilfe bitten). Bei größeren Zusammenkünften hat man die Wahl zwischen dem Aufbau eines Buffets oder dem Engagement eines professionellen Kellners – in beiden Fällen hat der Gastgeber mehr Zeit für seine Gäste.

Werden Platten gereicht – ob Teller bereitstehen oder nicht –, sollten immer genügend Servietten griffbereit sein. Verzichtet man auf Teller, müssen die Gäste eine Möglichkeit haben, Cocktailstäbchen, Reste etc. abstellen zu können.

Wird ein Buffet aufgebaut, sollte man sich Gedanken über die Anordnung machen. Bei vielen Gästen und ausreichendem Platz empfiehlt es sich, zwei Tische aufzubauen, damit nicht alle Gäste an einem Tisch anstehen. Ist dies nicht möglich, sollte man auf einer Tafel an beiden Ende dieselben Gerichte arrangieren, so daß sich die Gäste von beiden Seiten anstellen können. An jedes Ende auch Teller, Gabeln, Servietten etc. stellen. Süßspeisen sollten separat stehen.

Vor allem geht es darum, lange Schlangen zu vermeiden. Deshalb sollte man das Buffet nicht unmittelbar neben der Bar aufbauen, sonst stehen sich die Gäste gegenseitig im Weg. Manchmal empfiehlt es sich auch, statt einer allgemeinen Eröffnung einzelne Gruppen an das Buffet zu bitten. Und natürlich muß man auch darauf achten, daß es einen Platz gibt, an dem das gebrauchte Geschirr abgestellt werden kann.

PRÄSENTATION

Es ist sinnlos, wunderbare Gerichte zuzubereiten, wenn man sie achtlos auf ungeeigneten Platten oder in Körben reicht, in denen ihre ganze Wirkung verlorengeht. Snacks sollten immer ausgesprochen verlockend wirken, und ihre Präsentation ist sehr wichtig. Vor dem Arrangieren der Snacks sollte man die Platten daher dekorieren. Eine hübsch gefaltete Serviette, Bananen- oder sogar Weinblätter und frische Kräuterzweige z. B. sind eine gute Unterlage. Leinenservietten sind natürlich hübscher als Papierdeckchen, die Fettflecke bekommen und unansehnlich wirken, sobald die Platte halb leer ist. Man kann auch mit flachen Körben, Schüsseln, Glas- oder Metallplatten, Kacheln und Holzbrettern experimentieren. Die Möglichkeiten sind fast endlos, solange die Unterlagen sauber und hygienisch sind. Berücksichtigen Sie bei der Auswahl der Platten auch das Thema der Speisen – Tapas und Meze wirken phantastisch auf Kacheln in mediterranem Stil.

Nie mehr als zwei Gerichte auf einem Teller anrichten. Besonders groß ist die Wirkung, wenn man einen Teller üppig mit nur einem Snack belegt. Dabei läßt sich der Teller auch wesentlich besser nachfüllen. Die Dekoration sollte frisch und so klein sein, daß sie nicht dominiert.

VORBEREITUNG

Wählen Sie einige Rezepte, die Sie vorkochen und einfrieren können, einige, die Sie mehrere Tage im voraus vorbereiten können, und nur ein oder zwei Gerichte, die Sie am Tag der Einladung zubereiten. Bei vielen Rezepten finden Sie Tips zur ,Vorbereitung' mit Zeitangaben. Am Partytag sollte sich das Kochen auf einfaches Braten, Backen oder Garnieren beschränken. Etwas erst kurz vor Eintreffen der Gäste zuzubereiten, sollte man vermeiden. Besser im Laufe des Tages kochen und später aufwärmen.

Stellen Sie eine detaillierte Liste mit den benötigten Zutaten auf und einen Zeitplan, was wann zubereitet werden kann. Haltbare Lebensmittel

GETRÄNKE

* Eine 750–ml–Flasche ergibt 5 Gläser Wein. Für einen 2stündigen Empfang rechnet man 1 Flasche für 2 Personen.

* Weißwein ist meist beliebter, daher 1 Flasche Rot- auf 2 Flaschen Weißwein rechnen.

* Eine 750–ml–Flasche Sekt ergibt 6 Gläser. Man geht von $2^1/_2$ Gläsern Sekt pro Person bei einem 2stündigen Empfang aus und von $1^1/_2$ Gläsern als Aperitif vor dem Abendessen.

* Getränke einfach halten – sie sollen zum Buffet passen. Zu große Vielfalt vermeiden.

* Immer alkoholfreie Getränke bereithalten, für einen 2stündigen Empfang 1 Glas pro Person. Wird ausschließlich Alkoholfreies gereicht, rechnet man 3 Gläser pro Gast.

* Bringen Gäste eigene Getränke mit, pro Person 1 Glas zusätzlich einplanen.

* Eis bereitstellen, Getränke gut kühlen.

* Von einer Bowle etwas zu Eiswürfeln einfrieren. So kann man sie später kühlen, ohne sie zu verdünnen.

* Als Dekoration Beeren oder kleine Fruchtspalten in Eiswürfeln einfrieren.

* Doppelt so viele Gläser wie Gäste rechnen.

können lange vorher gekauft werden, während anderes, z. B. frische Kräuter und Gemüse, möglichst frisch sein sollten.

Beim Einfrieren bestimmter Gerichte, z. B. Mini-Quiches, Fleischbällchen oder Pikelets, darauf achten, daß sie vollständig abgekühlt sind, bevor man sie auf Backblechen mit Backpapier einfriert. Später in Gefrierbeutel geben, etikettieren und verschließen. Möglichst viel Luft aus den Beuteln drücken. Oder die Snacks nebeneinander zwischen Butterbrotpapier in einem Behälter luftdicht verschließen und einfrieren. Marinierte Speisen kann man in Gefrierbeuteln in der Marinade einfrieren. Den Beutel etwas flach drücken, die Luft herauslassen und möglichst flach einfrieren – dies verkürzt die Zeit zum Auftauen.

Häufig versäumt man es, auch einen Blick auf die Küchenausrüstung zu werfen. Reichen Kühl- und Gefrierschrank für die geplanten Mengen aus? Wieviel kann man im Backofen aufwärmen? Stehen ausreichend Servierteller, Teller, Gläser und Bestecke zur Verfügung? Wenn nicht, ist es nicht weiter tragisch. Man kann all diese Dinge mieten oder ausleihen. Wichtig ist nur, diese Punkte zu prüfen und vorbereitet zu sein.

OBEN: Garnelen-Satays auf Zitronengras (Seite 108)

ANTIPASTI

Zu behaupten, Essen sei für die Italiener wichtig, käme einer Untertreibung gleich – Italiener lieben es zu essen, und die Mahlzeiten, die mit Stolz und großer Sorgfalt zubereitet werden, sind der tägliche Höhepunkt des Familienlebens. Und was könnte den Appetit besser anregen als ein bunter Antipasti-Teller? Antipasti, was übersetzt Vorspeise bedeutet, haben ihren Ursprung in den ausgiebigen Banketten der alten Römer. Heute ißt man Antipasti allerdings nicht mehr nur als Vorspeise; sie können selbst schon zu einem wahren Festmahl werden. Schenken Sie sich (und Ihren Gästen) ein Gläschen Wein ein, und bringen Sie ein bißchen italienische Leidenschaft in Ihre Küche. *Buon appetito!*

SCHWARZE OLIVEN

Oliven sind eine wundervolle Knabberei zu einem Glas Wein oder einem Cocktail und gehören eigentlich auf jede Antipasti-Platte. Vielen Speisen aus dem Mittelmeerraum verleihen sie ihren typischen Geschmack. Die Sorten unterscheiden sich in Größe und Form. Unreife Oliven sind grün, hart, bitter und erst eingelegt genießbar. Schwarze Oliven bleiben an den Bäumen, bis sie dunkel und reif sind. Oliven werden entweder in Öl eingelegt, dem manchmal durch Gewürze zusätzlicher Geschmack verliehen wird, oder in Salzlake. Italienische und griechische Oliven gelten als die besten.

OBEN, VON LINKS:
Carpaccio; Pasta Frittata;
Gefüllte Cocktailtomaten

CARPACCIO

Zubereitungszeit: 15 Minuten + Kühlzeit
Kochzeit: entfällt
Für 8 Personen

400 g Rinderfilet

1 EL Olivenöl, extra vergine

Raukeblätter, zerpflückt

60 g Parmesan, gerieben

schwarze Oliven, in Stifte geschnitten

1 Fleisch von Fett und Sehnen befreien und 1–2 Stunden tiefkühlen, bis es fest, aber nicht vollkommen gefroren ist. So läßt es sich leichter in dünne Scheiben schneiden.
2 Mit einem großen, scharfen Messer papierdünne Scheiben abschneiden. Auf einem Teller arrangieren und zimmerwarm werden lassen.
3 Kurz vor dem Servieren mit Öl beträufeln und mit Rauke, Parmesan und Oliven bestreuen.
Vorbereitung: Man kann das Rindfleisch einige Stunden im voraus schneiden, abdecken und kalt stellen. Erst kurz vor dem Servieren das Öl und die anderen Zutaten zugeben.

PASTA FRITTATA

Zubereitungszeit: 15 Minuten
Kochzeit: 25 Minuten
Ergibt 8 Stücke

300 g Spaghetti

4 Eier

50 g Parmesan, gerieben

2 EL frische Petersilie, gehackt

60 g Butter

1 Spaghetti ca. 10 Minuten in einem großen Topf mit kochendem Wasser bißfest garen, abgießen und abtropfen lassen.
2 Die Eier verquirlen. Parmesan, Petersilie, etwas Salz und frisch gemahlenen schwarzen Pfeffer zugeben; Spaghetti darin schwenken.
3 Die Hälfte der Butter in einer Pfanne (Ø 23 cm) zerlassen. Spaghetti zugeben und zugedeckt bei schwacher Hitze die Unterseite knusprig-goldbraun braten. Auf einen Teller gleiten lassen. Die Restbutter zerlassen. Die Spaghetti wieder in die Pfanne geben, und die andere Seite ohne Deckel braten. In Stücke geschnitten warm servieren.

GEFÜLLTE COCKTAILTOMATEN

Zubereitungszeit: 15 Minuten
Kochzeit: entfällt
Ergibt 16 Stück

16 Cocktailtomaten
50 g Ziegenkäse
50 g Ricotta
2 Scheiben Prosciutto, feingeschnitten

1 Von den Tomaten einen Deckel abschneiden und aushöhlen; Kerne wegwerfen. Mit der Oberseite auf ein Küchentuch stellen und einige Minuten abtropfen lassen.
2 Käse und Ricotta mischen und glattrühren. Den Schinken unterrühren und alles würzen. In die Tomaten füllen. Bis zum Verzehr kalt stellen.

MELONE MIT SCHINKEN

Zubereitungszeit: 20 Minuten
Kochzeit: entfällt
Ergibt 16 Schiffchen

1 Netz- oder Honigmelone, halbiert
16 Scheiben Prosciutto oder Parmaschinken
Olivenöl, extra vergine

1 Die Kerne der Melone entfernen. In Scheiben schneiden. Mit je 1 Scheibe Schinken umwickeln. Dann mit Öl beträufeln und frischem schwarzem Pfeffer bestreuen. Bis zum Verzehr kalt stellen.

EINGELEGTE AUBERGINE

Zubereitungszeit: 15 Minuten + Ruhe- + Marinierzeit
Kochzeit: 15 Minuten
Für 6–8 Personen

750 g schmale Auberginen
60 ml Olivenöl
2 EL Balsamico-Essig
2 Knoblauchzehen, zerdrückt
1 Anchovisfilet, feingehackt
2 EL frische Petersilie, gehackt

1 Auberginen in dicke, diagonale Scheiben schneiden. In einen Durchschlag legen und gründlich mit Salz bestreuen. Nach 30 Minuten abspülen und trockentupfen.
2 Öl, Essig, Knoblauch und Anchovis zu einer glatten Mischung verquirlen. Abschmecken.
3 Etwas Öl in einer Pfanne erhitzen. Die Auberginen portionsweise anbraten. In einer Schüssel mit dem Dressing und der Petersilie mischen und 4 Stunden marinieren. Zimmerwarm servieren.

COCKTAILTOMATEN

Cocktail- oder Kirschtomaten werden in verschiedenen Sorten und Größen angeboten. Sie alle sind säurearm und relativ süß. Meist kann man sie recht gut füllen, außer den sogenannten Beerentomaten. Diese sind so klein wie Weintrauben und werden am Strauch verkauft. Man kann sie zwar nicht füllen, aber sie sind ideal zum Garnieren von Speisen, denen sie einen zusätzlichen Farbtupfer verleihen.

LINKS: Melone mit Schinken (links); Eingelegte Aubergine

PROSCIUTTO

Prosciutto ist ein gesalzener, luftgetrockneter italienischer Schinken, der normalerweise in hauchdünnen Scheiben verkauft wird. Durch seinen milden Geschmack ist er in Kombination mit frischen Früchten – z. B. Melone oder Feigen – eine ideale Vorspeise.

GEGENÜBERLIEGENDE SEITE: Oregano-Prosciutto-Rolle (oben); Kräuterziegenkäse

OREGANO-PROSCIUTTO-ROLLE

Zubereitungszeit: 30 Minuten + Kühlzeit
Kochzeit: 10 Minuten
Ergibt ca. 40 Stück

1 rote Paprika

1 grüne Paprika

1 gelbe Paprika

125 g Doppelrahmfrischkäse, streichfähig

25 g Parmesan, gerieben

2 Frühlingszwiebeln, feingehackt

7 g frischer Oregano, gehackt

1 EL eingelegte Kapern, abgetropft und gehackt

1 EL Pinienkerne, gehackt

12 dünne Scheiben Prosciutto

1 Die Paprikaschoten vierteln, Samen und Rippen entfernen. Mit der Außenseite nach oben im Backofen grillen, bis die Haut schwarz wird und Blasen wirft. In einem Gefrierbeutel abkühlen lassen, dann die Haut abziehen.
2 Frischkäse, Parmesan, Frühlingszwiebeln, Oregano, Kapern und Pinienkerne mischen.
3 Prosciutto auf die Größe der Paprikastücke zurechtschneiden; dafür die Paprika auf den Schinken legen. Danach wieder entfernen, etwas Käsemischung auf dem Schinken verteilen, und die Paprika erneut darauflegen. Mit etwas Käsemischung bestreichen. Von der kurzen Seite beginnend fest aufrollen. Zum Festwerden abgedeckt 1 Stunde kalt stellen. In 1 cm breite Scheiben schneiden und auf einem Spießchen servieren.

COCKTAILTOMATEN MIT PESTO

Zubereitungszeit: 35 Minuten
Kochzeit: entfällt
Ergibt ca. 50 Stück

60 g frische Petersilie, gehackt

2 Knoblauchzehen, grobgehackt

2 EL Pinienkerne, geröstet

60 ml Olivenöl

60 g Parmesan, gerieben

15 g frische Basilikumblätter

15 g Butter, zimmerwarm

500 g Cocktailtomaten

1 Petersilie, Knoblauch, Pinienkerne und Öl in der Küchenmaschine oder im Mixer feinhacken.
2 Parmesan, Basilikum, Butter und nach Wunsch frisch gemahlenen Pfeffer gut untermischen.
3 Von den Tomaten einen Deckel abschneiden (man kann mit dem Löffel etwas Fleisch herausnehmen, damit mehr Platz zum Füllen entsteht), und auf jede Tomate ein kleines Häufchen Pesto setzen.
Hinweis: Pesto kann mehrere Tage im voraus zubereitet werden. In einen Behälter geben und mit einer dünnen Schicht Olivenöl bedecken, so daß er nicht der Luft ausgesetzt ist, was zu Verfärbungen führen würde. Man kann Pesto auch in einem flachen Behälter einfrieren. Dabei direkt auf die Oberfläche ein Stück Frischhaltefolie legen, damit keine Luft herankommt.
Vorbereitung: Tomaten 2 Stunden im voraus aushöhlen; im Kühlschrank aufbewahren.

KRÄUTERZIEGENKÄSE

Zubereitungszeit: 20 Minuten
Kochzeit: 6 Minuten
Für 6–8 Personen

200 g Weinblätter in Salzlake

3 TL eingelegte grüne oder rote Pfefferkörner, abgetropft und gehackt

1 EL frischer Majoran, gehackt

3 runde, weiche Ziegenkäse à 100 g

Roggenbrot zum Servieren

1 Weinblätter in einer feuerfesten Schüssel mit heißem Wasser bedecken, um die Salzlake abzuspülen. Abtropfen lassen und mit Küchenpapier trockentupfen.
2 Pfefferkörner und Majoran in einer flachen Schale oder auf einem Teller mischen. Ziegenkäse darin wenden, bis sie rundherum überzogen sind. Einige Weinblätter mit der glänzenden Seite nach unten auf die Arbeitsfläche legen. Jeden Käse in mehrere Schichten Weinblätter wickeln. So behält er beim Erhitzen seine Form.
3 Den Käse je Seite 3 Minuten auf einem heißen Stein oder im Ofen grillen, bis die äußeren Blätter verkohlt sind. Auf einem Teller abkühlen lassen. (Der heiße Käse ist zum Servieren zu weich; er wird beim Abkühlen fester.) Mit einer Schere die Weinblätter aufschneiden; dazu Roggenbrot reichen.
Vorbereitung: Der Käse kann einige Stunden im voraus in Weinblätter gewickelt werden.

BASILIKUM

Von den vielen Sorten dieses aromatischen und kräftigen Krauts wird das milde grüne Basilikum am häufigsten verwendet. Zwar ist der bekannteste Verwendungszweck für Basilikum seine Kombination mit Tomaten, doch bildet es auch die Basis für Pesto und verleiht vielen Speisen und Salaten raffinierte Würze. Basilikumblätter sind sehr empfindlich; sie sollten daher geschnitten und nicht gehackt werden. Frisches Basilikum läßt sich mit den Stielen in einem Glas Wasser bis zu 3 Tagen im Kühlschrank aufbewahren.

OBEN: Pizza-Ecken

PIZZA-ECKEN

Zubereitungszeit: 20 Minuten
Backzeit: 40 Minuten
Ergibt ca. 50 Stück

2 EL ÖL
4 Zwiebeln, in dünne Scheiben geschnitten
2 Blätterteige, fertig ausgerollt
90 g Pesto aus getrockneten Tomaten
10 Anchovis, feingehackt
15 g frische Basilikumblätter, feingeschnitten

1 Den Backofen auf 200 °C (Gas 3) vorheizen. Das Öl in einem großen Topf erhitzen. Die Zwiebeln darin bei mittlerer Hitze 20 Minuten weich und goldgelb dünsten. Abkühlen lassen.
2 Jeden Blätterteig auf ein leicht gefettetes Backblech legen. Den Tomatenpesto gleichmäßig darauf verteilen und mit den Zwiebeln bestreuen.
3 Anchovis und Basilikum ebenfalls gleichmäßig darauf verteilen und 20 Minuten backen, bis der Teig aufgegangen und goldbraun ist. Abkühlen lassen, dann in Quadrate schneiden. Warm oder zimmerwarm servieren.
Vorbereitung: Man kann die Zwiebeln 2 Tage im voraus dünsten und im Kühlschrank aufbewahren. Frühestens 2 Stunden vorher backen.

PIZZA FRITTATA

Zubereitungszeit: 30 Minuten
Backzeit: 30 Minuten
Ergibt 20 Stück

20 g Butter
60 g Champignons, feingehackt
1 kleine Tomate, ohne Haut und Kerne, feingehackt
1 kleine rote Paprika, ohne Kerne, feingehackt
1 kleine Zwiebel, feingehackt
1 Kabanossi, feingehackt
1 TL getrocknete Basilikumblätter
4 Eier
170 ml Sahne
100 g Parmesan, gerieben

1 Den Backofen auf 180 °C (Gas 2–3) vorheizen. Die Butter in einem Topf erhitzen; Pilze, Tomate, Paprika, Zwiebel, Kabanossi und Basilikum zugeben und dünsten, bis das Gemüse gar ist.
2 Eier, Sahne und Parmesan mischen. Das Gemüse zufügen, und alles in eine gefettete Auflaufform (Ø 20 cm) füllen. 30 Minuten backen. Abkühlen lassen und zum Servieren in kleine Stücke schneiden.
Hinweis: Statt der Kabanossi kann man auch geschnittenen Schinken oder Salami verwenden.

SPARGEL-SCHINKEN-ROLLEN

Zubereitungszeit: 20 Minuten
Kochzeit: 8 Minuten
Ergibt 24 Stück

12 Scheiben Prosciutto
24 grüne Spargelstangen
100 g Butter, zerlassen
60 g Parmesan, gerieben
frische Muskatnuß, gerieben
1 Zitrone

1 Den Backofen auf 180 °C (Gas 2–3) vorheizen. Schinkenscheiben halbieren. Spargelstangen am unteren Ende abschneiden, so daß jede von ihnen eine Länge von ca. 9 cm hat. Leicht gesalzenes Wasser in einem Topf zum Kochen bringen. Den Spargel darin 1 Minute bißfest garen.
2 Anschließend wieder herausnehmen, trockentupfen und mit der zerlassenen Butter einpinseln. Dann die einzelnen Stangen in dem geriebenen Parmesan wenden und jeweils mit einer halben Scheibe Prosciutto umwickeln.
3 Eine feuerfeste Form ausreichender Größe (die Spargelstangen sollten darin nebeneinander liegen können) mit zerlassener Butter auspinseln. Den Spargel hineinlegen, mit dem restlichen Parmesan und geriebener Muskatnuß bestreuen und mit grob gemahlenem Pfeffer würzen.
7 Minuten in den Backofen stellen. Mit etwas frischem Zitronensaft beträufeln und servieren.
Hinweis: Statt des Prosciuttos kann man auch dünn geschnittenen Frühstücksspeck verwenden.
Vorbereitung: Die Rollen können bis zu 6 Stunden im voraus vorbereitet und abgedeckt im Kühlschrank aufbewahrt werden. Erst kurz vor dem Servieren überbacken.

MUSKATNUSS

Muskatnüsse sind ganz oder gemahlen erhältlich. Frisch geriebene Muskatnuß besitzt jedoch einen frischeren und kräftigeren Geschmack. Deshalb sollte man ganze Nüsse und eine Reibe kaufen und die Nüsse nach Bedarf reiben. Das Gewürz wird sowohl in süßen als auch in würzigen Speisen verwendet.

LINKS: Spargel-Schinken-Rollen

19

DIE MEDITERRANE KÜCHE

Anchovis (Sardellen): kleine Fischfilets, die in Salz oder in Öl eingelegt sind. Der kräftige Geschmack und die Salzigkeit lassen sich mildern, indem man sie kurze Zeit in Milch oder Wasser ziehen läßt.

Arborioreis: in Italien angebauter Rundkornreis, der wegen seines hohen Stärkegehalts für Risotto verwendet wird.

Artischockenherzen: sind die eßbaren Knospen einer großen Distel. Sie sind in Dosen oder Gläsern in Salzlake oder Öl eingelegt erhältlich.

Pinienkerne: fettreiche Nüsse von verschiedenen Pinienarten. Die Nüsse sind relativ teuer, da es sehr arbeitsintensiv ist, sie aus den Zapfen zu lösen. Durch Rösten entwickeln sie ihren vollen Geschmack.

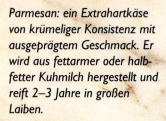

Parmesan: ein Extrahartkäse von krümeliger Konsistenz mit ausgeprägtem Geschmack. Er wird aus fettarmer oder halbfetter Kuhmilch hergestellt und reift 2–3 Jahre in großen Laiben.

Mozzarella: ein glatter, milder, weißer Weichkäse, ursprünglich aus Büffelmilch hergestellt; inzwischen besteht er jedoch meist aus Kuhmilch oder einer Mischung. Man erhält ihn in verschiedenen Formen abgepackt oder lose in Molke oder Wasser.

Ziegenkäse: variiert je nach Alter in der Konsistenz zwischen glatt und cremig bis weich und krümelig. Man erhält ihn ohne Belag oder mit verschiedenen Umhüllungen, von Kräutern bis Holzkohle. Er besitzt einen ausgeprägten, strengen Geschmack.

Ricotta: ein weißer, feuchter Frischkäse, der normalerweise aus der bei der Mozzarella-Herstellung anfallenden Molke hergestellt wird. Er ist leicht körnig, aber glatter als Hüttenkäse.

Balsamico-Essig: erhält seinen süßen, intensiven Geschmack und die dunkle Farbe durch seine Reifung in speziellen Holzfässern. Sowohl zum Würzen wie auch als Essig sparsam einsetzen.

Olivenöl: extra vergine Olivenöl stammt aus der ersten Pressung und wird hauptsächlich in nicht erhitzten Speisen und als Dressing verwendet. Zum Kochen reicht auch einfaches Olivenöl.

Oliven: sind schwarz oder grün und unterscheiden sich in ihrer Größe. Sie können verschieden gefüllt, in Salz eingelegt oder in Öl mariniert sein.

Kapern: die Blütenknospen eines Strauches aus dem Mittelmeerraum und Teilen Asiens. Sie werden sonnengetrocknet und in Essig oder Salzlake eingelegt und sind in unterschiedlichen Größen, meist in Gläsern, erhältlich.

Sonnengetrocknete Tomaten/ Paprika: haben einen kräftigen Geschmack und eine dunkle Farbe. Sie sind in Öl eingelegt oder getrocknet erhältlich. Letztere müssen vor der Verwendung in Öl oder einer anderen Flüssigkeit eingeweicht werden.

Rauke: ist ein bitterer, aromatischer Salat mit einem pfefferigen Senfgeschmack, auch unter dem italienischen Namen Rucola bekannt. Er wird bundweise, zum Teil mit Wurzeln, verkauft.

Feta: ein fester, krümeliger Weißkäse mit einem leicht salzigen Geschmack. Ursprünglich wurde er aus Ziegen- oder Schafmilch hergestellt, inzwischen besteht er häufig aus Kuhmilch. Er wird zu einem Laib gepreßt in Salzlake konserviert.

Halloumi: ein fester und doch cremiger, salziger Lake-Käse. Er wird aus Schafmilch hergestellt und reift in einer Mischung aus Molke und Salz. Geschmolzen ist er glatt und cremig.

Weinblätter: sind abgepackt in Salzlake erhältlich. Vor der Verwendung das Salz abwaschen. Frische Weinblätter muß man kochen, damit sie weich werden.

Pastrami: trockengepökeltes, geräuchertes, gekochtes mageres Rindfleisch, eingerieben mit einer Mischung aus Salz, Pfeffer, Kreuzkümmel, Paprika und Knoblauch.

Prosciutto: ein gesalzener und luftgetrockneter Hinterschinken. Das Salz zieht einen Teil der Feuchtigkeit heraus. Ein guter Ersatz ist Pancetta.

Eiertomate: eiförmige Tomaten mit dicken Wänden, wodurch sie sehr viel Fruchtfleisch enthalten und sich sehr gut zum Kochen eignen.

21

ARTISCHOCKEN

Hat man es eilig, was wahrscheinlich zumeist der Fall sein wird, wenn man Gäste erwartet, kann man eingelegte Artischocken aus dem Glas oder aus der Dose verwenden, da die Zubereitung frischer Artischocken doch etwas knifflig und relativ zeitintensiv ist.

CANNELLINIBOHNEN-SALAT

Zubereitungszeit: 20 Minuten
Kochzeit: entfällt
Für 6–8 Personen

425 g Cannellinibohnen, aus der Dose
1 Tomate
3 Anchovis
1 EL rote Zwiebel, feingehackt
2 TL frisches Basilikum, feingehackt
2 TL Olivenöl, extra vergine
1 TL Balsamico-Essig
Brot zum Servieren

1 Cannellinibohnen abspülen und abtropfen lassen. Tomate feinhacken, die Anchovis in Scheiben schneiden.
2 Alle Zutaten zu einem Salat vermischen. Auf frischen Roggenbrot- oder Baguettescheiben verteilen, die vorher leicht mit Öl eingepinselt, getoastet und mit Knoblauch eingerieben wurden.
Vorbereitung: Man kann den Salat bereits am Vortag zubereiten und abgedeckt im Kühlschrank aufbewahren.

ARTISCHOCKEN-OMELETTE

Zubereitungszeit: 20 Minuten
Kochzeit: 25 Minuten
Ergibt 8 Stück

30 g Butter
2 kleine Porreestangen, in Scheiben geschnitten
1 Knoblauchzehe, in Scheiben geschnitten
6 Eier
100 g eingelegte Artischockenherzen, in Scheiben geschnitten
1 TL frischer Estragon, gehackt
Zitronensaft zum Beträufeln

1 Butter in einer beschichteten Pfanne (Ø 20 cm) zerlassen; Porree und Knoblauch darin garen und gleichmäßig auf dem Pfannenboden verteilen.
2 Die Eier leicht verquirlen, mit Salz und schwarzem Pfeffer würzen. In die Pfanne gießen, die Artischocken darauf verteilen. Mit Estragon bestreuen und bei schwacher Hitze backen, bis das Omelette fest ist (ca. 10 Minuten); ab und an die Pfanne schwenken, um das Ei zu verteilen.
3 Unter einem heißen Grill bräunen. In Stücke schneiden und mit Zitronensaft beträufeln.

OBEN: Cannellinibohnen-Salat (oben links); Artischocken-Omelette

JAKOBSMUSCHEL-BRATLINGE

Zubereitungszeit: 20 Minuten
Kochzeit: 4–5 Minuten je Portion
Ergibt 40 Stück

250 g Jakobsmuscheln
6 Eier
25 g Parmesan, gerieben
3 Knoblauchzehen, zerdrückt
125 g Mehl
2 EL frischer Thymian, gehackt
2 EL frischer Oregano, gehackt
Öl zum Braten
nach Geschmack Mayonnaise zum Servieren

1 Muscheln säubern und grob hacken. Die Eier leicht verquirlen; mit Parmesan, Knoblauch, Mehl und Kräutern mischen. Muscheln unterrühren.
2 In einer tiefen Pfanne 3 cm Öl auf 180 °C erhitzen. Es hat die richtige Temperatur, wenn darin ein Brotwürfel innerhalb von 15 Sekunden goldbraun wird. Die Bratlinge portionsweise ausbraten. Dafür je 1 Eßlöffel Teig in das Öl geben und 4–5 Minuten bei mittlerer Hitze goldbraun braten. Auf Küchenpapier abtropfen lassen und mit etwas Salz bestreuen. Nach Wunsch mit Mayonnaise zum Dippen servieren.

SARDINEN IN WEINBLÄTTERN

Zubereitungszeit: 30 Minuten + Ruhezeit
Kochzeit: 30 Minuten
Ergibt 12 Stück

12 Weinblätter, frisch oder abgepackt
3 EL Olivenöl
1 Knoblauchzehe, zerdrückt
1 Frühlingszwiebel, feingehackt
2 EL Pinienkerne
3 EL frische Petersilie, gehackt
2 TL Zitronenschale, feingerieben
3 EL frisches Paniermehl
12 Doppelfilets Sardinen

1 Eingelegte Weinblätter 30 Minuten in kaltem Wasser einweichen, abspülen und trockentupfen. Frische Blätter in einer großen feuerfesten Schüssel für 2–3 Minuten mit kochendem Wasser über-gießen, mit kaltem Wasser abspülen und trocken-tupfen. Den Ofen auf 180 °C (Gas 2–3) vorheizen.
2 Einen Eßlöffel Öl in einer Pfanne erhitzen. Knoblauch, Zwiebel und Pinienkerne bei mittlerer Hitze unter Rühren anbraten, bis die Pinienkerne braun werden. Mit Petersilie, Zitronenschale und Paniermehl in einer Schüssel mischen. Mit Salz und frisch gemahlenem schwarzem Pfeffer würzen.
3 Die Sardinen mit der Masse füllen und jeweils in ein Weinblatt wickeln. Nebeneinander in eine gut gefettete Auflaufform legen, das restliche Oli-venöl darüber träufeln. 30 Minuten backen. Zim-merwarm servieren.
Vorbereitung: Die Sardinen am Vortag zubereiten, einwickeln und abgedeckt im Kühlschrank lagern. Einige Stunden vor Eintreffen des Besuchs herausnehmen, mit Öl beträufeln und backen.

OBEN: Jakobsmuschel-Bratlinge (oben); Sardinen in Weinblättern

SUPPLI

Zubereitungszeit: 40 Minuten + Kühlzeit
Kochzeit: 1 Stunde
Ergibt ca. 30 Stück

★ ★

750 ml Hühnerbrühe

60 g Butter

1 kleine Zwiebel, feingehackt

350 g Arborioreis

125 ml Weißwein

1 Prise Safranpulver

50 g Parmesan, gerieben

2 Eier, leicht geschlagen

100 g Mozzarella

100 g Paniermehl

Öl zum Fritieren

1 Die Brühe in einem Topf zum Kochen bringen; die Hitze reduzieren, wobei die Brühe weiterhin simmern soll. Die Butter in einem großen,

UNTEN: Suppli

gußeisernen Topf erhitzen. Die Zwiebel 2–3 Minuten glasig dünsten. Den Reis zugeben und weitere 2–3 Minuten rühren, bis er mit Zwiebel und Butter überzogen ist.

2 Wein und Safran mischen und zugießen. Rühren, bis der Reis die gesamte Flüssigkeit aufgenommen hat. 125 ml Brühe zugeben; stetig rühren, bis sie absorbiert ist, dann nach und nach weitere Brühe zugießen und rühren, bis nur noch 125 ml Brühe übrig sind (ca. 15 Minuten). Diesen Rest zugießen, umrühren und einen festsitzenden Deckel auflegen. Auf sehr niedriger Stufe 10–15 Minuten quellen lassen, bis der Reis weich ist. Abkühlen lassen.

3 Vorsichtig Parmesan und Eier unterrühren, mit Salz und Pfeffer würzen. Mozzarella in 30 kleine Würfel schneiden. Die Reismasse mit feuchten Händen zu 30 walnußgroßen Kugeln formen; je einen Mozzarella-Würfel in die Mitte drücken.

4 Die Bälle in Paniermehl wenden. Zum Festwerden mindestens 1 Stunde kalt stellen. Einen tiefen, gußeisernen Topf zu ¹/₃ mit Öl füllen; auf 180 °C erhitzen. Das Öl hat die richtige Temperatur, wenn ein Brotwürfel innerhalb von 15 Sekunden goldbraun wird. Jeweils 3–4 Bälle gleichzeitig 4–5 Minuten goldbraun fritieren. Auf Küchenpapier abtropfen lassen. Heiß servieren.

Hinweis: Vollständig heißt dieses Gericht Suppli al Telefono, denn heiß serviert läuft beim Hineinbeißen die Käsefüllung in an Telefonkabel erinnernden, langen dünnen Fäden heraus.

Vorbereitung: Abgedeckt im Kühlschrank bis zu 3 Tagen haltbar. Zum Servieren 15 Minuten im Backofen erhitzen.

FRITIERTE KÄSEWÜRFEL

Zubereitungszeit: 15 Minuten + Kühlzeit
Kochzeit: 10 Minuten
Ergibt 35–40 Stück

★ ★

175 g Fetakäse am Stück

125 g Mozzarella

40 g Mehl

1 Ei, leicht geschlagen

50 g Paniermehl

Öl zum Fritieren

1 Feta und Mozzarella in 2 cm große Würfel schneiden. Das Mehl mit ¹/₄ Teelöffel schwarzem Pfeffer auf einem Blatt Butterbrotpapier mischen. Die Käsewürfel in dem Mehl wenden; überschüssiges Mehl abschütteln.

Den Kopf der Sardine ab-
trennen, dann den Bauch
aufschneiden, um sie flach
ausbreiten zu können.

Vorsichtig das Fleisch von
der Mittelgräte ablösen; diese am Schwanzende durch-
trennen und herausnehmen.

Mit einem Löffel etwas
Füllung auf den Sardinen
verteilen; dann vorsichtig
auf ein Backblech setzen.

2 Hintereinander immer jeweils einige Käsestücke gleichzeitig in das Ei tauchen und im Paniermehl wenden; überschüssiges Paniermehl abschütteln. Auf einem mit Alufolie ausgelegten Backblech abgedeckt 25 Minuten kalt stellen.
3 In einer tiefen Pfanne 3 cm Öl auf 180 °C er-hitzen – es hat die richtige Temperatur, wenn ein Brotwürfel innerhalb von 15 Sekunden goldbraun wird. Den Käse portionsweise 2–3 Minuten gold-braun-knusprig fritieren. Vor dem Servieren auf Küchenpapier abtropfen lassen.
Hinweis: Dazu paßt süße Chili-, Pflaumen- oder Preiselbeersauce oder warmes Pfefferminzgelee.

GEFÜLLTE SARDINEN

Zubereitungszeit: 40 Minuten
Kochzeit: 20 Minuten
Ergibt 16 Stück

16 große Sardinen
60 g Paniermehl
2 Knoblauchzehen, zerdrückt
2 EL Kapern, abgetropft und feingehackt

35 g Parmesan, gerieben
2 Eigelb, leicht geschlagen
Saft von 2 Zitronen zum Servieren

1 Den Backofen auf 200 °C (Gas 3) vorheizen. Ein Backblech leicht einfetten.
2 Die Köpfe der Sardinen abtrennen, den Bauch längs aufschneiden. Dann ausbreiten, ausnehmen und vorsichtig das Fleisch von der Mittelgräte lösen; diese am Schwanzende durchschneiden (so daß der Schwanz erhalten bleibt) und wegwerfen. Gründlich waschen; auf Küchenpapier abtropfen lassen.
3 Paniermehl, Knoblauch, Kapern, Parmesan und frisch gemahlenen Pfeffer mit soviel Eigelb ver-mengen, daß die Füllung gebunden ist. Dann auf den ausgebreiteten Sardinenfilets verteilen. Auf ein Backblech legen und 20 Minuten goldgelb backen. Mit etwas Zitronensaft beträufeln und warm oder kalt servieren.
Hinweis: Bei einigen Fischhändlern erhält man auch bereits filetierte Sardinen, wodurch das Rezept schnell und einfach zuzubereiten ist.
Vorbereitung: Sardinen und Füllung können am Vortag zubereitet werden; separat kalt stellen. Erst wenige Stunden vorher anrichten und backen.

OBEN: Gefüllte Sardinen

ITALIENISCHE HACKBÄLLCHEN

Zubereitungszeit: 25 Minuten
Kochzeit: 20 Minuten
Ergibt ca. 25 Stück

250 g mageres Rinderhack

1 kleine Zwiebel, gerieben

1 Knoblauchzehe, zerdrückt

40 g frisches Paniermehl

40 g schwarze Oliven, entsteint, kleingeschnitten

1 TL getrockneter Oregano

1 EL frische Petersilie, feingehackt

Öl zum Braten

1 Hack, Zwiebeln, Knoblauch, Paniermehl, Oliven, Oregano und Petersilie mischen. Mit Salz und Pfeffer würzen und den Händen gründlich durchkneten.
2 Jeweils 1 Teelöffel der Masse zu einem Bällchen formen. Dies geht mit feuchten Händen einfacher. Etwas Öl in einer Pfanne erhitzen, und die Hackbällchen portionsweise braten, bis sie rundherum braun und auch innen gar sind.
Vorbereitung: Man kann die Fleischbällchen vorbereiten, abgedeckt im Kühlschrank aufbewahren und später braten. Eine weitere Möglichkeit ist, sie im voraus zu braten und dann mit Alufolie abgedeckt bei 160 °C (Gas 1) im Backofen zu erwärmen. Man kann sie auch braten und einfrieren und bei Bedarf wieder erhitzen.

OMELETTE MIT GERÄUCHERTEM KABELJAU

Zubereitungszeit: 20 Minuten
Kochzeit: 20 Minuten
Ergibt 12 Stück

500 g geräucherter Kabeljau

250 ml Milch

8 Eier

60 g Parmesan, gerieben

60 g Cheddar, gerieben

2 EL frischer Thymian, gehackt

30 g frische Basilikumblätter, zerpflückt

2 EL Olivenöl

1 Den Kabeljau in einen Topf geben; die Milch mit ausreichend Wasser mischen und über den Kabeljau gießen, so daß er bedeckt ist. Zum Kochen bringen; dann die Hitze reduzieren und 3–4 Minuten köcheln. Den Fisch mit einem Schaumlöffel herausnehmen und zerkleinern.
2 Die Eier in einer Schüssel verquirlen; Parmesan und Cheddar sowie Thymian, Basilikum und den Fisch zugeben. Gut mischen.
3 Das Öl in einer großen, gußeisernen Pfanne (Ø 23–25 cm) erhitzen. Die Masse hineingießen und bei mittlerer Hitze 10 Minuten backen, bis das Omelette fast gar ist. Dann 3–4 Minuten grillen, bis es fest und goldgelb ist. Zum Servieren in Stücke schneiden.

MUSCHELN MIT KNUSPRIGEM PROSCIUTTO

Zubereitungszeit: 20 Minuten
Kochzeit: 15–20 Minuten
Ergibt 20 Stück

1 EL Öl

1 Zwiebel, feingehackt

6 dünne Scheiben Prosciutto, kleingeschnitten

4 Knoblauchzehen, zerdrückt

1 1/2 kg Miesmuscheln

60 g Parmesan, gerieben

60 g Cheddar, gerieben

1 Das Öl in einer kleinen Pfanne erhitzen. Zwiebel, Schinken und Knoblauch bei mittlerer Hitze 5–8 Minuten braten, bis der Prosciutto knusprig und die Zwiebel weich ist. Beiseite stellen.
2 Die Muscheln mit einer festen Bürste abschrubben und die Bärte entfernen. Beschädigte und offene Muscheln, die sich nicht schließen, wenn man sie auf die Arbeitsfläche klopft, wegwerfen. Die restlichen Muscheln in einem großen Topf mit kochendem Wasser 5 Minuten kochen. Gelegentlich umrühren. Muscheln wegwerfen, die sich nicht geöffnet haben. Das Muschelfleisch aus den Schalen lösen; ein Viertel der Schalen aufbewahren. Je 2 Muscheln auf eine Schalenhälfte setzen und etwas Schinkenmischung darauf verteilen.
3 Parmesan und Cheddar mischen und über den Schinken streuen. Unter einen vorgeheizten Grill stellen, bis der Käse geschmolzen ist und die Muscheln erhitzt sind.
Vorbereitung: Man kann die Muscheln mehrere Stunden im voraus putzen.

GEGENÜBERLIEGENDE SEITE, VON OBEN:
Italienische Hackbällchen;
Omelette mit geräuchertem Kabeljau; Muscheln mit knusprigem Prosciutto

BRUSCHETTA Knuspriges Brot – ob Ciabatta,

Baguette oder Sauerteigbrot – leicht geröstet und mit farbenfrohen, frischen Zuta-

ten belegt, ist für fast jeden Anlaß genau das richtige.

RÄUCHERLACHS UND KAPERN

2 kleine Baguettes in 1 cm dicke Scheiben schneiden und beidseitig goldgelb
rösten. 250 g Doppelrahmfrischkäse mit
2 Eßlöffeln Zitronensaft und 15 g gehacktem Schnittlauch mischen. Auf die
Brotscheiben streichen und darauf kleine
Scheiben Räucherlachs und einige kleine
Kapern legen. Zum Servieren mit etwas
frischem Dill garnieren. Ergibt ungefähr
24 Stück.

GEGRILLTE PAPRIKASCHOTEN

Je 2 gelbe, grüne und rote Paprika längs
halbieren, Samen und Rippen entfernen.
Mit der Außenseite nach oben grillen, bis
die Haut schwarz ist. In einem Gefrierbeutel abkühlen lassen; dann die Haut
abziehen. In dünne Streifen schneiden
und in einer großen Schüssel mit 1 kleinen roten, in dünne Spalten geschnittenen Zwiebel, $1^1/_2$ Eßlöffel Olivenöl,
$1^1/_2$ Eßlöffel Balsamico-Essig und 2 zer-

drückten Knoblauchzehen mischen.
2 kleine Sauerteigmeterbrote in 1 cm
dicke Scheiben schneiden; beidseitig
goldgelb rösten. Die Paprikamischung
darauf verteilen. Ergibt ca. 24 Stück.

RAUKE UND FETA

Eine Baguette oder Ciabatta in 1 cm
dicke Scheiben schneiden, mit Olivenöl
einstreichen und beidseitig goldgelb
rösten. Ca. 100 g Rauke darauf verteilen.

200 g zerbröckelten Fetakäse mit 2 Teelöffeln feingeriebener Orangenschale und
2 Eßlöffeln Olivenöl mischen. Je 2 Teelöffel der Mischung auf jedes Raukeblatt
geben. 6 Scheiben Prosciutto knusprig
grillen und über dem Fetakäse zerkrümeln. Ergibt ca. 30 Scheiben.

CAPRESE

150 g kleingewürfelte Bocconcini mit
3 Eßlöffeln frischem, geschnittenem
Basilikum und 3 Eßlöffeln warmem
Olivenöl, extra vergine, in einer großen
Glasschüssel mischen. Mit Salz und
Pfeffer würzen. Abgedeckt 1 Stunde an
einem warmen Ort marinieren, damit
sich das Aroma entfalten kann. Eine
große Baguette oder Ciabatta in 1 cm
dicke Scheiben schneiden, mit Olivenöl
einpinseln und beidseitig goldgelb rösten.
Die Mozzarella-Mischung auf den Toasts
verteilen. Ergibt ca. 30 Stück.

PILZE UND PETERSILIE

Eine große Baguette oder Ciabatta in
1 cm dicke Scheiben schneiden, mit
Olivenöl einstreichen und beidseitig
goldgelb rösten. 1 Eßlöffel Olivenöl in
einer kleinen Pfanne erhitzen, darin
200 g kleine, geviertelte Champignons
bißfest dünsten. 1 Eßlöffel Zitronensaft,
50 g zerbröckelten Ziegenkäse, 1 Eßlöffel
gehackte, glatte Petersilie zugeben und
abschmecken. Auf den Toasts verteilen.
Ergibt ca. 30 Stück

TOMATEN UND BASILIKUM

Eine große Baguette oder Ciabatta in
1 cm dicke Scheiben schneiden, mit
Olivenöl einstreichen und beidseitig
goldgelb rösten. 4 reife Tomaten fein
würfeln und mit 30 g kleingeschnittenem,
frischem Basilikum und 2 Eßlöffeln Olivenöl, extra vergine, mischen. Auf den
Toasts verteilen. Ergibt ca. 30 Stück.

PASTRAMI MIT KRÄUTERN

Eine große Baguette oder Ciabatta in
1 cm dicke Scheiben schneiden, mit
Olivenöl einstreichen und beidseitig
goldgelb rösten. 200 ml Crème fraîche
mit je 1 Teelöffel gehackter, frischer
Petersilie, Schnittlauch und Basilikum
mischen. Je 1 Teelöffel der Mischung auf
1 Brotscheibe streichen. 30 Scheiben
Pastrami halbieren und in der Mitte falten; je 2 davon auf ein Brot legen. 2 gewürfelte Tomaten mit $^1/_2$ feingehackten
roten Zwiebel und je 2 Teelöffeln Balsamico-Essig und Olivenöl mischen. Mit
einem Löffel auf den Toasts verteilen und
mit frischen Basilikumblättern garnieren.
Ergibt ca. 30 Stück.

*VON LINKS: Räucherlachs und Kapern;
Gegrillte Paprikaschoten; Rauke und Feta;
Caprese; Pilze und Petersilie; Tomaten und
Basilikum; Pastrami mit Kräuter*

KAPERN

Kapern sind die ungeöffneten Blütenknospen einer kleinen, im Mittelmeerraum beheimateten Pflanze. Sie werden in Gläsern eingelegt verkauft. Nach dem Öffnen sollte man sie im Kühlschrank aufbewahren. Der Geschmack ist relativ kräftig, daher werden sie nur in kleinen Mengen verwendet. Kleinere Kapern haben einen feineren Geschmack und sind knackiger. Es gibt auch Kapern, die von Salz überzogen und in Salz abgepackt sind. Sie müssen vor der Weiterverarbeitung abgespült werden.

OBEN: Fritto misto di mare (Fritierte Meeresfrüchte)

FRITTO MISTO DI MARE (FRITIERTE MEERESFRÜCHTE)

Zubereitungszeit: 30 Minuten
Kochzeit: 12 Minuten
Ergibt ca. 50 Stück

Tartarsauce

375 ml Mayonnaise

1 Gewürzgurke, gewürfelt

1 TL Kapern, abgetropft und feingehackt

1 EL frischer Schnittlauch, gehackt

1 EL frische Petersilie, gehackt

1/4 TL Dijon-Senf

1/4 kleine Zwiebel, feingerieben

Teig

125 g Mehl

1 TL Backpulver

30 g Speisestärke

1 EL Öl

500 g Fischfilet ohne Gräten

12 Sardinen

8 rohe Riesengarnelen ohne Schale

8 Jakobsmuscheln, gesäubert

1 Kalmarmantel, in Ringe geschnitten

Mehl zum Bestäuben

Öl zum Fritieren

Zitronenspalten zum Servieren

1 Für die Tartarsauce alle Zutaten gut mischen.
2 Für den Teig Mehl, Backpulver und Stärke mit etwas Salz und Pfeffer in eine große Schüssel sieben. In die Mitte eine Vertiefung drücken. Öl mit 250 ml Wasser mischen und nach und nach mit einem Schneebesen unter das Mehl rühren, bis ein glatter Teig entstanden ist.
3 Das Fischfilet in 5 cm breite Streifen schneiden. Frische Sardinen säubern, indem man die Köpfe abtrennt, sie am Bauch aufschneidet und in Salzwasser ausspült. Die Mittelgräte mit den Fingern lösen, am Schwanzende mit einer scharfe Schere durchtrennen und herausnehmen.
4 Meeresfrüchte auf Küchenpapier trocknen, in Mehl wenden – überschüssiges Mehl abschütteln.
5 Das Öl in einem großen, tiefen Topf auf 180 °C erhitzen: Es hat die richtige Temperatur, wenn ein Brotwürfel in 15 Sekunden goldbraun wird. Den Fisch portionsweise im Teig wenden und vorsichtig mit einer Zange oder einem

Schaumlöffel ins heiße Öl geben. 2–3 Minuten knusprig-goldbraun fritieren. Auf Küchenpapier abtropfen lassen. Warm stellen, während die restlichen Meeresfrüchte fritiert werden. Mit der Tartarsauce und den Zitronenspalten servieren.
Vorbereitung: Man kann die Meeresfrüchte mehrere Stunden im voraus vorbereiten und abgedeckt im Kühlschrank aufbewahren.

GEBACKENE BALSAMICO-ZWIEBELN

Zubereitungszeit: 15 Minuten + Kühlzeit
Kochzeit: 1 Stunde 30 Minuten
Ergibt ca. 30 Stück

1 kg Silberzwiebeln, ungeschält (siehe Hinweis)
185 ml Balsamico-Essig
2 EL feiner brauner Zucker
185 ml Olivenöl

1 Den Backofen auf 160 °C (Gas 1) vorheizen. Die Zwiebeln in einer Fettpfanne 1½ Stunden backen. So weit abkühlen lassen, daß man sie wei-terverarbeiten kann. Die Stiele abschneiden und nur die äußere Hautschicht abziehen – die Zwiebel an sich sollte ganz bleiben. Ein 1-l-Einmach-glas mit kochendem Wasser ausspülen und im warmen Backofen trocknen (nicht mit einem Geschirrtuch). Die Zwiebeln in das Glas füllen.
2 Essig und Zucker in einem kleinen Schraubglas mischen. Rühren, bis sich der Zucker gelöst hat. Öl zugeben, das Glas verschließen. Durch kräf-tiges Schütteln mischen; die Marinade wird blas-ser und kann sich bei längerem Stehen trennen.
3 Über die Zwiebeln gießen, das Glas verschlie-ßen und einmal umdrehen. Im Kühlschrank aufbewahren und in der Marinierzeit gelegentlich umdrehen. Mindestens eine Nacht ziehen lassen. Zimmerwarm servieren. Vorher das Glas gründ-lich schütteln, damit sich die Marinade verbindet.
Hinweis: Silberzwiebeln sind sehr klein und wer-den nur relativ selten angeboten. Ideal ist ein Gewicht von 35 g. Es variiert etwa zwischen 20 g und 45 g, wobei die angegebene Kochzeit für diesen gesamten Bereich gilt; die größeren der Zwiebeln müssen also nicht länger geröstet wer-den. Die angegebene Marinierzeit ist ein Mini-mum. Man kann die Zwiebeln im Kühlschrank auch bis zu 3 Tagen marinieren. Die Marinade kann sich nach einigen Stunden trennen, dies ist normal – einfach gelegentlich umrühren.

OBEN: Gebackene Balsamico-Zwiebeln

PIZZASCHNECKEN MIT SCHINKEN UND ANANAS

Die zerkleinerte Butter mit den Fingerspitzen unter das Mehl reiben, bis eine krümelige Masse entstanden ist.

Den Teig zu einem Rechteck ausrollen; mit einer Streichpalette das Tomatenpüree darauf verteilen.

Mit Hilfe des Backpapiers den Teig von der Längsseite her aufrollen.

OBEN: Pizzaschnecken mit Schinken und Ananas

PIZZASCHNECKEN MIT SCHINKEN UND ANANAS

Zubereitungszeit: 25 Minuten
Kochzeit: 20 Minuten
Ergibt 16 Stück

★ ★

250 g Mehl

2¹/₂ TL Backpulver

40 g Butter, zerkleinert

125 ml Milch

4 EL Tomatenpüree

2 kleine Zwiebeln, feingehackt

4 Ananasscheiben, feingehackt

200 g Schinkenaufschnitt, kleingeschnitten

80 g Cheddar, gerieben

2 EL frische Petersilie, feingehackt

1 Den Backofen auf 180 °C (Gas 2–3) vorheizen. 2 Backbleche mit Öl einfetten. Mehl und Backpulver in eine Schüssel sieben, die Butter zugeben und mit den Fingerspitzen zu einer feinen, krümeligen Masse verreiben. In die Mitte eine Vertiefung drücken und fast die gesamte Milch hineingießen. Mit einem breiten Messer die Zutaten verarbeiten, bis sie sich verbinden. Dann zu einer Kugel zusammenfassen und auf eine leicht bemehlte Arbeitsfläche geben. In 2 Portionen teilen. Jede Teighälfte auf Backpapier ca. 5 mm dick zu einem 20 x 30 cm Rechteck ausrollen. Mit Tomatenpüree bestreichen, dabei rundum einen Rand von 1 cm freilassen.
2 Zwiebeln, Ananas, Schinken, Cheddar und Petersilie mischen. Gleichmäßig auf dem Tomatenpüree verteilen; einen Rand von 2 cm lassen. Mit Hilfe des Backpapiers den Teig von der Längsseite her aufrollen.
3 Jede Rolle in 8 gleichmäßige Scheiben schneiden. Auf die Backbleche legen und 20 Minuten goldgelb backen. Warm servieren.
Vorbereitung: Man kann Pizzaschnecken im voraus backen und zum Servieren aufwärmen.

KAVIAR-KARTOFFELN

Einige ungeschälte, kleine Kartoffeln (ausreichend für die jeweilige Anzahl der Gäste) in kochendem Wasser garen. Leicht abkühlen lassen. Noch warm einen Deckel abschneiden und ein wenig aushöhlen. Das entstandene Loch mit Sauerrahm füllen und etwas Kaviar daraufsetzen. Man kann auch feingehackte Kräuter oder Frühlingszwiebeln unter den Sauerrahm mischen. Mit frischem Dill garniert warm servieren.

PESTO-TOMATEN-TOASTS

Zubereitungszeit: 15 Minuten
Kochzeit: 5 Minuten
Ergibt ca. 30 Stück

Pesto

50 g frische Basilikumblätter

50 g Pinienkerne

60 ml Olivenöl

3 Knoblauchzehen

1 Baguette, in dünne Scheiben geschnitten

10 große, sonnengetrocknete Tomaten, in dünne Streifen geschnitten

150 g Parmesan, dünn gehobelt

1 Für den Pesto alle Zutaten in der Küchenmaschine zu einer glatten Paste verarbeiten.
2 Die Brotscheiben unter einem Grill auf beiden Seiten goldbraun rösten.
3 Anschließend gleichmäßig mit Pesto bestreichen. Darauf die getrockneten Tomaten und etwas Parmesan verteilen.

Vorbereitung: Der Pesto kann einige Tage im voraus zubereitet und in einem Schraubglas aufbewahrt werden. Eine dünne Schicht Olivenöl darübergießen, so daß der Pesto gerade bedeckt ist. Oder in einer Eiswürfelschale einfrieren und nach Bedarf auftauen.

SALTIMBOCCA
(KALBSSCHNITZEL MIT SALBEI)

Zubereitungszeit: 20 Minuten + Ruhezeit
Kochzeit: 15 Minuten
Ergibt ca. 40 Stück

40 kleine Holzspieße von ca. 10 cm Länge

500 g Kalbsfilet am Stück

8–10 Scheiben Prosciutto

60 g frische Salbeiblätter

30 g Butter

2 TL Öl

2 EL trockener Sherry

1 Die Holzspieße ca. 20 Minuten in warmem Wasser einweichen, damit sie nicht verbrennen, wenn das Fleisch gebraten wird. Das Kalbsfilet in 40 dünne Scheiben (ca. 3 x 6 cm), den Schinken zu etwas kleineren Stücken zurechtschneiden. Auf jede Scheibe Kalbfleisch 1 Schinkenstück und ein Salbeiblatt legen. Mit einem Spieß wellenförmig zusammenstecken.
2 Die Hälfte der Butter und des Öls in einer großen Pfanne erhitzen. Die Hälfte der Spieße bei großer Hitze goldbraun anbraten, wenden und die andere Seite bräunen.
3 Die Hälfte des Sherrys über das Fleisch gießen und die Pfanne vorsichtig schwenken. Dann das Fleisch aus der Pfanne herausnehmen, eventuell vorhandenen Bratensaft darübergießen. Warm stellen, während die restlichen Spieße gebraten werden. Sofort servieren – wenn möglich mit Bratensaft.

Vorbereitung: Die Spieße können am Vortag zusammengesteckt und abgedeckt im Kühlschrank aufbewahrt werden.

OBEN: Pesto-Tomaten-Toasts

1 Den Fetakäse mit Küchenpapier trockentupfen und in 2 cm große Würfel schneiden. In einer Schüssel mit Oregano, Koriander und 1 Eßlöffel grob gemahlenem, schwarzem Pfeffer bestreuen.
2 Die getrockneten Tomaten über einer Schüssel abtropfen lassen, so daß das Öl aufgefangen wird. Dann mit Fetakäse, Chillies und Rosmarin in ein sterilisiertes 750-ml-Einmachglas legen. Mit dem aufgefangenen Öl bedecken (es sollten ca. 3 Eßlöffel sein) und mit Olivenöl aufgießen. Das Einmachglas mit Spangen verschließen. Mindestens 1 Woche kalt stellen. Zimmerwarm servieren.
Hinweise: Zum Sterilisieren das Einmachglas mit kochendem Wasser ausspülen und dann zum Trocknen in einen warmen Backofen stellen. Das Öl kann sich im Kühlschrank zum Teil verfestigen, wird aber wieder flüssig, sobald es Zimmertemperatur erreicht.
Vorbereitung: Eingelegter Fetakäse hält im Kühlschrank 1–2 Monate. Man kann das Öl als Salatdressing oder für Pasta verwenden.

TAPENADE AUS SCHWARZEN OLIVEN UND PAPRIKA

Zubereitungszeit: 15 Minuten
Kochzeit: entfällt
Ergibt 250 ml

75 g schwarze Oliven, entsteint,
   in Scheiben geschnitten
75 g getrocknete Paprika, in Öl eingelegt
   und abgetropft
1 EL Kapern
1 große Knoblauchzehe
30 g glatte Petersilie
1 EL Limettensaft
90 ml Olivenöl, extra vergine

1 Oliven, Paprika, Kapern, Knoblauch und Petersilie in einer Küchenmaschine oder einem Mixer fein zerkleinern. Bei laufendem Motor langsam den Limettensaft und das Olivenöl zugießen; so lange verarbeiten, bis sich die Zutaten gerade miteinander verbunden haben.
2 In ein sterilisiertes Glas umfüllen, schließen und bis zu 2 Wochen in den Kühlschrank stellen. Zimmerwarm servieren.
3 Entweder als Beilage oder Belag zu Brot oder Crackern oder auf Ricottakäse verteilt servieren. Köstlich schmeckt die Tapenade auch zu Schweine- oder Lammspießen.

EINGELEGTER FETAKÄSE

Zubereitungszeit: 10 Minuten + 1 Woche
   Kühlzeit
Kochzeit: entfällt
Für 6–8 Personen

350 g Fetakäse
1 EL getrockneter Oregano
1 TL Koriandersamen
125 g getrocknete Tomaten in Öl
4 kleine, frische rote Chillies
3–4 frische Rosmarinzweige
Olivenöl

OBEN: Eingelegter Fetakäse

KNOBLAUCH-KRÄUTER-ARTISCHOCKEN

Zubereitungszeit: 20 Minuten + Kühlzeit über
  Nacht
Kochzeit: entfällt
Für 8 Personen

2 Knoblauchzehen, gehackt

125 ml Olivenöl

2 EL frischer Dill, feingehackt

15 g frische Petersilie, feingehackt

2 EL frisches Basilikum, feingeschnitten

2 EL Zitronensaft

800 g Artischockenherzen, aus der Dose oder
  dem Glas

3 EL rote Paprika, feingewürfelt

1 Für die Marinade Knoblauch, Öl, Kräuter und
Zitronensaft in einer Schüssel mit dem Schneebesen gut verquirlen. Mit Salz und grob gemahlenem schwarzem Pfeffer würzen.
2 Die Artischockenherzen abtropfen lassen und
mit den roten Paprika zu der Marinade geben;

gut vermischen. Abgedeckt über Nacht im
Kühlschrank marinieren. Als Teil eines Anti-
pasti-Tellers oder in Salaten verwenden. Die
Artischocken zimmerwarm servieren.
Vorbereitung: Die Artischocken halten sich
luftdicht verschlossen im Kühlschrank bis zu
1 Woche.

BLÄTTERTEIGFORELLE

Aus einem fertig ausgerollten Blätterteig 36
kleine Quadrate ausschneiden. Die Oberseiten
leicht mit geschlagenem Ei einpinseln und mit
Sesamsamen bestreuen. Auf gefetteten Backblechen bei 220 °C (Gas 3–4) ca. 8 Minuten
goldbraun backen. Abkühlen lassen, dann
vorsichtig horizontal halbieren. 250 g fett-
armen Frischkäse zerdrücken und mit einigen
gehackten Kapern, 1 feingehackten Frühlingszwiebel und gehacktem frischem Dill
mischen. Auf den Quadratunterseiten verteilen; jeweils 1 Röllchen geräucherte Forelle
darauf setzen. Dann die Blätterteigdeckel etwas
geneigt wieder aufsetzen.

*OBEN: Artischocken in
Knoblauch und Kräutern*

GLATTE PETERSILIE

Die ganzjährig erhältliche glatte Petersilie ist etwas kräftiger und aromatischer als krause Petersilie. In der französischen Küche werden sowohl die Stiele als auch die Blätter verarbeitet, in der italienischen Küche meist nur die Blätter. Beim Kauf sollte man darauf achten, daß die Stiele fest und die Blätter kräftig leuchtendgrün sind – sie dürfen keine gelben Stellen aufweisen. Zur Aufbewahrung die Petersilie in einem Glas Wasser in den Kühlschrank stellen oder in feuchtes Küchenpapier wickeln und im Gemüsefach lagern.

FISCHBRATLINGE

Zubereitungszeit: 20 Minuten + Ruhezeit
Kochzeit: 15 Minuten
Ergibt 12–15 Stück

✷ ✷

60 g Mehl

$^1/_2$ TL Backpulver

$^1/_2$ TL Natron

1 Ei, leicht geschlagen

3 EL trockener Weißwein

2 TL frische glatte Petersilie, gehackt

1 Knoblauchzehe, zerdrückt

$^1/_2$ kleine Zwiebel, gerieben

200 g junger Hering

Olivenöl zum Braten

Zitronenspalten zum Servieren

1 Mehl, Backpulver, Natron, $^1/_2$ Teelöffel Salz und frisch gemahlenen schwarzen Pfeffer in eine Schüssel sieben. Ei und Weißwein zugeben; mit dem Schneebesen zu einer glatten Masse verrühren. Petersilie, Knoblauch, Zwiebel und Fisch untermischen. Abgedeckt 20 Minuten kalt stellen.

2 Ungefähr 2 cm Öl in einer tiefen Pfanne auf 180 °C erhitzen. Die richtige Temperatur ist erreicht, wenn ein Brotwürfel im Öl innerhalb von 15 Sekunden goldbraun wird. 1 gestrichenen Eßlöffel Teig in die Pfanne geben; ist er aufgegangen und bilden sich Blasen an der Oberfläche, den Bratling vorsichtig wenden.
3 Auf Küchenpapier abtropfen lassen und sofort mit Zitronenspalten servieren.

GARNELEN MIT MANGO-DIP

Einige Zuckerschoten blanchieren und um gekochte Garnelen ohne Schale wickeln. Mit einem Spießchen feststecken. Für den Dip 125 ml Mayonnaise mit 2 Eßlöffeln Mango-Chutney, 1 Teelöffel Currypaste und 1 Eßlöffel Limettensaft mischen. Die Menge an Garnelen und Zuckerschoten den jeweiligen Erfordernissen anpassen und die Dipmenge gegebenenfalls verdoppeln.

OBEN: Fischbratlinge

KRÄUTER-OKTOPUSSE

Zubereitungszeit: 15 Minuten + Marinierzeit
Kochzeit: 10 Minuten
Für 6 Personen

✷✷

170 ml Olivenöl

10 g frischer Oregano, gehackt

10 g frische Petersilie, gehackt

1 EL Zitronensaft

3 kleine rote Chillies, ohne Kerne und
   feingehackt

3 Knoblauchzehen, zerdrückt

1 kg kleine Oktopusse

1 Öl, Kräuter, Zitronensaft, Chillies und Knoblauch in einer großen Schüssel gut mischen.
2 Mit einem kleinen, scharfen Messer die Köpfe der Oktopusse abtrennen. Aus den Körpern mit dem Zeigefinger die ‚Kiefer' herausdrücken und entfernen. Die Köpfe aufschneiden und von den Innereien säubern. Sind die Oktopusse zu groß, muß man sie in kleinere Stücke schneiden.
3 Dann die Oktopusse in der Kräutermarinade schwenken. Abgedeckt 3–4 Stunden oder über Nacht kalt stellen. Die Marinade abgießen und auffangen. Auf einem sehr heißen, leicht geölten Holzkohlengrill oder in einer sehr heißen Pfanne 3–5 Minuten garen, bis das Fleisch weiß wird. Häufig wenden und während des Garens immer wieder mit der Marinade einstreichen.

EINGELEGTE MEERESFRÜCHTE

Zubereitungszeit: 40 Minuten + Kühlzeit
Kochzeit: 10 Minuten
Für 8 Personen

✷

125 ml Weißweinessig

3 Lorbeerblätter

500 g kleine Kalmarmäntel, in Ringe geschnitten

500 g Jakobsmuscheln

500 g rohe Garnelen, Schale und Darm entfernt

500 g Muscheln, geschrubbt und Bärte entfernt

2 Knoblauchzehen, zerdrückt

125 ml Olivenöl, extra vergine

3 EL Zitronensaft

1 EL Weißweinessig

1 TL Dijon-Senf

1 EL frische Petersilie, gehackt

1 Essig, Lorbeer, 750 ml Wasser und ¹/₂ Teelöffel Salz in einem großen Topf zum Kochen bringen. Hitze reduzieren und die Kalmare und Jakobsmuscheln 2–3 Minuten köcheln, bis die Meeresfrüchte weiß geworden sind. Mit einem Schaumlöffel herausnehmen; in eine Schüssel geben.
2 Den gesamten Vorgang im selben Wasser mit den Garnelen wiederholen und diese rosa garen. Als letztes die Muscheln ins wiederum kochende Wasser geben. Bereits offene Muscheln zuvor entfernen. Deckel auflegen, die Hitze reduzieren und 3 Minuten köcheln, bis sich die Schalen geöffnet haben. Gelegentlich umrühren. Muscheln, die sich nicht geöffnet haben, wegwerfen. Abkühlen lassen, das Fleisch herausnehmen und ebenfalls in die Schüssel geben.
3 Mit einem Schneebesen Knoblauch, Öl, Zitronensaft, Essig, Senf und Petersilie verrühren. Über die Meeresfrüchte gießen; gut schwenken. Vor dem Servieren 1–2 Stunden kalt stellen.
Hinweis: Meeresfrüchte dürfen nicht zu lange gegart werden, sonst werden sie zäh.

OBEN: Kräuter-Oktopusse (oben); Eingelegte Meeresfrüchte

MINI-PIZZA Gibt es jemanden, der keine Pizza mag?

Für leckere Mini-Pizzas, die auf jeder Party wie von selbst verschwinden, einfach Pizza-

boden zubereiten und mit einem oder mehreren der folgenden Beläge kombinieren.

PIZZABODEN

7 g Trockenhefe, $1/2$ Teelöffel Zucker und 185 ml warmes Wasser mischen, abdecken und 10 Minuten ruhen lassen, bis sich Blasen bilden. 250 g Mehl und $1/2$ Teelöffel Salz in eine große Schüssel sieben; in die Mitte eine Mulde drücken. Die Hefemischung und 1 Eßlöffel Olivenöl zugeben. Die Zutaten mit einem breiten Messer verarbeiten, bis sie sich verbinden. Auf einer leicht bemehlten Arbeitsfläche 10 Minuten zu einem glatten Teig verkneten.

In eine leicht geölte Schüssel legen und mit Frischhaltefolie abgedeckt 45 Minuten ruhen lassen, bis sich das Teigvolumen verdoppelt hat. Dem Teig einen festen Faustschlag versetzen, so daß die Luft entweicht; anschließend nochmals 8 Minuten kneten. Auf 1 cm Dicke ausrollen. Kreise von 7 cm Ø ausstechen, auf ein leicht gefettetes Backblech setzen und mit einem der folgenden Beläge versehen. Bei 200 °C (Gas 3) 15 Minuten backen. Ergibt 25 Stück.

RINDFLEISCH UND PAPRIKA

250 g Rumpsteak mit $1^1/2$ Eßlöffel zerstoßenem Pfeffer einreiben. Eine große Bratpfanne erhitzen und das Steak von jeder Seite 5 Minuten braten, dann in dünne Streifen schneiden. Eine rote Paprikaschote längs halbieren, Samen und Rippen entfernen. Mit der Außenseite nach oben grillen, bis die Haut schwarz wird und Blasen wirft. In einem Gefrierbeutel abkühlen lassen, dann die Haut abziehen. Das Fruchtfleisch in Streifen

schneiden. 90 g Tomatenpüree mit 2 Teelöffeln getrockneter Kräutermischung verrühren und auf die Pizzaböden streichen, dabei einen kleinen Rand frei lassen. Darauf 75 g geriebenen Mozzarella verteilen und jeweils mit einigen Rindfleisch- und einigen Paprikastreifen belegen. 15 Minuten backen, bis der Boden knusprig und goldgelb ist. 90 g Sauerrahm mit $2^{1}/_{2}$ Eßlöffeln körnigem Senf mischen und auf den Mini-Pizzas verteilen. Zum Servieren mit Zuckerschotensprossen garnieren.

SPINAT UND BOCCONCINI

1 Teelöffel Tomatenpüree auf jeden Boden streichen (insgesamt benötigt man ca. 125 ml Tomatenpüree). 60 g gehackte Spinatblätter, 25 Scheiben Eiertomate und 180 g in Scheiben geschnittene Bocconcini auf den Pizzaböden verteilen und 15 Minuten backen, bis die Böden knusprig sind.

GARNELEN UND MANGO

140 g Mango-Chutney teelöffelweise auf den Böden verteilen. Mit frischen Korianderblättern bestreuen und darauf je eine gekochte Garnele ohne Schale setzen. 15 Minuten backen, dann jeweils eine dünne Scheibe gepfefferten Briekäse daraufsetzen und diesen zerlaufen lassen.

BRIE UND BIRNE

50 g Brie, je 1 Eßlöffel gehackten Koriander, Basilikum, Petersilie und je 1 Eßlöffel Sahne, Wasser und Olivenöl in der Küchenmaschine zu einer glatten Paste verarbeiten. Mit etwas Salz abschmecken. Das Kerngehäuse zweier kleiner Birnen herausschneiden, und jede Birne in 14 dünne Scheiben schneiden. Die Hälfte der Briemischung auf den Pizzaböden verteilen, je 1 Birnenscheibe daraufsetzen und den restlichen Käse darüber geben. 15 Minuten backen, bis die Böden goldgelb und knusprig sind. Sofort servieren.

TOMATENPESTO UND HÄHNCHEN

2 Hähnchenbrustfilets von jeder Seite 5–8 Minuten goldbraun braten. Etwas abkühlen lassen, dann in dünne Streifen schneiden. Je 1 Teelöffel Tomatenpesto aus getrockneten Tomaten (insgesamt benötigt man 100 g) auf den Böden verteilen, dabei einen kleinen Rand freilassen. 35 g geriebenen Mozzarella und 25 g geriebenen Parmesan mischen, auf die Böden streuen und darauf einige Hähnchenstreifen legen. 15 Minuten backen, bis die Böden goldgelb und knusprig sind. Mit kleinen Basilikumblättern garnieren.

VON LINKS: Rindfleisch und Paprika; Spinat und Bocconcini; Garnelen und Mango; Brie und Birne; Tomatenpesto und Hähnchen

BOCCONCINI-TOMATEN-SPIESSE

Zubereitungszeit: 20 Minuten + Kühlzeit
Kochzeit: entfällt
Ergibt 20 Stück

★

20 Ovolini oder 5 Bocconcini, geviertelt
2 EL Olivenöl
2 EL frische Petersilie, gehackt
1 EL frischer Schnittlauch, gehackt
20 kleine Cocktailtomaten
40 kleine, frische Basilikumblätter

1 Mozzarella, Öl, Petersilie, Schnittlauch, $1/4$ Teelöffel Salz und $1/2$ Teelöffel gemahlenen schwarzen Pfeffer in einer Schüssel abgedeckt mindestens 1 Stunde (oder besser über Nacht) kalt stellen.
2 Jede Cocktailtomate halbieren; eine Hälfte auf ein Spießchen aufstecken, dann ein Basilikumblatt, ein Käsestück, ein zweites Basilikumblatt und die zweite Tomatenhälfte. Mit den restlichen Zutaten ebenso verfahren.
Vorbereitung: Man kann die Spieße sofort servieren oder abgedeckt im Kühlschrank bis zu 8 Stunden aufbewahren.

PILZ-RISOTTO-BRATLINGE

Zubereitungszeit: 20 Minuten + Kühlzeit
Kochzeit: 35 Minuten
Ergibt 28 Stück

★★

800 ml Gemüsebrühe
1 EL Olivenöl
20 g Butter
1 kleine Zwiebel, feingehackt
220 g Arborio- oder Rundkornreis
150 g Champignons, in dünnen Scheiben
35 g Parmesan, gerieben
Öl zum Braten

1 Brühe in einem Topf zum Kochen bringen. Die Hitze reduzieren und die Brühe köcheln.
2 Öl und Butter in einem gußeisernen Topf erhitzen; die Zwiebel bei mittlerer Hitze 3 Minuten unter Rühren glasig dünsten. Reis zugeben, weitere 2 Minuten rühren. Dann die Pilze zufügen und 3 Minuten bißfest dünsten.
3 125 ml Brühe zugießen; stetig rühren, bis sie aufgesogen wurde. Dann nach und nach unter Rühren die Restbrühe zugießen, bis die gesamte Flüssigkeit absorbiert wurde und der Reis bißfest

BOCCONCINI

Bocconcini sind frische Mozzarellakugeln; kleine Bocconcini wiederum bezeichnet man als Ovolini. Beide Sorten sind in Deutschland nur schwer erhältlich und dürfen nicht mit den bekannten, abgepackten Mozzarellabällchen verwechselt werden. Manchmal findet man sie in Delikatessenläden oder Supermärkten. Am häufigsten verwendet man Bocconcini als Antipasti; ihr cremiger, milder Geschmack paßt gut zu Tomaten und Basilikum. Im Kühlschrank sind sie, in der Molke, in der sie verkauft werden, bis zu 3 Wochen haltbar. Färben sie sich gelb, müssen sie weggeworfen werden. Ihr Geschmack entspricht am ehesten handgefertigtem Büffelmozzarella.

RECHTS: Bocconcini-Tomaten-Spieße

und cremig ist (dies dauert 15–20 Minuten). Den Parmesan unterrühren, den Topf vom Herd nehmen. In eine Schüssel umfüllen. Abkühlen lassen und mindestens 1 Stunde kalt stellen.
4 Mit feuchten Händen den Teig eßlöffelweise zu Talern formen. 15 Minuten kalt stellen.
5 In einem tiefen, gußeisernen Topf ca. 2 cm Öl auf 180 °C erhitzen – es hat die richtige Temperatur, wenn ein Brotwürfel in 15 Sekunden goldbraun wird. Die Bratlinge portionsweise 3 Minuten von jeder Seite goldgelb braten. Auf Küchenpapier abtropfen lassen. Nach Wunsch zu eingelegtem Gemüse servieren.

RICOTTA IM KRÄUTERMANTEL

Zubereitungszeit: 25 Minuten + Marinierzeit über Nacht
Kochzeit: 30 Minuten
Für 4 Personen

1 kg Ricotta am Stück (siehe Hinweis)
2 EL frischer Thymian

2 EL frischer Rosmarin, gehackt
2 EL frischer Oregano, gehackt
3 EL frische Petersilie, gehackt
3 EL frischer Schnittlauch, gehackt
2 Knoblauchzehen, zerdrückt
125 ml Olivenöl
2 TL Pfeffer, zerstoßen

1 Den Ricotta mit Küchenpapier trockentupfen und in eine Auflaufform legen.
2 Kräuter, Knoblauch, Öl und Pfeffer in einer Schale mischen. Mit einem Löffel über dem Ricotta verteilen und mit der Löffelrückseite festdrücken. Abgedeckt über Nacht kalt stellen.
3 Den Backofen auf 220 °C (Gas 3–4) vorheizen. 30 Minuten backen, bis der Ricotta fest ist. Schmeckt lecker zu frischem Brot.
Hinweis: Wenn man nur kleinere Ricottastücke erhält, läßt man sie über Nacht in einem Durchschlag über einer Schüssel im Kühlschrank abtropfen. Die Hälfte der Kräutermischung in einer $1\frac{1}{4}$-l-Auflaufform verteilen. Den Ricotta darauf legen, die restlichen Kräuter darüber streuen und backen.

OBEN: Ricotta im Kräutermantel

GEBACKENE TOMATEN

Zubereitungszeit: 10 Minuten + Kühlzeit über Nacht
Kochzeit: 2 Stunden 30 Minuten
Ergibt 64 Stück

★

16 Eiertomaten
3 EL frischer Thymian, gehackt
2 EL Olivenöl

1 Den Backofen auf 160 °C (Gas 1) vorheizen. Die Tomaten längs vierteln. Mit der Haut nach unten auf ein Gitter über einer Fettpfanne legen.
2 Mit je 1 Teelöffel Salz, zerstoßenem Pfeffer und Thymian bestreuen. 2¹/₂ Stunden backen. Dabei kontrollieren, daß sie nicht verbrennen. Im Öl schwenken und abkühlen lassen, dann in sterilisierte Gläser füllen. Vor dem Verzehr 24 Stunden in den Kühlschrank stellen. Zimmerwarm servieren. Gut für einen Antipasti-Teller.
Hinweis: Zum Sterilisieren die Einmachgläser gut mit kochendem Wasser ausspülen, umgedreht abtropfen und bei schwacher Hitze im Ofen trocknen lassen. Kein Geschirrtuch verwenden.
Vorbereitung: Luftdicht verschlossen im Kühlschrank bis zu 7 Tagen haltbar.

OBEN: Gebackene Tomaten

ARTISCHOCKEN-PANZAROTTI

Zubereitungszeit: 35 Minuten + Ruhe- + Kühlzeit
Kochzeit: 20 Minuten
Ergibt 24 Stück

★ ★

Öl-Wein-Teig

250 g Mehl
¹/₂ TL Backpulver
¹/₂ TL feiner Zucker
1 Ei, leicht geschlagen
80 ml Olivenöl
60 ml trockener Weißwein
verquirltes Ei zum Glasieren

2 EL Olivenöl
20 g Butter
100 g magerer Speck, gewürfelt
1 kleine rote Zwiebel, in Scheiben geschnitten
2 Knoblauchzehen, zerdrückt
3 Artischockenherzen, feingehackt
2 EL frische Petersilie, feingehackt
150 g geräucherter Mozzarella, gewürfelt
Öl zum Braten

1 Mehl, Backpulver, Zucker und ¹/₂ Teelöffel Salz in einer Schüssel mischen. In die Mitte eine Vertiefung drücken. Ei, Öl und Wein mischen und hineingeben. Mit einem breiten Messer zu einem Teig verarbeiten. Dann auf einer bemehlten Arbeitsfläche zu einer Kugel formen.

2 3–4 Minuten kneten, bis der Teig glatt und elastisch ist. Abgedeckt bei Zimmertemperatur mindestens 30 Minuten ruhen lassen.

3 Auf einer bemehlten Arbeitsfläche auf 3 mm Dicke ausrollen. Erneut 10 Minuten ruhen lassen; dann 24 Kreise (Ø 8 cm) ausstechen. Die Ränder mit verquirltem Ei einstreichen.

4 Während der Teig ruht, Öl und Butter in einer Pfanne erhitzen. Speck, Zwiebel, Knoblauch und Artischocken zugeben. 10 Minuten schwach dünsten, die letzten 1–2 Minuten mit der Petersilie. Vom Herd nehmen und abtropfen lassen.

5 In die Mitte jedes Kreises 1 Teelöffel Speckmischung setzen. Mit etwas Mozzarella bestreuen und Salz und Pfeffer würzen. Den Teig in der Mitte umklappen, so daß die Füllung eingeschlossen ist. Die Teigränder fest zusammendrücken und mit einer Gabel verzieren. Auf einem großen Teller oder einem Backblech 30 Minuten kalt stellen.

6 In einer Pfanne 2 cm Öl auf 180 °C erhitzen. Es hat die richtige Temperatur, wenn ein Brotwürfel in 15 Sekunden goldbraun wird. Jeweils 2–3 Panzarotti gleichzeitig braten, bis sie aufgegangen und beidseitig goldgelb sind. Mit einem Schaumlöffel herausnehmen und vor dem Servieren auf Küchenpapier abtropfen lassen.

MARINIERTE CHILI-PILZE

Zubereitungszeit: 20 Minuten + Marinierzeit
Kochzeit: entfällt
Ergibt 20–25 Stück

750 g Champignons
500 ml leichtes Olivenöl
2 EL Zitronensaft
1 Knoblauchzehe, feingehackt
¹/₄ TL feiner Zucker
1 rote Chilischote, feingehackt
1 grüne Chilischote, feingehackt
1 EL frischer Koriander, gehackt
1 EL frische Petersilie, gehackt

1 Die Pilze mit einem feuchten Küchenpapier abwischen und in eine Schüssel legen.

2 Öl, Zitronensaft, Knoblauch, Zucker und Chillies verrühren. Zu den Pilzen geben und gut mischen, so daß diese gleichmäßig überzogen sind. Mit Frischhaltefolie abgedeckt mindestens 30 Minuten marinieren. Kurz vor dem Servieren die Kräuter gut untermischen und abschmecken.

Hinweis: Für einen kräftigeren Geschmack die Kräuter schon vor dem Marinieren zugeben.

Vorbereitung: Die Pilze können bis zu 1 Woche im voraus mariniert und im Kühlschrank aufbewahrt werden.

CHAMPIGNONS

Wegen ihrer gleichmäßigen Größe und ihres milden Geschmacks haben Champignons auf Partybuffets ihren festen Platz. Sie sollten beim Kauf trocken und fest sein. Zur Aufbewahrung in einer Papiertüte in den Kühlschrank legen – nicht in einer Plastiktüte, da sie sonst schwitzen. Champignons müssen nicht geschält werden, können aber gegebenenfalls mit feuchtem Küchenpapier abgewischt werden.

LINKS: Marinierte Chili-Pilze

CANAPÉS

Als Canapés bezeichnete man ursprünglich kleine Weißbrot- oder Toastscheiben mit würzigem Aufstrich, die vor der Mahlzeit gereicht wurden. Das französische Wort ‚canapé‘ bedeutet ‚Couch‘ – hinter diesem doch etwas skurilen Namen verbarg sich die Vorstellung, der Belag würde auf dem Brot sitzen wie auf einem kleinen Sofa. Seitdem haben sich Canapés stark verändert; neben Brot werden jetzt auch Blinis, Pikelets (Teekuchen), Polenta-Ecken, Blätterteigstücke und Törtchen mit einer schier unendlichen Vielfalt pikanter Belage angeboten. Ein perfektes Canapé sollte von den Gästen während des Plauderns mit einem, höchstens zwei kleinen Bissen verspeist werden können und weder Gabel noch Teller bedürfen.

OBEN: Paprika-Röllchen

pfeffern. Vom Brot die Kanten abschneiden. Die Scheiben mit einem Rollholz flach rollen; beidseitig mit zerlassener Butter einstreichen.

2 Die Paprikamasse darauf verteilen, dabei einen 1 cm breiten Rand lassen. Die Scheiben aufrollen und mit einem Spießchen zusammenstecken. Abgedeckt mindestens 2 Stunden kalt stellen.

3 Den Backofen auf 180 °C (Gas 2–3) vorheizen. Die Rollen halbieren; erneut mit Spießchen feststecken. Ca. 10–12 Minuten auf einem Blech knusprig-goldgelb backen. Mit Paprikapulver bestreut warm servieren.

Hinweis: Die Röllchen können mit verschiedensten Belägen serviert werden. Alternativ das Brot z. B. mit Öl einpinseln, mit Tomatenmark bestreichen und Olivenscheiben, getrockneten Tomaten, geriebenem Parmesan, Anchovis, Pilzscheiben oder ähnlichem bestreuen.

Vorbereitung: Die Röllchen am Vortag zubereiten, kalt stellen und vor dem Servieren erhitzen.

PAPRIKA-RÖLLCHEN

Zubereitungszeit: 30 Minuten + Kühlzeit
Kochzeit: 12 Minuten
Ergibt 20 Stück

1 große rote Paprika

60 g Cheddar, gerieben

30 g Parmesan, gerieben

2 EL Mayonnaise

2 EL frische Petersilie, feingehackt

1 TL frischer Thymian, gehackt

1 TL frischer Oregano, gehackt

2 Tropfen Tabascosauce

10 Scheiben frisches Toastbrot

50 g Butter, zerlassen

Paprikapulver

1 Paprika halbieren, Samen und Rippen entfernen. Mit der Außenseite nach oben im Backofen unter den heißen Grill legen, bis die Haut schwarz wird und Blasen wirft. In einem Gefrierbeutel abkühlen lassen, dann die Haut abziehen. Das Fruchtfleisch würfeln. In einer Schüssel mit dem Käse, Mayonnaise, Kräutern und Tabasco mischen; salzen und

KRÄUTERPFANNKUCHEN MIT AVOCADOBUTTER

Zubereitungszeit: 30 Minuten
Kochzeit: 30 Minuten
Ergibt ca. 50 Stück

120 g Mehl, vermischt mit $\frac{1}{2}$ TL Backpulver

1 Ei, leicht geschlagen

125 ml Milch

20 g frische gemischte Kräuter, gehackt

1 TL schwarze Pfefferkörner, zerstoßen

Avocadobutter

$\frac{1}{2}$ reife Avocado

60 g Butter

1 EL Zitronen- oder Limettensaft

$\frac{1}{2}$ TL schwarze Pfefferkörner, zerstoßen

1 Mehl in eine große Schüssel sieben; in die Mitte eine Mulde drücken. Ei, Milch, Kräuter und Pfeffer mischen; nach und nach zugeben und zu einem glatten Teig schlagen.

2 Eine Bratpfanne erhitzen und mit zerlassener Butter auspinseln. Den Teig teelöffelweise hineingeben. Backen, bis sich an der Oberseite Blasen bilden. Wenden und die Unterseite goldgelb backen. Warm stellen.

3 Für die Avocadobutter alle Zutaten zu einer glatten Mischung verrühren; auf den Pfannkuchen verteilen und servieren.

RÄUCHERLACHS-PIKELETS

Zubereitungszeit: 15 Minuten + Ruhezeit
Kochzeit: 10–15 Minuten
Ergibt ca. 50 Stück

Pikelets

125 g Mehl, gemischt mit 1 TL Backpulver

2 Eier, leicht geschlagen

125 ml Milch

1 EL Sauerrahm

Belag

125 g Sauerrahm

2 EL Mayonnaise

2 TL Zitronensaft

1 EL frischer Schnittlauch, feingehackt

1 EL frische Pfefferminze, feingehackt

125 g Räucherlachs in Scheiben

Zitronenzesten zum Dekorieren

1 Das mit Backpulver gemischte Mehl in eine Schüssel sieben. In die Mitte eine Vertiefung drücken. Eier, Milch und Sauerrahm mischen und hineingießen. Unter das Mehl rühren, bis der Teig glatt und ohne Klumpen ist. 10 Minuten ruhen lassen.

2 Eine große Bratpfanne erhitzen, mit Öl oder zerlassener Butter auspinseln und den Teig teelöffelweise hineingeben. Wenn sich an der Oberfläche Blasen bilden, Pikelets wenden und von der anderen Seite backen. Herausnehmen und beiseite stellen. Mit dem restlichen Teig ebenso verfahren.

3 Für den Belag Sauerrahm, Mayonnaise, Zitronensaft, Schnittlauch und Pfefferminze gut verrühren. Auf jeden Pikelet etwas davon verteilen. Darauf ein Stück Räucherlachs setzen und mit Zitronenzesten garnieren.

Vorbereitung: Die Pikelets können am Vortag vorbereitet oder bis zu 1 Monat nebeneinander eingefroren werden. Den Belag kann man ebenfalls am Vortag zubereiten. Die Pikelets bis zu 1 Stunde vor dem Servieren zusammensetzen.

SCHNITTLAUCH

Schnittlauch ist zwar ein naher Verwandter der Küchenzwiebel, er wird jedoch eher wie ein Kraut verwendet. Er verleiht Dips, Gemüse und Käse einen leichten Zwiebelgeschmack. Man kann Schnittlauch sehr gut im Topf anpflanzen, so daß er immer zur Verfügung steht. Die grasartigen Halme lassen sich leicht mit einer Schere abschneiden.

LINKS: Räucherlachs-Pikelets

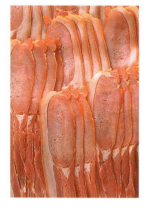

FRÜHSTÜCKSSPECK

Leicht angebratener Frühstücksspeck gehört zu einer traditionellen Quiche Lorraine einfach dazu. Durch die Eimasse und das Backen wird der Speckgeschmack noch verstärkt. Frühstücksspeck ist durchwachsenes Fleisch vom Schweinerücken oder aus den Flanken. Aus Haltbarkeitsgründen wird er gepökelt und meist geräuchert.

MINI-QUICHE-LORRAINES

Zubereitungszeit: 20 Minuten
Backzeit: 25 Minuten
Ergibt 24 Stück

3 Fertig-Mürbeteige, ausgerollt

60 g Gruyère, gerieben

30 g Butter

2 Scheiben Frühstücksspeck, feingewürfelt

1 Zwiebel, feingewürfelt

2 Eier

185 ml Sahne

$\frac{1}{2}$ TL Muskatnuß, gerieben

frischer Schnittlauch, in ca. 3 cm lange Stücke geschnitten, zum Garnieren

1 Zwei flache Muffinbleche mit je 12 Vertiefungen einfetten. Den Backofen auf 190 °C (Gas 2–3)

vorheizen. Aus dem Teig Kreise von 8 cm Ø ausstechen und in die Vertiefungen legen. Den Käse gleichmäßig auf den Teigschalen verteilen. Abgedeckt kalt stellen, während die Füllung zubereitet wird.

2 Butter in einem kleinen Topf erhitzen. Speck und Zwiebeln 2–3 Minuten weich dünsten. Auf Küchenpapier abtropfen lassen. Die abgekühlte Mischung gleichmäßig auf die Teigschalen verteilen. Eier, Sahne, Muskatnuß und frisch gemahlenen schwarzen Pfeffer mit dem Schneebesen verquirlen. Dann vorsichtig über den Speck gießen oder mit einem Löffel auf die Quiches verteilen.

3 Zum Garnieren auf jede Quiche 2–3 Stücke Schnittlauch legen. 20 Minuten goldbraun und fest backen. Heiß oder warm servieren.

Vorbereitung: Die Quiches können bis zu 2 Tagen im voraus zubereitet und luftdicht verschlossen im Kühlschrank aufbewahrt werden. Sie können auch nebeneinander bis zu 2 Monaten eingefroren werden. Bei 180 °C (Gas 2–3) im Backofen aufwärmen.

OBEN: Mini-Quiche-Lorraines

GURKEN-LACHS-HÄPPCHEN

Zubereitungszeit: 20 Minuten
Kochzeit: entfällt
Ergibt ca. 40 Stück

250 g Doppelrahmfrischkäse oder Neufchâtel
210 g gekochter Lachs aus der Dose, abgetropft
1 EL Sauerrahm
1 EL Mayonnaise
1–2 TL Zitronensaft
1 EL frischer Koriander, feingehackt
1 EL frischer Schnittlauch, feingehackt
2 TL frischer Zitronenthymian, feingehackt
4 Minigurken, in dicke Scheiben geschnitten
frischer Dill, feingehackte Chilischoten oder
    rote Paprika zum Dekorieren

1 Den Käse mit einem Handrührgerät glatt und cremig schlagen. Lachs, Sauerrahm, Mayonnaise, Zitronensaft und Kräuter zugeben; salzen und pfeffern. 1 Minute gut verrühren.
2 Auf jede Gurkenscheibe 1 Teelöffel Käsemischung geben und garnieren.
Vorbereitung: Die Käse-Lachs-Mischung am Vortag zubereiten und luftdicht verschlossen im Kühlschrank aufbewahren. Gurke erst kurz vor dem Servieren aufschneiden und dekorieren.

HÜHNERLEBER-PÂTÉ AUF HALBMONDTOASTS

Zubereitungszeit: 40 Minuten + Kühlzeit über
    Nacht
Kochzeit: 10 Minuten
Ergibt ca. 30 Stück

450 g Hühnerleber, zerkleinert
100 g Butter
1 Zwiebel, gehackt
2 Knoblauchzehen, zerdrückt
80 ml Portwein
80 ml Sahne
1 EL frischer Schnittlauch, gehackt
60 g grüne Pfefferkörner aus dem Glas,
    abgetropft und leicht zerstoßen
10 Scheiben Toastbrot
Lemon Pepper Seasoning (eine Instant-
    Marinade, in Kaufhäusern erhältlich)

1 Grüne oder farblose Teile der Leber entfernen. Butter in einem großen, gußeisernen Topf erhitzen. Leber, Zwiebel, Knoblauch und Portwein bei mittlerer Hitze unter Rühren garen, bis die Leber fast durchgebraten und die Zwiebel glasig ist. Aufkochen lassen, dann 5 Minuten köcheln.
2 Vom Herd nehmen, etwas abkühlen lassen. Zunächst in der Küchenmaschine in kurzen Intervallen pürieren, dann durch ein feines Sieb in eine Schüssel drücken; Sahne, Schnittlauch und Pfefferkörner unterrühren. In eine große Form füllen und zum Festwerden abgedeckt über Nacht in den Kühlschrank stellen.
3 Den Backofen auf 180 °C (Gas 2–3) vorheizen. Aus den Toasts mit einer entsprechenden Form Halbmonde ausstechen. Auf ein Backblech mit Alufolie legen und mit Pfeffer bestreuen. 5 Minuten goldgelb-knusprig backen. Auf einem Kuchengitter abkühlen lassen.
Vorbereitung: Die Pâté bis zu 2 Tagen vorher zubereiten und abgedeckt im Kühlschrank aufbewahren. Die Toasts 1 Woche im voraus ausstechen und luftdicht verschlossen lagern.

OBEN: Gurken-Lachs-Häppchen

FORELLENTÖRTCHEN

Zubereitungszeit: 40 Minuten
Kochzeit: 20 Minuten
Ergibt 34 Stück

1 Kastenweißbrot in Scheiben, ohne Kanten
60 g Butter, zerlassen
1 geräucherte Forelle (ca. 300 g) ohne Haut
   und Gräten
1 EL frischer Schnittlauch, gehackt
60 g Mayonnaise
2 Frühlingszwiebeln, feingehackt
1 TL Meerrettichsahne
1 TL körniger Senf
schwarze Oliven, entkernt und in Streifen
   geschnitten, zum Garnieren

1 Backofen auf 120 °C (Gas 1) vorheizen. Die Toasts mit einem Rollholz flach rollen, Kreise von 8 cm Ø ausstechen und beidseitig mit Butter einstreichen. In 2 flache Muffinbleche mit je 12 Vertiefungen drücken. 10 Minuten knusprig backen. Abkühlen lassen. Mit dem restlichen Brot ebenso verfahren.
2 Die Forelle in einer Schüssel mit einer Gabel zerkleinern. Schnittlauch, Mayonnaise, Frühlingszwiebel, Meerrettichsahne und Senf zugeben. Mit Salz und Pfeffer würzen; gut mischen.
3 Die Füllung auf den Toastschalen verteilen, mit Olive garnieren und sofort servieren.
Vorbereitung: Die Toastschalen 2 Tage im voraus zubereiten; luftdicht verschlossen aufbewahren.

LACHSROULADEN

Zubereitungszeit: 30 Minuten + Kühlzeit
Kochzeit: 5 Minuten
Ergibt 36 Stück

6 Eier
3 TL Speisestärke
125 g Doppelrahmfrischkäse, streichfähig
2 EL eingelegter Ingwer, gehackt
2 EL frischer Schnittlauch, gehackt
200 g Räucherlachs in Scheiben, zerkleinert
frische Petersilienzweige zum Garnieren

1 Ein Ei mit 1 Teelöffel Wasser und ½ Teelöffel Speisestärke in einer Schüssel verquirlen. Würzen.

2 Eine Bratpfanne erhitzen und leicht mit Öl einfetten. Das Ei bei mittlerer Hitze backen; dabei den äußeren Rand mit einem Spatel in die Mitte schieben, bis die Masse leicht stockt. 2 Minuten in der Pfanne abkühlen lassen, dann vorsichtig mit der ungebackenen Seite nach oben auf eine saubere, flache Oberfläche gleiten lassen. Abkühlen lassen. Mit den restlichen Eiern ebenso verfahren, so daß man 5 weitere Omelettes erhält.
3 Jedes Omelette auf ein Blatt Backpapier setzen. Den Rahmkäse darauf verteilen und ausstreichen. Mit eingelegtem Ingwer, Schnittlauch und Lachs bestreuen und schwarzem Pfeffer würzen. Mit Hilfe des Papiers die Omelettes vorsichtig, aber fest aufrollen. In Frischhaltefolie gewickelt mindestens 3 Stunden kalt stellen.
4 Die Rollen mit einem scharfen Messer in 2 cm dicke Scheiben schneiden; ungleichmäßige Enden entfernen. Mit Petersilie garnieren.
Vorbereitung: Am Vortag zubereiten; abgedeckt kalt stellen. Zimmerwarm servieren.

KARAMELISIERTE ÄPFEL AUF PUMPERNICKEL

Zubereitungszeit: 30 Minuten
Kochzeit: 15 Minuten
Ergibt ca. 24 Stück

2 Äpfel (Golden Delicious oder Boskop)
2 EL Zitronensaft
60 g Puderzucker
30 g Butter
175 g Blauschimmelkäse, zerbröckelt
30 g Walnüsse, feingehackt
1 Selleriestange, feingehackt
250 g runde Pumpernickelscheiben

1 Äpfel schälen, Kerngehäuse entfernen und jeweils in 12 Spalten schneiden. Mit Zitronensaft einpinseln und großzügig mit Puderzucker bestreuen. Die Butter in einer Pfanne erhitzen; wenn sie aufschäumt, einige Äpfel darin braten, bis sie anfangen zu karamelisieren. Auf Backpapier abkühlen lassen. Mit den restlichen Apfelspalten wiederholen, nach Bedarf Butter zugeben.
2 Käse, Walnüsse und Sellerie in einer Schüssel mischen. Auf den Pumpernickelscheiben verteilen; obenauf eine Apfelspalte legen.
Hinweis: Granny-Smith-Äpfel sind ungeeignet.
Vorbereitung: Einige Stunden vorher zubereiten; mit Frischhaltefolie abgedeckt kühl stellen.

LACHSROULADEN

Das Ei bei mittlerer Hitze backen, bis es leicht stockt. Dabei die äußeren Ränder mit einem Spatel in die Mitte schieben.

Eingelegten Ingwer, Schnittlauch und Lachs auf dem Rahmkäse verteilen.

Jedes Omelette vorsichtig, aber fest aufrollen. Mit dem Papier die Rolle während des Aufrollens zu sich heranziehen.

GEGENÜBERLIEGENDE SEITE: Lachsrouladen (oben); Karamelisierte Äpfel auf Pumpernickel

KRÄUTERKÄSE-TÖRTCHEN

Zubereitungszeit: 30 Minuten + Kühlzeit
Backzeit: 8–10 Minuten
Ergibt 48 Stück

Teig

500 g Mehl
1 TL Paprikapulver
250 g Butter, zerkleinert
80 ml Zitronensaft
8–10 EL eiskaltes Wasser

Füllung

500 g Hüttenkäse
2 EL Kerbel, gehackt und zusätzlichen Kerbel
   zum Garnieren
2 EL frischer Estragon, gehackt
2 TL frischer Schnittlauch, gehackt
125 ml Crème double
24 schwarze Oliven, entkernt und in Scheiben
   geschnitten

1 Mehl und Paprika mit 1 Prise Salz in eine große Schüssel sieben. Butter zugeben und mit den Fingerspitzen in das Mehl reiben, bis eine krümelige Masse entstanden ist. In die Mitte eine Vertiefung drücken. Zitronensaft und das eiskalte Wasser hineingeben. Mit einem breiten Messer einarbeiten, bis sich die Zutaten zu Kugeln verbinden. Dann vorsichtig zu einem Teig zusammenfassen und auf eine leicht bemehlte Arbeitsfläche geben. Zu einer Scheibe flach drücken, in Frischhaltefolie einwickeln und 15 Minuten in den Kühlschrank stellen.
2 Den Backofen auf 200 °C (Gas 3) vorheizen. 2 flache Muffinbleche mit je 12 Vertiefungen einfetten. Den Teig auf der leicht bemehlten Arbeitsfläche auf 3 mm Dicke ausrollen. 48 Kreise von je 8 cm Ø ausstechen und die Hälfte davon in die Backförmchen legen. 8–10 Minuten goldbraun backen. Dann die restlichen Teigkreise ebenso zubereiten.
3 Für die Füllung Hüttenkäse, Kräuter und Crème double zu einer glatten Mischung verrühren. Oliven, Salz und Pfeffer unterrühren. Die Füllung mit einem Löffel auf die Teigschalen verteilen, und jedes Törtchen mit einem Zweig Kerbel garnieren. Etwas schwarzen Pfeffer aus der Mühle auf die Oberfläche streuen und sofort servieren.

KREBS-LIMETTEN-QUICHES

Zubereitungszeit: 15 Minuten
Backzeit: 20 Minuten
Ergibt 18 Stück

2 TK-Blätterteige, aufgetaut und ausgerollt
2 Eier
185 ml Kokosmilch
feingeriebene Schale von 1 Limette
2 TL Limettensaft
200 g Krebsfleisch aus der Dose, abgetropft
1 EL frischer Schnittlauch, gehackt

1 Den Backofen auf 210 °C (Gas 3) vorheizen. Von 2 flachen Muffinblechen mit je 12 Vertiefungen 18 Förmchen leicht einfetten; aus dem Teig 18 Kreise (Ø 8 cm) ausstechen und hineinlegen.
2 Die Eier in einer kleinen Schüssel leicht verquirlen. Die restlichen Zutaten zugeben. Mit Salz und weißem Pfeffer würzen. In jede Teigschale 1 Eßlöffel Füllung geben.
3 Die Quiches 20 Minuten goldgelb backen. Sie gehen beim Backen auf, fallen jedoch hinterher wieder etwas zusammen. Warm servieren.

OBEN: Krebs-Limetten-Quiches

CROSTINI MIT PAPRIKA-ROULADE

Zubereitungszeit: 30 Minuten + Kühlzeit
Backzeit: 10 Minuten
Ergibt ca. 20 Stück

 ★★

2 rote Paprika
2 gelbe Paprika
8 große Spinatblätter
1 EL frische, glatte Petersilie, gehackt
1 kleine Baguette
2 EL Olivenöl
griebener Parmesan zum Garnieren

1 Paprika halbieren, Samen und Rippen entfernen. Mit der Außenseite nach oben im Ofen unter den heißen Grill legen, bis sie schwarz wird und Blasen wirft. In einem Gefrierbeutel abkühlen lassen, dann die Haut abziehen.
2 Vom Spinat die Stiele entfernen. Die Blätter in einer Schüssel mit kochendem Wasser bedecken; einige Minuten ruhen lassen, bis sie leicht zusammengefallen sind. Abtropfen und abkühlen lassen. Überschüssiges Wasser ausdrücken, die Blätter ausbreiten und mit Küchenpapier trockentupfen.
3 Auf einer ebenen Oberfläche Frischhaltefolie ausbreiten. Darauf die roten Paprika an den Enden überlappend zu einem Rechteck auslegen. Dann in einer zweiten Schicht die Spinatblätter ausbreiten sowie als dritte Schicht die gelben Paprika; dabei die Enden übereinanderlegen, so daß keine Lücken entstehen. Mit Petersilie bestreuen. Nun das Rechteck mit Hilfe der Folie längs fest aufrollen. Die Enden zusammendrücken. Die Rolle in Frischhaltefolie wickeln, die Enden fest zusammendrehen und 3 Stunden kühl stellen.
4 Den Backofen auf 200 °C (Gas 3) vorheizen. Die Baguette in 1 cm dicke Scheiben schneiden. Auf ein Backblech legen, leicht mit Olivenöl einpinseln, salzen und 5–10 Minuten goldgelb backen.
5 Von der Roulade die Folie entfernen, in $1^1/_2$ cm dicke Scheiben schneiden und auf die Crostini legen. Mit Öl beträufeln und Parmesan garnieren.
Vorbereitung: Brot und Belag können separat bis zu 6 Stunden im voraus zubereitet werden. Das Brot darf allerdings erst 30 Minuten vor dem Servieren belegt werden, sonst wird es weich.

CROSTINI MIT PAPRIKA-ROULADE

Nach dem Grillen und Abkühlen kann man die Haut der Paprika abziehen.

Paprika und Spinatblätter auf der Frischhaltefolie schichten.

Die gekühlte Roulade auswickeln und mit einem scharfen Messer in dünne Scheiben schneiden.

LINKS: Crostini mit Paprikaroulade

SCHNITTLAUCH-CRÊPES MIT FORELLE

Den Pfannenboden mit Teig bedecken, dann mit Schnittlauch bestreuen.

Die geräucherte Forelle auf die Arbeitsfläche legen und vorsichtig die Haut lösen.

Die Forelle in möglichst großen Stücken filetieren. Etwaige Gräten dabei entfernen.

OBEN: Schnittlauch-Crêpes mit geräucherter Forelle

SCHNITTLAUCH-CRÊPES MIT GERÄUCHERTER FORELLE

Zubereitungszeit: 45 Minuten + Ruhezeit
Kochzeit: 15–20 Minuten
Ergibt 20 Stück

 ★ ★

90 g Mehl
1 Ei und 1 Eigelb, leicht geschlagen
250 ml Milch
20 g Butter, zerlassen
2 EL frischer Schnittlauch, gehackt

Füllung

250 g geräucherte Forelle
125 g Doppelrahmfrischkäse, zimmerwarm
60 g Sauerrahm
60 ml Sahne
Tabascosauce
2 TL Zitronensaft
1 EL frischer Schnittlauch, gehackt
1 EL Kapern, abgetropft und zerkleinert
2 kleine Gewürzgurken, feingehackt
1 Karotte, in Julienne geschnitten

1 Selleriestange, in Julienne geschnitten
frischer Schnittlauch, in kleine Streifen geschnitten

1 Das Mehl in eine Schüssel sieben, in die Mitte eine Mulde drücken. Ei, Eigelb, Milch und Butter mischen, langsam zugeben und zu einem glatten Teig verrühren. In ein Gefäß zum Gießen füllen. Abgedeckt 30 Minuten ruhen lassen.
2 Eine Crêpe- oder Bratpfanne (Ø 20 cm) erhitzen und mit zerlassener Butter auspinseln. Ausreichend Teig hineingießen, so daß der Boden dünn bedeckt ist; überschüssigen Teig zurückgießen (ist der Teig zu dick, ein wenig Milch ergänzen). Etwas gehackten Schnittlauch über dem Teig verteilen und 30 Sekunden backen. Die Crêpe wenden und die andere Seite hellbraun backen. Auf einen Teller geben. Mit dem restlichen Teig ebenso verfahren.
3 Die Forelle enthäuten. Das Fleisch vorsichtig von den Gräten lösen und möglichst in ganzen Stücken filetieren. In 20 gleich große Stücke schneiden. Rahmkäse, Sauerrahm, Sahne und einige Tropfen Tabasco, Zitronensaft, gehackten Schnittlauch, Kapern und Gurken mischen.
4 Karotte und Sellerie 1 Minute in kochendem Wasser blanchieren und dann in kaltem Wasser abschrecken. Abtropfen lassen und mit Küchenpapier trockentupfen.

5 Die Crêpe nacheinander mit der Schnittlauchseite nach unten auf die Arbeitsfläche legen. Jeweils etwas Füllung darauf verteilen, dann halbieren. Jede Hälfte in der Mitte umklappen, so daß man den Schnittlauch sieht.

6 Auf jeder gefalteten Crêpe ein Stück Forelle, einige Karotten- und Selleriestreifen sowie 2-3 Schnittlauchhalme verteilen, dann fest zu einem Hörnchen zusammenrollen. Die Gemüsestreifen sollten dekorativ aus der Crêpe herausragen. Den oberen Rand jedes Hörnchens umklappen (mit einem Rest der Füllung haftet er besser). Abdecken und bis zum Servieren kalt stellen.

Vorbereitung: Crêpes und Füllung können am Vortag zubereitet und im Kühlschrank aufbewahrt werden. Oder die Crêpes einfrieren; dabei jeweils mit einer Schicht Butterbrotpapier voneinander trennen.

COCKTAILTÖRTCHEN

Zubereitungszeit: 30 Minuten + Kühlzeit
Backzeit: 10 Minuten
Ergibt ca. 30 Stück

180 g Mehl
100 g Butter, gekühlt und gewürfelt
30 g Parmesan, gerieben
1 Ei, leicht geschlagen

Füllung

Pesto, getrocknete Tomaten und schwarze Oliven

Oliven-Tapenade, hartgekochte Wachteleier und frische, glatte Petersilie

Doppelrahmfrischkäse, zerkleinerte Scheiben Räucherlachs, dünne Scheiben Minigurke und frisch gehackter Schnittlauch

1 Mehl und ¼ Teelöffel Salz in eine große Schüssel sieben. Butter zugeben und mit den Fingerspitzen zu einer feinen krümeligen Masse verreiben. Parmesan unterrühren. In die Mitte eine Vertiefung drücken. Das Ei und etwas Wasser zugeben; mit einem breiten Messer einarbeiten, bis sich die Zutaten zu Kügelchen verbinden. Dann vorsichtig zu einem Teig zusammenfassen und auf eine leicht bemehlte Arbeitsfläche legen. Zu einer Kugel formen. In Frischhaltefolie gewickelt 30 Minuten kalt stellen.

2 Den Backofen auf 210 °C (Gas 3) vorheizen. Zwei flache Muffinbleche mit je 12 Vertiefungen leicht fetten. Den Teig sehr dünn ausrollen; 30 Kreise (Ø 8 cm) ausstechen und in die Förmchen legen; rundum leicht einstechen. 8–9 Minuten goldgelb backen. Im Blech abkühlen lassen, dann herausnehmen und den Restteig backen.

3 Abgekühlt die Teigschalen unterschiedlich füllen.

Vorbereitung: Törtchen einige Tage vorher backen; luftdicht verschlossen lagern. Kurz vor dem Füllen bei 180 °C (Gas 2–3) aufbacken.

LINKS: Törtchen, von links: Oliven-Tapenade, Wachteleier und Petersilie; Pesto, sonnengetrocknete Tomaten und Oliven; Doppelrahmfrsichkäse, Lachs, Gurke und Schnittlauch

einstechen. 15 Minuten goldbraun backen. Die Temperatur auf 180 °C (Gas 2–3) reduzieren.
3 Das Öl in einem gußeisernen Topf erhitzen, und die Pilze darin bei mittlerer Hitze 5 Minuten gut bräunen. Vom Herd nehmen. Speck, Frühlingszwiebeln und Petersilie unterrühren. Mit Salz und Pfeffer würzen, abkühlen lassen.
4 Rahmkäse und Eier mit einem elektrischen Handrührgerät in einer kleinen Schüssel 5 Minuten verquirlen. Dann die abgekühlten Pilze unterrühren und die Masse auf die abgekühlte Teigschale gießen. 25 Minuten backen, bis der Belag fest und goldbraun ist. In der Form erneut abkühlen lassen, dann in Dreiecke schneiden.
Hinweis: Schmeckt tagesfrisch am besten.

ROSMARIN-KÄSE-PLÄTZCHEN

Zubereitungszeit: 10 Minuten + Kühlzeit
Backzeit: 20 Minuten
Ergibt ca. 50 Stück

125 g Mehl
100 g Butter, zerkleinert
1 EL Sauerrahm
60 g Cheddar, gerieben
65 g Parmesan, gerieben
3 TL frischer Rosmarin, gehackt
3 TL frischer Schnittlauch, gehackt

1 Den Backofen auf 180 °C (Gas 2–3) vorheizen. 2 Backbleche leicht mit zerlassener Butter oder Öl einfetten. Das Mehl mit etwas Salz und gemahlenem schwarzem Pfeffer in eine große Schüssel sieben. Die Butter zugeben und mit den Fingerspitzen zu einer feinen, krümeligen Masse verreiben.
2 Sauerrahm, Käse und Kräuter zugeben und mit einem breiten Messer mischen. Dann die Zutaten mit den Fingern zu einem glatten Teig verarbeiten. Zu einer Kugel formen und in Frischhaltefolie gewickelt 15 Minuten kalt stellen.
3 Gestrichene Teelöffel des Teigs zu Kugeln formen und auf die vorbereiteten Backbleche legen; dabei zum Aufgehen ausreichend Platz zwischen den Plätzchen lassen. Mit einer bemehlten Gabel leicht flach drücken.
4 15–20 Minuten goldgelb backen. Auf einem Kuchengitter abkühlen lassen.

PILZ-SPECK-DREIECKE

Zubereitungszeit: 15 Minuten
Backzeit: 45 Minuten
Ergibt 18 Dreiecke

2 Fertig-Mürbeteige, ausgerollt
1 Eigelb, leicht geschlagen
2 EL Öl
375 g Pilze, feingeschnitten
4 Scheiben Speck, feingeschnitten
4 Frühlingszwiebeln, feingehackt
15 g frische Petersilie, feingehackt
250 g Doppelrahmfrischkäse, streichfähig
4 Eier

1 Den Backofen auf 210 °C (Gas 3) vorheizen. Eine Backform (23 x 23 cm) leicht mit zerlassener Butter oder Öl auspinseln.
2 Einen Teig mit Eigelb einstreichen. Den anderen darauflegen; vorsichtig zusammenpressen, auf die Größe der Backform zurechtschneiden, hineinlegen und gleichmäßig mit einer Gabel

OBEN: Pilz-Speck-Dreiecke

KRÄUTERMUSCHEL-TÖRTCHEN

Zubereitungszeit: 30 Minuten
Backzeit: 15 Minuten
Ergibt 24 Stück

Füllung

2 kg Miesmuscheln

90 g Butter, weich

2 Knoblauchzehen, zerdrückt

2 EL frischer Schnittlauch, gehackt

2 EL frische glatte Petersilie, gehackt

24 Scheiben Weißbrot

60 g Butter, zerlassen

1 Die Muscheln mit einer festen Bürste säubern, die Bärte entfernen. Beschädigte Muscheln oder offene Muscheln, die sich bei Berührung nicht schließen, wegwerfen. Muscheln gut spülen. 500 ml Wasser in einem großen Topf zum Kochen bringen. Die Hälfte der Muscheln zugeben, den Deckel auflegen und 3–5 Minuten kochen, bis sie sich geöffnet haben. Muscheln, die sich nicht öffnen, wegwerfen. Anschließend die zweite Hälfte ebenso zubereiten. Die gekochten Muscheln sofort in kaltes Wasser geben und das Muschelfleisch aus den Schalen nehmen (sehr große Stücke halbieren). Mit Küchenpapier trockentupfen. Die Butter zu einer glatten Masse aufschlagen. Knoblauch, Schnittlauch und Petersilie untermischen und würzen.

2 Den Backofen auf 180 °C (Gas 2–3) vorheizen. Die Brotscheiben mit einem Rollholz flach drücken und aus jeder einen Kreis von 8 cm Ø ausstechen. Die Kreise beidseitig mit zerlassener Butter einstreichen und in 2 flache Muffinbleche mit je 12 Vertiefungen pressen. 8 Minuten knusprig und goldgelb backen.

3 Die Muscheln auf die warmen Brottörtchen verteilen und darüber vorsichtig die Kräuterbutter geben. 5 Minuten in den Backofen schieben, bis die Muscheln warm sind. Sofort servieren.

Vorbereitung: Man kann die Brottörtchen bis zu 6 Stunden im voraus backen; luftdicht verschlossen aufbewahren. Die Muscheln kann man bis zu 2 Stunden im voraus kochen; das Muschelfleisch abgedeckt kalt stellen. Vor dem Servieren die Törtchen zusammensetzen und erwärmen.

MIESMUSCHELN

Miesmuscheln sind zweischalige Muscheln, die an Felsen und Pfählen sitzen und kommerziell gezüchtet werden. Beim Kauf sollten sie geschlossen sein. Zerbrochene oder offene Muscheln, die sich bei Berührung nicht schließen, müssen weggeworfen werden. Vor dem Kochen müssen die Muscheln mit einer festen Bürste gut geschrubbt werden, um sie gründlich vom Schmutz zu säubern. Dann die faserigen Bärte entfernen und nochmals gut spülen. Sind die Muscheln extrem sandig, sollte man sie 1–2 Stunden in Salzwasser legen, damit Sand und kleine Steine ausgeschieden werden. Dann abwaschen und wie angegeben verarbeiten. Haben sich die Muscheln beim Kochen geöffnet, sind sie gar. Muscheln, die sich während des Garens nicht öffnen, sowie Muscheln mit ausgetrocknetem Fleisch wegwerfen.

LINKS: Kräutermuschel-Törtchen

STANGEN
Fast nichts ist so einfach zuzubereiten wie dekorative Blätterteigstangen. Bis zu 3 Tagen können sie luftdicht verschlossen gelagert und dann knusprig aufgebacken werden. Alle Rezepte lassen sich natürlich auch verdoppeln.

THYMIANSTANGEN

Einen fertig ausgerollten Blätterteig leicht mit geschlagenem Ei einstreichen. Darüber die Blätter von 1 Bund frischem Thymian verteilen – die harten Stiele wegwerfen – und leicht in den Teig drücken. Darauf einen zweiten Teig legen. In 2 cm breite Streifen schneiden. Die Enden jedes Streifens festhalten und zweimal gegeneinander drehen. Dann die Stangen auf ein leicht gefettetes Backblech legen. 10–15 Minuten bei 210 °C (Gas 3) backen, bis der Teig aufgegangen und goldgelb ist. Ergibt 12 Stück.

KÄSESTANGEN

Einen fertig ausgerollten Blätterteig auf die Arbeitsfläche legen und leicht mit geschlagenem Ei einstreichen. In 1½ cm breite Streifen schneiden. Die Enden jedes Streifens festhalten und zweimal gegeneinander drehen. Auf ein leicht gefettetes Backblech legen. Über die flachen Abschnitte der Stangen 3 Eßlöffel geriebenen Parmesan streuen. 10 Minuten bei 210 °C (Gas 3) goldgelb backen. Ergibt 16 Stück.

SESAM- UND MOHNSTANGEN

Einen fertig ausgerollten Blätterteig auf die Arbeitsfläche legen und leicht mit geschlagenem Ei einstreichen. Mit 1 Eßlöffel Sesam- oder Mohnsamen bestreuen; diese leicht in den Teig drücken. Dann in $1^1/_2$ cm breite Streifen schneiden. Die Enden jedes Streifens festhalten und zweimal gegeneinander drehen. Auf ein leicht gefettetes Backblech legen. 10 Minuten bei 210 °C (Gas 3) backen, bis der Teig aufgegangen und goldgelb ist. Ergibt 16 Stück.

PROSCIUTTO-STANGEN

Einen fertig ausgerollten Blätterteig auf die Arbeitsfläche legen und leicht mit geschlagenem Ei einstreichen. Dann in $1^1/_2$ cm breite Streifen schneiden. Die Enden jedes Streifens festhalten und zweimal gegeneinander drehen. Auf ein leicht gefettetes Backblech legen. 10 Minuten bei 210 °C (Gas 3) backen, bis der Teig aufgegangen und goldgelb ist. 8 Scheiben Prosciutto längs halbieren. Um jede Stange 1 Scheibe wickeln. Ergibt 16 Stück.

SPARGELSPITZEN

Einen fertig ausgerollten Blätterteig auf die Arbeitsfläche legen und leicht mit geschlagenem Ei einstreichen. In $1^1/_2$ cm breite Streifen schneiden. Jeden Streifen mit etwas Ei am einen Ende einer blanchierten grünen Spargelstange befestigen. Um den Spargel wickeln, das Teigende wieder mit Ei einstreichen und am anderen Ende erneut befestigen. Auf ein leicht gefettetes Backblech legen. 10–15 Minuten bei 210 °C (Gas 3) goldgelb backen. Ergibt 16 Stück.

ZÖPFE MIT GETROCKNETEN TOMATEN

Einen fertig ausgerollten Blätterteig auf die Arbeitsfläche legen und leicht mit geschlagenem Ei einstreichen. Dann in 1 cm breite Streifen schneiden. 3 Streifen am oberen Ende zusammendrücken und zu einem Zopf flechten. In Abständen Scheiben getrockneter Tomaten einflechten (dafür benötigt man 40 g Tomaten). Die Zöpfe auf ein leicht gefettetes Backblech legen und 10–15 Minuten bei 210 °C (Gas 3) backen, bis der Teig aufgegangen und goldgelb ist. Ergibt 8 Stück.

VON LINKS: Thymianstangen; Käsestangen; Sesam- und Mohnstangen; Prosciutto-Stangen; Spargelspitzen; Zöpfe mit getrockneten Tomaten

59

PUTEN-PREISELBEER-PIKELETS

Zubereitungszeit: 25 Minuten + Ruhezeit
Kochzeit: 15 Minuten
Ergibt ca. 30 Stück

★

125 g Mehl

1 TL Backpulver, gehäuft

1 Ei plus 1 Eigelb

315 ml Milch

25 g Butter, zerlassen

3 EL Mayonnaise

150 g Putenaufschnitt, zerkleinert

3 EL Preiselbeersauce

60 g Alfalfasprossen

3 hartgekochte Eier, in Scheiben geschnitten

OBEN: Puten-Preiselbeer-Pikelets

1 Mehl, Backpulver und 1 Prise Salz in eine Schüssel sieben. In die Mitte eine Vertiefung drücken. Ei, Eigelb, Milch und die zerlassene Butter mit einem Schneebesen leicht verquirlen. Nach und nach unter Schlagen zum Mehl geben, so daß ein glatter Teig ohne Klumpen entsteht. Abgedeckt 30 Minuten ruhen lassen.

2 Eine Bratpfanne erhitzen und mit Öl oder zerlassener Butter auspinseln. Dann eßlöffelweise kleine Teigkreise nebeneinander hineinsetzen; dabei ausreichend Abstand lassen, da sie sich ausbreiten. Bei mittlerer Hitze backen, bis sich an der Oberfläche kleine Blasen bilden und die Unterseite goldgelb ist. Pikelets wenden und die andere Seite backen. Auf einen Teller geben, mit einem Geschirrhandtuch abdecken und abkühlen lassen, während der restliche Teig verarbeitet wird.

3 Die Pikelets mit Mayonnaise einstreichen und mit kleingeschnittenem Putenaufschnitt, Preiselbeeren und Alfalfasprossen sowie einer Scheibe Ei belegen.

Vorbereitung: Man kann die Pikelets am Vortag backen und abgedeckt im Kühlschrank aufbewahren oder nebeneinander bis zu 2 Monaten einfrieren.

ÜBERBACKENE PILZE

Zubereitungszeit: 40 Minuten
Backzeit: 20 Minuten
Ergibt 48 Stück

★

8 Scheiben Weißbrot, Kanten entfernt

80 g Butter, zerlassen

1 EL Olivenöl

1 Knoblauchzehe, zerdrückt

1/2 kleine Zwiebel, feingehackt

375 g kleine Champignons, in dünne Scheiben
    geschnitten

1 EL trockener Sherry

80 g Sauerrahm

2 TL Speisestärke

1 EL frische Petersilie, feingehackt

1 TL frischer Thymian, feingehackt

30 g Parmesan, gerieben

1 Den Backofen auf 180 °C (Gas 2–3) vorheizen. Das Brot beidseitig mit Butter einstreichen. Jede Scheibe längs halbieren und jede Hälfte nochmals quer dritteln. 5–10 Minuten auf einem Backblech goldgelb und knusprig rösten.
2 Öl in einer großen Bratpfanne erhitzen; Knoblauch und Zwiebeln bei schwacher Hitze unter Rühren glasig dünsten. Die Pilze zugeben. Bei mittlerer Hitze weitere 5 Minuten gar dünsten. Mit Salz und Pfeffer würzen.
3 Sherry zugießen. Sauerrahm und Speisestärke mischen und ebenfalls zugeben. Unter Rühren aufkochen und eindicken lassen. Vom Herd nehmen. Kräuter einrühren. Abkühlen lassen.
4 Die Pilze auf den Brotscheiben verteilen und mit Parmesan bestreuen. Auf einem Backblech zum Erwärmen 5 Minuten in den Backofen stellen. Zum Servieren nach Wunsch mit frischen Kräutern garnieren.
Hinweis: Für eine Pâté die Pilzmischung pürieren, in kleine Schalen füllen und kalt stellen.
Vorbereitung: Das Brot bis zu 4 Tagen vorher backen; luftdicht verschlossen lagern. Vor dem Servieren den Belag zubereiten und überbacken.

OBEN: Überbackene Pilze

2 Butter in einem Topf zerlassen; die Zwiebeln mit dem Speck bei mittlerer Hitze ca. 3 Minuten glasig dünsten. Mehl einrühren, 2 Minuten kochen. Vom Herd nehmen und nach und nach den beiseite gestellten Sud unterrühren. Wieder auf den Herd stellen. Die Sauce unter Rühren aufkochen und eindicken lassen. Sahne, Zitronensaft und fast die gesamte Petersilie zugeben. Abschmecken.
3 Die Pasteten 5 Minuten im Backofen erhitzen. Die Sauce aufwärmen, die Meeresfrüchte zugeben und ebenfalls erhitzen. Auf die Pasteten verteilen und mit Petersilie garniert servieren.

ZIEGENKÄSE-TÖRTCHEN

Zubereitungszeit: 40 Minuten + Kühlzeit
Backzeit: 25 Minuten
Ergibt 30 Stück

250 g Mehl
150 g gekühlte Butter, zerkleinert
2–4 EL Milch

Füllung

12 getrocknete Tomaten, in Scheiben geschnitten
200 g Ziegenkäse, zerkleinert
2 EL frisches Basilikum, geschnitten
20–30 schwarze Oliven, in Scheiben geschnitten
2 EL Frühlingszwiebeln, nur die grünen Abschnitte, gehackt
4 Eier, leicht geschlagen
250 ml Sahne

1 Mehl und 1 Prise Salz in eine Schüssel sieben. Butter zugeben und mit den Fingerspitzen zu einer krümeligen Mischung verreiben. Mit dem Messer so viel Milch einarbeiten, daß ein glatter Teig entsteht. Auf einer bemehlten Fläche zu einer Kugel formen. In Frischhaltefolie gewickelt 30 Minuten kalt stellen.
2 Backofen auf 180 °C (Gas 2–3) vorheizen. Den Teig 2 mm dick ausrollen. 30 Kreise (Ø 8 cm) ausstechen. 2 leicht gefettete, flache Muffinbleche mit je 12 Vertiefungen auslegen; leicht einstechen. 7 Minuten backen – die Törtchen sollten noch hell sein. Die restlichen Kreise backen.
3 Die Tomaten auf den Törtchen verteilen. Mit Käse, Basilikum, Oliven und Zwiebel belegen. Eier und Sahne verquirlen, salzen und pfeffern. Über die Füllung gießen und 15 Minuten backen, bis diese gerade fest ist. Mit den restlichen Zutaten ebenso verfahren. Schmeckt warm und kalt.

VOL-AU-VENTS MIT GARNELEN UND MUSCHELN

Zubereitungszeit: 25 Minuten
Kochzeit: 20 Minuten
Ergibt 36 Stück

250 ml Fischsud
250 ml Weißwein
250 g Jakobsmuscheln
250 g rohe Garnelen ohne Schale
60 g Butter
4 Frühlingszwiebeln, feingehackt
1 Scheibe Frühstücksspeck, feingeschnitten
30 g Mehl
125 ml Sahne
1 TL Zitronensaft
30 g frische Petersilie, feingehackt
36 kleine, fertige Vol-au-vents (Pasteten)

1 Sud und Wein in einem Topf zum Köcheln bringen, Muscheln und Garnelen 2–3 Minuten garen. Mit einem Schaumlöffel herausnehmen, abkühlen lassen und zerkleinern. 250 ml des Suds beiseite stellen. Während die Sauce zubereitet wird, die Meeresfrüchte kalt stellen. Den Backofen auf 160 °C (Gas 1) vorheizen.

OBEN: Vol-au-vents mit Garnelen und Muscheln

Die Brotscheiben nach ca.
5 Minuten wenden und
weiterbacken, bis sie goldbraun sind.

Überschüssige Flüssigkeit
aus dem Spinat drücken
und dann auf Küchenpapier
abtropfen lassen.

Pimientos gleichmäßig auf
dem Käse verteilen; dann
die Roulade mit Hilfe der
Frischhaltefolie aufrollen.

KÄSE-SPINAT-BRUSCHETTA

Zubereitungszeit: 30 Minuten
Kochzeit: 10 Minuten
Ergibt ca. 24 Stück

 ★★

1 Baguette

2 EL Öl

500 g Spinat, großblättrig

90 g Doppelrahmfrischkäse, streichfähig

90 g Ziegenkäse

3 EL eingelegte Pimientos (spanische Paprika-
    schoten), abgetropft und feingehackt

1 Backofen auf 200 °C (Gas 3) vorheizen. Die
Baguette in 24 dünne Scheiben schneiden und
beidseitig dünn mit Öl einstreichen. Nebeneinander auf ein Backblech legen und 10 Minuten
hellbraun rösten. Dabei einmal wenden. Anschließend aus dem Ofen nehmen und abkühlen
lassen.

2 Die Stiele vom Spinat entfernen; die Blätter in
einer Schüssel mit kochendem Wasser übergießen und einige Minuten ruhen lassen, bis sie
leicht zusammengefallen sind. Abgießen und
abkühlen lassen. Überschüssige Flüssigkeit ausdrücken und auf Küchenpapier abtropfen lassen.
3 Die Spinatblätter sich überlappend auf einer
Frischhaltefolie zu einem 25 x 20 cm großen
Rechteck ausbreiten. Den Rahm- und den
Ziegenkäse zu einer glatten Mischung verrühren
und vorsichtig auf dem Spinat verteilen. Darauf
erneut gleichmäßig die Pimientos streuen. Dann
das Rechteck mit Hilfe der Folie vorsichtig
aufrollen. Die Folie entfernen und die Roulade
mit einem scharfen Messer in dünne Scheiben
schneiden. Auf dem Brot servieren.
Hinweis: Spinat und Pimientos sorgfältig
abtropfen lassen, sonst wird der Käse wäßrig.
Vorbereitung: Die Brotscheiben können mehrere Tage vorher gebacken und dann luftdicht
verschlossen aufbewahrt werden. Die Roulade
kann man am Vortag zubereiten und in Folie
gewickelt im Kühlschrank lagern. Erst kurz vor
dem Servieren anrichten.

*OBEN: Käse-Spinat-
Bruschetta*

63

PARMESAN-TÜTCHEN

Die Ausstechform wieder auf das umgedrehte Papier setzen und mit der Mischung aus Parmesankäse und Paprikapulver bis an den Rand ausstreuen.

Die Kreise mit einem Spatel vom Backblech lösen und um das Ende einer Schillerlocke wickeln, so daß eine Tüte entsteht.

GEGENÜBERLIEGENDE SEITE: Thunfischtörtchen mit Apfelmayonnaise (links); Parmesan-Tütchen

THUNFISCHTÖRTCHEN MIT APFELMAYONNAISE

Zubereitungszeit: 1 Stunde + Marinier- + Kühlzeit
Kochzeit: 10–15 Minuten
Ergibt ca. 48 Stück

★★

375 g Thunfisch, am Stück, ohne Haut
24 hartgekochte Wachteleier, halbiert, zum Garnieren
45 g frische Korianderblätter zum Garnieren

Salzlake

500 g Steinsalz
375 g Zucker
$1/2$ TL schwarzer Pfeffer, gemahlen
1 TL Ingwer, gemahlen

Filoteigtörtchen

250 g Filo- oder Strudelteig
250 g Butter, zerlassen

Apfelmayonnaise

2 EL Apfelmus
250 ml Mayonnaise
2 EL Sahne, geschlagen

1 Zum Marinieren eine große, flache Glasschale verwenden. Den Fisch zunächst längs in 3 cm breite Streifen und dann auf die Größe der Schale zurechtschneiden.
2 Die Zutaten für die Salzlake mischen. Dann abwechselnd mit dem Thunfisch in der Schale schichten; dabei mit einer Schicht Lake beginnen und enden. Beschwert 4 Stunden kühl stellen.
3 Den Fisch herausnehmen und unter fließend kaltem Wasser abspülen. Gut trockentupfen. Wird er nicht sofort verwertet, in ein öliges Stück Stoff wickeln, damit er nicht austrocknet. Vor dem Schneiden in den Kühlschrank stellen.
4 Den Backofen auf 190 °C (Gas 2–3) vorheizen. Für die Teigschalen 6 Blätter Filoteig übereinanderlegen, jedes Blatt mit Butter einstreichen. Den Restteig unter einem feuchten Tuch aufbewahren.
5 Kreise (Ø 8 cm) aus dem Teig ausstechen. Falls nötig, mit einer Schere durchtrennen. In 2 flache Muffinbleche mit je 12 Vertiefungen – gebutterte Seite nach unten – legen, festdrücken und mit einer Gabel einstechen. Die Bleche mindestens 10 Minuten in den Gefrierschrank stellen (eventuell am Vortag). Währenddessen die restlichen Kreise ausstechen; abdecken, damit sie nicht austrocknen.

6 4–5 Minuten backen. Aus den Formen nehmen und auf einem Kuchengitter abkühlen lassen. Die restlichen Teigschalen backen.
7 Für die Apfelmayonnaise erst das Apfelmus dann die Sahne unter die Mayonnaise heben. Gegebenenfalls mit Salz und Pfeffer würzen.
8 Den Thunfisch mit einem scharfen Messer quer zur Faser in hauchdünne Scheiben schneiden. 1 Teelöffel Mayonnaise in jedes Törtchen setzen. Darauf 1 Scheibe Fisch, $1/2$ Wachtelei und 1 Korianderblatt legen. Sofort servieren.
Hinweis: Wachteleier 5 Minuten sprudelnd kochen und in kaltem Wasser abkühlen lassen.

PARMESAN-TÜTCHEN

Zubereitungszeit: 40 Minuten
Backzeit: 30 Minuten
Ergibt 36 Stück

★★

150 g Parmesan, feingerieben
1 Prise Paprikapulver
150 g Ricotta
2 TL Zitronensaft
$1^1/2$ EL Milch
2 TL frischer Schnittlauch, gehackt, plus längere Halme zum Garnieren
3 Scheiben Prosciutto
2 frische Feigen, kleingeschnitten

1 Den Backofen auf 220 °C (Gas 3–4) vorheizen. 2 Backbleche mit Backpapier auslegen. Mit Hilfe einer Ausstechform Kreise (Ø 7 cm) auf das Papier zeichnen. Dann umdrehen. Die Ausstechform wieder auf die Kreise setzen, Parmesan und Paprika mischen und je 3 Teelöffel der Mischung gleichmäßig auf jeden Kreis verteilen.
2 Je 3–4 Kreise ca. 3 Minuten backen, bis der Käse geschmolzen und goldbraun ist. Mit einem Spatel lösen und um eine Schillerlocke zu einer Tüte wickeln. Abkühlen lassen. Erhärten die Parmesankreise zu schnell, nochmals ca. 10 Sekunden in den Backofen stellen.
3 Ricotta, Zitronensaft und Milch in einer Schüssel zu einer glatten Masse verquirlen. Den gehackten Schnittlauch zugeben und mit Salz und frisch gemahlenem Pfeffer würzen.
4 Prosciutto knusprig grillen. Abkühlen lassen, dann in 2 cm lange Stücke brechen. Vorsichtig 2 Teelöffel der Käsemischung in jedes Tütchen füllen. Die Enden mit je 1 Stück Feige, Prosciutto und Schnittlauch garnieren.

SESAMSTAPEL

Zubereitungszeit: 35 Minuten + Ruhezeit
Kochzeit: 15–20 Minuten
Ergibt ca. 30 Stück

185 g Mehl

2 TL Backpulver

4 EL Sesamsamen, geröstet

2 TL Orangenschale, feingerieben

2 Eier

2 TL Sesamöl

250 ml Milch

4 EL Orangensaft

125 g getrocknete Tomaten,
  feingeschnitten

Füllung

200 g Doppelrahmfrischkäse, weich

2 EL frischer Koriander, gehackt

1 Mehl, Backpulver und 1 Prise Salz in eine Schüssel sieben, Sesamsamen und Orangenschale unterrühren. In die Mitte eine Vertiefung drücken. Eier, Sesamöl, Milch und Orangensaft mischen; mit einer Gabel nach und nach unterrühren, so daß ein glatter, klumpenfreier Teig entsteht. 15 Minuten ruhen lassen.
2 Eine Bratpfanne erhitzen. Leicht mit zerlassener Butter oder Öl auspinseln. 80 ml Teig hineingießen. Bei mittlerer Hitze 3–4 Minuten backen, bis sich Blasen an der Oberfläche bilden. Wenden und die andere Seite backen. Auf einen Teller geben und mit einem Geschirrtuch abdecken, während der Restteig verarbeitet wird.
3 Mit Ausstechern verschiedene Formen ausstechen (je 3 werden zusammengesetzt, beim Ausstechen also auf die richtige Anzahl achten).
4 Für die Füllung Rahmkäse und Koriander mischen und damit je 3 Kekse zusammensetzen. Mit getrockneten Tomaten garnieren.
Vorbereitung: Sesamstapel am Vortag ausstechen und zusammensetzen; luftdicht verschlossen im Kühlschrank aufbewahren.

GETROCKNETE TOMATEN

Zum Trocknen werden Tomaten gewöhnlich halbiert, mit Salz bestreut und in die Sonne gelegt. Manchmal werden sie auch im Backofen getrocknet. Durch das Salz werden sie zwar konserviert, sind aber zum Essen ungeeignet. Daher müssen sie zunächst erst einige Stunden in Wasser quellen, damit das Salz abgespült wird. Es gibt auch die Möglichkeit, sie in Essig und Wasser einzulegen, abtropfen und trocknen zu lassen und dann in einer Mischung aus Olivenöl und Geschmacksstoffen einzulegen, beispielsweise Kräuter und Knoblauch. Getrocknete Tomaten sind fast überall erhältlich und verleihen vielen Speisen ein wunderbares Aroma.

RECHTS: Sesamstapel

PAPRIKA-PIKELETS MIT PROSCIUTTO

Zubereitungszeit: 30 Minuten + Ruhezeit
Kochzeit: 25 Minuten
Ergibt ca. 20 Stück

1 kleine rote Paprikaschote

125 g Mehl

1/2 TL Natron

315 ml Buttermilch

1 Ei

50 g Butter, zerlassen

130 g Mais aus der Dose, abgetropft

1 EL frischer Schnittlauch, feingehackt, plus
   zusätzlicher Schnittlauch zum Garnieren

250 ml Crème fraîche oder Sauerrahm

5 Scheiben Prosciutto, in Streifen geschnitten

1 Die Paprika in große Stücke schneiden, Samen und Rippen entfernen. Mit der Außenseite nach oben im Backofen grillen, bis die Haut schwarz ist und Blasen wirft. In einem Gefrierbeutel abkühlen lassen, dann die Haut abziehen. Das Fruchtfleisch fein hacken.

2 Mehl, Natron und 1 Prise Salz in eine Schüssel sieben. In die Mitte eine Vertiefung drücken. Buttermilch, Ei und Butter mischen; nach und nach zum Mehl geben. Solange mischen, bis sich die Zutaten gerade zu einem glatten Teig verbunden haben. Vorsichtig Paprika, Mais und Schnittlauch unterheben. Nicht zu stark mischen.

3 Eine Bratpfanne erhitzen und mit zerlassener Butter oder Öl einfetten. Für jedes Pikelet 2 Teelöffel Teig mit ausreichend Abstand zueinander in die Pfanne geben. Backen, bis sich an der Oberfläche Blasen bilden. Wenden und die andere Seite backen. Auf einen Teller legen und mit einem Geschirrtuch abdecken, während der restliche Teig verarbeitet wird.

4 Jedes Pikelet mit 1 Teelöffel Crème fraîche und 1 Streifen Prosciutto belegen. Mit frischem Schnittlauch garnieren.

OBEN: Paprika-Pikelets mit Prosciutto

MINI-QUICHES
Es geht ganz schnell: Teig-
schalen nach Rezept backen und dann unterschiedlich füllen. Bei vielen Gästen kann
man auch zwei Bleche vorbereiten und sie gleichzeitig backen.

TEIGSCHALEN
Den Backofen auf 200 °C (Gas 3) vorheizen. 2 flache Muffinbleche mit je 12 Vertiefungen fetten. Aus 2 fertig ausgerollten
Mürbeteigen jeweils 12 Kreise (Ø 8 cm)
ausstechen und in die Förmchen legen.
Dann die Teigschalen beliebig füllen und
wie im jeweiligen Rezept angegeben
backen. Noch warm aus den Formen
heben und auf einem Kuchengitter
abkühlen lassen. Ergibt 24 Stück.

ZWIEBELKUCHEN-QUICHE
2 Teelöffel Öl in einem großen Topf
erhitzen. Darin 1 große, feingehackte
Zwiebel mit aufgelegtem Deckel bei
mittlerer Hitze 30 Minuten goldgelb
dünsten (die Zwiebel muß langsam gegart
werden, damit sich ihre Süße entfaltet,
daher diesen Schritt nicht übereilen).
Zum Abkühlen in eine Schüssel füllen.
125 g feingeschnittenen Speck in dem
Topf kroß braten. Mit der Zwiebel

mischen, 3 Teelöffel körnigen Senf
zugeben und mit Pfeffer würzen. Auf die
Teigschalen verteilen. 2 Eier und 125 ml
Milch verquirlen und in die Förmchen
gießen. 15–20 Minuten backen, bis die
Quiches aufgegangen und goldgelb sind.

ZIEGENKÄSE UND
GETROCKNETE TOMATEN
60 g zerbröckelten Ziegenkäse und 60 g
kleingeschnittene, getrocknete Tomaten

mischen und auf die Teigschalen verteilen. 2 Eier, 125 ml Milch und 3 Eßlöffel frisches, gehacktes Basilikum verquirlen. Würzen und in die Förmchen gießen. 15–20 Minuten backen, bis die Quiches aufgegangen und goldgelb sind.

APFEL-ZWIEBEL-CURRY

Etwas Öl in einem Topf erhitzen. Darin 1 kleine, in dünne Scheiben geschnittene Zwiebel anbraten; dann 1 kleinen geschälten und geriebenen grünen Apfel zugeben. Mit $^1/_4$ Teelöffel Curry würzen. 1 Minute unter Rühren garen. Etwas abkühlen lassen. 1 gehäuften Teelöffel der Mischung in jede Teigschale geben. 125 ml Milch, 2 leicht geschlagene Eier und 2 Eßlöffel Sahne vermischen und darüber gießen. Mit etwas geriebenem Cheddar (insgesamt ca. 20 g) bestreuen. 15–20 Minuten backen, bis die Quiches aufgegangen und goldgelb sind.

KRÄUTER-SAHNE-QUICHE

2 geschlagene Eier, 2 Eßlöffel Milch, 125 ml Sahne, 2 Teelöffel frischen, gehackten Schnittlauch und je 1 Teelöffel gehackten Dill, Thymian und Petersilie mischen. In die Teigschalen gießen und mit geriebenem Parmesan (insgesamt ca. 2 Eßlöffel) bestreuen. 15–20 Minuten backen, bis die Quiches aufgegangen und goldgelb sind.

RÄUCHERLACHS

100 g Doppelrahmfrischkäse, 60 ml Sahne und 2 Eier in der Küchenmaschine vermischen; je nach Geschmack einige zerstoßene schwarze Pfefferkörner zugeben. Etwas frischen, zerkleinerten Räucherlachs (insgesamt ca. 100 g) auf die Teigschalen verteilen. Darauf die Rahmkäsemischung gießen. 15–20 Minuten backen, bis die Quiches aufgegangen und goldgelb sind.

MAIS UND PAPRIKA

130 g Mais aus der Dose abtropfen lassen. Anschließend mit 40 g geriebenem Cheddar und $^1/_2$ feingewürfelten, roten Paprika vermischen. 2 Eier, 170 ml Sahne, 2 Teelöffel Dijon-Senf und 1 Spritzer Tabascosauce in einem Gefäß zum Gießen mischen und mit Salz und Pfeffer würzen. Die Maismischung mit einem Löffel gleichmäßig auf die Teigschalen verteilen und fast bis zum Rand mit der Eimischung auffüllen. 15–20 Minuten backen, bis die Quiches aufgegangen und goldgelb sind.

QUICHES, VON LINKS: Zwiebelkuchen-Quiche; Ziegenkäse und getrocknete Tomaten; Apfel-Zwiebel-Curry; Kräuter-Sahne-Quiche; Räucherlachs; Mais und Paprika

ROTE ZWIEBELN

Rote Zwiebeln sind im Vergleich zu anderen Zwiebelsorten relativ süß und mild. Sie werden häufig gehackt oder in Scheiben geschnitten roh in Salsas und Salaten verwendet. Am besten werden sie im Gemüsefach des Kühlschranks aufbewahrt.

OBEN: Krebsfleischküchlein mit Avocado-Salsa

KREBSFLEISCHKÜCHLEIN MIT AVOCADO-SALSA

Zubereitungszeit: 25 Minuten + Kühlzeit
Kochzeit: ca. 15 Minuten
Ergibt 20 Stück

2 Eier
340 g Krebsfleisch aus der Dose, abgetropft
2 Frühlingszwiebeln, feingehackt
1 EL Mayonnaise
2 TL süße Chilisauce
100 g frisches Paniermehl
Öl zum Braten

Avocado-Salsa

2 reife Eiertomaten, gewürfelt
1 kleine rote Zwiebel, feingehackt
1 große Avocado, feingewürfelt
3 EL Limettensaft
2 EL frische Kerbelblätter
1 TL feiner Zucker

1 Die Eier in einer Schüssel leicht verquirlen. Krebsfleisch, Frühlingszwiebeln, Mayonnaise, Chilisauce und Paniermehl zugeben und gut untermischen. Würzen und abgedeckt 30 Minuten kalt stellen.
2 Für die Avocado-Salsa alle Zutaten in eine Schüssel geben und mit Salz und Pfeffer würzen. Die Zutaten vorsichtig vermengen.
3 Mit feuchten Händen aus der Krebsfleischmischung 20 kleine flache Küchlein formen. In einem großen, gußeisernen Topf 3 cm Öl erhitzen. Die Krebsfleischküchlein bei mittlerer Hitze ca. 3 Minuten von jeder Seite goldbraun braten. Gut auf Küchenpapier abtropfen lassen und sofort zur Avocado-Salsa servieren, die nach Geschmack auf den Küchlein verteilt wird.
Vorbereitung: Die Krebsfleischmischung kann am Vortag zubereitet werden; abgedeckt im Kühlschrank aufbewahren. Die Salsa erst kurz vor dem Servieren zubereiten.

PINIENKERNE

Pinienkerne haben einen süßlichen Geschmack und sind ein wichtiger Bestandteil von Pesto. Zudem verwendet man sie in Salaten, Pilaw, Pastasaucen und in Gemüse- und Geflügelfüllungen. Da Pinienkerne einen hohen Fettgehalt haben, werden sie schnell ranzig. Sie sollten daher luftdicht verschlossen im Gefrier- oder Kühlschrank gelagert werden.

PILZE MIT PESTO AUF SAUERTEIGBROT

Zubereitungszeit: 20 Minuten
Kochzeit: 20–25 Minuten
Ergibt 24 Stück

Pesto

25 g frische Basilikumblätter

30 g Parmesan, gerieben

2 EL Pinienkerne, geröstet

2 EL Olivenöl

1 kleine Knoblauchzehe, zerdrückt

$2^{1}/_{2}$ EL Olivenöl

1 Sauerteigmeterbrot, in 24 Scheiben à 1 cm Dicke geschnitten

500 g kleine Champignons, in dünne Scheiben geschnitten

3 TL Balsamico-Essig

80 g Prosciutto, feingeschnitten

1 Für den Pesto Basilikum, Parmesan und Pinienkerne in der Küchenmaschine feinhacken. Bei laufendem Motor langsam das Öl in einem dünnen Strahl zugießen und zu einer glatten Paste verarbeiten. Mit Salz und Pfeffer würzen.
2 Den Knoblauch mit 2 Eßlöffeln Olivenöl in einer kleinen Schale mischen. Die Brotscheiben damit beidseitig einstreichen. Dann auf Backbleche legen und bei mittlerer Temperatur unter dem Backofengrill beidseitig bräunen.
3 Der restliche $^{1}/_{2}$ Eßlöffel Olivenöl in einer großen Bratpfanne erhitzen. Die Pilze darin bei mittlerer Hitze 3–4 Minuten erwärmen. Eventuell entstehende Flüssigkeit abgießen. Den Pesto und den Essig zu den Pilzen geben, untermischen und alle Zutaten bei schwacher Hitze unter Rühren 1–2 Minuten erwärmen.
4 Den Backofen auf 200 °C (Gas 3) vorheizen. Die Toasts mit den Pilzen und je 1 Stück Schinken belegen. 6 Minuten auf einem Backblech backen, bis der Prosciutto knusprig ist. Sofort servieren.
Vorbereitung: Den Pesto kann man bis zu 3 Tagen im voraus zubereiten. Abdecken und kalt stellen. Oder in einer Eiswürfelschale oder einem kleinen Behälter einfrieren. Sind keine Sauerteigbrote erhältlich, können andere Meterbrote verwendet werden.

OBEN: Pilze mit Pesto auf Sauerteigbrot

FRÜHLINGSZWIEBELN

Frühlingszwiebeln, die mancherorts auch als Lauchzwiebeln bezeichnet werden, sind unreife Zwiebeln, die geerntet werden, bevor sich die Knolle ausgebildet hat. Sie werden bundweise verkauft. Vor der Verwendung müssen sie gründlich gewaschen und Wurzeln sowie Spitzen abgeschnitten werden. Sie benötigen nur eine relativ kurze Garzeit. Bei manchen Speisen werden sie daher erst kurz vor dem Servieren zugegeben; häufig verwendet man sie aufgrund ihres milden Zwiebelgeschmacks auch roh in Salaten.

GEGENÜBERLIEGENDE SEITE: Florentiner-Brötchen mit Mortadella und Artischocke (oben links); Lamm auf Polenta

FLORENTINER-BRÖTCHEN MIT MORTADELLA UND ARTISCHOCKE

Zubereitungszeit: 30 Minuten
Kochzeit: 15 Minuten
Ergibt 60 Stück

100 g Spinat, großblättrig
20 g Butter
3 Frühlingszwiebeln, in dünne Scheiben geschnitten
150 g Mehl, gemischt mit 1¹/₂ TL Backpulver
50 g Parmesan, gerieben
ca. 80 ml Milch, plus 2 TL Milch extra
200 g Artischocken in Olivenöl, abgetropft
60 ml Crème double
100 g Mortadella, dünn geschnitten
1¹/₂ EL Pistazien, feingehackt

1 Den Backofen auf 220 °C (Gas 3–4) vorheizen. Spinat waschen und zugedeckt bei mittlerer Hitze 2 Minuten in einem Stieltopf leicht zusammenfallen lassen. Abgießen und abkühlen lassen. Überschüssige Flüssigkeit mit den Händen ausdrücken, dann den Spinat kleinhacken.
2 Die Butter in einem kleinen Topf erhitzen; Zwiebeln darin bei mittlerer Hitze 2 Minuten sehr weich dünsten.
3 Das mit Backpulver gemischte Mehl in eine Schüssel sieben. Spinat, Zwiebeln und Parmesan unterrühren. In die Mitte eine Vertiefung drücken und mit einem breiten Messer soviel Milch einarbeiten, daß ein weicher, klebriger Teig entsteht. Auf einer leicht bemehlten Fläche vorsichtig zu einem glatten Teig verkneten. 1¹/₂ cm dick ausrollen, dann 30 Kreise (Ø 4 cm) ausstechen. Ein Backblech leicht fetten. Die Kreise so darauf verteilen, daß sie sich fast berühren. Die Oberseiten dünn mit der zusätzlichen Milch bestreichen. Auf mittlerer Schiene 10–12 Minuten goldbraun backen.
4 In der Zwischenzeit die Artischocken in der Küchenmaschine pürieren. Crème double zugeben und bei hoher Geschwindigkeit kurz mischen, allerdings nicht zu lange, sonst könnte die Sahne gerinnen. Mit Salz und Pfeffer würzen.
5 Zum Servieren die Brötchen aufschneiden, jede Hälfte mit Artischockensahne bestreichen und mit zerrissenen und gefalteten Mortadellascheiben belegen. Mit Pistazien bestreuen.
Vorbereitung: Die Brötchen schmecken am besten am Zubereitungstag. Die Artischockensahne am Vortag zubereiten und kalt stellen.

LAMM AUF POLENTA

Zubereitungszeit: 15 Minuten
Kochzeit: 15 Minuten
Ergibt 24 Stück

750 ml Hühnerbrühe
100 g Instant-Polenta
2 EL Parmesan, gerieben
2 Lammfilets (150 g)
Öl zum Braten
¹/₄ kleine Gurke, in dünne Scheiben geschnitten
3 EL Naturjoghurt

1 Ein flaches Blech (20 x 30 cm) leicht einfetten. Die Brühe in einem Stieltopf zum Kochen bringen. Polenta zugeben und auf mittlerer Hitze 5 Minuten unter Rühren erhitzen, bis sie dick wird. Vom Herd nehmen. Den Parmesan einrühren, mit Salz und Pfeffer würzen. Auf dem Blech verteilen und abkühlen lassen.
2 Dann daraus Kreise (Ø 4 cm) ausstechen. Vom Lammfilet Fett und Sehnen entfernen.
3 Etwas Öl in einer Pfanne erhitzen; das Filet rundum braten, bis die gewünschte Garstufe erreicht ist – für mittel durchgebratenes Fleisch ca. 3 Minuten von jeder Seite. Dann aus der Pfanne nehmen und diese auswischen. Wieder etwas Öl hineingeben und die Polentakreise goldbraun braten. Ebenfalls aus der Pfanne nehmen.
4 Die Gurkenscheiben vierteln. Das Lamm dünn aufschneiden und auf der Polenta verteilen. Darauf 1 Klacks Joghurt und 1 Gurkenstück setzen.
Hinweis: Für mehr Würze das Lamm vor dem Braten in zerstoßenem schwarzem Pfeffer rollen.

SPARGELBOOTE

3 fertig ausgerollte Mürbeteige in 25 cm große Quadrate und dann im Abstand von 6 cm zu Rechtecken schneiden. Diese halbieren. 24 leicht gefettete, bootsförmige Formen (8 cm) mit Teig auslegen; kalt stellen. 2 zerdrückte Knoblauchzehen und 1 kleine, feingehackte Zwiebel in 30 g Butter dünsten. Abkühlen lassen, dann 2 geschlagene Eier, 185 g Sauerrahm und 4 Eßlöffel geriebenen Parmesan unterrühren. Würzen. Auf die Boote verteilen und diese auf Backbleche setzen. Bei 200 °C (Gas 3) 15 Minuten goldgelb backen. Jeweils mit einer blanchierten grünen Spargelspitze belegen (halbieren, wenn sie zu dick sind). Ergibt 24 Stück.

FEIGEN

Feigen, von denen es Hunderte verschiedener Sorten gibt, haben eine sehr lange Geschichte; die Blätter spielen schon in der Bibel bei Adam und Eva eine wichtige Rolle. Man vermutet, daß Feigen ursprünglich aus Syrien stammen; sie werden aber inzwischen in vielen Ländern angebaut. Viele der heutigen Sorten kommen aus Italien. Einige Feigen sind rund, andere birnenförmig, und auch die Größe kann stark variieren. Beim Kauf sollte man darauf achten, daß die Haut unversehrt und ohne Schimmel ist. Feigen müssen prall und ein bißchen weich sein. Auch getrocknete Feigen sind erhältlich.

OBEN: Minibrötchen mit Schinken, Porree und Portfeigen

BRÖTCHEN MIT SCHINKEN, PORREE UND PORTFEIGEN

Zubereitungszeit: 40 Minuten + Kühlzeit
Backzeit: 45 Minuten
Ergibt ca. 40 Stück

★★

250 g Mehl
3 TL Backpulver
100 g Butter, kalt
100 g Stilton-Käse
2 EL frischer Schnittlauch, gehackt
185 ml Milch

Füllung

250 ml Portwein
6 große, getrocknete Feigen,
  Stiele entfernt
1 TL Zucker
1 große Porreestange
1 TL Dijon-Senf
2 TL Rotweinessig
1 EL Olivenöl
150 g Schinken, dünn geschnitten

1 Mehl, Backpulver und ³/₄ Teelöffel Salz in eine große Schüssel sieben. Butter und Käse grob reiben, zugeben und mit den Fingerspitzen zu feinen Krümeln verreiben. Schnittlauch unterrühren. Mit einer Gabel die Milch einarbeiten, bis sich große Klumpen bilden. Den Teig auf einer bemehlte Fläche zu einer Kugel formen.
2 Zu einem Rechteck (15 x 25 cm) ausrollen, mit der Längsseite nach vorn. Beide Enden umschlagen, so daß sie in der Mitte zusammenstoßen; dann den Teig längs in der Mitte falten. Nun nochmals ca. 1 cm dick zu einem Rechteck (15 x 25 cm) ausrollen. Kreise (Ø 3 cm) ausstechen. Teigreste erneut ausrollen und ausstechen. Die Kreise mit einem Abstand von 2¹/₂ cm auf das Backblech setzen. 20 Minuten kalt stellen. Den Backofen auf 220 °C (Gas 3–4) vorheizen. Dann die Brötchen 10–12 Minuten goldgelb backen.
3 Portwein, Feigen und Zucker in einem kleinen Topf zum Kochen bringen. Die Hitze reduzieren und 15 Minuten köcheln lassen. Feigen herausnehmen, abkühlen lassen und in größere Stücke schneiden. Die Flüssigkeit ca. 3 Minuten zu sirupartiger Konsistenz einkochen. Feigen wieder unterrühren. Beiseite stellen.
4 Porree putzen: Die dunkelgrünen Spitzen abschneiden, dann die Stange längs fast bis zum

Ende aufschneiden, um ¼ drehen und nochmals
aufschneiden. Gründlich waschen und abtropfen
lassen. Ca. 10 Minuten weich dämpfen. In grobe
Stücke schneiden und mit Senf, Essig und Öl an-
machen. Mit Salz und Pfeffer würzen.
5 Die Brötchen aufschneiden. Ein gefaltetes
Stück Schinken auf die untere Hälfte legen und
darauf je 1 Teelöffel Porree- und Feigenmi-
schung. Obere Hälften wieder aufsetzen.

APFELTÖRTCHEN MIT ZIEGENKÄSE

Zubereitungszeit: 10 Minuten
Backzeit: 25 Minuten
Ergibt 32 Stück

2 Blätterteige, ausgerollt
300 g Ziegenkäse, in Scheiben geschnitten
2 Kochäpfel

2 EL Olivenöl, extra vergine
1 EL Zitronenthymian, gehackt

1 Den Backofen auf 210 °C (Gas 3) vorheizen.
Die Blätterteige jeweils in 4 Quadrate schneiden
und diese nochmals vierteln. Mit etwas Abstand
auf ein leicht gefettetes Backblech setzen. Ist der
Teig tiefgefroren, zum Auftauen kurz ruhen lassen. Dann den Käse in der Mitte der Blätterteigstücke plazieren; einen kleinen Rand frei lassen.
2 Die Kerngehäuse der Äpfel entfernen; dann
ungeschält in dünne Scheiben schneiden. Jeweils
mehrere Apfelscheiben überlappend auf den Teig
legen, so daß der Käse vollständig bedeckt ist. Mit
etwas Öl einstreichen sowie mit Zitronenthymian
und Salz und Pfeffer (nach Geschmack) bestreuen.
3 Die Törtchen 20–25 Minuten backen, bis sie
durchgebacken und an den Rändern goldbraun
sind. Möglichst umgehend servieren, dann
schmecken sie am besten.
Vorbereitung: Man kann den Teig mit Käse
belegen, abdecken und über Nacht im Kühlschrank aufbewahren. Die Äpfel erst kurz vor
dem Backen darauflegen.

OBEN: Apfeltörtchen mit Ziegenkäse

daß die Füllung eingeschlossen ist. An den Enden zu einem Halbmond biegen.

3 Auf ein leicht gefettetes Backblech setzen. Ca. 30 Minuten kalt stellen. Den Ofen auf 200 °C (Gas 3) vorheizen. Die Croissants mit geschlagenem Ei bestreichen und 20 Minuten goldgelb backen.

Vorbereitung: Bis zu 6 Stunden vorher zubereiten, aber erst kurz vor dem Servieren backen.

KNOBLAUCHTOAST MIT LACHSMAYONNAISE

Zubereitungszeit: 35 Minuten
Kochzeit: 30 Minuten
Ergibt 32 Stück

1 Paprikaschote

1 Tomate

8 Scheiben Toast, Kanten entfernt, in Dreiecke oder 1 Baguette in Scheiben geschnitten

80 ml Olivenöl

2 Knoblauchzehen, zerdrückt

2 EL Olivenöl, zusätzlich zum Dünsten

1 Zwiebel, feingehackt

Lachsmayonnaise

2 Eigelb

2 Knoblauchzehen, zerdrückt

2 TL Zitronensaft

185 ml Olivenöl

60 g Räucherlachs, in Scheiben geschnitten

1 Von der Paprika Samen und Rippen entfernen und kleinschneiden. In den Stielansatz der Tomate ein Kreuz ritzen. Erst 30 Sekunden in heißes Wasser legen, dann in kaltes. Vom Kreuz beginnend die Haut abziehen. Die Kerne mit einem Löffel entfernen und das Fleisch würfeln.
2 Den Backofen auf 180 °C (Gas 2–3) vorheizen. Das Brot beidseitig mit einer Mischung aus Öl und Knoblauch einstreichen und auf einem Backblech 10–15 Minuten backen. Zwischendurch einmal wenden. Beiseite stellen.
3 Das zusätzliche Olivenöl in einer Pfanne erhitzen; Paprika, Tomate und Zwiebel dünsten, bis die Zwiebel weich ist. Vom Herd nehmen.
4 Für die Mayonnaise Eigelbe, Knoblauch und Zitronensaft in einer kleinen Schüssel verquirlen. Das Öl teelöffelweise unterschlagen; immer darauf achten, daß es vollständig eingearbeitet ist,

MINI-CROISSANTS

Zubereitungszeit: 30 Minuten + Kühlzeit
Backzeit: 40 Minuten
Ergibt 30 Stück

40 g Butter

3 Zwiebeln, feingehackt

12 schwarze Oliven, entkernt, in dünne Scheiben geschnitten

2 EL frische Petersilie, gehackt

3 Blätterteige, fertig ausgerollt

1 Ei, geschlagen

1 Butter in einer Pfanne zerlassen; Zwiebeln auf niedriger Stufe 20 Minuten goldgelb dünsten, bis sie süß schmecken. Vom Herd nehmen. Oliven, Petersilie, Salz und zerstoßenen schwarzen Pfeffer zugeben. Abkühlen lassen.
2 Jeden Teig halbieren und jede Hälfte in 5 Dreiecke unterteilen. Die Grundlinie (kürzeste Seite) sollte 8 cm lang sein; es können Teigreste anfallen. Etwas Zwiebelmasse an die Grundlinie jedes Dreiecks setzen und zur Spitze hin aufrollen, so

OBEN: Mini-Croissants

bevor der nächste Löffel zugegeben wird. Die Masse sollte die Konsistenz dicker Sahne haben.
5 Die Mayonnaise dann mit dem Lachs und frisch gemahlenem Pfeffer in der Küchenmaschine zu einer glatten Paste verarbeiten.
6 Zum Servieren auf den Toasts etwas Paprikamischung und 1 Klacks Mayonnaise verteilen.
Vorbereitung: Mayonnaise und Toasts am Vortag zubereiten; abgedeckt einzeln im Kühlschrank lagern. Erst vor dem Servieren anrichten.

KÜRBISHÄPPCHEN MIT HASELNUSS-PESTO

Zubereitungszeit: 20 Minuten
Backzeit: 35 Minuten
Ergibt 48 Stück

750 g Butternußkürbis
3 EL Öl
35 g Haselnüsse, geröstet
35 g Rauke
3 EL Parmesan, gerieben

1 Den Backofen auf 200 °C (Gas 3) vorheizen. Den Kürbis schälen und erst in 2 cm breite Scheiben, dann in Dreiecke mit einer Seitenlänge von ca. 3 cm schneiden. Die Dreiecke in der Hälfte des Öls mit Salz und grob gemahlenem, schwarzem Pfeffer schwenken. Auf einem Backblech verteilen. 35 Minuten bißfest backen.
2 Für den Haselnuß-Pesto Haselnüsse, Rauke, 1 Eßlöffel Parmesan und das restliche Öl in der Küchenmaschine zu einer Paste verarbeiten. Mit Salz und grob gemahlenem Pfeffer würzen.
3 Mit einem Löffel etwas Haselnuß-Pesto auf den Kürbisstücken verteilen und mit dem restlichen Parmesan und – nach Geschmack – schwarzem Pfeffer bestreuen. Warm oder kalt servieren.
Vorbereitung: Der Pesto kann mehrere Tage im voraus zubereitet werden. Einen Ölfilm über die Oberfläche gießen, damit er sich nicht verfärbt. Vor Verwendung das Öl abgießen.

UNTEN: Kürbishäppchen mit Haselnuß-Pesto

RINDFLEISCHTOAST MIT BÉARNER SAUCE

Zubereitungszeit: 20 Minuten
Kochzeit: 30–35 Minuten
Ergibt 40 Stück

500 g Rinderfilet, pariert
2 TL Öl
60 g Butter, zerlassen
1 Knoblauchzehe, zerdrückt
2 kleine Meterbrote, in sehr dünnen Scheiben
25 g Senfkresse

Béarner Sauce

200 g Butter, zerlassen
80 ml Weißweinessig
1 Lorbeerblatt
1 EL frischer Estragon, gehackt
6 schwarze Pfefferkörner
3 Stiele Petersilie
2 Eigelb
2 TL frischer Estragon zusätzlich, gehackt

1 Backofen auf 180 °C (Gas 2–3) vorheizen. Das Fleisch mit Küchenfaden gleichmäßig zusammenbinden und würzen. Öl in einem Topf erhitzen. Das Fleisch rundum anbraten. Dann in einer Fettpfanne 20–25 Minuten im Ofen rosa bis blutig garen. Herausnehmen und zur Seite stellen.
2 Butter und Knoblauch mischen. Die Brotscheiben beidseitig damit einstreichen. Auf einem Backblech 10 Minuten gerade goldfarben rösten.
3 Für die Sauce die Butter bei schwacher Hitze zerlassen, vom Herd nehmen und 2–3 Minuten ruhen lassen, bis sich am Boden eine milchige Substanz absetzt. Die Butter so abgießen, daß das milchige Sediment zurückbleibt. Essig, Lorbeerblatt, Estragon, Pfefferkörner und Petersilie in einem Topf kurz erhitzen, bis die Mischung auf 1 Eßlöffel reduziert ist; durch ein Sieb abgießen. Dann mit den Eigelben in einer feuerfesten Schüssel über einem Topf mit köchelndem Wasser schlagen, bis die Sauce leicht eindickt. Vom Herd nehmen. Tropfenweise Butter zugeben; stetig schlagen, bis die Sauce eindickt. Zusätzlichen Estragon zufügen und abschmecken. Wird die Sauce zu dick (sie sollte mayonnaiseähnlich sein), etwas Wasser zugießen. Gibt man die Butter zu schnell zu, trennt sich die Sauce.
4 Fleisch in sehr dünne Scheiben schneiden. Auf die Toasts legen, etwas Béarner Sauce darauf setzen und mit Senfkresse garnieren.

SÜSSE ZWIEBELTÖRTCHEN

Zubereitungszeit: 25 Minuten + Kühlzeit
Backzeit: 40 Minuten
Ergibt 20 Stück

125 g Mehl
75 g Butter, zerkleinert
1 EL eingelegte grüne Pfefferkörner, abgetropft
1 Eigelb
1 TL Dijon-Senf

Süße Zwiebelfüllung

2 EL Olivenöl
3 Zwiebeln, in Scheiben geschnitten
1 Knoblauchzehe, in Scheiben geschnitten
2 TL Zucker
2 EL Balsamico-Essig
3 EL Rosinen

1 EL Olivenpaste
75 g Fetakäse

1 Von 2 flachen Muffinblechen mit je 12 Vertiefungen 20 Förmchen einfetten. Mehl und $1/4$ Teelöffel Salz in eine Schüssel sieben. Butter zugeben und mit den Fingerspitzen zu einer feinen, krümeligen Masse verreiben. In die Mitte eine Vertiefung drücken. Die Pfefferkörner mit dem Messerrücken zerdrücken und fein hacken. Mit Eigelb, Senf und bis zu 2 Teelöffeln Wasser zum Mehl geben. Die Zutaten mit einem breiten Messer verarbeiten, bis sie sich verbinden. Auf einer leicht bemehlten Fläche zu einer Kugel formen. In Frischhaltefolie gewickelt 20 Minuten kalt stellen.
2 Den Backofen auf 200 °C (Gas 3) vorheizen. Den Teig auf einer leicht bemehlten Arbeitsfläche 2–3 mm dick ausrollen. 20 Kreise (Ø 8 cm) ausstechen; in die Förmchen pressen. Mit einer Gabel einstechen. 8–10 Minuten goldfarben backen.
3 Für die Füllung das Öl in einem gußeisernen Topf erhitzen. Zwiebeln und Knoblauch zugeben und zugedeckt bei schwacher Hitze 30 Minuten dünsten, bis die Zwiebeln sehr weich und hellbraun sind. Die Hitze etwas erhöhen und Zucker und Essig zugeben. Unter Rühren köcheln, bis die Flüssigkeit größtenteils verdampft ist und die Zwiebeln glänzen. Die Rosinen zugeben.
4 Etwas Olivenpaste auf die Teigschalen verteilen. Darauf die Zwiebelmischung geben. Mit zerkrümeltem Fetakäse bestreuen. Warm oder kalt servieren.

GEGENÜBERLIEGENDE SEITE: Rindfleischtoast mit Béarner Sauce (oben); Süße Zwiebeltörtchen

ZITRONEN

Zitronen sind wahrscheinlich die vielseitigsten und in der Küche nützlichsten Zitrusfrüchte. Saft und Schale verleihen einer Vielzahl von Speisen zusätzliches Aroma. Beträufelt man Früchte und Gemüse wie Bananen, Avocados und Äpfel mit dem Saft, verstärkt dies den Geschmack und verhindert Verfärbungen. Zitrone gibt Marinaden Geschmack, und sie läßt darin eingelegtes Fleisch zarter werden. Und natürlich sind viele Fischgerichte ohne Zitrone gar nicht denkbar. Zitronen sind ganzjährig erhältlich. Beim Kauf sollten die Früchte fest, farbintensiv und relativ schwer sein. Bei schwülem Wetter im Kühlschrank lagern.

OBEN: Marinierte Forelle mit Gurkentörtchen

MARINIERTE FORELLE MIT GURKENTÖRTCHEN

Zubereitungszeit: 30 Minuten + Ruhe- + Gefrierzeit
Kochzeit: 10 Minuten
Ergibt 20 Stück

★★

Füllung

300 g Lachsforellenfilet

60 ml Zitronensaft

2 EL Olivenöl, extra vergine

$\frac{1}{2}$ kleine Minigurke, feingewürfelt

2 Frühlingszwiebeln, in dünne Scheiben geschnitten

1 EL frischer Dill oder Kerbel, gehackt

20 kleine Spinatblätter

125 g Mehl

2 EL Parmesan, gerieben

75 g Butter, gekühlt und gewürfelt

1 Ei, leicht geschlagen

1 Vom Fisch die Haut abziehen, die Gräten mit einer Küchenschere entfernen; in Frischhaltefolie gewickelt 1 Stunde einfrieren. Zitronensaft und Öl in einer Schüssel verquirlen. Den Fisch in Streifen (ca. 3 x 1 cm) schneiden. In der Marinade abgedeckt 20 Minuten bei Zimmertemperatur ruhen lassen, bis er milchweiß ist (im Sommer im Kühlschrank – dies dauert allerdings etwas länger). Die Marinade bis auf einen kleinen Rest, der den Fisch feucht hält, abgießen. Gurke, Frühlingszwiebeln sowie Dill oder Kerbel zugeben. Mit Salz und schwarzem Pfeffer würzen.
2 Während der Fisch in der Marinade zieht, das Mehl und 1 Prise Salz in eine große Schüssel sieben. Parmesan und Butter zugeben. Mit den Fingerspitzen zu feinen Krümeln verreiben. Mit einem breiten Messer das Ei einarbeiten, bis sich die Zutaten verbinden. Auf einer leicht bemehlten Fläche zu einer Kugel formen. In Frischhaltefolie gewickelt 30 Minuten kalt stellen.
3 Den Backofen auf 210 °C (Gas 3) vorheizen. 2 flache Muffinbleche mit je 12 Vertiefungen leicht fetten. Den Teig 2 mm dick ausrollen und 20 Kreise (Ø 8 cm) ausstechen; in die Förmchen legen und vorsichtig mit einer Gabel einstechen. 8–10 Minuten goldbraun backen. Teigschalen

herausnehmen und abkühlen lassen. Auf jedes Törtchen ein Spinatblatt legen und darauf wiederum 1 gestrichenen Eßlöffel der Füllung geben. Sofort servieren.
Vorbereitung: Teigschalen bis zu 2 Tagen im voraus backen; luftdicht verschlossen aufbewahren.

MÜRBEKUCHEN MIT STILTON UND BIRNE

Zubereitungszeit: 20 Minuten
Backzeit: 20–25 Minuten
Ergibt 20 Stück

★★

125 g Stilton-Käse
100 g Butter
250 g Mehl
250 g Walnüsse, feingehackt
2 kleine, reife Birnen
125 ml Crème fraîche oder Sauerrahm
Wasserkresse zum Dekorieren

1 Den Backofen auf 180 °C (Gas 2–3) vorheizen. Käse und Butter in einer kleinen Schüssel mit dem elektrischen Handrührgerät 2–3 Minuten blaß-cremig aufschlagen. Mehl und Nüsse zugeben und mit schwarzem Pfeffer würzen. Zu einer festen Paste verrühren. Dann auf einer leicht bemehlten Arbeitsfläche zu einem Teig formen.
2 Den Teig in eine flache, 30 x 20 cm große Form pressen und mit einem Messer 20 gleich große Stücke einritzen. 20–25 Minuten goldbraun backen. Noch heiß entlang den Einschnitten in Stücke schneiden; in der Form abkühlen lassen.
3 Kurz vor dem Servieren die Birnen vierteln, das Kerngehäuse entfernen und in dünne Scheiben schneiden. Zum Anrichten 1 Klacks Crème fraîche in die Mitte der Kuchen geben, darauf je 1 Birnenscheibe legen. Auf den Birnen wiederum die restliche Crème fraîche verteilen. Mit Wasserkresse garnieren.
Vorbereitung: Die Mürbekuchen können bis zu 3 Tagen im voraus gebacken und, nachdem sie abgekühlt sind, luftdicht verschlossen aufbewahrt werden. Soll das Gericht längere Zeit vor dem Servieren angerichtet werden, empfiehlt es sich, die Birnenscheiben mit etwas Zitronensaft einzustreichen, damit sie nicht braun werden.

OBEN: Mürbekuchen mit Stilton und Birne

DAS AROMA INDIENS

Lieben Ihre Freunde die Würze des Lebens? Dann stellen Sie die nächste Party doch einfach einmal unter das Motto Indien. Viele indische Klassiker wie Samosas, Pakoras oder Hähnchen-Tikka sind inzwischen auch bei uns bekannt und beliebt. Würzig ist jedoch nicht gleich scharf, und indisches Essen ist ebenso aromareich wie phantasievoll. In Gerichten wie Lammpies oder Brotkörbchen mit Dal spiegelt sich der ganze Geschmack des Subkontinents. Ideal für eine große Party sind verschiedene Mini-Fladenbrote mit farbenfrohen Beilagen und Chutneys.

TANDOORI

In Indien und Pakistan verwendet man für Tandoori-Speisen spezielle Holzkohle-Lehmöfen. Traditionell mariniert man die Zutaten in einer Mischung aus zerdrücktem Knoblauch, geriebenem frischem Ingwer, Naturjoghurt, Zitronensaft und Gewürzen. Dann werden die Tandoori-Speisen auf einem Holzspieß über den heißen Kohlen im Ofen gegart. Auf diese Art und Weise kann man verschiedenste Gerichte – sei es nun Hähnchen, Fisch oder Fleisch – raffiniert zubereiten.

OBEN: Hähnchen-Tikka

HÄHNCHEN-TIKKA

Zubereitungszeit: 30 Minuten + Marinierzeit über Nacht
Kochzeit: 15 Minuten
Ergibt 25–30 Spieße

750 g Hähnchenschenkelfilets
1/4 Zwiebel, gehackt
2 Knoblauchzehen, zerdrückt
1 EL frischer Ingwer, gerieben
2 EL Zitronensaft
3 TL Koriander, gemahlen
3 TL Kreuzkümmel, gemahlen
3 TL Garam Masala
90 g Naturjoghurt

1 Das Hähnchenfleisch in 3 cm große Würfel schneiden. 30 Holzspieße mehrere Stunden in kaltem Wasser einweichen.
2 Zwiebel, Knoblauch, Ingwer, Saft und Gewürze in der Küchenmaschine feinhacken. In eine Schüssel füllen, Joghurt und 1/2 TL Salz zugeben.

3 Je 4 Hähnchenstücke auf einen Spieß stecken; in eine große Fettpfanne legen. Mit der Würzmischung bedecken. Abgedeckt mehrere Stunden oder über Nacht kalt stellen.
4 Die Spieße braten oder auf einem Holzkohlen- oder Elektrogrill zubereiten, dabei häufig wenden.
Vorbereitung: Die Hähnchenspieße können 1–2 Tage im Kühlschrank mariniert werden.

TANDOORI-HÄHNCHEN

Zubereitungszeit: 40 Minuten + Marinierzeit über Nacht
Kochzeit: 10 Minuten
Ergibt ca. 60 Stück

1 1/2 kg Hähnchenschenkelfilets
500 g Naturjoghurt
80 ml Weißweinessig
1 EL Zitronensaft
1 EL süßes Paprikapulver
1 EL Cayennepfeffer

1 EL Koriander, gemahlen

1 EL Kreuzkümmel, gemahlen

6 Knoblauchzehen, zerdrückt

1 EL frischer Ingwer, gerieben

2 Lorbeerblätter

3 grüne Paprikaschoten, geputzt und gewürfelt

1 Hähnchen in mundgerechte Stücke schneiden. In einer großen Glas- oder Keramikschale mit Joghurt, Essig, Saft, Gewürzen, Knoblauch, Ingwer und Lorbeerblättern gut mischen. Abgedeckt über Nacht kalt stellen. Ebenfalls über Nacht 60 kleine Holzspieße in kaltem Wasser einweichen.
2 Das Fleisch abwechselnd mit der Paprika auf die Spieße stecken. Ca. 5–10 Minuten grillen, bis das Hähnchen zart und durchgebraten ist. Dabei häufig wenden. Heiß servieren.

RINDFLEISCH-SAMOSAS MIT PFEFFERMINZ-DIP

Zubereitungszeit: 50 Minuten
Kochzeit: 15 Minuten
Ergibt ca. 20 Stück

2 EL Öl

1 Zwiebel, feingehackt

2 TL frischer Ingwer, feingehackt

400 g Rinderhack

1 EL Currypulver

1 Tomate, geschält und gewürfelt

1 Kartoffel, gewürfelt

1 EL frische Pfefferminze, feingehackt

6 Blätterteige, fertig ausgerollt

1 Eigelb, leicht geschlagen

1 EL Sahne

Pfefferminz-Dip

20 g frische Pfefferminzblätter

4 Frühlingszwiebeln

1 rote Chilischote ohne Samen

1/4 TL Salz

1 EL Zitronensaft

2 TL feiner Zucker

1/4 TL Garam Masala

1 Das Öl in einem Topf erhitzen, Zwiebel und Ingwer zugeben. Bei mittlerer Hitze 3–5 Minuten dünsten, bis die Zwiebel weich ist.

2 Rinderhack und Currypulver zugeben und bei großer Hitze unter Rühren anbraten. 1 Teelöffel Salz und die Tomate zufügen. Zugedeckt 5 Minuten dünsten. Kartoffel und 3 Eßlöffel Wasser untermischen und unter Rühren weitere 5 Minuten garen. Vom Herd nehmen und abkühlen lassen. Die Pfefferminze zufügen.
3 Backofen auf 210 °C (Gas 3) vorheizen. Aus den Teigen mit Hilfe einer entsprechenden Form oder eines kleinen Tellers Kreise (Ø 13 cm) ausstechen; diese halbieren. Dann in der Mitte falten, den Teig überlappend am runden Rand fest zusammendrücken und so zu Tüten formen.
4 In jedes Tütchen 2 Teelöffel Hack geben. Den oberen Rand festdrücken und verschließen. Auf ein leicht gefettetes Backblech legen. Eigelb und Sahne verquirlen. Samosas damit einstreichen. 10–15 Minuten goldbraun backen. Mit Pfefferminz-Dip servieren.
5 Für den Dip Pfefferminze, Zwiebeln und Chilischote grob hacken. Dann mit 3 Eßlöffeln Wasser und den restlichen Zutaten in der Küchenmaschine oder einem Mixer gründlich mischen und zu den heißen Samosas servieren.
Vorbereitung: Samosas am Vortag zubereiten; im Kühlschrank lagern. Vor dem Servieren backen.

OBEN: Rindfleisch-Samosas mit Pfefferminz-Dip

KORIANDER

Frischer Koriander ist ein sehr altes Gewürz. Die Blätter ähneln denen der Petersilie; sie sind jedoch heller und entfalten gehackt ihr typisches Aroma. Zum Kochen werden – insbesondere in der thailändischen Küche – alle Pflanzenteile verwendet: Wurzeln, Blätter, Stengel und Samen (getrocknet). Manchmal wird Koriander auch als Cilantro oder Chinesische Petersilie bezeichnet. Stellt man frischen Koriander, sofern man ihn bundweise mit Wurzeln kauft, in einem Glas Wasser in den Kühlschrank, hält er mehrere Tage.

GEGENÜBERLIEGENDE SEITE: Zwiebel-Bhajis mit Tomaten-Chili-Sauce (oben links); Brotkörbchen mit Dal

ZWIEBEL-BHAJIS MIT TOMATEN-CHILI-SAUCE

Zubereitungszeit: 30 Minuten
Kochzeit: 40 Minuten
Ergibt ca. 25 Stück

Tomaten-Chili-Sauce

2–3 rote Chilischoten, gehackt

1 rote Paprika, ohne Samen, gewürfelt

425 g Tomaten, in Stücken, aus der Dose

2 Knoblauchzehen, feingehackt

2 EL feiner brauner Zucker

1 1/2 EL Apfelessig

Bhajis

125 g Mehl

2 TL Backpulver

1/2 TL Chilipulver

1/2 TL Gelbwurz, gemahlen

1 TL Kreuzkümmel, gemahlen

2 Eier, geschlagen

4 Zwiebeln, in sehr dünne Scheiben geschnitten

50 g frische Korianderblätter, gehackt

Öl zum Fritieren

1 Für die Sauce alle Zutaten mit 3 Eßlöffeln Wasser in einen Stieltopf geben. Zum Kochen bringen, dann die Hitze reduzieren und ca. 20 Minuten köcheln, bis die Sauce eindickt. Vom Herd nehmen. Nach Wunsch mit Salz und frisch gemahlenem Pfeffer würzen.
2 Für die Bhajis Mehl, Backpulver, Gewürze und 1 Teelöffel Salz in eine Schüssel sieben. In die Mitte eine Vertiefung drücken. Eier mit 3 Eßlöffeln Wasser verquirlen; nach und nach mit dem Schneebesen zu einem glatten Teig unter das Mehl schlagen. Zwiebeln und Koriander unterrühren.
3 Einen tiefen, gußeisernen Topf zu 1/3 mit Öl füllen; das Öl auf 180 °C erhitzen. Die richtige Temperatur ist erreicht, wenn ein Brotwürfel darin innerhalb von 15 Sekunden goldbraun wird. Aus dem Teig kleine Kugeln von der Größe eines Golfballs formen. Portionsweise in das Öl geben und von jeder Seite ca. 1 1/2 Minuten knusprig-goldbraun fritieren. Auf Küchenpapier abtropfen lassen. Heiß mit der Tomaten-Chili-Sauce servieren.
Vorbereitung: Bhajis schmecken frisch am besten; man kann sie aber auch vorbereiten und bei 200 °C (Gas 3) 5 Minuten im Ofen aufwärmen.

BROTKÖRBCHEN MIT DAL

Zubereitungszeit: 25 Minuten
Kochzeit: 35 Minuten
Ergibt 24 Stück

125 g rote Linsen, gewaschen und abgetropft

250 ml Gemüsebrühe

24 Scheiben Weißbrot

60 g Ghee oder Butter

1/2 TL Kreuzkümmel

1/2 TL Koriander, gemahlen

1/4 TL gelbe Senfsamen

2 Knoblauchzehen, zerdrückt

1/2 rote Chilischote, gehackt

2 EL frische Korianderblätter, gehackt

1 Den Backofen auf 200 °C (Gas 6) vorheizen. Linsen und Brühe in einem gußeisernen Topf zum Kochen bringen. Dann die Hitze reduzieren und zugedeckt 10 Minuten köcheln, bis die Linsen weich sind. Gelegentlich umrühren und darauf achten, daß die Mischung nicht am Topfboden ansetzt. Vom Herd nehmen.
2 Zwischenzeitlich aus dem Brot 24 Kreise (Ø 8 cm) ausstechen und mit einem Rollholz 1 mm dick ausrollen. Die Hälfte des Ghees oder der Butter zerlassen. Das Brot beidseitig damit einstreichen und in 2 flache Muffinbleche mit je 12 Vertiefungen legen, so daß kleine Körbchen entstehen. 12–15 Minuten goldgelb und fest backen.
3 Das restliche Ghee beziehungsweise die Butter in einer kleinen Pfanne erhitzen. Kreuzkümmel, Koriander und Senfsamen darin dünsten, bis die Senfsamen aufplatzen, dann Knoblauch und Chili zugeben. Unter Rühren 1 weitere Minute garen, so daß sich das Aroma entfalten kann. Die Gewürzmischung unter die gekochten Linsen rühren und den Topf wieder auf den Herd stellen. Bei schwacher Hitze köcheln und regelmäßig umrühren, bis das Dal dick und sämig ist. Salzen. Vor dem Servieren etwas abkühlen lassen.
4 Jedes Körbchen mit 2–3 Teelöffeln warmem Dal füllen, gehackten Koriander darüber streuen und sofort servieren.
Vorbereitung: Sowohl die Brotkörbchen als auch das Dal können 2 Tage im voraus zubereitet werden. Separat aufbewahren: Die Brotkörbchen luftdicht verschlossen, das Dal abgedeckt im Kühlschrank. Die Brotkörbchen erst vor dem Servieren füllen. Dafür das Dal nochmals vorsichtig erwärmen.

GEWÜRZKÜCHE

Besan: ein hellgelbes, feinge-mahlenes Mehl aus getrockne-ten Kichererbsen, das sehr eiweißhaltig ist. Es wird in vielen Speisen sowie in Teig und für Saucen verwendet.

Chilipulver: normalerweise ge-mahlene getrocknete, rote Chili-schoten. Das Aroma variiert von mild bis scharf, deshalb sollte man es sparsam verwenden, bis man die Würzkraft einer Sorte kennt. Oft aber enthält das im Handel als Chilipulver angebo-tene Gewürz neben Chili auch Oregano, Kreuzkümmel und Knoblauch.

Curryblätter: kleine glänzende, leuchtend grüne, spitz zulau-fende Blätter des Murraya koenigii, einem in Indien beheimateten Baum. Sie werden in vielen indischen Speisen frisch verwendet: Getrocknet verlieren die Blätter stark an Aroma.

Fenchelsamen: grünbraune Samen des Fenchels. Ihr Ge-schmack erinnert an Süßholz, ist aber – sparsam eingesetzt – nicht zu dominant. Fenchel-samen sind auch gemahlen erhältlich. Sie werden sowohl in süßen als auch in würzigen Speisen verwendet sowie als Aromastoffe in einigen Spiri-tuosen.

Garam Masala: eine Gewürz-mischung aus trockenen geröste-ten und gemahlenen Gewürzen, meist mit Zimt, Pfeffer, Korian-der, Kreuzkümmel, Kardamom, Gewürznelken und entweder Muskatblüten oder Muskatnuß. Einige Mischungen enthalten bis zu 12 Gewürze.

Kaffir-Limettenblätter: dunkle, glänzende Blätter von ausge-prägtem Zitronengeschmack und einem Aroma, das reich an ätherischen Ölen ist. Die mittlere Blattader wird entfernt und das Blatt dann in dünne Streifen ge-schnitten. Getrocknete Blätter vor der Verwendung einweichen.

Korianderkörner: kleine, helle gelbbraune runde Samen mit einem milden Duft. Auch Korian-derpulver ist erhältlich. Korian-dersamen werden häufig zusam-men mit frischem Koriander verwendet. Der Geschmack von Blättern und Samen ist jedoch vollkommen unterschiedlich.

Zitronengras: ein schilfartiges Gras, dessen äußere, harte Schichten entfernt werden. Zum Kochen das weiße Innere klein-schneiden oder zu einer Paste zerstoßen. Der ganze Stengel kann weichgeklopft Suppen und Currys beigegeben werden (vor dem Servieren entfernen).

Rote Linsen: *winzige, runde, abgeflachte Hülsenfrüchte. Sie können auch orange oder gelb sein und müssen vor dem Kochen nicht eingeweicht werden. Sie sind fast überall erhältlich.*

Frischer Koriander: *ein kräftiges Kraut, auch bekannt als Cilantro oder chinesische Petersilie. Alle Pflanzenteile sind eßbar. Getrocknete Samen sowie gemahlener Koriander werden ebenfalls angeboten.*

Currypulver: *eine Gewürzmischung aus bis zu 20 Gewürzen, deren Zusammensetzung je nach Region variiert; es kann sowohl mild als auch scharf sein und sollte nur in kleinen Mengen gekauft werden, da das Aroma nach 2 Monaten verfliegt.*

Kreuzkümmel: *kleine, hellbraune aromatische Samen, die einen kräftig warmen, erdigen Geschmack besitzen. Auch gemahlen erhältlich.*

Braune Senfsamen: *kleine goldbraune Samen. Sie sind schärfer und aromatischer als gelbe Senfsamen.*

Schwarzkümmel: *kleine schwarze Samen mit einem leichten Pfeffer-Zwiebel-Geschmack. In Spezialgeschäften erhältlich, oft unter dem indischen Namen kalonji.*

Ghee: *Butterreinfett ohne Milchsedimente, wodurch es auch bei hohen Temperaturen erhitzt werden kann, ohne zu verbrennen. In Dosen sowie im Kühlregal von gut sortierten Supermärkten erhältlich.*

Palmzucker: *wird aus gekochtem Palmensaft hergestellt und in Blöcken oder Gläsern verkauft. Er ist so fest, daß er gewöhnlich vor Verwendung gerieben werden muß. Brauner Zucker ist in der Regel ein guter Ersatz.*

Gemahlener Gelbwurz: *die getrocknete und geriebene Wurzel des frischen Gelbwurz', einem Verwandten des Ingwers. Sie hat einen milden Moschusgeschmack und verleiht Speisen eine charakteristische gelbe Farbe.*

SESAMGARNELEN MIT SCHARFEM MINZ-CHUTNEY

Zubereitungszeit: 20 Minuten
Kochzeit: 20 Minuten
Ergibt 24 Stück

★★

1 kg rohe Riesengarnelen (ca. 24 Stück)

30 g Mehl

1 Ei, leicht geschlagen

60 g Paniermehl

80 g Sesamsamen

Öl zum Fritieren

Minz-Chutney

50 g frische Pfefferminzblätter

150 g Fruchtchutney

2 EL Zitronensaft

OBEN: Sesamgarnelen mit scharfem Minz-Chutney

1 Die Schale der Garnelen entfernen, Schwänze dabei jedoch nicht abtrennen. Dann vorsichtig am Rücken aufschlitzen, so daß man den Darm entfernen und die Garnele etwas flach drücken kann.

2 Dann in Mehl schwenken, überschüssiges Mehl abschütteln. Anschließend in geschlagenes Ei eintauchen und in einer Mischung aus Paniermehl und Sesam wenden.

3 Einen tiefen, gußeisernen Topf zu 1/3 mit Öl füllen und auf 180 °C erhitzen. Das Öl hat die richtige Temperatur, wenn ein Brotwürfel darin in 15 Sekunden goldbraun wird. Die Garnelen portionsweise ca. 2 Minuten goldbraun fritieren. Mit einer Zange oder einem Schaumlöffel herausnehmen; auf Küchenpapier abtropfen lassen.

4 Für das Minz-Chutney Pfefferminzblätter, Chutney und Zitronensaft in einer Küchenmaschine oder einem Mixer 15 Sekunden zu einer glatten Mischung verarbeiten. Als Dip servieren.

Vorbereitung: Die Garnelen können am Vortag paniert werden. Nebeneinander auf ein Blech legen und abgedeckt im Kühlschrank aufbewahren. Oder nebeneinander auf einem Blech einfrieren und dann in einen Gefrierbeutel füllen. Nebeneinander im Kühlschrank auf einem Backblech auftauen. Das Minz-Chutney erst kurz vor dem Servieren zubereiten.

WÜRZIGE KÜRBISTASCHEN

Zubereitungszeit: 20 Minuten
Backzeit: 50 Minuten
Ergibt 20 Stück

 ☆ ☆

1 EL Pflanzenöl

1 Zwiebel, feingehackt

3 Curryblätter, frisch oder getrocknet

1 EL braune Senfsamen

2 TL mildes Madras Currypulver

1/2 TL Chilipulver

1/2 TL Gelbwurz, gemahlen

350 g Kürbis, gewürfelt

80 g TK-Erbsen

185 ml Hühnerbrühe

5 Blätterteige, fertig ausgerollt

1 Ei, leicht geschlagen

1 Das Öl in einer Pfanne erhitzen; die Zwiebel 2–3 Minuten bei mittlerer Hitze dünsten. Curryblätter und Senfsamen zugeben. 1–2 Minuten braten, bis die Senfsamen aufplatzen. Curry- und Chilipulver sowie den Gelbwurz zugeben und ca. 30 Sekunden unter Rühren vermischen.

2 Den Kürbis zufügen. Weitere 1–2 Minuten unter Rühren garen, bis er rundum von den Gewürzen überzogen ist. Erbsen und Brühe ergänzen. 8–10 Minuten sanft köcheln, bis der Kürbis gar und die Flüssigkeit fast verkocht ist. Vom Herd nehmen und vollständig abkühlen lassen.

3 Den Backofen auf 220 °C (Gas 3–4) vorheizen. 2 Backbleche leicht mit Öl fetten. Aus jedem Blätterteig 4 Kreise (Ø 10 cm) ausstechen. Je 1 Eßlöffel Füllung in die Mitte jedes Kreises setzen. Die Ränder mit geschlagenem Ei einstreichen und den Teig umklappen, so daß die Füllung eingeschlossen ist. Die Ränder mit einer Gabel zusammenpressen oder mit den Fingern rollen und falten. Auf die Backbleche legen und mit dem restlichen Ei einstreichen. 25–30 Minuten goldfarben backen.

Vorbereitung: Kürbistaschen können bis zu 2 Tagen vorher zubereitet oder bis zu 2 Monaten eingefroren werden.

KÜRBISTASCHEN

Curryblätter und Senfsamen zur Zwiebel geben und garen, bis die Samen aufplatzen.

Mit der Messerspitze in ein Kürbisstück stechen um zu testen, ob er gar ist.

Die Ränder der Teigkreise mit geschlagenem Ei einstreichen.

Die Ränder durch Rollen und Falten versiegeln oder vorsichtig mit einer Gabel zusammenpressen.

LINKS: Würzige Kürbistaschen

PALMZUCKER

Palmzucker wird durch
Kochen von Palmensaft
gewonnen – beispielsweise
der indischen Zucker- oder
der Palmyrapalme, die
beide wild in Malaysia und
Indonesien vorkommen. Es
ist eine dicke und krümelige
Zuckersorte von ausgeprägtem Eigengeschmack. Die
Farbe schwankt von kara-
mel bis dunkelbraun. Man
erhält Palmzucker in asiatischen Lebensmittelläden
als Block oder in Gläsern;
luftdicht verschlossen ist er
monatelang haltbar.

*OBEN: Lamm in Kokos-
mantel*

LAMM IN KOKOSMANTEL

Zubereitungszeit: 10 Minuten + Marinierzeit
Kochzeit: 10 Minuten
Ergibt 24 Stück

★

24 dünne, magere Lammkoteletts
1 große Zwiebel, gerieben
2 Knoblauchzehen, zerdrückt
2 TL Gelbwurz, gemahlen
1 EL feiner brauner Zucker oder Palmzucker
60 g Kokosraspel
2 TL Sojasauce
2 EL Zitronensaft

1 Das Fleisch parieren. Die restlichen Zutaten in
einer Schüssel mit 1 Teelöffel Salz und 1/2 Teelöffel frisch gemahlenem schwarzem Pfeffer
mischen. Solange verrühren, bis die Kokosraspel
feucht sind.
2 Koteletts zugeben und die Kokosmasse daran
festdrücken. Dann mit Frischhaltefolie abgedeckt
2 Stunden im Kühlschrank marinieren.

3 Den Grill vorwärmen und leicht einfetten. Die
Koteletts von jeder Seite 3–5 Minuten knusprig-
goldbraun grillen.
Vorbereitung: Lammkoteletts 1–2 Tage im
voraus zubereiten und abgedeckt im Kühlschrank aufbewahren. Vor dem Grillen sollten
sie zimmerwarm sein.

CURRY-HACKFLEISCH-BÄLLCHEN

Zubereitungszeit: 40 Minuten + Kühlzeit
Kochzeit: 40 Minuten
Ergibt 25–30 Stück

★ ★

2 EL Olivenöl
1 große Zwiebel, feingehackt
1 Knoblauchzehe, feingehackt
50 g Butter
1 EL Currypulver
2 EL Mehl
185 ml Milch

1 EL Mango- oder Tomaten-Chutney

400 g kaltes, gegartes Lamm-, Rind- oder
    Hühnerfleisch, gehackt

30 g Mehl zusätzlich zum Panieren

2 Eier

125 g Paniermehl

Öl zum Fritieren

zusätzliches Mango- oder Tomaten-Chutney
    zum Servieren

1 Das Öl in einem mittelgroßen Topf erhitzen;
die Zwiebel zugedeckt bei mittlerer Hitze 5 Minuten weich und goldfarben dünsten. Knoblauch
zugeben, weitere 30 Sekunden dünsten. Die Butter im Topf zerlassen; Curry zugeben und rühren,
bis er seinen Duft entfaltet. Nun das Mehl zufügen. 1 Minute erhitzen, bis sich Blasen bilden.
Vom Herd nehmen. Nach und nach die Milch
einrühren. Zurück auf den Herd stellen. Auf mittlerer Stufe stetig rühren, bis die Sauce aufkocht
und eindickt. Die Hitze reduzieren, 2 Minuten
köcheln. Chutney und je $^1/_4$ Teelöffel Salz und
Pfeffer zugeben. Vom Herd nehmen, das Fleisch
unterrühren. Abkühlen lassen, mit Frischhaltefolie
abgedeckt mindestens 1 Stunde kalt stellen.

2 Mit feuchten Händen je 1 Eßlöffel der Masse
zu Bällchen formen und auf ein mit Butterbrotpapier ausgelegtes Blech legen.
3 Das zusätzliche Mehl auf einen Teller schütten.
Die Eier in einer flachen Schale verquirlen. Das
Paniermehl auf ein Blatt Butterbrotpapier geben.
Die Bälle in Mehl wenden, überschüssiges Mehl
abschütteln, in das Ei tauchen und mit Paniermehl überziehen. Abgedeckt 1 Stunde oder über
Nacht auf dem Blech kalt stellen.
4 Einen tiefen, gußeisernen Topf zu $^1/_3$ mit Öl
füllen; auf 180 °C erhitzen. Das Öl hat die richtige Temperatur, wenn ein Brotwürfel darin in
15 Sekunden goldbraun wird. Die Fleischbällchen portionsweise 2 Minuten rundum goldbraun fritieren. Mit einem Schaumlöffel herausnehmen und auf Küchenpapier abtropfen lassen.
Mit dem Chutney servieren.
Hinweis: Geeignet ist auch jede Art von Braten-
rest; in der Küchenmaschine oder mit einem
scharfen Messer zerkleinern.
Vorbereitung: Die Fleischmischung kann bis zu
2 Tagen im voraus zubereitet werden. Die
panierten Bällchen lassen sich bis zu 2 Monaten
einfrieren. Vor dem Fritieren vollständig
auftauen.

*OBEN: Curry-Hackfleisch-
bällchen*

BROTE

Brot wird in Indien traditionell zu Currygerichten gereicht, und bei sahnigen Gemüse- und Joghurt-Dips oder würzigen Saucen ersetzen die waffeldünnen bis dickeren Fladenbrote den Löffel beim Aufnehmen von Flüssigkeit.

GHEE

Ghee – bzw. Butterreinfett oder geklärte Butter – hält länger als Butter und kann stärker erhitzt werden, ohne zu verbrennen. Um es selbst herzustellen, Butter ohne Umrühren bei sehr schwacher Hitze zerlassen, bis sie schaumig ist. Vom Herd nehmen und abschäumen; dann vorsichtig in einen feuerfesten Behälter abgießen, den milchigen Bodensatz entfernen. Nach dem Abkühlen nochmals abgießen, erneut erhitzen und den Vorgang wiederholen. Nun durch Musselin oder Gaze abseihen.

CHAPATIS

450 g Vollkornmehl und 1 Teelöffel Salz in eine große Schüssel sieben. Spelzen wieder zufügen. 40 g Ghee zugeben. Mit den Fingerspitzen zu feinen Krümeln verreiben. In die Mitte eine Vertiefung drücken, 250 ml warmes Wasser hineingießen. Mit einem Messer einarbeiten, bis sich die Zutaten verbinden. Auf einer leicht bemehlten Fläche 10 Minuten kneten. Dann abgedeckt in einer geölten Schüssel 1 Stunde ruhen lassen. Nochmals 5 Minuten kneten, bis der Teig glatt ist. Je

1 Eßlöffel zu einem dünnen Kreis ausrollen. Etwas Öl in einer großen Pfanne erhitzen. 2 Chapatis 1 Minute von jeder Seite backen. Herausnehmen, auf Küchenpapier abtropfen lassen. Ergibt 35 Stück.

PURIS

450 g Vollkornmehl und 1 Teelöffel Salz in eine große Schüssel sieben. Spelzen wieder zufügen und 2 Teelöffel Kreuzkümmel unterrühren. 40 g Ghee zugeben. Mit den Fingerspitzen zu feinen Krümeln verreiben. In die Mitte eine Vertiefung

drücken, 250 ml warmes Wasser hineingießen. Mit einem Messer einarbeiten, bis
sich die Zutaten verbinden. Auf einer
leicht bemehlten Fläche 10 Minuten kneten. Dann abgedeckt in einer geölten
Schüssel 1 Stunde ruhen lassen. Nochmals
5 Minuten kneten, bis der Teig glatt ist. Je
1 Eßlöffel zu einem dünnen Kreis ausrollen. In einer großen Pfanne 3 cm Öl
erhitzen. Die Brote einzeln goldgelb
backen. Dabei wenden. Auf Küchenpapier
abtropfen lassen. Ergibt 35 Stück.

KNOBLAUCH-NAAN

2¹/₂ Teelöffel Trockenhefe, 2 Teelöffel
Zucker und 185 ml warmes Wasser in
einer kleinen Schüssel mischen. Abgedeckt an einem warmen Ort 10 Minuten
ruhen lassen, bis die Hefe schaumig ist.
375 g Mehl und 1 Teelöffel Salz in eine
Schüssel sieben. In die Mitte eine Mulde
drücken, 60 g zerlassenes Ghee, 2 Eßlöffel
Joghurt und die Hefe zugeben. Mit einem

Messer zu einem weichen Teig verarbeiten, zu einer Kugel formen und auf einer
leicht bemehlten Fläche 15 Minuten glatt
und elastisch kneten. In einer großen, geölten Schüssel locker abgedeckt an einem
warmen Ort 1 Stunde gehen lassen, bis
sich das Volumen verdoppelt hat. Kräftig
mit der Faust auf den Teig schlagen; auf
einer leicht bemehlten Fläche 1 Minute
kneten. Vierteln und jede Portion nochmals achteln. Jedes Stück zu einem Kreis
(Ø 7 cm) ausrollen und auf ein gefettetes
Backblech legen. Mit zerlassenem Ghee
einstreichen und zerdrücktem Knoblauch
und feingehackter Petersilie bestreuen. Bei
180 °C (Gas 2–3) 5–8 Minuten goldgelb
backen. Ergibt 32 Stück.

PARATHAS

150 g Vollkornmehl und 1 Teelöffel Salz
in eine große Schüssel sieben. Spelzen
wieder zufügen. In die Mitte eine Mulde
drücken, 170 ml Wasser und 30 g zerlas-

senes Ghee zugeben. Mit einem Messer
zu einem weichen Teig verarbeiten, zu
einer Kugel formen und auf einer leicht
bemehlten Fläche 10 Minuten kneten. In
einer leicht geölten Schüssel locker abgedeckt 1 Stunde ruhen lassen. Nochmals
1 Minute kneten, dann den Teig vierteln
und jede Portion nochmals vierteln. Jedes
Stück auf einer leicht bemehlten Fläche
2 mm dick ausrollen. 90 g Ghee zerlassen, die Kreise damit einstreichen und in
der Mitte umschlagen. Dann nochmals
mit Ghee einstreichen und zu Dreiecken
zusammenfalten. Zu dünnen Dreiecken
ausrollen. Eine große Pfanne mit Ghee
auspinseln und erhitzen. Die Dreiecke
mit Ghee einstreichen und von jeder
Seite 1–2 Minuten backen, bis sie aufgegangen und goldbraun sind. Ergibt 16
Stück.

*VON LINKS: Chapatis; Puris; Parathas;
Knoblauch-Naan*

BEILAGEN
Ein Löffel Chutney oder eingelegtes Gemüse

verleiht indischen Speisen zusätzliche Würze und Geschmack. Oder man serviert sie

als Dips zu Fladenbrot oder Papadams.

MANGO-CHUTNEY
3 große Mangos in Scheiben schneiden
und mit Salz bestreuen. 2 rote, entkernte
Chilischoten feinhacken. $1/2$ Teelöffel Garam Masala mit 320 g Demerara-Zucker
mischen. Mit 250 ml Weißweinessig in
einem großen Topf zum Kochen bringen.
Hitze reduzieren und 5 Minuten köcheln.
Mango, Chili, 100 g feingeschnittene entkernte Datteln und ein 5 cm langes Stück
geriebenen frischen Ingwer hinzugeben.

1 Stunde köcheln, bis die Mango weich
ist. In warme, sterilisierte Gläser füllen
und verschließen. Vor dem Verzehr
1 Woche im Kühlschrank lagern. Hält bis
zu 1 Monat. Ergibt 3 Gläser à 250 ml.

INDISCHE LIMETTEN
10 reife, ungespritzte Limetten in je 8
Spalten schneiden. In einer großen Glasschüssel mit 2 Eßlöffeln Kochsalz bestreuen. Gut umrühren. Mit Frischhalte-

folie abgedeckt 48 Stunden an einem
kühlen, dunklen Ort ruhen lassen; gelegentlich umrühren. Abgießen, abspülen
und mit 200 g Korinthen und 150 g
Sultaninen mischen. Portionsweise in der
Küchenmaschine grob zerkleinern. 3 Eßlöffel Erdnußöl in einem großen, gußeisernen Topf erhitzen und 2 Teelöffel
gemahlenen Kreuzkümmel, 1 Teelöffel
gemahlenen Koriander, 1 Teelöffel
schwarze Senfsamen, $1/2$ Teelöffel Chili-

pulver, $^1/_2$ Teelöffel gemahlenen schwarzen Pfeffer, 5 feingehackte Knoblauchzehen und ein 5 cm langes Stück geriebenen Ingwer zugeben. Ingwer darf nicht zu lange kochen, sonst wird er bitter. Bei mittlerer Hitze 2–3 Minuten köcheln, bis die Mischung stark duftet. Die Limetten, 315 ml Malzessig und 500 g braunen Zucker ergänzen. Aufkochen und rühren, bis sich der Zucker gelöst hat. Die Hitze reduzieren. 1–1$^1/_2$ Stunden köcheln, gelegentlich umrühren. In warme, sterilisierte Gläser abfüllen. Nach dem Öffnen im Kühlschrank lagern. Ergibt ca. 600 ml.

GURKE MIT JOGHURT

1 feingewürfelte, kleine Tomate, $^1/_2$ feingehackte Zwiebel, $^1/_2$ grob geriebene Gurke, 1 Eßlöffel Kreuzkümmel und 1$^1/_2$ Eßlöffel Naturjoghurt mischen und abschmecken. Abdecken und bis zum Verzehr kalt stellen. Ergibt ca. 185 ml.

BANANE MIT KOKOSNUSS

2 Bananen fein würfeln; 40 g Kokosflocken und 125 ml Zitronensaft zugeben, gut verrühren. Abgedeckt bis zum Verzehr kalt stellen. Ergibt ca. 250 ml.

GURKE UND KORIANDER

Eine Salatgurke schälen, Samen entfernen und würfeln. Mit 1 Eßlöffel Zitronensaft und 2 Eßlöffeln frischen, gehackten Korianderblättern mischen. Mit Salz abschmecken. Abgedeckt bis zum Verzehr kalt stellen. Ergibt ca. 185 ml.

PAPAYA MIT PFEFFERMINZE

Eine Papaya schälen, erst in dünne Scheiben und dann in kleine Würfel schneiden. Mit 3 Eßlöffeln frischem Orangensaft und 1 Eßlöffel gehackter frischer Pfefferminze mischen. Abdecken und bis zum Verzehr kalt stellen. Ergibt ca. 250 ml.

EINGELEGTE AUBERGINEN

3 Auberginen in 1 cm dicke Scheiben schneiden; in einen Durchschlag legen und mit Salz bestreuen. 1 Stunde ziehen lassen, abspülen und trockentupfen. 500 ml Weißweinessig zum Kochen bringen; die Auberginen portionsweise je 4 Minuten kochen. Dann mit 10 geschälten Knoblauchzehen, 2 in Scheiben geschnittenen roten Chilischoten, einigen frischen Curryblättern und 1 in Scheiben geschnittenen, ungespritzten Zitrone in sterilisierte Gläser schichten. Mit Olivenöl begießen, so daß die Aubergine bedeckt ist. Verschließen und vor dem Verzehr 1 Woche in den Kühlschrank stellen. Ergibt 5 Gläser à 250 ml.

IM UHRZEIGERSINN, VON LINKS OBEN: Mango-Chutney; Indische Limetten; Banane mit Kokosnuß; Gurke und Koriander; Eingelegte Auberginen (2 Gläser); Papaya mit Pfefferminze; Gurke mit Joghurt

MAIS-KARTOFFEL-BRATLINGE

Zubereitungszeit: 15 Minuten
Kochzeit: 20 Minuten
Ergibt ca. 40 Stück

2 große Kartoffeln

250 g Mais, aus der Dose, abgetropft

4 Eier, leicht geschlagen

6 Frühlingszwiebeln, gehackt

50 g Paniermehl

1 TL Garam Masala

3 EL Öl

Dip

150 g Naturjoghurt

2 EL frische Pfefferminzblätter, gehackt

2 TL süße Chilisauce

1 Kartoffeln schälen und grob reiben. Auf Küchenpapier abtropfen lassen, überschüssige Flüssigkeit ausdrücken. In einer Schüssel mit Mais, Eiern, Zwiebeln, Paniermehl und Garam Masala mischen.
2 In einer gußeisernen Pfanne 2 Eßlöffel Öl erhitzen. 1 gehäuften Eßlöffel des Kartoffelteigs bei mittlerer Hitze 2 Minuten von jeder Seite goldbraun braten. Auf Küchenpapier abtropfen lassen und warm stellen. Den restlichen Teig ebenso verarbeiten; gegebenenfalls zusätzliches Öl in die Pfanne geben.
3 Für den Dip alle Zutaten vermischen.

KNUSPRIGE LINSEN-BÄLLCHEN MIT CURRY

Zubereitungszeit: 15 Minuten
Kochzeit: 20 Minuten
Ergibt ca. 30 Stück

250 g rote Linsen

4 Frühlingszwiebeln, gehackt

2 Knoblauchzehen, zerdrückt

1 TL Kreuzkümmel, gemahlen

80 g Paniermehl

125 g Cheddar, gerieben

1 große Zucchini, gerieben

150 g Maismehl (Polenta)

Öl zum Fritieren

1 Die Linsen in einen Topf geben und mit Wasser bedecken. Zum Kochen bringen, die Hitze reduzieren, zudecken und 10 Minuten köcheln, bis die Linsen weich sind. Abgießen.
2 Die Hälfte der Linsen in einer Küchenmaschine oder einem Mixer mit Frühlingszwiebeln und Knoblauch zu einer glatten Paste verarbeiten. In eine große Schüssel füllen, die restlichen Linsen, Kreuzkümmel, Paniermehl, Käse und Zucchini unterrühren und gut mischen. Je 1 Teelöffel zu einem Bällchen formen und leicht im Maismehl wenden.
3 Einen gußeisernen Topf zu 1/3 mit Öl füllen, und das Öl auf 180 °C erhitzen. Es hat die richtige Temperatur, wenn ein Brotwürfel darin innerhalb von 15 Sekunden goldbraun wird. Die Linsenbällchen portionsweise 1 Minute fritieren, bis sie goldbraun, knusprig und heiß sind. Mit einer Zange oder einen Schaumlöffel vorsichtig herausnehmen und auf Küchenpapier abtropfen lassen. Heiß servieren.

TANDOORI-LAMMKOTELETTS

Zubereitungszeit: 25 Minuten + Marinierzeit über Nacht
Kochzeit: 10–15 Minuten
Ergibt 24 Stück

24 Lammkoteletts

500 g Naturjoghurt

30 g frische Korianderblätter, gehackt

2 EL Kreuzkümmel, gemahlen

4 Knoblauchzehen, zerdrückt

2 EL frischer Ingwer, gerieben

1 TL Gelbwurz, gemahlen

1–2 rote Chilischoten, entkernt und feingehackt

1 Die Koteletts säubern, indem man mit einem scharfen Messer am Knochen entlangläuft. Dann in eine große, flache Schüssel legen.
2 Für die Marinade die restlichen Zutaten in einer Schüssel mischen. Über das Fleisch gießen, die Koteletts darin wenden, abdecken und über Nacht kalt stellen.
3 Die Koteletts aus der Marinade nehmen und sofort ohne abzutropfen auf einem heißen Stein oder einem Grill braten.
Vorbereitung: Die Koteletts können bis zu 2 Tagen im voraus mariniert werden. Auch zu Hähnchen ist diese Marinade ausgesprochen lecker.

ZUCCHINI

Zucchini ist eine Kürbissorte, die ursprünglich aus Amerika kommt, jetzt aber in vielen Ländern verbreitet ist. Meist sind Zucchini grün; es gibt aber auch eine gelbe Sorte. Zucchini sind schnell zubereitet, sie müssen nur gewaschen und an beiden Enden abgeschnitten werden und benötigen nur kurze Garzeiten. Sie sind ganzjährig erhältlich und gerieben oder in dünne Scheiben geschnitten eine wunderbare Ergänzung zu Salaten. Beim Kauf sollte man darauf achten, daß sie fest und gleichmäßig gefärbt sind. Anschließend bis zur Verarbeitung im Gemüsefach des Kühlschranks aufbewahren.

GEGENÜBERLIEGENDE SEITE: Mais-Kartoffel-Bratlinge (oben); Knusprige Linsenbällchen mit Curry

2 Joghurt, Koriander, Pfefferminze und etwas Salz mischen. Über die Garnelen gießen, umrühren und 5 Minuten ziehen lassen.
3 Ingwer, Knoblauch, Chili, Gelbwurz, Koriander, Garam Masala und einige Tropfen Lebensmittelfarbe in einer großen Schüssel mischen; die Garnelen zugeben und 10 Minuten marinieren.
4 Dann auf Metallspieße stecken und 5 Minuten grillen. Zum gleichmäßigen Garen einmal wenden. Die Garnelen sind fertig, wenn sie sich aufrollen und rosa färben. Zusammen mit den Zitronenspalten mit oder ohne Spieße und mit Beilagen (siehe Seite 96) servieren.

GEWÜRZNAAN

Zubereitungszeit: 35 Minuten + Ruhezeit
Backzeit: 20 Minuten
Ergibt 32 Stück

✦ ✦

2 Pakete Naan-Fertigbrotmischung oder Hefebrotmischung
90 g Süßkartoffeln, feingewürfelt
90 g Kürbis, feingewürfelt
90 g TK-Erbsen, aufgetaut
30 g frischer Koriander, gehackt
2 EL Mango-Chutney
I TL Currypulver
$^1/_2$ TL Garam Masala
I TL Fenchelsamen, zerstoßen
$^1/_4$ TL Chilipulver
I Ei, leicht geschlagen

I Die Anweisungen der Backmischungen befolgen, bis das Brot gehen muß. Nicht zu stark, nur leicht kneten, sonst wird der Teig zäh.
2 Süßkartoffeln und Kürbis bißfest kochen oder dämpfen, dann mit Erbsen, Koriander, Chutney, Currypulver, Garam Masala, Fenchelsamen und dem Chilipulver in einer Schüssel mischen. Den Backofen auf 200 °C (Gas 3) vorheizen.
3 Die Backmischungen jeweils in 4 Portionen teilen, auf einer leicht bemehlten Fläche ausrollen und je 4 Kreise (Ø 8 cm) ausstechen.
4 Je 1 gehäuften Teelöffel Füllung auf eine Kreishälfte geben, die Ränder mit Ei einstreichen, umschlagen und zusammenpressen. Auf ein leicht gefettes Backblech legen, die Oberflächen mit dem restlichen Ei einpinseln. 20 Minuten knusprig und goldbraun backen.
Vorbereitung: Bis zu 2 Tagen im voraus zubereiten und bis zu 2 Monaten einfrieren.

TANDOORI-GARNELEN

Zubereitungszeit: 20 Minuten + Marinierzeit
Kochzeit: 5 Minuten
Ergibt 24 Stück

✦

I kg rohe Riesengarnelen (ca. 24 Stück)
125 g Naturjoghurt
20 g frischer Koriander, feingehackt
2 EL frische Pfefferminze, feingehackt
I EL frischer Ingwer, gehackt
2 Knoblauchzehen, zerdrückt
I TL Chilipulver
I TL Gelbwurz, gemahlen
I TL Koriander, gemahlen
I TL Garam Masala
rote Lebensmittelfarbe, wahlweise
2 Zitronen, in Spalten, zum Servieren

I Die Garnelen pulen und den Darm entfernen; die Schwanzsegmente intakt lassen. Abspülen und mit Küchenpapier trockentupfen.

OBEN: Tandoori-Garnelen

WÜRZIGE KOFTAS

Zubereitungszeit: 25 Minuten
Kochzeit: 25 Minuten
Ergibt 45 Stück

500 g Lammhack
1 kleine Zwiebel, feingehackt
1 Knoblauchzehe, zerdrückt
1 TL Koriander, gemahlen
1 TL Kreuzkümmel, gemahlen
$1/4$ TL Zimt, gemahlen
$1/2$ TL rote Chilischote, feingehackt
1 TL Tomatenpüree
1 EL frische Pfefferminze, gehackt
1 EL frischer Koriander, gehackt
Öl zum Braten

Joghurt-Dip

1 kleine Tomate, geschält, Kerne entfernt und
    gewürfelt
$1/2$ Minigurke, geschält und feingehackt
1 Knoblauchzehe, zerdrückt
1 EL frische Pfefferminze, gehackt
125 g Naturjoghurt

1 Hack, Zwiebel, Knoblauch, Koriander, Kreuzkümmel, Zimt, Chili, Tomatenpüree, Pfefferminze und Korianderblätter in einer großen Schüssel gründlich mit den Händen mischen. Gut würzen, dann jeweils $1 1/2$ Teelöffel zu einem kleinen Bällchen formen.
2 In einer großen, gußeisernen Pfanne bei mittlerer Hitze etwas Öl erhitzen. Die Koftas portionsweise braten, bis sie rundherum braun und durchgebraten sind. Auf Küchenpapier abtropfen lassen.
3 Die Dip-Zutaten mischen und in eine kleine Schale geben.
4 Die Koftas einzeln auf Spieße stecken und mit dem Dip servieren.
Vorbereitung: Man kann die gebratenen Koftas einfrieren. Vor dem Verzehr auftauen und in einer feuerfesten Form bei 180 °C (Gas 2–3) 5–10 Minuten im Backofen erwärmen. Der Dip kann mehrere Stunden im voraus zubereitet werden.

UNTEN: Würzige Koftas

KARTOFFELN

Kartoffeln kommen ursprünglich aus Südamerika und werden seit Jahrhunderten kultiviert. Im 16. Jahrhundert brachten die Portugiesen und Spanier die Kartoffel nach Europa und wahrscheinlich nach Indien. Bald waren diese Eiweiß, Stärke und Vitamine enthaltenden Knollen Grundnahrungsmittel der Armen. Wenn überhaupt, sollte man Kartoffeln möglichst nur dünn schälen, denn die Vitamine sitzen direkt unter der Schale. Es gibt zahlreiche verschiedene Sorten; einige davon können für jede Zubereitungsart herangezogen werden, andere sind für spezielle besonders geeignet. Zudem unterscheidet man alte und neue Kartoffeln. Neue Kartoffeln werden unreif geerntet und halten nur wenige Tage im Kühlschrank. Alte Kartoffeln lagert man am besten an einem kalten, dunklen Ort, möglichst abseits von Zwiebeln, da sich diese negativ auf die Qualität auswirken. Grüne Keime an Kartoffeln müssen großzügig herausgeschnitten werden; sehr grüne Kartoffeln sollte man wegwerfen.

OBEN: Frische Kräuter-Pakoras

FRISCHE KRÄUTER-PAKORAS

Zubereitungszeit: 30 Minuten + Ruhezeit
Kochzeit: 10 Minuten
Ergibt 30 Stück

★ ★

160 g Besanmehl

1 TL Gelbwurz, gemahlen

$1/2$ TL Chilipulver

$1^1/2$ TL Garam Masala

1 Zucchini, gewürfelt

1 kleine Süßkartoffel, gewürfelt

60 g Blumenkohlröschen

50 g TK-Erbsen, aufgetaut

1 kleine Zwiebel, gewürfelt

2 EL frischer Koriander, gehackt

2 EL frisches Basilikum, gehackt

2 EL frische Petersilie, gehackt

2 Knoblauchzehen, zerdrückt

Öl zum Fritieren

Naturjoghurt, Mango-Chutney, zum Servieren

1 Mehl, Gelbwurz, Chili, Garam Masala und $1^1/2$ Teelöffel Salz in eine große Schüssel sieben. In die Mitte eine Mulde drücken; nach und nach 125 ml Wasser zugießen und mit einem Schneebesen zu einem festen, klumpenfreien Teig verarbeiten. Abgedeckt 30 Minuten beiseite stellen.
2 Den Teig nochmals schlagen und das Gemüse, Kräuter und Knoblauch unterrühren. Einen tiefen, gußeisernen Topf zu $1/3$ mit Öl füllen und auf 180 °C erhitzen. Es hat die richtige Temperatur, wenn ein Brotwürfel darin in 15 Sekunden goldbraun wird. Portionsweise gehäufte Teelöffel des Teigs im Öl goldbraun ausbacken. Auf Küchenpapier abtropfen lassen. Mit Joghurt und Mango-Chutney zum Dippen servieren.

KARTOFFEL-KORIANDER-SAMOSAS

Zubereitungszeit: 1 Stunde
Kochzeit: 45 Minuten
Ergibt 24 Stück

★ ★

50 g Butter

2 TL frischer Ingwer, gerieben

2 TL Kreuzkümmel

1 TL Madras Currypulver

$1/2$ TL Garam Masala

500 g festkochende Kartoffeln, feingewürfelt

30 g Sultaninen

80 g TK-Erbsen

15 g frische Korianderblätter

3 Frühlingszwiebeln, in Scheiben geschnitten

1 Ei, leicht geschlagen

Öl zum Fritieren

fester Naturjoghurt zum Servieren

Samosa-Teig

450 g Mehl, gesiebt

1 TL Backpulver

100 g Butter, zerlassen

125 g fester Naturjoghurt

1 Die Butter in einer großen beschichteten Pfanne erhitzen; Ingwer, Kreuzkümmel, Currypulver und Garam Masala bei mittlerer Hitze 1 Minute unter Rühren dünsten. Kartoffeln und 3 Eßlöffel Wasser zugeben und bei schwacher Hitze 15–20 Minuten gar köcheln. Sultaninen, Erbsen, Koriander und Zwiebeln mit den Kartoffeln schwenken. Vom Herd nehmen, abkühlen lassen.

2 Für den Teig Mehl, Backpulver und 1¹/₂ Teelöffel Salz in eine große Schüssel sieben. In die Mitte eine Mulde drücken, Butter, Joghurt und 185 ml Wasser zugeben. Mit einem breiten Mes-

ser einarbeiten, bis sich die Zutaten verbinden. Dann auf einer leicht bemehlten Fläche zu einer glatten Kugel zusammenfassen. Den Teig zur leichteren Verarbeitung vierteln. Eine Portion sehr dünn ausrollen, die restlichen Portionen währenddessen abdecken.

3 Mit Hilfe einer Schüssel oder eines Tellers (Ø 12 cm) 6 Kreise ausstechen. 1 gehäuften Eßlöffel Füllung in die Mitte jedes Kreises setzen, die Teigränder mit Ei einstreichen und zu Halbkreisen umklappen. Den runden Rand mehrmals einfalten und so verschließen. Die restlichen Zutaten ebenso verarbeiten.

4 Einen tiefen, gußeisernen Topf zu ¹/₃ mit Öl füllen, und das Öl auf 180 °C erhitzen. Es hat die richtige Temperatur, wenn ein Brotwürfel darin in 15 Sekunden goldbraun wird. Das Öl darf nicht zu heiß sein, sonst verbrennen die Samosas. Jeweils 2–3 Samosas goldgelb fritieren. Wenn sie an die Oberfläche steigen, müssen sie eventuell mit einem Schaumlöffel heruntergedrückt werden, damit die andere Seite garen kann. Auf Küchenpapier abtropfen lassen. Mit Joghurt servieren.

Hinweis: Wird der Teig zu lange bearbeitet, wird er sehr zäh. Mit leicht bemehlten Händen kneten, dann klebt er nicht.

Je Teigblatt 6 Kreise mit Hilfe einer Schüssel oder eines Tellers ausschneiden.

1 gehäuften Eßlöffel Kartoffelmischung in die Mitte der Teigtaschen setzen.

Zum Schließen der Samosas die Ränder Stück für Stück falten.

Die fritierten Samosas mit einem Schaumlöffel aus dem Öl nehmen.

LINKS: Kartoffel-Koriander-Samosas

ERBSEN

Erbsen sind ausgesprochen beliebt und werden weltweit gegessen. Dafür palt man die saftigen Samen aus den Schoten; nur bei wenigen Arten wie Zuckerschoten und Zuckererbsen ißt man auch die zarten Schoten. Heutzutage werden aus praktischen Gründen häufig Tiefkühlerbsen verwendet, deren Kochzeit zudem kürzer ist als bei frischen Erbsen.

CURRY-HÄHNCHEN-PIES

Zubereitungszeit: 45 Minuten + Kühlzeit
Kochzeit: 50 Minuten
Ergibt 24 Stück

375 g Mehl

1 TL Kreuzkümmel, gemahlen

1 TL Gelbwurz, gemahlen

200 g Butter, zerkleinert

2 Eigelb, leicht geschlagen

50 g Butter, zusätzlich

1 Zwiebel, gehackt

350 g Hähnchenfilet, pariert und gewürfelt

1 EL Currypulver

1 TL Kreuzkümmel

1 EL Mehl, zusätzlich

250 ml Hühnerbrühe

2 EL Mango-Chutney (Mango zerkleinert)

3 EL frischer Koriander, gehackt

Milch zum Glasieren

1 Mehl, Kreuzkümmel und Gelbwurz in eine Schüssel sieben. Butter zugeben; mit den Fingerspitzen zu Krümeln verreiben. In die Mitte eine Mulde drücken. Eigelbe und 5–6 Eßlöffel Wasser zugeben. Mit einem breiten Messer einarbeiten, bis sich die Zutaten verbinden. Auf einer bemehlten Fläche zu einer Kugel formen. In Frischhaltefolie gewickelt 30 Minuten kalt stellen.
2 Zwei flache Muffinbleche mit je 12 Vertiefungen leicht fetten. ²⁄₃ des Teigs 2 mm dick ausrollen; 8 cm große Kreise ausstechen, in die Förmchen legen. Den restlichen Teig ausrollen und 24 Deckel (Ø 5,5 cm) ausstechen. Kalt stellen.
3 Zusätzliche Butter in einem großen Topf erhitzen, die Zwiebel weich dünsten. Fleisch zugeben. Ist es rundum gebräunt, Curry und Kreuzkümmel zugeben. 2 Minuten unter Rühren dünsten. Mit dem zusätzlichen Mehl bestreuen, 30 Sekunden rühren. Vom Herd nehmen. Nach und nach die Brühe einrühren. Wieder auf den Herd stellen. Rühren, bis die Sauce aufkocht und eindickt. Die Hitze reduzieren. 2–3 Minuten köcheln, bis die Flüssigkeit fast verkocht ist. Chutney und Koriander untermischen. Abschmecken, abkühlen lassen.
4 Backofen auf 180 °C (Gas 2–3) vorheizen. Füllung auf die Pies verteilen, die Ränder mit Wasser einstreichen. Deckel aufsetzen, am Rand mit einer Messerspitze fest zusammendrücken. Deckel einschlitzen, damit Dampf entweichen kann. Mit Milch einpinseln. 30 Minuten backen. In der Form etwas abkühlen lassen. Warm servieren.

LAMMPIES

Zubereitungszeit: 30 Minuten + Kühlzeit
Kochzeit: 1 Stunde 20 Minuten
Ergibt 24 Stück

375 g Mehl, gesiebt

2 EL Kümmel

180 g Butter, zerkleinert

1 EL Olivenöl

1 kleine Zwiebel, feingehackt

1 Knoblauchzehe, zerdrückt

2 EL milde Currypaste

250 g Lammfilet, pariert, feingewürfelt

1 kleine Kartoffel, feingewürfelt

50 g TK-Erbsen

60 g Naturjoghurt

1 Ei, leicht geschlagen

2 EL frischer Koriander, gehackt

1 Mehl und Kümmel in einer großen Schüssel mischen. Butter zugeben. Mit den Fingerspitzen zu einer krümeligen Masse verreiben. In die Mitte eine Vertiefung drücken. 4 Eßlöffel Wasser zugeben; mit einem Messer einarbeiten, bis sich die Zutaten verbinden. Dann auf einer bemehlten Fläche zu einer Kugel zusammenfassen. Etwas flach drücken, in Klarsichtfolie wickeln und 20 Minuten kalt stellen.
2 Das Öl in einem gußeisernen Topf erhitzen, Zwiebel und Knoblauch bei mittlerer Hitze 3–4 Minuten unter Rühren weich dünsten. Currypaste zugeben, 1 weitere Minute rühren. Bei starker Hitze Lamm, Kartoffel und Erbsen zufügen. 5 Minuten unter Rühren braten, bis das Fleisch rundum gebräunt ist. Joghurt hineingeben. Aufkochen, dann die Hitze reduzieren und zugedeckt 30 Minuten köcheln, bis das Lamm gar ist. Den Deckel abnehmen; nochmals 10 Minuten köcheln, damit die Sauce eindickt. Vom Herd nehmen und abkühlen lassen.
3 Den Backofen auf 180 °C (Gas 2–3) vorheizen. 2 flache Muffinbleche mit je 12 Vertiefungen leicht fetten. ²⁄₃ des Teigs zwischen 2 Blatt Backpapier 2 mm dick ausrollen. 24 Kreise (Ø 7 cm) ausstechen. In die Förmchen legen. Das Lammcurry auf die Teigschalen verteilen. Den Restteig zu einem Rechteck ausrollen. 24 Streifen (1 x 20 cm) zurechtschneiden und gedreht auf die Pies legen. Mit dem Ei einstreichen. 25–30 Minuten goldbraun backen. Vor dem Herausnehmen etwas abkühlen lassen. Mit frischem Koriander bestreut warm servieren.

GEGENÜBERLIEGENDE SEITE: Curry-Hähnchen-Pies (links); Lammpies

INDISCHE TEMPURA

Zubereitungszeit: 20 Minuten + Ruhezeit
Kochzeit: 25 Minuten
Ergibt 8 Stück

★ ★

Teig

150 g Besanmehl

75 g Reismehl

1 TL Gelbwurz, gemahlen

1 TL Chilipulver

1/4 TL Kalonji (Schwarzkümmel)

2 Kartoffeln

300 g Kürbis

300 g Aubergine

2 kleine Zwiebeln

15 kleine Spinatblätter

Öl zum Fritieren

Besanmehl zum Bestäuben

süße Chilisauce zum Servieren

OBEN: Indische Tempura

1 Besanmehl, Reismehl, Gelbwurz, Chilipulver und 1/2 Teelöffel Salz in eine große Schüssel sieben. In die Mitte eine Vertiefung drücken. Nach und nach 250 ml Wasser zugießen und zu einem glatten, dicken Teig verquirlen. Kalonji einrühren. Abgedeckt 10 Minuten ruhen lassen.

2 Kartoffeln und Kürbis in 8 cm lange Gemüsestäbe schneiden. Aubergine in dünne Scheiben schneiden und diese vierteln. Zwiebeln vierteln und in einzelne Blätter trennen, das Innere entfernen. Spinat waschen und trockentupfen.

3 Die Konsistenz des Teigs prüfen – er sollte sahneähnlich sein; ist er zu dick, mit etwas Wasser verdünnen. Einen tiefen, gußeisernen Topf zu 1/3 mit Öl füllen und dieses auf 180 °C erhitzen. Die Temperatur prüfen, indem man 1/4 Teelöffel Teig fritiert. Sie ist erreicht, wenn er seine Form behält und beim Aufsteigen brutzelt. Darauf achten, daß das Öl diese Temperatur hält und nicht zu heiß wird. Tempuras sollten durchgebacken und goldbraun sein.

4 Das Gemüse im Besanmehl wenden, überschüssiges Mehl abschütteln, dann im Teig wenden und goldbraun fritieren. Die Kochzeit variiert je nach Gemüse. Das Gemüse auf Küchenpapier abtropfen lassen, mit Salz bestreuen und bei 150 °C (Gas 1) im Backofen warm stellen. Mit süßer Chilisauce servieren.

Hinweis: Kalonji erhält man in Geschäften, die indische und libanesische Lebensmittel führen.

PURIS MIT KORIANDER-RELISH

Zubereitungszeit: 40 Minuten
Kochzeit: 10–15 Minuten
Ergibt 32 Stück

✭ ✭

100 g Mehl
100 g Vollkornmehl
1 TL Salz
1 EL schwarzer Pfeffer, zerstoßen
3 EL Öl oder Ghee
1 TL Kalonji (Schwarzkümmel)
Öl zum Fritieren

Koriander-Relish

60 g frische Korianderblätter
20 g frische Pfefferminzblätter
$^1/_2$ kleine Zwiebel
1 grüne Chilischote
2 EL Zitronensaft

1 Mehl, Salz und Pfeffer in eine große Schüssel sieben. Öl oder Ghee zugeben; mit den Fingern zu einer krümeligen Masse verreiben. Kalonji einrühren. In die Mitte eine Mulde drücken. 3–4 Eßlöffel heißes Wasser zugeben. Mit einem breiten Messer einarbeiten. Der Teig ist grob, sollte aber zusammenhalten. Zu einer Kugel formen.
2 Den Teig vierteln und jedes Stück nochmals achteln, so daß man 32 Teile erhält. Jedes auf einer leicht bemehlten Fläche zu einem 6 cm großen Kreis ausrollen. Die anderen Stücke währenddessen mit einem feuchten Geschirrtuch oder Frischhaltefolie abdecken. Eingerissene Teigränder sind normal.
3 In einem Wok oder einer großen, gußeisernen Pfanne $2^1/_2$ cm Öl auf 180 °C erhitzen. Es hat die richtige Temperatur, wenn ein Brotwürfel in 15 Sekunden goldbraun wird. Je 3–4 Puris zugleich backen, einmal wenden. Sie benötigen nur wenige Sekunden, um rundum goldgelb zu werden. Auf Küchenpapier abtropfen lassen, während die restlichen Puris gebacken werden.
4 Für das Relish alle Zutaten in der Küchenmaschine zu einer glatten Paste verarbeiten. Mit den Puris servieren.

OBEN: Puris mit Koriander-Relish

GARNELEN-SATAYS AUF ZITRONENGRAS

Zubereitungszeit: 20 Minuten + Kühlzeit
Kochzeit: 15 Minuten
Ergibt 24 Stück

1 EL Öl
1 Knoblauchzehe, zerdrückt
1 EL frischer Ingwer, gerieben
1 EL Zitronengras, feingehackt, nur die weißen Abschnitte
1 Zwiebel, feingehackt
1 EL Tandoori-Currypaste
4 Kaffir-Limettenblätter, feingeschnitten
1 EL Kokoscreme
2 TL geriebene Limettenschale
600 g rohe Garnelen, ohne Schale und Darm
12 Stengel Zitronengras, auf 15 cm Länge geschnitten und längs halbiert

1 Das Öl in einer Pfanne erhitzen. Knoblauch, Ingwer, Zitronengras und Zwiebel zugeben und bei mittlerer Hitze 3 Minuten goldgelb dünsten. **2** Tandoori-Paste und Kaffir-Limettenblätter zufügen. 5 Minuten köcheln, bis die Tandoori-Paste ihren Duft entwickelt. Etwas abkühlen lassen. In eine Küchenmaschine umfüllen und mit Kokoscreme, Limettenschale und Garnelen zu einer Paste verarbeiten. In 24 Portionen aufteilen und mit feuchten Händen je 1 Portion um 1 Stück Zitronengras formen. Das Zitronengras soll dabei beidseitig 3 cm herausragen. Die Masse ist relativ weich und muß vorsichtig verarbeitet werden. Feuchte Hände erleichtern dies. 1 Stunde kalt stellen.
3 Die Satays bei mittlerer Hitze 5 Minuten grillen, bis sie durchgebraten sind.
Vorbereitung: Die Garnelenmischung kann bis zu 1 Monat eingefroren werden. Im Kühlschrank auftauen und dann um das Zitronengras formen. Die Satays können am Vortag zubereitet werden.

ZITRONENGRAS

Frisches Zitronengras besitzt einen ausgeprägten Duft und einen herrlichen Zitronengeschmack. Die weißen Abschnitte der langen Stiele werden in Currygerichten verwendet; aus den grünen Blättern kann man einen erfrischenden Tee zubereiten. Vor dem Kochen entfernt man die grünen Abschnitte sowie einige harte äußere Blätter. Dann wird die weiße Zwiebel abgespült und wie im Rezept angegeben zerkleinert. Zitronengras sollte man am besten im Gemüsefach des Kühlschranks aufbewahren.

RECHTS: Garnelen-Satays auf Zitronengras

WÜRZIGE MINI-BURGER

Zubereitungszeit: 30 Minuten
Kochzeit: 15 Minuten
Ergibt 24 Stück

6–8 Naan-Fladenbrote

600 g mageres Rinderhack

1 grüne Chilischote, gehackt

1 EL Currypulver

3 Knoblauchzehen, zerdrückt

2 TL frischer Ingwer, feingehackt

1 EL Erdnußöl

3 EL fester Naturjoghurt

3 EL Mango-Chutney

24 frische Pfefferminzblätter

1 Den Backofen auf 160 °C (Gas 1) vorheizen. Mit einem Ausstecher (Ø 6 cm) 48 Kreise auf dem Brot markieren. Mit einer Schere ausschneiden. Locker in Alufolie gewickelt im Ofen aufwärmen, während man die Frikadellen zubereitet.

2 Rinderhack, Chili, Currypulver, Knoblauch und Ingwer in einer Schüssel mit Salz und schwarzem Pfeffer mischen. Mit feuchten Händen aus der Mischung 24 Frikadellen (Ø 6 cm) formen.

3 Das Öl in einer großen Pfanne erhitzen. Die Frikadellen portionsweise von jeder Seite 2–3 Minuten braten. Auf Küchenpapier abtropfen lassen.

4 Auf einem Servierteller 24 warme Naan-Brote verteilen, jeweils eine Frikadelle, 1 Klacks Joghurt, Mango-Chutney und 1 Pfefferminzblatt darauf legen. Mit den restlichen Brotkreisen abdecken. Sofort servieren.

Hinweis: Man erhält Naan-Brote in den meisten Supermärkten, die Pita-Brot und Weizentortillas führen. Ist Naan-Brot nicht erhältlich, kann man auf die beiden anderen Sorten zurückgreifen.

Vorbereitung: Die Hackfleischmischung kann am Vortag zubereitet, zu Frikadellen geformt und abgedeckt im Kühlschrank gelagert werden. Man kann die Frikadellen auch nebeneinander auf einem Backblech einfrieren und später in Gefrierbeutel füllen, verschließen und wieder in den Gefrierschrank legen. Vor dem Braten nebeneinander im Kühlschrank auftauen.

NAAN-BROT

Naan-Brot ist ein relativ flaches indisches Brot in Tränenform. Traditionell wird der aufgegangene Teig geformt und dann gegen die Seite eines Tandoori-Ofens geschlagen, in dem er auch gebacken wird. Das Brot kann jedoch auch in einem normalen Backofen gebacken und anschließend hellbraun gegrillt werden. Naan-Brot wird warm oder heiß serviert.

OBEN: Würzige Mini-Burger

ASIATISCHE SNACKS

Als die Küchenchefs der Sung-Dynastie Chinas eine große Vielzahl mundgerechter Häppchen kreierten, um die verwöhnten Gaumen ihrer Herrscher zufriedenzustellen, konnten sie nicht ahnen, daß sie die Tradition von Yum Cha erfanden. Diese winzigen Snacks überlebten die Jahrhunderte, werden heutzutage mit Tee serviert und sind in China und weltweit in chinesischen Stadtteilen sehr beliebt. Doch auch die anderen asiatischen Länder haben in kulinarischer Hinsicht viel zu bieten – japanisches Sushi, thailändische Fischküchlein und das indonesische Gado Gado – sie alle sind köstliche asiatische Leckerbissen.

würfel darin in 15 Sekunden goldbraun wird. Das Brot hineingeben und mit dem Belag nach unten 2–3 Minuten braten. Wenden und die andere Seite 1 Minute knusprig braten. Auf Küchenpapier abtropfen lassen. Sofort servieren.

WARME ENTEN-KORIANDER-TÖRTCHEN

Zubereitungszeit: 35 Minuten + Kühlzeit
Kochzeit: 20 Minuten
Ergibt 24 Stück

★

185 g Mehl
125 g gekühlte Butter, zerkleinert
3 EL Sesamsamen
frischer Koriander zum Garnieren

Füllung

1 große chinesische Ente, gebraten
2 EL Orangenmarmelade
1 EL Kecap manis
2 TL Sesamöl
1 EL frischer Ingwer, gerieben
2 EL frischer Koriander, gehackt
5 Frühlingszwiebeln, in feine Scheiben geschnitten

1 Zwei flache Muffinbleche mit je 12 Vertiefungen leicht fetten. Mehl und ½ Teelöffel Salz in eine Schüssel sieben. Butter zugeben und mit den Fingerspitzen zu einer krümeligen Masse verreiben. Sesamsamen unterrühren. In die Mitte eine Mulde drücken; bis zu 2 Eßlöffel Eiswasser zugeben. Mit einem breiten Messer einarbeiten, bis sich die Zutaten gerade verbinden. Auf einer leicht bemehlten Fläche zu einer Kugel formen.
2 Den Backofen auf 210 °C (Gas 3) vorheizen. Den Teig auf einer leicht bemehlten Fläche 3 mm dick ausrollen. Rundum mit einer Gabel leicht einstechen. Mit einem gewellten Rundausstecher 24 Kreise (Ø 6 cm) ausstechen und in die Formen legen. Gegebenenfalls Teigreste nochmals ausrollen. 10 Minuten goldbraun backen. Aus den Formen nehmen und abkühlen lassen.
3 Für die Füllung das Entenfleisch ablösen und zerkleinern. Die Marmelade in einem Topf bei schwacher Hitze unter Rühren erwärmen. Die restlichen Zutaten und das Entenfleisch zugeben und gut mischen. Vollständig erhitzen.
4 Die Teigschalen auf einer warmen Servierplatte verteilen und mit der warmen Ente füllen. Mit frischem Koriander garniert sofort servieren.

GARNELEN-KORIANDER-TOAST

Zubereitungszeit: 25 Minuten
Kochzeit: 15 Minuten
Ergibt 32 Stück

★

500 g rohe Garnelen, geschält
8 Frühlingszwiebeln, gehackt
1 Stengel Zitronengras, nur den weißen Abschnitt, gehackt
1 Knoblauchzehe, zerdrückt
1 Eiweiß
1 EL Öl
1 EL frischer Koriander, gehackt
1 EL Fischsauce
2 TL Chilisauce
1 TL Zitronensaft
8 Scheiben altbackenes Brot, Kanten entfernt
Öl zum Braten

1 Garnelen, Zwiebeln, Zitronengras, Knoblauch, Eiweiß, Öl, Koriander, Saucen und Zitronensaft in der Küchenmaschine fein zerkleinern.
2 Die Masse auf dem Brot bis an den Rand verteilen, und jede Scheibe in 4 Dreiecke schneiden.
3 In einem Topf 2 cm Öl auf 180 °C erhitzen. Es hat die richtige Temperatur, wenn ein Brot-

OBEN: Garnelen-Koriander-Toast

Hinweis: Auch die Entenhaut kann in die Füllung gegeben werden; zuvor allerdings alles Fett abschneiden. Kecap manis ist eine süße indonesische Sojasauce, die in Asienläden erhältlich ist.

DIM SIMS

Zubereitungszeit: 1 Stunde + Kühl- + Ruhezeit
Kochzeit: 30 Minuten
Ergibt ca. 30 Stück

6 getrocknete Chinesische Pilze

200 g mageres Schweinehack

30 g Schweinefett, feingehackt

100 g rohe Garnelen, ohne Schale, feingehackt

2 Frühlingszwiebeln, feingehackt

1 EL Bambussprossen, feingehackt

1 Selleriestange, feingehackt

3 TL Speisestärke

2 TL Sojasauce

1 TL feiner Zucker

30 Wan-Tan- oder Frühlingsrollen-Hüllen

Chili- oder Sojasauce zum Servieren

1 Die Pilze in einer kleinen, feuerfesten Schüssel mit kochendem Wasser übergießen. 10 Minuten ruhen, dann abtropfen lassen. Die Stiele entfernen, und die Köpfe feinhacken.
2 Pilze, Schweinehack, Schweinefett, Garnelen, Frühlingszwiebeln, Bambussprossen und Sellerie in einer Schüssel mischen. Speisestärke, Sojasauce, Zucker sowie Salz und Pfeffer in einer weiteren Schüssel zu einer glatten Paste verarbeiten. Unter die Fleischmischung rühren und dann abgedeckt 1 Stunde kalt stellen.
3 Jeweils immer nur 1 Wan-Tan-Hülle verarbeiten, die restlichen Hüllen mit einem Geschirrtuch abdecken. 1 Eßlöffel der Füllung in die Mitte der Hülle setzen, die Ränder mit Wasser befeuchten, in der Mitte zusammenfassen und zum Schließen zusammenpressen. Auf einer leicht bemehlten Arbeitsfläche beiseite stellen.
4 Einen Bambussiebeinsatz mit Backpapier auslegen. Die Dim Sims in ausreichendem Abstand voneinander hineinsetzen (man muß sie portionsweise kochen). Den Siebeinsatz abdecken und 8 Minuten auf einen Topf mit siedendem Wasser stellen, bis die Füllung gar ist. Mit Chili- oder Sojasauce servieren.

DIM SIMS

Die getrockneten Pilze 10 Minuten in heißem Wasser quellen lassen.

Die Wan-Tan-Hüllen in der Mitte über der Füllung zusammenfassen und zusammenpressen.

Den Boden des Bambussiebeinsatzes mit Backpapier auslegen.

LINKS: Dim Sims

VIETNAMESISCHE FRÜHLINGSROLLEN

Zubereitungszeit: 50 Minuten + Ruhezeit
Kochzeit: 25 Minuten
Ergibt ca. 20 Stück

★

20 Riesengarnelen, gekocht

100 g getrocknete Reis-Vermicelli

20–25 Reispapier-Hüllen, ca. 16 cm Ø

40 frische Pfefferminzblätter

10 Stengel Chinesischer Schnittlauch, halbiert

Dip

2 EL Sataysauce

3 EL Hoisin-Sauce

1 rote Chilischote, feingehackt

1 EL ungesalzene Erdnüsse, geröstet

1 EL Zitronensaft

UNTEN: Vietnamesische Frühlingsrollen

1 Die Garnelen auspulen. Dann vorsichtig den Darm am Rücken vom Kopf beginnend entfernen. Garnelen halbieren.

2 Die Vermicelli in einer Schüssel mit heißem Wasser übergießen und 5 Minuten einweichen. Gut abtropfen lassen und mit einer Schere in kleine Stücke schneiden.

3 Die Reispapier-Hüllen einzeln verarbeiten. Je ca. 30 Sekunden in eine Schüssel mit warmem Wasser legen, bis es weich und elastisch wird. Herausnehmen. Vorsichtig arbeiten, da das Papier leicht einreißt.

4 Eine eingeweichte Hülle auf die Arbeitsfläche legen. Auf dem unteren Drittel 1 Eßlöffel Füllung verteilen (einen ausreichenden Rand frei lassen, um das Papier umklappen zu können). Mit 2 Pfefferminzblättern und 2 Garnelenhälften belegen. Die Seiten einklappen, und das Reispapier fest aufrollen. 1 Schnittlauch so mit einrollen, daß er herausragt. Mit den restlichen Zutaten ebenso verfahren. Die Rollen mit der Naht nach unten auf einem Teller anrichten.

5 Für den Dip alle Zutaten in einer kleinen Schüssel mischen. Zu den Frühlingsrollen servieren.

SCHWEINEFLEISCH-ZITRONENGRAS-WAN-TANS

Zubereitungszeit: 40 Minuten + Kühlzeit
Kochzeit: 20 Minuten
Ergibt 56 Stück

★★

400 g Schweinehack
1 TL frischer Ingwer, feingehackt
1 Stengel Zitronengras, nur den weißen
 Abschnitt, in feine Scheiben geschnitten
230 g Wasserkastanien aus der Dose,
 abgetropft und feingehackt
2 EL frischer Chinesischer Schnittlauch,
 feingehackt
1/2 TL Chilipaste
2 EL Pflaumensauce
1 TL Chiliöl
1 TL Sesamöl
1 EL Speisestärke
56 x 8 cm große Wan-Tan-Hüllen (ca. 2 Pakete)
Öl zum Fritieren

Dip

125 ml helle Sojasauce
60 ml Balsamico-Essig
1 TL frischer Ingwer, feingerieben
1 TL Chiliöl

1 Das Fleisch, Ingwer, Zitronengras, Wasserkastanien, Chinesischen Schnittlauch, Chilipaste, Pflaumensauce, Öl und Speisestärke in einer Schüssel mit den Händen vermischen. Abgedeckt 1 Stunde kalt stellen.
2 Für den Dip alle Zutaten vermischen.
3 Die Wan-Tan-Hüllen einzeln verarbeiten. Die restlichen Blätter abdecken. In die Mitte jeder Hülle 2 Teelöffel Füllung geben. Die Ränder leicht mit Wasser einstreichen. Die Enden zusammenfassen und in der Mitte fest zusammendrücken.
4 Einen tiefen, gußeisernen Topf zu 1/3 mit Öl füllen, und das Öl auf 180 °C erhitzen. Es hat die richtige Temperatur, wenn ein Brotwürfel darin in 15 Sekunden goldbraun wird. Die Wan-Tans portionsweise 3–4 Minuten goldgelb fritieren. Mit einem Schaumlöffel herausheben, auf Küchenpapier abtropfen lassen und heiß zum Dip servieren.

OBEN: Schweinefleisch-Zitronengras-Wan-Tans

KOKOSREIS IN BANANENBLÄTTERN

Zubereitungszeit: 40 Minuten
Kochzeit: 1 Stunde 30 Minuten
Ergibt ca. 12 Stück

✷ ✷

2–3 kleine Bananenblätter oder Alufolie
400 g Klebreis
185 ml Kokosmilch

Hähnchenfüllung

2 EL Öl

2–3 Knoblauchzehen, zerdrückt

6 Curryblätter

1 TL getrocknete Garnelenpaste

2 TL Koriander, gemahlen

2 TL Kreuzkümmel, gemahlen

$^1/_2$ TL Gelbwurz

250 g Hähnchenfleisch, zu Hack verarbeitet

3 EL Kokosmilch, zusätzlich

1 EL Zitronensaft

1 Die Mittelrippe der Bananenblätter heraustrennen: Das Blatt zerfällt in große Stücke. Diese in Quadrate (15 x 15 cm) schneiden. Zum Weichwerden kurz in kochendem Wasser blanchieren. Auf einem Geschirrtuch ausbreiten. Abdecken.

2 Reis waschen, abtropfen lassen und mit 450 ml Wasser in einem großen, gußeisernen Topf langsam zum Kochen bringen. Hitze reduzieren. Auf niedrigster Stufe zugedeckt 15 Minuten köcheln.

3 Kokosmilch und 125 ml Wasser in einem kleinen Topf ohne aufzukochen erhitzen. Mit einer Gabel unter den Reis rühren. In eine Schüssel umfüllen und zum Abkühlen beiseite stellen.

4 Für die Füllung das Öl in einer großen, gußeisernen Pfanne erhitzen; Knoblauch und Curryblätter 1 Minute auf mittlerer Stufe unter Rühren erhitzen. Garnelenpaste und Gewürze zufügen und nochmals 1 Minute kochen. Nun das Hähnchenfleisch zugeben. 3–4 Minuten anbraten, bis sich seine Farbe verändert; Klumpen mit einer Gabel trennen. Die zusätzliche Kokosmilch zugießen. Bei schwacher Hitze 5 Minuten braten, bis die Milch aufgenommen wurde. Die Curryblätter herausnehmen. Mit Zitronensaft, Salz und Pfeffer abschmecken. Abkühlen lassen.

5 In die Mitte jedes Bananenblattes je 1 gehäuften Eßlöffel Reis geben und zu einem 4 x 4 cm

OBEN: Kokosreis in Bananenblättern

großen Quadrat ausstreichen. Darauf je 1 gehäuften Teelöffel Füllung verteilen. Zu einem Päckchen aufrollen. Mit der Naht nach unten in einen mit Bananenblätterresten ausgelegten Siebeinsatz legen. Portionsweise 15 Minuten dämpfen. Zimmerwarm mit Stäbchen oder kleinen Gabeln servieren.

Hinweis: In Asien werden Speisen zum Dämpfen oder Backen häufig in Bananenblätter gewickelt. Diese halten das Essen saftig und verleihen ihm einen milden Geschmack. Bananenblätter sind in Asialäden erhältlich.

Vorbereitung: Das Gericht im voraus zubereiten und bis zu 2 Tagen im Kühlschrank aufbewahren.

HÄHNCHEN MIT NORI

Zubereitungszeit: 25 Minuten + Marinierzeit
Kochzeit: 20 Minuten
Ergibt ca. 30 Stück

 ★ ★

400 g Hähnchenbrustfilet

60 ml japanische Sojasauce

60 ml Mirin (süßer Reiswein)

1 Stück frischer Ingwer, 4 cm, sehr feingerieben

1 Noriblatt, feingeschnitten oder in kleine Stücke zerkrümelt

40 g Speisestärke

250 ml Öl zum Braten

1 Das Hähnchenfleisch parieren, in mundgerechte Stücke schneiden und in eine Schüssel legen.
2 Sojasauce, Mirin und Ingwer mischen. Über das Fleisch gießen und dieses gründlich darin wenden. 15 Minuten im Kühlschrank marinieren, dann die überschüssige Marinade abgießen.
3 Nori mit der Speisestärke mischen, und unter Zuhilfenahme der Fingerspitzen das Hähnchenfleisch darin panieren.
4 Das Öl in einem gußeisernen Topf auf 180 °C erhitzen. Es hat die richtige Temperatur, wenn ein Brotwürfel darin innerhalb von 15 Sekunden goldbraun wird. Jeweils 6–7 Hähnchenstücke goldfarben braten. Regelmäßig wenden. Auf Küchenpapier abtropfen lassen. Mit zusätzlichen Noristreifen garnieren.

Hinweis: Nori ist die gebräuchlichste Form von getrocknetem Seetang in der asiatischen Küche. Man erhält ihn in Fachgeschäften. Zum Zerschneiden eine Schere oder ein scharfes Messer verwenden.

KNUSPRIGE VERMICELLI-KUCHEN MIT SESAMGEMÜSE

Zubereitungszeit: 20 Minuten
Kochzeit: 15 Minuten
Ergibt ca. 12 Stück

 ★

400 g Reis-Vermicelli

Öl zum Braten

2 TL Sesamöl

2 Karotten, in Stäbchen geschnitten

1 rote Paprikaschote, in Stäbchen geschnitten

2 Zucchini, in Julienne geschnitten

4 Frühlingszwiebeln, in Julienne geschnitten

$^1/_2$–1 EL Austernsauce

1 Die Vermicelli 3 Minuten in einer Schüssel mit kochendem Wasser einweichen; gründlich abtropfen lassen, bis sie trocken sind.
2 Das Öl in einer großen, gußeisernen Pfanne auf mittlerer Stufe erhitzen. Je 1 Eßlöffel der Nudeln zu einer flachen Scheibe formen. Portionsweise 3 Minuten knusprig-goldbraun braten. Auf Küchenpapier abtropfen lassen.
3 Das Sesamöl in einem Wok erwärmen. Das Gemüse unter Rühren 3 Minuten bißfest garen. Die Austernsauce unterrühren und 2 Minuten mitkochen. Auf den Vermicellikuchen servieren.

OBEN: Hähnchen mit Nori

SATAYS UND KEBABS

Werden Holzspieße verwendet, so muß man sie vorher 30 Minuten in Wasser einweichen, damit sie nicht verbrennen. Die Enden eventuell mit Alufolie umwickeln.

LIMETTENGARNELEN

12 Stangen Zuckerrohr aus der Dose in Streifen von 5 mm Dicke und 10 cm Länge schneiden. 48 rohe Riesengarnelen schälen, den Darm entfernen. Je 2 Garnelen auf einen Zuckerrohrstift aufspießen. Eventuell muß man sie hierfür leicht einschneiden. Mit etwas Limettensaft einstreichen und in einer vorgeheizten und gefetteten Grillpfanne 2–3 Minuten je Seite braten, bis sie gar sind. Ergibt 24 Stück.

RINDFLEISCH IN SCHWARZER BOHNENSAUCE

1 kg Rumpsteak in 2 cm große Würfel schneiden und mit einem scharfen Messer einschlitzen. Lorbeerzweige von ihren Blättern befreien, und das Fleisch darauf aufspießen. Mit schwarzer Bohnensauce einstreichen. In einer vorgeheizten und gefetteten Grillpfanne 2–3 Minuten von jeder Seite braten; dabei mit der restlichen Sauce einstreichen. Ergibt 28 Stück.

KNOBLAUCHLAMM

600 g Lammsteaks parieren. In 2 cm große Würfel schneiden; 6 Knoblauchzehen in dicke Scheiben schneiden. Je 2 Lamm- und 2 Knoblauchstücke abwechselnd auf 35 Metallspieße stecken. 1 gehackte rote Chilischote, 2 zerdrückte Knoblauchzehen und 3 Eßlöffel Öl mischen. Eine Grillpfanne erhitzen und leicht mit Öl einfetten. Die Spieße 2–5 Minuten braten, gelegentlich mit Knoblauch-Chilimarinade einstreichen. Ergibt 35 Stück.

CHILIGEMÜSE

12 Shiitakepilze, 12 Babymaiskolben und 12 Zuckerschoten halbieren. Abwechselnd auf 24 kleine Holzspieße stecken. 2 Eßlöffel Öl mit einer zerdrückten Knoblauchzehe und 1 Eßlöffel süßer Chilisauce in einer Schüssel gut vermischen. Die Spieße damit bestreichen und in einer vorgeheizten Grillpfanne 1–2 Minuten braten; gelegentlich mit der Sauce einstreichen. Ergibt 24 Stück.

LACHS UND THUNFISCH

600 g filetierten Lachs und 500 g frischen Thunfisch in 2 cm große Würfel schneiden und mit Salz und Pfeffer würzen. Je 3 Würfel abwechselnd auf kleine Holzspieße stecken. Eine Grill- oder Bratpfanne erhitzen und leicht mit Öl fetten. Die Spieße 3–4 Minuten braten, häufig wenden und dabei mit etwas Limetten- oder Zitronensaft beträufeln. Ergibt 18–20 Stück.

HÄHNCHEN MIT ZITRONEN-GRAS

1 kg filetierte Hähnchenschenkel in 2 cm große Würfel schneiden. 6 Zitronengrasstengel von ihren Blättern befreien. Die dickeren Enden der Stengel in 10 cm lange Abschnitte schneiden und längs vierteln. Die Zwiebeln von 12 Frühlingszwiebeln vierteln. Hähnchenfleischwürfel und Zwiebelstücke in der Mitte etwas einschlitzen, damit sie sich leichter aufspießen lassen. Je 2 Hähnchenfleisch- und Zwiebelstücke abwechselnd auf das Zitronengras spießen. 3 Eßlöffel Sojasauce, 3 Eßlöffel Mirin und 2 Eßlöffel Zucker mischen. Eine Grill- oder Bratpfanne erhitzen; die Spieße 3–5 Minuten braten. Während des Bratens mit der Hälfte der Sojasauce einstreichen; häufig wenden. Den weißen Abschnitt von einem Stengel Zitronengras in feine Scheiben schneiden und mit einer feingehackten Chilischote (ohne Samen) zur restlichen

Sojasauce geben, als Dip zu den Spießen servieren. Ergibt 24 Stück.

PILZE MIT PROSCIUTTO

48 braune Champignons mit einem feuchten Tuch säubern und halbieren. 80 g Butter in einer Pfanne zerlassen. Die Pilze und 1 Prise Salz zugeben. Bei mittlerer Hitze unter Rühren 1 Minute garen. 125 ml Portwein zugießen. Unter Rühren dünsten, bis die Flüssigkeit vollständig verdampft ist. Vom Herd nehmen und beiseite stellen. 18 Scheiben Prosciutto vierteln. Abwechselnd 4 Pilze und 3 aufgerollte Schinkenstücke auf Holzspieße stecken und servieren. Ergibt 24 Stück.

VON LINKS: Limettengarnelen; mittlerer Teller: Rindfleisch in schwarzer Bohnensauce; Chiligemüse; Knoblauchlamm; rechter Teller: Hähnchen mit Zitronengras; Pilze mit Prosciutto; Lachs und Thunfisch

JAKOBSMUSCHELN

Jakobsmuscheln werden in Schalen verkauft. Zum Öffnen auf ein Küchentuch legen, mit einer Hand gut festhalten und mit einem kleinen scharfen Messer am Schalenrand entlangfahren, um den Schließmuskel vorsichtig zu durchtrennen. Dann das weiße Muskelfleisch (Nuß) und den orangefarbenen Rogen mit dem Messer lösen und aus der Schale heben. Anschließend den grauen Rand, der sie umgibt, abziehen und entfernen. Jakobsmuscheln nur kurz kochen, sonst werden sie hart.

OBEN: Jakobsmuscheln Dim Sum

JAKOBSMUSCHELN DIM SUM

Zubereitungszeit: 10 Minuten
Kochzeit: 10 Minuten
Ergibt 24 Stück

24 Jakobsmuscheln, gesäubert, mit je einer Schalenhälfte

Marinade

2 EL Teriyaki-Sauce

1 EL Sojasauce

1 EL trockener Sherry

2 Frühlingszwiebeln, feingehackt

2 TL Limetten- oder Zitronensaft

2 TL Austernsauce

1 TL Sesamöl

1 Knoblauchzehe, zerdrückt

$^{1}/_{2}$ TL frischer Ingwer, gerieben

1 Den Backofen auf 180 °C (Gas 2–3) vorheizen. Die Jakobsmuscheln in je einer Schalenhälfte auf ein Backblech legen.

2 Die Zutaten für die Marinade in einer Schüssel mischen. Etwas davon über die Muscheln träufeln. 5–10 Minuten backen, bis sie zart und weiß sind.

Hinweis: Man kann die Muscheln auch 5 Minuten unter einem vorgeheizten Grill garen.

Vorbereitung: Die Marinade am Vortag zubereiten; abgedeckt im Kühlschrank aufbewahren.

SATAYSAUCE

1 Eßlöffel Öl in einer Pfanne erhitzen. 1 feingehackte große Zwiebel und 1 feingehackte Knoblauchzehe 8 Minuten auf niedriger Stufe unter Rühren erhitzen. 2 feingehackte rote Chilischoten und 1 Teelöffel Garnelenpaste zugeben, 1 Minute mitgaren. Vom Herd nehmen. 250 g Erdnußbutter untermischen. Auf den Herd zurückstellen und je 250 ml Kokosmilch und Wasser zugießen. Bei schwacher Hitze aufkochen. Stetig rühren, damit nichts ansetzt. 2 Teelöffel Kecap manis oder dicke Sojasauce sowie 1 Eßlöffel Tomatensauce ergänzen. 1 Minute köcheln. Abkühlen lassen. Zu Fleisch- oder Gemüsespießen servieren.

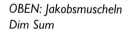

GEFÜLLTE GARNELEN IN WAN-TANS

Zubereitungszeit: 40 Minuten
Kochzeit: 10 Minuten
Ergibt 24 Stück

30 Wan-Tan-Hüllen

24 rohe Riesengarnelen

400 g rohes Krebsfleisch

8 Frühlingszwiebeln, sehr feingehackt

100 g Schweinefett, zerkleinert

2 Eiweiß

125 g Speisestärke

2 Eier, leicht geschlagen

Öl zum Fritieren

1 Die Wan-Tan-Hüllen mit einem scharfen Messer in sehr dünne Streifen schneiden. Auf einem Teller mit einem feuchten Geschirrtuch abdecken. Die Garnelen auspulen, die Schwänze intakt lassen, die Köpfe wegwerfen. Mit der Messerspitze den dunklen Darm entfernen. Auf der Bauchseite leicht einschneiden, so daß eine kleine Tasche entsteht.

2 Krebsfleisch, Zwiebeln und Schweinefett auf einem Brett mit einem großen scharfen Messer zu einer feinen Mischung verhacken. (Alternativ die Küchenmaschine verwenden.) Mit dem Eiweiß, 3 Teelöffeln Speisestärke und etwas Salz und Pfeffer in einer Schüssel mit den Fingerspitzen gut vermengen.

3 Mit einem Messer ca. 1 Eßlöffel der Krebsmischung auf den Garnelen verteilen; dabei möglichst viel in die Tasche pressen. Mit feuchten Händen die restliche Krebsmischung um die Garnelen herumdrücken. Dann in der restlichen Speisestärke wenden, kurz in das Ei eintauchen, mit Wan-Tan-Stückchen bestreuen und diese fest andrücken.

4 In einem Wok oder einer Pfanne 4 cm Öl auf 180 °C erhitzen. Es hat die richtige Temperatur, wenn ein Brotwürfel darin in 15 Sekunden goldbraun wird. Die Garnelen portionsweise je 4 Minuten goldbraun fritieren. Auf Küchenpapier abtropfen lassen und sofort servieren.

Hinweis: Schweinefett ist in der Kühltheke von Asialäden erhältlich.

Vorbereitung: Die Garnelen können bereits am Vortag gesäubert und mit der Masse gefüllt werden. Im Kühlschrank aufbewahren. Allerdings erst kurz vor dem Fritieren mit Wan-Tan-Blättern bestreuen.

GEFÜLLTE GARNELEN IN WAN-TANS

Wan-Tan-Hüllen in dünne Streifen schneiden.

Die Garnelen auf der Unterseite leicht einschneiden, so daß eine Tasche für die Füllung entsteht.

LINKS: Gefüllte Garnelen in Wan-Tans

121

KNUSPRIGE HÄHNCHEN-FISCH-TASCHEN MIT SÜSS-SAURER SAUCE

Zubereitungszeit: 30 Minuten
Kochzeit: 4 Minuten pro Portion
Ergibt 30 Stück

Süß-saure Sauce

125 g Zucker
125 ml Weißweinessig
1 EL Tomatensauce
1 EL Speisestärke

30 Wan-Tan-Hüllen
Öl zum Fritieren

Füllung

100 g Hähnchenfleisch, feingehackt
100 g Fischfilet, feingehackt
1/2 Selleriestange, feingehackt
1 kleine Frühlingszwiebel, feingehackt
2 TL helle Sojasauce

1 Für die Sauce Zucker, Essig und Tomatensauce mit 185 ml Wasser in einen kleinen Topf geben. Die Speisestärke mit 1 Eßlöffel Wasser in einer kleinen Schüssel auflösen. In den Topf gießen und auf niedriger Stufe unter Rühren erhitzen, bis die Sauce kocht und eindickt und sich der Zucker gelöst hat.
2 Die Zutaten für die Füllung mit 1/4 Teelöffel Salz mischen. Je 1 Teelöffel davon auf eine Wan-Tan-Hülle setzen. Die Ränder leicht mit Wasser einstreichen. Zu einem Dreieck falten. Wasser auf die linke Vorderecke tropfen. Die beiden unteren Ecken übereinander falten und leicht mit dem Finger festdrücken.
3 Einen tiefen, gußeisernen Topf zu 1/3 mit Öl füllen, und das Öl auf 180 °C erhitzen. Es hat die richtige Temperatur, wenn ein Brotwürfel darin innerhalb von 15 Sekunden goldbraun wird. Die Taschen portionsweise knusprig und goldbraun fritieren. Überschüssiges Öl abschütteln; auf Küchenpapier abtropfen lassen. Mit der Sauce servieren.

SCHWEINEKLÖSSE

Zubereitungszeit: 30 Minuten
Kochzeit: 45 Minuten
Ergibt 50 Stück

250 g Schweinehack
125 g rohes Krebsfleisch, feingehackt
60 g Bambussprossen, gehackt
3 Frühlingszwiebeln, feingehackt
3 Pilze, feingehackt
1 Selleriestange, feingehackt
1/2 Paprikaschote, feingehackt
1 EL trockener Sherry
1 EL Sojasauce
1 TL Sesamöl
1/2 TL Chili, gehackt
50 Wan-Tan-Hüllen
Sojasauce zum Dippen

1 Schweine- und Krebsfleisch, Bambussprossen, Zwiebeln, Pilze, Sellerie, Paprika, Sherry, Sojasauce, Öl und Chili in einer Schüssel gut mischen. Je 1 gehäuften Teelöffel Füllung in die Mitte jeder Wan-Tan-Hülle setzen. Die Ränder mit etwas Wasser einstreichen und über der Füllung zu einer Tasche zusammenfassen, die oben leicht geöffnet ist.
2 In einem Bambus- oder Metallsiebeinsatz auf einem Topf mit köchelndem Wasser 15 Minuten gar dämpfen. Mit Sojasauce servieren.

HÄHNCHENKLÖSSE

Zubereitungszeit: 30 Minuten
Kochzeit: 45 Minuten
Ergibt 50 Stück

375 g Hähnchenfleisch, zu Hack verarbeitet
90 g Schinken, feingehackt
4 Frühlingszwiebeln, feingehackt
1 Selleriestange, feingehackt
3 EL Bambussprossen, gehackt
1 EL Sojasauce
1 Knoblauchzehe, zerdrückt
1 TL frischer Ingwer, gerieben

1 Alle Zutaten in eine Schüssel geben; dann 50 Wan-Tan-Hüllen wie oben beschrieben füllen.

KNUSPRIGE HÄHNCHEN-FISCH-TASCHEN MIT SÜSS-SAURER SAUCE

Die Ränder der Wan-Tan-Hüllen mit etwas Wasser bestreichen; zu einem Dreieck zusammenfalten.

Die beiden unteren Ecken umlegen – eine über die andere – und leicht zusammendrücken.

GEGENÜBERLIEGENDE SEITE: Knusprige Hähnchen-Fisch-Taschen mit süß-saurer Sauce (oben); Klöße

EIER

Abgesehen davon, daß Eier gekocht, pochiert oder als Spiegel- und Rühreier ausgezeichnet schmecken, sind sie auch eine entscheidende Zutat, die Speisen wie Soufflés, Omelettes, Fritatta oder Mayonnaise eindickt oder Luftigkeit verleiht. Weiterhin werden Eier häufig zum Glasieren und Binden eingesetzt. Gute hartgekochte Eier für Gerichte wie Gado Gado müssen vor dem Kochen zimmerwarm sein. Dann in einen Stieltopf legen, mit kaltem Wasser bedecken und bei großer Hitze zum Kochen bringen. Anschließend bei schwacher Hitze 7–8 Minuten kochen. Rührt man die Eier die ersten paar Minuten im Wasser um, bleibt das Eigelb schön in der Mitte. Nach dem Kochen werden die Eier unter fließendem kaltem Wasser abgeschreckt, um den Garprozeß zu stoppen. Hat sich um das Eigelb ein dunkler Rand gebildet, wurden die Eier zu lange gekocht. Frische Eier werden bis zur Verwendung im Kühlschrank aufbewahrt und erst kurz vorher herausgenommen.

OBEN: Gado Gado

GADO GADO

Zubereitungszeit: 30 Minuten
Kochzeit: 35 Minuten
Ergibt 6–8 Portionen

6 neue Kartoffeln

2 Karotten, in Gemüsestäbe geschnitten

250 g Schlangenbohnen, in 10 cm lange Stücke geschnitten

2 EL Erdnußöl

250 g fester Tofu, gewürfelt

100 g kleine Spinatblätter

2 Minigurken, in dicke Streifen geschnitten

1 große rote Paprikaschote, in dicke Streifen geschnitten

100 g Bohnensprossen

5 Eier, hartgekocht

Erdnußsauce

1 EL Erdnußöl

1 Zwiebel, feingehackt

160 g Erdnußbutter

60 ml Kecap manis

2 EL Koriander, gemahlen

2 TL Chilisauce

185 ml Kokoscreme

1 TL Palmzucker, gerieben

1 EL Zitronensaft

1 Die Kartoffeln in kochendem Wasser garen. Abgießen, etwas abkühlen lassen und vierteln. Die Karotten und Bohnen separat bißfest kochen. Abgießen und in eiskaltem Wasser abschrecken, gründlich abtropfen lassen.
2 Das Öl in einer beschichteten Pfanne erhitzen. Den Tofu portionsweise rundum kroß anbraten. Auf Küchenpapier abtropfen lassen.
3 Für die Erdnußsauce das Öl in einem Topf bei schwacher Hitze erwärmen; die Zwiebel 5 Minuten goldbraun dünsten. Erdnußbutter, Kecap manis, Koriander, Chilisauce und Kokoscreme zugeben. Zum Kochen bringen. Dann die Hitze reduzieren und 5 Minuten köcheln lassen. Zucker und Saft zugeben und unter Rühren auflösen.
4 Die verschiedenen Gemüse sowie den Tofu auf einem Teller anrichten. Die Eier halbieren und in die Mitte um die Sauce legen.

FISCH-TEMPURA

Zubereitungszeit: 10 Minuten
Kochzeit: 20 Minuten
Ergibt 24 Stück

500 g Fisch ohne Gräten
1 Noriblatt
1 EL Tempura-Mehl

Tempura-Teig

250 ml eiskaltes Wasser
250 g Tempura-Mehl
Öl zum Fritieren

1 Den Fisch in mundgerechte Stücke schneiden und beiseite stellen. Mit einer Schere die Nori in winzige Quadrate schneiden und auf einem Teller mit einem Eßlöffel Tempura-Mehl mischen.

2 Für den Teig das eiskalte Wasser und das Tempura-Mehl zügig mischen. Der Teig ist etwas klumpig. Sollte er zu dick sein, mehr Wasser verwenden. Einen gußeisernen Topf zu $^1/_3$ mit Öl füllen, und das Öl auf 180 °C erhitzen. Die Temperatur prüfen, indem man $^1/_4$ Teelöffel Teig fritiert. Sie ist erreicht, wenn er seine Form behält und beim Aufsteigen brutzelt. Man muß darauf achten, daß sich diese Temperatur nicht verändert und das Öl nicht zu heiß wird, da der Fisch durchgebraten sein muß.

3 Den Fisch portionsweise zuerst in Nori und Mehl und dann im Teig wenden. Goldgelb fritieren. Auf Küchenpapier abtropfen lassen. Salzen und auf ein Backblech legen. Im Backofen bei 120 °C (Gas 1) warm stellen. Man kann den Fisch mit Shoyu (japanischer Sojasauce) zum Dippen servieren.

Hinweis: Tempura-Mehl ist in den meisten Asialäden erhältlich. Falls man es nicht bekommt, kann man es durch 185 g Mehl und 90 g Reismehl ersetzen. Für dieses Rezept kann man auch Hähnchenfleisch oder Gemüse verwenden.

TEMPURA

Tempura wurde im 16. Jahrhundert von portugiesischen und spanischen Händlern nach Japan gebracht. Die japanischen Köche verbesserten allerdings das Rezept, was den Tempuras die Knusprigkeit verlieh, für die sie heute bekannt sind. Für den sehr leichten, dünnen Teig wird Eiswasser verwendet, damit er aufgeht, sobald er mit dem Öl in Berührung kommt. Ein weiterer Garant für einen luftigen Teig ist das besondere Tempura-Mehl.

UNTEN: Fisch-Tempura

INGWER

Frischer Ingwer darf nicht
trocken aussehen, sondern
muß fest und saftig sein.
Zum Kochen entfernt man
die Haut mit einem Spar-
schäler oder einem scharfen
Messer und zerkleinert den
Ingwer. Bei sehr frischem
Ingwer kann man die Haut
auch mit den Fingern
abreiben. Will man den
Ingwer reiben, muß man
sich keine Gedanken über
die Form der Wurzel
machen. Einfach die
benötigte Menge schälen
und auf einer Ingwerreibe
reiben; den Rest der Wur-
zel wieder in das Gemüse-
fach des Kühlschranks legen.
Ingwerreiben aus Keramik
haben kleine scharfe Zähne,
auf denen man den Ingwer
auf und ab bewegt. Bei
Bambusreiben, die an eine
Miniaturausgabe der alten
Waschbretter erinnern,
wird der Ingwer an Bam-
busstreifen abgerieben.

OBEN: Yakitori

YAKITORI
(HÄHNCHENSPIESSE)

Zubereitungszeit: 20 Minuten + Ruhezeit
Kochzeit: 10 Minuten
Ergibt ca. 25 Spieße

1 kg Hähnchenschenkel, filetiert
125 ml Sake
185 ml japanische Sojasauce
125 ml Mirin (süßer Reiswein)
2 EL Zucker
70 g Frühlingszwiebeln, diagonal in 2 cm lange
   Stücke geschnitten

1 25 Holzspieße 30 Minuten in Wasser einweichen, abtropfen lassen und beiseite stellen.
2 Das Hähnchenfilet in mundgerechte Stücke
schneiden. Sake, Sojasauce, Mirin und Zucker in
einem kleinen Topf mischen, zum Kochen
bringen, vom Herd nehmen und beiseite stellen.
3 Abwechselnd 3 Hähnchen- und 2 Zwiebelstücke auf einen Spieß stecken. Dann auf ein mit
Alufolie ausgelegtes Blech legen und unter einem
vorgeheizten Elektrogrill oder auf einem Holzkohlengrill 7–8 Minuten grillen; dabei regelmäßig
wenden und mit Sauce einstreichen.
Hinweis: Yakitori kann mit asiatischer Fertigsauce zum Dippen serviert werden.

THAINUDELBÄLLE MIT
ASIATISCHEM DIP

Zubereitungszeit: 20 Minuten + Ruhezeit
Kochzeit: 20 Minuten
Ergibt 40 Stück

Asiatischer Dip

60 ml süße Chilisauce
60 ml Limettensaft
2 EL Fischsauce
1 TL feiner brauner Zucker
2 TL Kecap manis
1 Stück frischer Ingwer, 4 cm, in Juliennestreifen

500 g Hokkien-Nudeln
75 g Schlangenbohnen, feingehackt

3 Frühlingszwiebeln, feingehackt

2 Knoblauchzehen, zerdrückt

50 g frische Korianderblätter, gehackt

60 ml süße Chilisauce

2 EL Fischsauce

2 EL frischer Limettensaft

250 g Schweinehack

3 Eier, leicht geschlagen

125 g Mehl

Öl zum Fritieren

1 Die Dip-Zutaten in einer Schüssel mischen.
2 Die Nudeln zerbrechen und mit einer Schere kleinschneiden. In einer Schüssel mit kochendem Wasser 2 Minuten einweichen, gut abtropfen lassen. Bohnen, Zwiebeln, Knoblauch, Koriander, die Saucen, Limettensaft, Fleisch, Eier und Mehl in einer Schüssel gut mischen.
3 Einen tiefen, gußeisernen Topf zu $1/3$ mit Öl füllen, und das Öl auf 180 °C erhitzen. Es hat die richtige Temperatur, wenn ein Brotwürfel darin in 15 Sekunden goldbraun wird. Je 1 gehäuften Eßlöffel der Masse zu einer Kugel formen und portionsweise 2 Minuten goldgelb fritieren. Auf Küchenpapier abtropfen lassen. Mit der Sauce servieren.
Vorbereitung: Der Dip kann mehrere Tage im voraus zubereitet werden, die Nudelmischung 1 Tag vorher. Kurz vor dem Servieren fritieren.

GARNELENPÄCKCHEN

Zubereitungszeit: 30 Minuten
Kochzeit: 20 Minuten
Ergibt 24 Stück

1 EL Öl

2 Knoblauchzehen, zerdrückt

1 EL frischer Ingwer, gerieben

2 Frühlingszwiebeln, gehackt

500 g rohe Garnelen, ohne Schale und
   zerkleinert

$1/2$ TL Fischsauce

$1/2$ TL Zucker

1 EL Zitronensaft

2 EL frischer Koriander, gehackt

6 große Frühlingsrollen-Hüllen, geviertelt

Öl zum Fritieren

frischer Schnittlauch zum Servieren

süße Chilisauce zum Servieren

1 Öl in einer Pfanne erhitzen; Knoblauch und Ingwer bei schwacher Hitze 2 Minuten dünsten. Zwiebeln zugeben; nochmals 2 Minuten dünsten. Bei großer Hitze die Garnelen zugeben. Unter Rühren 2 Minuten garen, bis ihre Farbe sich verändert. Sie dürfen nicht zu lange gebraten werden, sonst werden sie beim Fritieren hart.
2 Fischsauce, Zucker, Zitronensaft und Koriander in die Pfanne geben. 1 Minute erwärmen. Vom Herd nehmen, etwas abkühlen lassen.
3 Die abgekühlte Mischung in 24 Portionen aufteilen. Je 1 Portion in die Mitte einer Frühlingsrollen-Hülle setzen. Die Ränder mit Wasser einstreichen und zu einem Päckchen falten.
4 Einen tiefen, gußeisernen Topf zu $1/3$ mit Öl füllen, und das Öl auf 180 °C erhitzen. Es hat die richtige Temperatur, wenn ein Brotwürfel darin in 15 Sekunden goldbraun wird. Die Päckchen einzeln goldbraun fritieren; dabei die ersten Sekunden mit einer Zange festhalten, damit sie sich nicht öffnen. Auf Küchenpapier abtropfen lassen. Mit Schnittlauch zusammenbinden und mit süßer Chilisauce servieren.
Hinweis: Sind die Frühlingsrollen-Hüllen sehr dünn, kann man 2 Stück übereinanderlegen.

OBEN: Garnelenpäckchen

127

JAKOBSMUSCHELTASCHEN

Zubereitungszeit: 40 Minuten
Kochzeit: 15 Minuten
Ergibt 25 Stück

25 große Jakobsmuscheln
1 EL Öl
1 Stück frischer Ingwer, 5 cm, gerieben
4 Frühlingszwiebeln, feingehackt
1 EL Shaosing (Chinesischer Reiswein) oder
    trockener Sherry
2 TL Sesamöl
1 TL Speisestärke
25 Wan-Tan- oder Frühlingsrollen-Hüllen
Öl zum Braten
15 g Chinesischer Schnittlauch, blanchiert, zum
    Servieren

1 Jakobsmuscheln wie auf Seite 120 beschrieben säubern und vorbereiten.
2 Das Öl in einem Topf erhitzen, Ingwer und Zwiebeln zugeben und bei mittlerer Hitze 2 Minuten dünsten; gelegentlich umrühren. Die Temperatur erhöhen. Wenn der Topf sehr heiß ist, die Jakobsmuscheln unter Rühren 30 Sekunden anbraten. Vom Herd nehmen.
3 Wein, Sesamöl, Speisestärke und etwas Salz und Pfeffer in einer kleinen Schüssel zu einer glatten Paste verrühren. Über die Muscheln gießen, auf den Herd zurückstellen und bei starker Hitze 30 Sekunden schwenken, bis die Flüssigkeit eingedickt ist. Vollkommen abkühlen lassen.
4 Die Teighüllen einzeln verarbeiten, während die restlichen abgedeckt sind. Die Ränder leicht mit Wasser einstreichen, eine Muschel in die Mitte setzen, die Seiten zusammenfassen und leicht zusammenpressen, so daß eine Tasche mit Manschette entsteht. Auf ein mit Backpapier ausgelegtes Backblech setzen. Die restlichen Teigblätter ebenso verarbeiten.
5 In einem Topf 2 cm Öl auf 180 °C erhitzen. Es hat die richtige Temperatur, wenn ein Brotwürfel darin in 15 Sekunden goldbraun wird. Die Muscheltaschen gegebenenfalls portionsweise 5 Minuten goldbraun ausbacken. Auf Küchenpapier abtropfen lassen. Einen Schnittlauchhalm um die Manschette binden und sofort servieren.

Vorbereitung: Jakobsmuscheltaschen können 1 Tag vorher gefüllt und abgedeckt im Kühlschrank aufbewahrt werden. Erst kurz vor dem Servieren ausbacken.

REIS-IGEL

Zubereitungszeit: 40 Minuten + Ruhezeit
Kochzeit: 30 Minuten je Portion
Ergibt 24 Stück

220 g Rundkornreis
5 getrocknete Chinesische Pilze
250 g Rinderhack
250 g Schweinehack
60 g Wasserkastanien, feingehackt
4 Frühlingszwiebeln, feingehackt
1–2 Knoblauchzehen, zerdrückt
1 TL frischer Ingwer, gerieben
1 EL Sojasauce
1 Ei, leicht geschlagen

Dip

3 EL helle Sojasauce
2 EL feiner brauner Zucker
2 EL frischer Ingwer, gerieben

1 Den Reis zum Quellen mindestens 2 Stunden in eine große Schüssel mit kaltem Wasser legen. Abtropfen lassen und auf Küchenpapier verteilen.
2 Die Pilze in einer feuerfesten Schüssel mit kochendem Wasser übergießen. 20 Minuten quellen lassen, ausdrücken, die Stiele abtrennen und die Pilzköpfe fein hacken. Mit dem Hackfleisch, Wasserkastanien, Frühlingszwiebeln, Knoblauch, Ingwer, Sojasauce, dem Ei und 1/2 Teelöffel Salz in eine große Schüssel geben und mit den Händen vermengen.
3 Den Fleischteig in 24 Portionen unterteilen und mit feuchten Händen zu kleinen Bällen formen. Im Reis rollen, bis sie rundum überzogen sind. Einen Bambussiebeinsatz mit Backpapier auslegen und die Bälle hineinlegen – ausreichend Abstand lassen, da der Reis quillt. (Je nach Größe des Siebeinsatzes eventuell portionsweise garen). Den Siebeinsatz auf einen zur Hälfte mit kochendem Wasser gefüllten Wok setzen. 30 Minuten dämpfen, bis der Reis und die Fleischbälle gar sind; gegebenenfalls mehr Wasser in den Wok geben. Sofort mit dem Dip servieren.
4 Für die Sauce die Zutaten mit 3 Eßlöffeln Wasser mischen. In einem Schälchen servieren.

Vorbereitung: Die Hackfleischmischung kann am Vortag zubereitet oder bis zu 2 Monaten eingefroren werden. Die Bällchen aber erst kurz vor dem Dämpfen im Reis rollen.

REIS

Die Reissorten unterscheiden sich nicht nur in Farbe, Geschmack, Form und Größe, sondern auch im Kochverhalten. Rundkornreis z. B. besteht aus kleinen ovalen Körnern und ist reich an Stärke. Daher wird er vor allem in Rezepten wie Sushi verwendet, in denen der Reis zusammenkleben soll. Da er sich auch leichter mit Stäbchen essen läßt, ist er in asiatischen Ländern sehr beliebt. Ganz anders eingesetzt wird dagegen Reis, der auch nach dem Kochen körnig bleibt.

GEGENÜBERLIEGENDE SEITE: Jakobsmuscheltaschen (links); Reis-Igel

SUSHI
Diese Rollen aus Nori (getrocknetem Seetang) und Reis mit

würziger Füllung sind ideal zum Essen aus der Hand. Sushis wirken eindrucksvoll und

kompliziert, sind jedoch gar nicht so schwierig, wenn man die Grundregeln beherrscht.

SUSHI-REIS

Reis in den Sushis ist kein einfacher Reis. Er wird gekocht und mit einer speziellen Sauce übergossen. Für gute Sushis muß man also zuerst guten Sushi-Reis zubereiten. Dafür 550 g Rundkornreis unter kaltem Wasser abspülen, bis das Wasser klar ist; den Reis 1 Stunde in einem Sieb abtropfen lassen. Dann mit 750 ml Wasser in einen Topf geben. Zum Kochen bringen. 5–10 Minuten kochen, bis sich an der Reisoberfläche Löcher bilden.

Dann zugedeckt bei schwacher Hitze 12–15 Minuten weich garen. Vom Herd nehmen, den Deckel abnehmen und den Reis mit einem sauberen Geschirrtuch abdecken. 15 Minuten ruhen lassen. Für die Sauce 5 Eßlöffel Reisessig, 1 Eßlöffel Mirin, 3 Eßlöffel Zucker und 2 Teelöffel Salz verrühren, bis sich der Zucker aufgelöst hat. Den Reis auf dem Boden eines Hangiri (eine flache Holzschale) oder einer nicht-metallenen Schüssel verteilen, die Sauce darübergießen und mit einem

Reislöffel oder Spatel untermischen, so daß die Reiskörner getrennt werden. Den Reis ausbreiten, bis er auf Zimmertemperatur abgekühlt ist. Bis zur Verwendung mit einem sauberen Geschirrtuch abdecken. Die Reismenge reicht für jedes der folgenden Sushi-Rezepte. Damit der Reis bei der Zubereitung der Rollen nicht an den Fingern kleben bleibt, sollte man die Finger vorher in eine Schüssel mit warmem Wasser und einigen Tropfen Reisessig eintauchen.

MAKI-SUSHI

Maki-Sushis sind vielleicht die bekanntesten Sushis. Sie lassen sich gut mit den Fingern essen und können mit verschiedenen Zutaten, z. B. Sashimi-Thunfisch oder -Lachs (von einem guten Fischhändler), Gurke, eingelegtem Daikon-Rettich, getrockneten Pilzen (vorher 20 Minuten in heißem Wasser quellen lassen), Kampyo (eingelegter Kürbis), eingelegtem Ingwer, Omelette oder Sesamsamen gefüllt werden. Ein Noriblatt mit der glänzenden Seite nach unten auf eine Bambusmatte legen. (Für dieses Rezept benötigt man 8 Noriblätter. Nori ist die am häufigsten verwendete Alge in der japanischen und koreanischen Küche. Sie wird in papierdünnen Blättern verkauft, getrocknet oder geröstet. Röstet man Nori kurz vor der Verwendung leicht über offener Flamme, entfalten die Blätter einen Nußgeschmack.) Den abgekühlten Sushi-Reis ca. 1 cm dick auf dem Noriblatt verteilen; rundum

einen 1 cm breiten Rand frei lassen. Parallel zur Längsseite in der Mitte eine kleine Furche in den Reis ziehen. Etwas Wasabi (eine ausgesprochen scharfe japanische Meerrettichpaste) entlang der Furche verteilen. Darauf Streifen der gewählten Füllung legen. Den Vorderrand der Bambusmatte anheben und die Sushi aufrollen. Anschließend die Matte pressen, so daß man entweder eine runde oder eine viereckige Rolle erhält. Reis, der an den Enden herausquillt, wieder hineindrücken. Ein scharfes Messer in Wasser tauchen, die Enden glatt abschneiden, die Rolle halbieren und jede Hälfte nochmals dritteln. Mit den restlichen 7 Noriblättern, Reis und Füllung ebenso verfahren. Ergibt 48 Stück.

Hinweis: Bambusmatten sind relativ preiswert in den meisten Asialäden erhältlich. Will man richtig gute Sushis machen, gibt es für sie eigentlich keine Alternative.

CALIFORNIA ROLL INSIDE-OUT

Diese Sushis werden ebenso zubereitet wie Maki-Sushi, allerdings befindet sich der Reis auf der Außenseite. Man benötigt 8 Noriblätter und 1 Portion Sushi-Reis. 1 Noriblatt auf eine Bambusmatte legen. 1 cm Reis darauf verteilen; rundum einen Rand von 1 cm frei lassen. 1 Stück Frischhaltefolie, etwas größer als das Noriblatt, auflegen. Mit einer schnellen Bewegung wenden und wieder auf die Matte legen, so daß die Klarsichtfolie unter und das Noriblatt über dem Reis ist. Etwas Wasabi an der kurzen Seite, ca. 4 cm vom Rand, verteilen. Gurken-, Avocado- und Krebsfleischstreifen darauflegen. Dann an dieser Kante beginnend zuerst mit Hilfe der Frischhaltefolie, dann in der Matte zu einer festen Rolle einrollen. Die Folie entfernen. Die Sushi in Sesamsamen wenden. Halbieren, die Enden glatt abschneiden und jede Hälfte dritteln. Mit Shoyu servieren.

SUSHI

NIGIRI-SUSHI

250 g Sashimi-Thunfisch oder -Lachs in
exakte Rechtecke schneiden, eventuelles
Blut oder Bindegewebe entfernen. Dann
das Fischfilet mit einem scharfen Messer in
papierdünne Scheiben schneiden. Nach
jeder Scheibe das Messer in einer Schüssel
mit Wasser und Zitronensaft säubern.
1 Eßlöffel Sushi-Reis zu einem Oval formen, das ungefähr dieselbe Länge und
Breite wie die Fischrechtecke hat. 1 Scheibe Fisch auf den Handteller der linken
Hand legen, und darauf in der Mitte ein
bißchen Wasabi verteilen. Den Reis auf
den Fisch legen, und die Hand vorsichtig
krümmen, so daß eine Rundung entsteht.
Mit dem Mittel- und Zeigefinger der
rechten Hand den Reis auf den Fisch
pressen, dabei die linke Hand etwas nach
oben ziehen, so daß eine exakte Form
entsteht. Umdrehen und nochmals
formen. Nigiri-Sushi kann mit einem um
die Mitte gebundenen Algenstreifen
serviert werden. Ergibt 16–20 Stück.

INARI-SUSHI

250 ml Dashi-Brühe, 220 g Zucker, 90 ml
Shoyu und 60 ml Sake in einem Topf auf
niedriger Stufe unter Rühren erhitzen, bis
sich der Zucker gelöst hat. Zum Kochen
bringen. Die Hitze reduzieren und 16
halbe Inari-Taschen (dünn gebratene
Tofuscheiben; man nennt sie auch Tofu-
taschen) zugeben. 5 Minuten köcheln,
abkühlen und abtropfen lassen. Die
Taschen öffnen und mit Sushi-Reis füllen.
Mit der Schnittseite nach unten servieren
oder zusätzlich mit einem blanchierten
Schnittlauchhalm zusammenbinden. Ergibt 16 Stück.

NORI-TÜTEN

Dies sind kleine tütenförmige Nori-Rol-
len, die mit Reis und verschiedenen Zutaten gefüllt werden. Als Füllung geeignet

sind eingelegter Daikon-Rettich und eingelegter Ingwer sowie Gurken-, Omelette-, Garnelen-, Thunfisch-, Lachs-, Aal-, Inari-, Krebsfleisch- und Avocadostreifen. Für 1 Portion Sushi-Reis benötigt man 8 Noriblätter. Jedes Noriblatt vierteln. Etwas Reis diagonal über der Mitte des Noriblattes verteilen. Ein wenig Wasabi auf den Finger nehmen und längs auf den Reis streichen. (Vorsicht: Wasabi ist unglaublich scharf und darf nur äußerst sparsam verwendet werden.) Einige der vorgeschlagenen Zutaten darauf verteilen; sie werden später dekorativ aus der fertigen Rolle herausragen. Dann das Noriblatt zu einer Tüte aufrollen, so daß die Füllung umschlossen ist. Mit Shoyu zum Dippen servieren. Ergibt 32 Stück.

SUSHI FÜR VIELE GÄSTE

Dies ist ein einfaches Sushi-Rezept, daß man gut zubereiten kann, wenn man viele Gäste erwartet. Eine quadratische Backform (23 cm x 23 cm) leicht mit Öl fetten und mit Frischhaltefolie auskleiden. Den Boden mit exakt zugeschnittenen Noriblättern belegen. Darauf die Hälfte des Sushi-Reises bis an den Rand verteilen. Sehr dünn etwas Wasabi auf den Reis geben. Dünn geschnittenen Sashimi- oder geräucherten Lachs (insgesamt ca. 250 g) sowie eine zweite Schicht Nori auflegen. Darauf 3 Eßlöffel eingelegten Ingwer und 2 längs dünn aufgeschnittene Gurken verteilen. Mit einer Reisschicht und einer weiteren Schicht Noriblätter abschließen. Mit Frischhaltefolie abdecken. Eine etwas kleinere Backform

direkt auf die Sushi setzen, eventuell mit Töpfen beschweren, damit die Sushi flach gedrückt werden. Mindestens 1 Stunde oder über Nacht kalt stellen. Auf ein Brett stürzen, die Frischhaltefolie entfernen und in Quadrate schneiden. Ergibt 36 Stück.

Hinweis: Shoyu ist eine japanische Sojasauce. Sie ist wesentlich leichter und süßer als chinesische Sojasauce. Da es sich um ein Naturprodukt handelt, muß sie nach dem Öffnen im Kühlschrank aufbewahrt werden. Wie die meisten anderen japanischen Zutaten und Geräte erhält man Shoyu in Fachgeschäften und Asialäden.

VON LINKS: Nigiri-Sushi (Thunfisch); Nigiri-Sushi (Lachs); Inari-Sushi; Nori-Tüten; Sushi-Würfel (für viele Gäste)

CHILLIES

Chillies gibt es in unzählig verschiedenen Formen, Größen und Farben. Allgemein gilt für getrocknete Chillies: je kleiner desto schärfer; die winzigen Vogelaugen-Chillies z. B. sind ausgesprochen scharf. Auch die kleinen roten Chillies von 5 cm Länge besitzen viel Schärfe, der Geschmack mittelgroßer Chillies von 10–15 cm ist dagegen schon weniger dominant, und die großen roten und grünen Chillies von 15–20 cm sind relativ mild. Da Menschen Schärfe unterschiedlich empfinden, sollte man Chillies je nach Geschmack verwenden. Wer milderes Essen bevorzugt, sollte einfach die im Rezept angegebene Menge reduzieren. Kocht man für Gäste, muß man sein Urteilsvermögen einsetzen. Entfernt man zuvor die Samen, verlieren die Chillies an Schärfe. Um Hautreizungen zu vermeiden, sollte man beim Schneiden Gummihandschuhe tragen oder die Hände hinterher gründlich waschen. Nicht die Augen oder das Gesicht berühren.

RECHTS: Würzige Garnelen

WÜRZIGE GARNELEN

Zubereitungszeit: 25 Minuten
Kochzeit: 15 Minuten
Ergibt 20–25 Stück

★★

300 g rohe Garnelen, ohne Schale und Darm
1 Ei
1 EL Fischsauce
125 g Mehl
50 g getrocknete Reis-Vermicelli
$\frac{1}{4}$ TL Garnelenpaste
3 Frühlingszwiebeln, in Scheiben geschnitten
1 kleine rote Chilischote, feingehackt
Öl zum Fritieren
süße Chilisauce zum Servieren

1 Die Hälfte der Garnelen in der Küchenmaschine pürieren, die restlichen kleinschneiden und in einer Schüssel mit den pürierten mischen.
2 Ei, Fischsauce und 185 ml Wasser verquirlen. Das Mehl in eine Schüssel sieben. In die Mitte eine Mulde drücken; langsam die Eimischung zugeben und mit dem Schneebesen zu einem glatten Teig verarbeiten.
3 Die Reis-Vermicelli in einer Schüssel 5 Minuten in kochendem Wasser quellen lassen. Abgießen und mit einer Schere kleinschneiden. Mit Garnelen, Garnelenpaste, Frühlingzwiebeln und der Chilischote mischen. Unter den Teig rühren.
4 Einen tiefen, gußeisernen Topf zu $\frac{1}{3}$ mit Öl füllen, und das Öl auf 180 °C erhitzen. Es hat die richtige Temperatur, wenn ein Brotwürfel darin in 15 Sekunden goldbraun wird. Den Teig eßlöffelweise in das Öl geben und portionsweise 3 Minuten knusprig und goldgelb fritieren. Mit einem Schaumlöffel herausheben. Auf Küchenpapier abtropfen lassen. Den restlichen Teig fritieren. Mit süßer Chilisauce servieren.

TONKATSU
(PANIERTES SCHNITZEL)

Zubereitungszeit: 35 Minuten + Kühlzeit
Kochzeit: 12 Minuten
Ergibt 40–50 Scheiben

★

500 g Schweineschnitzel, ohne Sehnen
60 g Mehl
5 Eigelb
120 g japanisches Paniermehl
1 Noriblatt
Öl zum Fritieren
250 ml Tonkatsu-Sauce

Die Zucchini mit einem Kugelausstecher aushöhlen; einen ausreichenden Rand stehenlassen.

Die Füllung mit 2 Teelöffeln auf die Zucchini verteilen.

Die gefüllten Zucchini dämpfen, bis die Füllung gar ist und die Zucchini weich sind.

1 Das Fleisch mit je 1 guten Prise Salz und Pfeffer würzen und leicht im Mehl wenden.
2 Eigelbe mit 2 Eßlöffeln Wasser verquirlen. Die Schnitzel einzeln erst darin und dann gleichmäßig in Paniermehl wenden. Nebeneinander auf einem Teller mindestens 2 Stunden in den Kühlschrank stellen, nicht abdecken.
3 Mit einem scharfen Messer das Noriblatt in sehr feine Streifen schneiden; dann in 4 cm lange Stücke brechen. Zur Seite stellen.
4 In einem tiefen, gußeisernen Topf ca. 2 cm Öl auf 180 °C erhitzen. Es hat die richtige Temperatur, wenn ein Brotwürfel in 15 Sekunden goldbraun wird. Je 2–3 Schnitzel von beiden Seiten goldbraun braten; dann auf Küchenpapier abtropfen lassen. Mit den restlichen Schnitzeln ebenso verfahren. Die Schnitzel in 1 cm breite Streifen schneiden und wieder zu ihrer Ursprungsform zusammenlegen. Mit Noristreifen bestreuen und mit Tonkatsu-Sauce servieren.

GEFÜLLTE ZUCCHINI

Zubereitungszeit: 30 Minuten
Kochzeit: 10 Minuten
Ergibt ca. 24 Stück

4 große Zucchini
125 g Schweinehack

60 g rohe Garnelen, ohne Schale, feingehackt
2 Knoblauchzehen, zerdrückt
2 EL frischer Koriander, feingehackt
$^{1}/_{2}$ TL Zucker
2 Kaffir-Limettenblätter, feingehackt oder
  1 TL geriebene Limettenschale
2 rote asiatische Schalotten, feingehackt
3 EL Kokoscreme
2 TL Fischsauce
1 EL ungesalzene Erdnüsse, geröstet und
  feingehackt

1 Die Zucchini in 4 cm dicke Scheiben schneiden. Mit einem Kugelausstecher aushöhlen; dabei am äußeren Rand und am Boden jeder Scheibe einen Rand von 5 mm stehen lassen.
2 Schweinehack, Garnelenfleisch, Knoblauch, Koriander, Zucker und die Kaffir-Limettenblätter, die feingehackten Schalotten, 2 Eßlöffel Kokoscreme und die Fischsauce in einer kleinen Schüssel mischen. In die Zucchini füllen, abdecken und bis kurz vor dem Servieren in den Kühlschrank stellen.
3 Die Zucchini in einem Bambus- oder Metallsiebeinsatz auf einen Topf mit kochendem Wasser setzen, abdecken und 10 Minuten dämpfen, bis die Füllung gar ist und die Zucchini weich sind. Zum Servieren mit einem Klacks Kokoscreme und einigen gehackten Erdnüssen garnieren.

OBEN: Gefüllte Zucchini

GARNELEN IN REISPAPIER

Zubereitungszeit: 35 Minuten
Kochzeit: 5–10 Minuten
Ergibt 20 Stück

20 Reispapier-Hüllen
350 g rohes Garnelenfleisch
1 Stück frischer Ingwer, 4 cm, gerieben
2 Knoblauchzehen, zerdrückt
3 Frühlingszwiebeln, feingehackt
1 EL Reismehl
1 Eiweiß, geschlagen
2 TL Sesamöl
2 EL Speisestärke
Öl zum Fritieren
2 EL Sesamsamen, geröstet
nach Geschmack Pflaumensauce zum Servieren

1 Vier Reispapier-Hüllen auf die Arbeitsfläche legen. Großzügig mit Wasser einstreichen und 2 Minuten ruhen lassen, bis sie weich und biegsam sind. Vorsichtig auf einen Teller legen (eventuell auch aufeinander). Die restlichen Reispapier-Hüllen einstreichen und mit Frischhaltefolie abdecken.
2 Das Garnelenfleisch fein hacken und mit Ingwer, Knoblauch, Frühlingszwiebeln, Reismehl, Eiweiß, Sesamöl und etwas Salz und Pfeffer in einer Schüssel mit den Fingern gut vermischen. Die Speisestärke in einer kleinen Schüssel mit 2 Eßlöffeln Wasser auflösen. Das Reispapier einzeln verarbeiten: Auf jedes knapp unter der Mitte je 1 Eßlöffel der Garnelenmischung verteilen. Den unteren Abschnitt über die Füllung schlagen. Das Reispapier noch einmal umdrehen und die Füllung etwas flach drücken. Die Seiten einklappen, und die Ränder mit Speisestärke einstreichen, dann zu einem Päckchen falten. Auf doppeltes Küchenpapier legen. Mit den restlichen Reispapieren ebenso verfahren.
3 Einen tiefen, gußeisernen Topf zu 1/3 mit Öl füllen, und das Öl auf 180 °C erhitzen. Es hat die richtige Temperatur, wenn ein Brotwürfel darin in 15 Sekunden goldbraun wird. Mehrere Päckchen gleichzeitig 4–5 Minuten goldbraun fritieren. Mit einem Schaumlöffel oder einer Zange herausheben, auf Küchenpapier abtropfen lassen und die restlichen Päckchen fritieren. Mit Sesam bestreuen. Nach Geschmack mit Pflaumensauce servieren.
Hinweis: Reispapier ist in einigen Spezialitätengeschäften und Asialäden erhältlich.

Vorbereitung: Die Füllung am Vortag, die Päckchen einige Stunden im voraus zubereiten.

SCHWEINEFLEISCH SAN CHOY BAU

Zubereitungszeit: 25 Minuten + Ruhezeit
Kochzeit: 5 Minuten
Ergibt 25 Stück

✶

1 EL Öl
400 g Schweinehack
230 g Wasserkastanien, aus der Dose, abgetropft und feingehackt
125 g Bambussprossen, aus der Dose, abgetropft und feingehackt
6 Frühlingszwiebeln, feingehackt
2 EL trockener Sherry
1 EL Sojasauce
2 TL Sesamöl
2 TL Austernsauce
kleine Salatblätter (Römischer Salat, Eisbergsalat oder Chicoree)
frische Pfefferminzblätter zum Servieren

Sauce

2 EL Pflaumensauce
1 EL Hoisin-Sauce
1 TL Sojasauce

1 Das Öl in einer Pfanne oder einem Wok erhitzen. Das Fleisch unter Rühren bei großer Hitze anbraten. Eventuelle Klumpen mit einer Gabel zerkleinern. Wasserkastanien, Bambussprossen und Frühlingszwiebeln zugeben, gut unterrühren und 1 Minute braten.
2 Sherry, Sojasauce, Sesamöl und Austernsauce mischen und zugießen, gut schwenken. 2 Minuten erwärmen, dann vom Herd nehmen.
3 Für die Sauce alle Zutaten mit 2 Eßlöffeln Wasser in einer Schüssel mischen.
4 Zum Servieren ungefähr 1 Eßlöffel der warmen Hackmischung auf je 1 Salatblatt geben. Mit gehackter Pfefferminze bestreuen. Mit der Sauce servieren, die über das Fleisch geträufelt wird.
Vorbereitung: Das Schweinehack vormittags braten und im Kühlschrank aufbewahren. Vor dem Servieren nochmals erhitzen. Die Sauce am Vortag zubereiten und ebenfalls in den Kühlschrank stellen.

PFLAUMENSAUCE

Pflaumensauce ist eine süßsaure, marmeladenartige Gewürzmischung, die in der chinesischen Küche zum Kochen und manchmal auch als Dip verwendet wird. Pflaumensauce wird aus dunklen japanischen Pflaumen, Knoblauch, Ingwer, Zucker, Essig und Gewürzen hergestellt.

GEGENÜBERLIEGENDE SEITE: Garnelen in Reispapier (oben); Schweinefleisch San Choy Bau

CHILI-GARNELEN-SPIESSE

Zubereitungszeit: 25 Minuten
Kochzeit: 10 Minuten
Ergibt 30 Stück

30 rohe Riesengarnelen

60 g Butter

1 Knoblauchzehe, zerdrückt

2 TL feiner brauner Zucker

2 EL Zitronen- oder Limettensaft

2 EL frische Korianderzweige, feingehackt

2 EL frische Basilikumblätter, feingeschnitten

1 EL süße Chilisauce

1 Die Garnelen aus dem Panzer lösen, Köpfe entfernen, Schwänze intakt lassen. Dann mit einem scharfen Messer am Rücken aufschlitzen und den Darm entfernen.
2 Die Butter in einer großen Pfanne oder einem Wok erhitzen. Knoblauch, Zucker, Saft, Koriander, Basilikum und süße Chilisauce zugeben. Gut mischen. Die Garnelen darin portionsweise bei mittlerer Hitze 5 Minuten garen, bis sie sich rosa färben.
3 Auf Bambus- oder Holzspieße aufstecken. Warm servieren.

UNTEN: Chili-Garnelen-Spieße

Vorbereitung: Garnelen mehrere Stunden vorher vorbereiten. Kurz vor dem Servieren braten oder auch 2–3 Minuten grillen; dabei mit der Buttermischung einstreichen. Statt Garnelen kann man auch Jakobsmuscheln oder Austern verwenden oder abwechselnd Fischstücke und Garnelen aufspießen. Auch die Kräuter kann man variieren, z. B. mit Dill und Petersilie.

THAI-HÄHNCHENKÜCHLEIN

Zubereitungszeit: 15 Minuten
Kochzeit: 20 Minuten
Ergibt 36 Stück

4 Eier, leicht geschlagen

2 EL frischer Koriander, feingehackt

1 EL Fischsauce

2 EL Öl

500 g Hähnchenfleisch, zu Hack verarbeitet

3 Stengel Zitronengras, nur die weißen Abschnitte, feingehackt

2 Knoblauchzehen, zerdrückt

4 Frühlingszwiebeln, gehackt

60 ml frischer Limettensaft

30 g Korianderblätter und -stiele, gehackt, zusätzlich

2 EL süße Chilisauce

1 EL Fischsauce

1 Ei, zusätzlich, leicht geschlagen

125 ml Kokosmilch

6 rote Chilischoten, ohne Samen und in dünne Scheiben geschnitten zum Garnieren

1 Den Backofen auf 200 °C (Gas 6) vorheizen. 3 flache Muffinbleche mit je 12 Vertiefungen leicht einfetten.
2 Eier, Koriander und die Fischsauce in einer Schüssel mischen. Das Öl in einer großen Pfanne (Ø 25–28 cm) erhitzen und die Eimischung hineingießen. Bei mittlerer Hitze ca. 2 Minuten von jeder Seite goldgelb backen. Aufrollen und in feine Streifen schneiden. Beiseite stellen.
3 Hähnchen, Zitronengras, Knoblauch, Zwiebeln, Limettensaft, den zusätzlichen Koriander, die Saucen, das zusätzliche Ei und Kokosmilch in der Küchenmaschine fein, aber nicht glatt hacken. Auf die Formen verteilen; mit Omelettestreifen belegen. 15 Minuten backen. Für ein gleichmäßiges Garen die Bleche zwischendurch rotieren. Mit Chili garnieren und heiß servieren.

LIMETTEN

Limetten sind kleiner als Zitronen und haben einen frischen, sauren Geschmack. In vielen asiatischen Ländern wird Limettensaft sogar häufiger verwendet als Zitronensaft. Ähnlich wie bei Zitronen schätzt man den charakteristischen Geschmack der Limetten und nutzt ihre Eigenschaft als ,Zartmacher'. In den meisten Rezepten kann man Zitronen und Limetten austauschen. Limettensaft ist ein beliebtes Getränk; meist wird es gesüßt und mit Mineralwasser verdünnt gereicht. In einigen Gerichten wird auch geriebene Limettenschale verarbeitet.

THAILÄNDISCHE FISCHKÜCHLEIN

Zubereitungszeit: 25 Minuten
Kochzeit: 5–10 Minuten
Ergibt ca. 24 Stück

500 g festes, weißes Fischfilet
4 Kaffir-Limettenblätter, in feine Streifen geschnitten
1 EL frisches Thailändisches Basilikum, gehackt
2 EL rote Currypaste
100 g grüne Bohnen, sehr fein geschnitten
2 Frühlingszwiebeln, feingehackt
Öl zum Braten

Gurkendip

1 Minigurke, feingehackt
3 EL süße Chilisauce
2 EL Reisessig
1 EL ungesalzene Erdnüsse, geröstet und gehackt
1 EL frischer Koriander, gehackt

1 Den Fisch in der Küchenmaschine kurz zerkleinern. Limettenblätter, Basilikum und Currypaste zugeben; weitere 10 Sekunden mixen. In eine große Schüssel umfüllen, Bohnen und Frühlingszwiebeln zugeben und gut mischen. Mit feuchten Händen gestrichene Eßlöffel der Mischung zu kleinen, abgeflachten Küchlein formen.
2 Alle Zutaten für den Dip in einer Schüssel vermengen.
3 Das Öl in einer gußeisernen Pfanne auf mittlerer Stufe erhitzen. Die Fischküchlein portionsweise beidseitig goldbraun braten. Auf Küchenpapier abtropfen lassen und zusammen mit dem Dip servieren.

OBEN: Thailändische Fischküchlein

PEKINGENTE MIT MANDARIN-PFANNKUCHEN

Zubereitungszeit: 1 Stunde + Trockenzeit
Kochzeit: 1 Stunde
Ergibt 20 Stück

1,7 kg Ente
1 EL Honig
1 Minigurke
12 Frühlingszwiebeln
2 EL Hoisin-Sauce

Mandarin-Pfannkuchen

310 g Mehl
2 TL feiner Zucker
1 EL Sesamöl

1 Die Ente waschen, den Hals abschneiden und große Fettstücke aus dem Innern entfernen. Dann über ein Spülbecken halten (zum Schutz der Hände dicke Gummihandschuhe tragen) und sehr vorsichtig und langsam mit 3 l kochendem Wasser übergießen. Die Ente dabei drehen, damit das Wasser die gesamte Haut abbrüht. Eventuell benötigt man auch mehr Wasser.

2 Die Ente auf ein Gitter über einer Fettpfanne legen. Den Honig mit 125 ml heißem Wasser mischen, und die Ente damit zweimal glasieren. Darauf achten, daß sie vollständig bedeckt ist. Dann zum Trocknen möglichst an einem kühlen, luftigen Ort aufhängen. (Man kann auch einen elektrischen Ventilator aufstellen und 1 m von der Ente entfernt positionieren.) Die Haut ist ausreichend getrocknet, wenn sie sich papieren anfühlt. Dies kann 2–4 Stunden dauern.

3 Aus der Gurke die Samen entfernen, und das Fleisch in Streichholzform schneiden. Die Frühlingszwiebeln auf 8 cm lange Abschnitte zurechtschneiden, und diese vom Zentrum zum Rand durch enge parallele Schnitte einschneiden. In Eiswasser legen – die Frühlingszwiebeln öffnen sich so zu ‚Pinseln'.

4 Den Backofen auf 210 °C (Gas 3) vorheizen. Die Ente 30 Minuten auf einem Gitter über einer Fettpfanne braten. Anschließend vorsichtig wenden, ohne daß die Haut reißt, und nochmals 30 Minuten braten. Herausnehmen. 1–2 Minuten ruhen lassen, dann auf einen vorgewärmten Teller legen.

5 Für die Mandarin-Pfannkuchen Mehl und Zucker in einer Schüssel mischen und 250 ml kochendes Wasser zugeben. Kurz rühren, bis sich die Zutaten vermischt haben. Abkühlen lassen, bis die Masse lauwarm ist. Dann auf einer leicht bemehlten Arbeitsfläche zu einem glatten Teig verkneten, abdecken und 30 Minuten zur Seite stellen.

6 Je 2 gestrichene Eßlöffel Teig zu einem Ball formen und zu einem Kreis von 8 cm Ø ausrollen. 1 Kreis leicht mit Sesamöl einstreichen, einen zweiten daraufsetzen. Nochmals ausrollen, so daß ein dünner Pfannkuchen (Ø 15 cm) entsteht. Den restlichen Teig ebenso verarbeiten, so daß man ca. 10 ‚doppelte' Pfannkuchen erhält.

7 Eine Pfanne erhitzen; die Pfannkuchen einzeln backen. Wenn sich an der Oberfläche kleine Blasen bilden, wenden und die andere Seite backen; die Oberfläche dabei mit einem sauberen Geschirrtuch herunterdrücken. Die Pfannkuchen sollten aufgehen, wenn sie fertig sind. Auf einen Teller legen. Wenn sie etwas abgekühlt sind, werden die doppelten Pfannkuchen wieder getrennt, auf einem Teller gestapelt und sofort abgedeckt, damit sie nicht austrocknen.

8 Zum Servieren die knusprige Haut von der Unterseite der Ente ablösen und in dünne Streifen schneiden. Das Brust- und Keulenfleisch in dünne Scheiben schneiden und auf einen warmen Fleischteller legen. Die Gurkenstifte und die Frühlingszwiebeln auf einem Servierteller anrichten. Die Hoisin-Sauce in eine kleine Schale gießen und alles auf den Tisch stellen. Die Gäste nehmen selbst einen Pfannkuchen, verteilen darauf mit dem Pinsel der Frühlingszwiebel etwas Sauce, geben einige Gurkenstücke und eine Frühlingszwiebel hinzu und zum Abschluß je ein Stückchen Ente und die knusprige Haut. Dann wird der Pfannkuchen so gefaltet, daß er die Füllung umschließt.

Hinweis: Traditionell sind die Pfannkuchen papierdünn. Wenn man die Technik beherrscht, sollte man je Pfannkuchen nur noch 1 gestrichenen Eßlöffel Teig verwenden und wie oben beschrieben zubereiten. Gegrillte Enten sind in asiatischen Imbissen erhältlich. Auch fertige Pfannkuchen kann man dort kaufen.

Vorbereitung: Die Pfannkuchen können mehrere Stunden im voraus gebacken werden; man sollte sie abgedeckt an einem kühlen Ort aufbewahren. Vor dem Servieren kurz aufwärmen: Dazu entweder in einem mit einem sauberen Geschirrtuch ausgelegten Durchschlag dämpfen oder fest in Alufolie gewickelt 2 Minuten bei 180 °C (Gas 2–3) in den Backofen stellen.

PEKINGENTE

In traditionellen chinesischen Restaurants wird Pekingente von einem erfahrenen Küchenchef zubereitet. Damit die Haut möglichst knusprig wird, löst man sie durch Massieren vorsichtig vom Fleisch. Dabei darf die Haut nicht verletzt werden. Mit einer kleinen Röhre wird Luft zwischen die Haut und den Rumpf geblasen und die Röhre dann verschlossen. Wenn das kochende Wasser über die Ente gegossen wird, saugt sich die Haut voll und wird beim Braten knusprig. In einigen Restaurants muß man Pekingente mindestens einen Tag vorbestellen.

GEGENÜBERLIEGENDE SEITE: Pekingente mit Mandarin-Pfannkuchen

SUSHI-CRÊPES

Ausreichend Crêpe-Teig in eine Pfanne geben, so daß der Boden bedeckt ist.

Den Rundkornreis kochen, bis sich an der Oberfläche kleine Löcher bilden.

Die Crêpe mit Hilfe einer Bambusmatte oder eines Butterbrotpapiers fest um die Füllung wickeln.

OBEN: Sushi-Crêpes

SUSHI-CRÊPES

Zubereitungszeit: 1 Stunde
Kochzeit: 30 Minuten
Ergibt ca. 40 Stück

★★

4 Eier

Sushi

220 g Rundkornreis

2 EL Reisessig

1 EL Zucker

1 EL Mirin oder trockener Sherry

etwas Wasabi (japanische Meerrettichpaste)

125 g Sashimi-Thunfisch, in dünne Streifen
    geschnitten

1 kleine Gurke, geschält, zu streichholzartigen
    Stäbchen geschnitten

1/2 Avocado, geschält, zu streichholzartigen
    Stäbchen geschnitten

3 EL eingelegter Ingwer, in dünne Streifen
    geschnitten

Sojasauce zum Dippen

1 Für die Crêpes die Eier vorsichtig mit 2 Eßlöffeln kaltem Wasser und 1 Prise Salz verquirlen. Eine kleine Crêpe-Pfanne erhitzen und mit Öl ausstreichen; ausreichend Teig hineingießen, so daß der Boden dünn bedeckt ist. Auf niedriger Stufe 1 Minute backen. Darauf achten, daß die Crêpe nicht braun wird. Wenden und die andere Seite backen. Auf einen Teller geben und den restlichen Teig verarbeiten.

2 Für die Sushis den Reis mit 500 ml Wasser in einem Topf zum Kochen bringen. Dann die Hitze reduzieren und 5 Minuten köcheln, bis sich kleine Löcher an der Oberfläche bilden. Bei einem Gasherd den Deckel auflegen und bei sehr schwacher Hitze weitere 7 Minuten köcheln, bis die gesamte Flüssigkeit aufgenommen wurde. Bei einem Elektroherd den Reis vom Herd nehmen, Deckel auflegen und 10–12 Minuten quellen lassen (so wird verhindert, daß der Reis am Topfboden ansetzt und anbrennt).

3 Reisessig, Zucker, Mirin und 1 Teelöffel Salz mischen und vorsichtig unter den Reis rühren. Den Reis gleichmäßig auf einem Backblech ausbreiten und abkühlen lassen.

4 Eine Crêpe auf eine Bambusmatte oder ein Blatt Backpapier legen. 1/3 davon mit 4 Eßlöffeln Sushi-Reis belegen.

5 Eine winzige Menge Wasabi – es ist extrem scharf – auf die Mitte des Reises streichen. Darauf Thunfisch, Gurke, Avocado und Ingwer setzen.
6 Mit Hilfe der Sushi-Matte bzw. des Backpapiers die Crêpe über die Füllung klappen und dann fest aufrollen. Die Enden mit einem scharfen Messer glatt abschneiden und jede Rolle in 2 cm lange Abschnitte teilen. Mit Sojasauce zum Dippen servieren.

Hinweis: Sashimi-Thunfisch ist der frischeste und hochwertigste Thunfisch; er ist in guten Fischhandlungen erhältlich. Klebt der Reis an den Händen, die Hände ab und zu in eine Schüssel mit warmem Wasser, dem 1 Spritzer Zitronensaft zugegeben wurde, tauchen.

Vorbereitung: Die Crêpes kann man im voraus zubereiten; luftdicht verschlossen im Kühlschrank aufbewahren.

GEGRILLTE PILZE MIT SESAM

Zubereitungszeit: 15 Minuten
Kochzeit: 10 Minuten
Ergibt 30–35 Stück

1 EL Sesamsamen
400 g mittelgroße, flache Champignons oder
   Shiitakepilze
2 EL Teriyaki-Sauce
2 EL Mirin oder süßer Sherry
1 EL Zucker
1 EL Schnittlauch, feingehackt
1 TL Sesamöl
10 Schnittlauchhalme, in Röllchen
   geschnitten

1 Backofen auf 180 °C (Gas 2–3) vorheizen. Die Sesamsamen auf ein Backblech streuen. 10 Minuten goldgelb rösten. Vom Blech nehmen.
2 Die Pilze mit einem feuchten Tuch säubern. Die Stiele wegwerfen. Die Pilzköpfe in eine flache Schüssel legen. Teriyaki-Sauce, Mirin, Zucker, Schnittlauch und Sesamöl mischen, über die Pilze gießen und 5 Minuten marinieren.
3 Die Pilze auf ein gefettetes Backblech legen, mit der Hälfte der Marinade einstreichen und 5 Minuten im Backofen unter den heißen Grill stellen. Anschließend wenden und mit der restlichen Marinade einstreichen. Nochmals 5 Minuten grillen, bis sie braun sind. Zum Servieren mit geröstetem Sesam und Schnittlauchröllchen bestreuen.

WAN-TAN-STREIFEN

Frische Wan-Tan-Hüllen mit einer Schere in 1 cm breite Streifen schneiden. Einen tiefen, gußeisernen Topf zu $1/3$ mit Öl füllen, und das Öl auf 180 °C erhitzen. Es hat die richtige Temperatur, wenn ein Brotwürfel darin in 15 Sekunden goldbraun wird. Die Wan-Tan-Streifen portionsweise goldbraun fritieren, mit einem Schaumlöffel herausnehmen und auf Küchenpapier abtropfen lassen. Noch heiß mit Chinagewürz und Salz würzen. Die abgekühlten Streifen luftdicht verschlossen aufbewahren. Die Menge hängt von der Anzahl der erwarteten Gäste ab. Zu den Getränken servieren.

OBEN: Gegrillte Pilze mit Sesam

DIE ASIATISCHE KÜCHE

Eingelegter Ingwer: wird in der japanischen Küche verwendet. Er hat einen kräftigen süß-salzigen Geschmack; die Farbe variiert von Rot bis Orange.

Tamarindenmark: besitzt einen charakteristischen Geschmack. Es ist als Flüssigkeit oder in gepreßten Würfeln erhältlich. Letztere müssen eingeweicht, geknetet und gesiebt werden.

Garnelenpaste: wird aus gesalzenen, getrockneten und zerstoßenen Garnelen hergestellt. Sie wird in Blöcken verkauft und sollte luftdicht verschlossen aufbewahrt werden.

Wasabi (japanischer Meerrettich): eine extrem scharfe Paste aus der grünen Wurzel des in Japan beheimateten Wasabi. Wird auch zu Pulver verarbeitet.

Reispapier-Hüllen: papierdünne, trockene Kreise aus Reismehl, Wasser und Salz. Nur getrocknet erhältlich. Vor dem Verarbeiten befeuchten, damit sie biegsam werden.

Frühlingsrollen-Hüllen: sind quadratisch oder rund. Der Teig besteht aus Weizenmehl und Eiern.

Gow-Gee-Hüllen: runde, aus einem Weizenmehl-Wasser-Teig hergestellte Hüllen.

Wan-Tan-Hüllen: sind dünne Quadrate, zubereitet aus einem Weizenmehl-Ei-Teig.

Thailändisches Basilikum: In der asiatischen Küche werden 3 Basilikum-Sorten verwendet, alle mit typischem Eigengeschmack. Das süße Thailändische Basilikum kann jedoch immer eingesetzt werden.

Betelblätter: werden bundweise in Asialäden angeboten. In der thailändischen Küche dienen sie traditionell zum Einwickeln von kleinen Snacks.

Wasserspinat: wird verbreitet in Asien angebaut. Trotz seines Namens ist er nicht mit dem Spinat verwandt, auch wenn dieser ein guter Ersatz ist. Benötigt nur eine kurze Garzeit.

Vietnamesische Minze oder Kambodschanische Minze: Der Geschmack dieser Kriechpflanze erinnert trotz des Namens eher an Koriander als an Minze.

Rote asiatische Schalotten: kleines, mildes Zwiebelgewächs, kupferfarben und von der Größe einer Walnuß. Wie Zwiebeln zubereiten.

Galgant: diese rosafarbene, pfeffrige Wurzel ist frisch (schälen und wie frischen Ingwer schneiden) oder in getrockneten Scheiben (in heißem Wasser quellen lassen) erhältlich.

Daikon: eine große, längliche asiatische Rettichsorte mit relativ süßem Aroma. Geschmack und Festigkeit erinnern an normalen Rettich. Auch eingelegt erhältlich.

Kampyo: dünn gehobelte, getrocknete Kürbisstreifen, die eingeweicht werden müssen und als Füllung von Sushi oder zum Zusammenbinden von Speisen dienen.

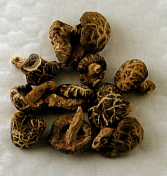

Bean Curd Skin: Haut, die sich auf erhitzter Sojamilch bildet und getrocknet wird. Vor der Verwendung mit Wasser einstreichen. In großen Blättern erhältlich, die zerbrochen werden. Dient zum Einwickeln vor dem Fritieren, Dämpfen oder Dünsten.

Sternanis: getrocknete, sternförmige Samenkapseln eines in China beheimateten Baumes. Sie verleihen Fleisch und Geflügel Anisgeschmack. Ganz oder gemahlen erhältlich.

Shiitakepilze: haben einen kräftigen Rauchgeschmack und werden frisch und getrocknet angeboten. Getrocknete Pilze müssen vor der Verwendung mindestens 20 Minuten in kochendem Wasser quellen.

Tempura-Mehl: In Asialäden erhältlich. Wird mit eiskaltem Wasser angerührt. Man kann es durch einfaches Mehl ersetzen, doch wird der Teig dann nicht so locker.

FRÜHLINGSROLLEN

Viele Namen von Speisen weisen auf die Jahreszeit hin, in der sie gewöhnlich gegessen werden. Frühlingsrollen sind dafür ein gutes Beispiel, da sie in Südostasien und China traditionell während der Festlichkeiten zum Chinesischen Neujahr gegessen werden, welches ins Frühjahr fällt.

OBEN: Frühlingsrollen

FRÜHLINGSROLLEN

Zubereitungszeit: 45 Minuten + Einweichzeit
Kochzeit: 20 Minuten
Ergibt 20 Stück

★★

4 getrocknete Chinesische Pilze

1 EL Öl

2 Knoblauchzehen, zerdrückt

1 EL frischer Ingwer, gerieben

150 g gebratener Tofu, in Streifen geschnitten

1 große Karotte, in Julienne geschnitten

70 g Wasserkastanien, gehackt

6 Frühlingszwiebeln, gehackt

150 g Chinakohl, geraspelt

1 EL Sojasauce

1 EL Speisestärke

10 große Frühlingsrollen-Hüllen

Öl zum Fritieren

1 Die getrockneten Pilze 20 Minuten in kochendem Wasser quellen, dann abtropfen lassen. Überschüssige Flüssigkeit ausdrücken. Die Köpfe in Scheiben schneiden, die Stiele wegwerfen.

2 In einem großen Wok 1 Eßlöffel Öl erhitzen; vorsichtig schwenken, um es an Boden und Seiten zu verteilen. Knoblauch, Ingwer, Tofu, Karotten und Kastanien bei sehr starker Hitze unter Rühren 30 Sekunden anbraten. Zwiebeln und Chinakohl zugeben. 1 weitere Minute dünsten, bis der Kohl leicht zusammenfällt. Mit Sojasauce, etwas Salz, weißem Pfeffer und Zucker abschmecken und abkühlen lassen. Die in Scheiben geschnittenen Pilze zugeben.

3 Speisestärke in 2 Eßlöffeln Wasser auflösen. Da die Rollen aus 2 Teigschichten bestehen, je 2 Teighüllen übereinander auf ein Brett legen (die restlichen Frühlingsrollen-Hüllen währenddessen mit einem feuchten Tuch abdecken). Das große Quadrat in 4 kleine zerschneiden. Die Ränder jedes Quadrats mit etwas Speisestärke einstreichen, in die Mitte ca. 1 Eßlöffel Füllung setzen. Ausgehend von der nach vorn weisenden Ecke die Frühlingsrolle fest aufrollen, dabei die Seiten einschlagen. Mit den restlichen Zutaten ebenso verfahren.

4 Einen tiefen, gußeisernen Topf zu $\frac{1}{3}$ mit Öl füllen, und das Öl auf 180 °C erhitzen. Es hat die richtige Temperatur, wenn ein Brotwürfel darin in 15 Sekunden goldbraun wird. Etwa 4 Frühlingsrollen gleichzeitig 3 Minuten goldgelb fritieren. Auf Küchenpapier abtropfen lassen.

MIT REIS GEFÜLLTE KÜRBISSE

Zubereitungszeit: 20 Minuten
Kochzeit: 10 Minuten
Ergibt 24 Stück

24 Mini-Patisson-Kürbisse

1 EL Öl

2 TL thailändische rote Currypaste

1 Frühlingszwiebel, feingehackt

1 kleine rote Paprika, feingehackt

185 g Jasminreis, gekocht

1 EL frischer Koriander, feingehackt

2 Kaffir-Limettenblätter, feingeschnitten

24 frische Korianderblätter zum Garnieren

1 Die Kürbisse 5 Minuten bißfest blanchieren oder dämpfen.

2 Am Boden jedes Kürbisses eine dünne Scheibe abschneiden, so daß er fest steht. Dann auf der Oberseite einen kleinen Deckel abschneiden. Zur Seite stellen.

3 Mit einem Kugelausstecher die Kürbisse aushöhlen, bis nur noch ein dünner Rand stehenbleibt. Das Kürbisfleisch anderweitig verwerten.

4 Das Öl in einem Wok erhitzen; Currypaste, Zwiebel und Paprika bei großer Hitze unter Rühren 2–3 Minuten dünsten. Den Reis zugeben; nochmals 2–3 Minuten unter Rühren garen. Koriander- und Kaffir-Limettenblätter ergänzen, leicht schwenken und vermischen.

5 Vom Herd nehmen. Jeden Kürbis mit 1 Teelöffel Reis füllen. Jeweils mit einem Korianderblatt garnieren. Vorsichtig die Deckel aufsetzen. Auf einem Teller anrichten und servieren.

Hinweis: Um 185 g gekochten Jasminreis zu erhalten, muß man 65 g Reis ca. 10 Minuten in kochendem Wasser garen.

Vorbereitung: Füllung und Kürbisse können bereits am Vortag zubereitet werden. Abdecken und separat im Kühlschrank lagern. Die Kürbisse können mehrere Stunden vor dem Servieren gefüllt werden.

UNTEN: Mit Reis gefüllte Kürbisse

KNOBLAUCH

Bei Knoblauch gehen die Geschmäcker auseinander: Die einen lieben den kräftigen Geschmack, die anderen hassen ihn. Doch wie auch immer – in vielen Speisen ist er ein Muß. Knoblauch wird seit Jahrtausenden in der Küche verwendet und ist für seine Heilkraft bekannt. Bevor es Antibiotika gab, verwendete man ihn als Antiseptikum. Knoblauch ist ein Zwiebelgewächs; die Knoblauchzwiebel besteht aus mehreren Zehen, die von einer dünnen Haut umschlossen sind. Die einzelnen Zehen können einfach nach Bedarf abgetrennt werden. Sie lassen sich leichter schälen, wenn man sie auf ein Brett legt und mit einem breiten Messer etwas flach drückt. Anschließend die Zehe mit einem Messer kleinschneiden oder in einer Knoblauchpresse zerdrücken. Um Salaten einen Hauch von Knoblauch zu verleihen, halbiert man die Zehe und reibt die Salatschüssel damit ein oder man gibt eine ganze geschälte Knoblauchzehe zum Dressing und nimmt sie vor dem Servieren wieder heraus.

GEGENÜBERLIEGENDE SEITE: Thunfisch-Cracker (links); Schweinehack-Teigtaschen

THUNFISCH-CRACKER

Zubereitungszeit: 45 Minuten + Kühlzeit
Kochzeit: 15 Minuten
Ergibt 24 Stück

✶✶

Wasabi-Sahne

60 ml Sahne
2 EL Sauerrahm
1 EL Wasabi-Pulver
$^1/_2$ EL Zitronensaft
1 EL Reisweinessig
$^1/_2$ TL Zucker

12 Gow-Gee-Hüllen
Öl zum Fritieren
500 g Thunfischsteak, $2^1/_2$ cm dick
80 g Sesamsamen

Salat

125 g Brunnenkresse
1 Minigurke
3 Radieschen
1 TL frischer Ingwer, gerieben
3 TL Reisweinessig
1 EL Sesamöl
1 EL Erdnuß- oder Maiskeimöl

1 Die Sahne schlagen, bis sie eindickt, dann vorsichtig Sauerrahm, Wasabi, Zitronensaft, Essig und Zucker einrühren. Mit Salz und Pfeffer würzen. Mindestens 30 Minuten kalt stellen.
2 Die Gow-Gee-Hüllen halbieren. Einen tiefen, gußeisernen Topf zu $^1/_3$ mit Öl füllen, und das Öl auf 180 °C erhitzen. Es hat die richtige Temperatur, wenn ein Brotwürfel in 15 Sekunden goldbraun wird. Die Hüllen portionsweise ca. 30 Sekunden je Seite braun und knusprig fritieren. Auf Küchenpapier abtropfen lassen.
3 Das Thunfischsteak in 4 cm breite Streifen schneiden (ca. 2–3 Stücke). Leicht mit 2 Teelöffeln Öl einstreichen, mit Salz und Pfeffer würzen und im Sesam wenden. Kalt stellen.
4 Die einzelnen Stiele der Kresse trennen. Mit einem Sparschäler die Gurke in dünne Streifen schneiden. Dabei die Gurke drehen und bei den Samen stoppen. Die Radieschen ebenfalls mit dem Sparschäler in dünne Scheiben schneiden. Gurke, Radieschen und Kresse mischen und beiseite stellen. Ingwer, Reisweinessig, Sesam- und Erdnußöl in einer kleinen nicht-metallenen Schüssel verquirlen. Würzen und beiseite stellen.

5 In einem gußeisernen Topf 1 Eßlöffel Öl bei mittlerer Temperatur erhitzen. Den Fisch schnell rundum anbraten, ca. 1 Minute je Seite. Der Sesam sollte goldbraun und die Mitte des Thunfisches rosa sein. Schräg in 24 Stücke schneiden.
6 Kurz vor dem Servieren das Dressing nochmals verquirlen und unter den Salat heben. Auf jede Gow-Gee-Hülle etwas Salat geben. Darauf je 1 Stückchen Thunfisch und etwas Wasabi-Sahne setzen. Zimmerwarm servieren.

SCHWEINEHACK-TEIGTASCHEN

Zubereitungszeit: 40 Minuten
Kochzeit: 10 Minuten pro Portion
Ergibt 40 Stück

✶✶

Füllung

400 g Schweinehack
15 Halme Chinesischer Schnittlauch, gehackt
2 Knoblauchzehen, zerdrückt
1 TL Sesamöl

40 Gyoza- oder Gow-Gee-Hüllen
125 ml Sojasauce
1 EL Sesamsamen
Öl zum Braten

1 Für die Füllung alle Zutaten in einer Schüssel gut vermischen und würzen.
2 In die Mitte jeder Teighülle 1 Teelöffel Füllung setzen, die Ränder mit Wasser befeuchten, den Teig in der Mitte umklappen, und die Ränder zusammenpressen. Auf ein leicht gefettetes Blech legen. Vor dem Dämpfen die Teigtaschen mit etwas Öl einstreichen.
3 Einen Wok oder einen Topf zur Hälfte mit Wasser füllen, den Deckel auflegen und zum Kochen bringen. Teigtaschen portionsweise mit ausreichend Abstand zueinander in einen Bambussiebeinsatz legen, der mit leicht geöltem Backpapier ausgelegt ist. 10 Minuten dämpfen.
4 Sojasauce und Sesamsamen in einer kleinen Schale mischen.
5 Das Öl in einer großen Pfanne erhitzen. Die Teigtaschen portionsweise ca. 2 Minuten je Seite goldbraun braten. Nicht wenden. Herausnehmen. Heiß mit der Sojasauce als Dip servieren.
Hinweis: Schnell und einfach lassen sich die Teigtaschen mit einer speziellen Presse zubereiten, die man in Fachgeschäften findet. Die Teighüllen erhält man in Asialäden.

GEBRATENER TEMPEH

Zubereitungszeit: 30 Minuten + Ruhezeit
Kochzeit: 40 Minuten
Für 4–6 Personen

★ ★

4 kleine rote Chilischoten

2 Stengel Zitronengras, nur weiße Abschnitte

2 frische Kaffir-Limettenblätter

125 ml Öl

10 rote asiatische Schalotten, dünn geschnitten

2 große Knoblauchzehen, feingehackt

500 g Tempeh, in Streichholzform geschnitten

1 Stück frische Galgantwurzel, 4 cm, geschält
und in dünne Scheiben geschnitten

3 TL Tamarindenmark

1 TL Salz

60 g Palmzucker, gerieben

1 Chilischoten längs aufschneiden, Samen und
Rippen entfernen. Diagonal in dünne Scheiben
schneiden. Zitronengras und Limettenblätter mit
der Rückseite eines Messers leicht zerdrücken.

2 In einem Wok oder Topf 2 Eßlöffel Öl erhitzen; Schalotten und Knoblauch portionsweise
bei mittlerer Hitze 2–3 Minuten kroß dünsten.
Auf Küchenpapier abtropfen lassen. Das restliche
Öl erhitzen, den Tempeh portionsweise 3–4 Minuten knusprig braten (eventuell mehr Öl zugeben). Auf Küchenpapier abtropfen lassen. Das
Öl bis auf einen Rest von 2 Teelöffeln abgießen.
3 Diesen auf mittlerer Stufe erneut erhitzen. Chillies, Zitronengras, Galgant und Limettenblätter
2 Minuten dünsten, bis sich ein feiner Duft
entfaltet. Tamarindenmark, Salz, Palmzucker
und 1 Eßlöffel Wasser zufügen. 2–3 Minuten
kochen, bis die Sauce eindickt und karamelisiert.
4 Schalotten, Knoblauch und Tempeh ergänzen.
Unter Rühren weitere 1–2 Minuten braten, so
daß die Flüssigkeit vollständig verkocht. Den
Herd ausstellen, die Mischung im Wok ausbreiten und abkühlen lassen. Zitronengras, Galgantwurzel und Limettenblätter herausnehmen und
wegwerfen. Luftdicht verschlossen ist das
Tempeh bis zu 5 Tagen haltbar.
Hinweis: Statt Palmzucker kann man auch
braunen Zucker verwenden. Tempeh ist eine
leicht verdauliche Proteinquelle aus Sojabohnen.
Man erhält es in Asia- und Naturkostläden.

*OBEN: Gebratener
Tempeh*

THAILÄNDISCHER RIND-FLEISCHSALAT AUF GURKE

Zubereitungszeit: 25 Minuten + Marinierzeit
Kochzeit: 5–10 Minuten
Ergibt 30 Stück

Marinade

80 ml Kecap manis
80 ml Limettensaft
1 rote Chilischote, in feine Scheiben geschnitten
1 EL Sesamöl

250 g Rinderfilet
7 Minigurken

Salat

¹/₂ Stengel Zitronengras, nur den weißen
    Abschnitt, feingehackt
60 ml Limettensaft
1–2 frische rote Chilischoten, in feine Scheiben
    geschnitten

20 g frische Pfefferminzblätter, feingehackt
20 g frische Korianderblätter, feingehackt
1 EL Fischsauce

1 Die Zutaten für die Marinade mischen. Das Rinderfilet in eine nicht-metallene Schüssel legen, mit der Marinade begießen. 2 Stunden oder über Nacht kalt stellen. Zum Braten muß das Fleisch wieder zimmerwarm werden.
2 Eine Grillpfanne erhitzen. Das Filet nach Wunsch braten. Medium Fleisch benötigt 7 Minuten. Abkühlen lassen, dann in dünne Streifen schneiden. Mit den restlichen Salatzutaten mischen.
3 Die Gurkenenden abschneiden. Dann die Gurken in ca. 3 cm dicke Scheiben schneiden. Die einzelnen Scheiben mit einem Kugelausstecher aushöhlen, so daß eine Vertiefung von ca. 1 cm entsteht. In diese den Rindfleischsalat füllen.
Vorbereitung: Den Salat kann man im voraus zubereiten und die Gurkenscheiben aushöhlen. Separat kalt stellen und unmittelbar vor dem Servieren füllen.

THAILÄNDISCHER RINDFLEISCHSALAT

Die Enden der Gurken abschneiden, dann in dicke Scheiben schneiden.

Die Scheiben mit einem Kugelausstecher aushöhlen, am Rand und am Boden einen Rand stehen lassen, so daß eine Schale zum Füllen entsteht.

LINKS: Thailändischer Rindfleischsalat auf Gurke

SPINAT-WASSERKASTANIEN-TEIGTASCHEN

Zubereitungszeit: I Stunde 30 Minuten + Abkühlzeit
Kochzeit: 50 Minuten
Ergibt 30 Stück

☆☆

Füllung

I EL Erdnußöl

I TL Sesamöl

I Knoblauchzehe, zerdrückt

I Stück frischer Ingwer, 2½ cm, gerieben

2 EL frischer Chinesischer Schnittlauch, gehackt

30 g Wasserspinat, in I cm lange Stücke gehackt

120 g Wasserkastanien aus der Dose, abgetropft und feingehackt

I EL Sojasauce

Teig

350 g Reismehl

80 g Tapioka

2 EL Arrowroot

I EL stärkereiches Reismehl

Dip

½ TL Sesamöl

½ TL Erdnußöl

I EL Sojasauce

I EL Limettensaft

I kleine rote Chilischote, entkernt, feingehackt

Tapioka zum Bestäuben

I Für die Füllung die Öle auf mittlerer Stufe im Wok erhitzen. Knoblauch und Ingwer unter Rühren 1 Minute dünsten, bis sie duften, aber noch nicht braun sind. Die restlichen Zutaten zugeben und weitere 2 Minuten dünsten. Aus dem Wok nehmen und ca. 5 Minuten abkühlen lassen. Eventuelle Flüssigkeit abgießen.

2 Die Teigzutaten mit 600 ml Wasser in einem großen Topf kräftig zu einer glatten Mischung ohne Klumpen verrühren. Auf niedriger Stufe 10 Minuten unter Rühren erhitzen, bis der Teig eindickt. Nochmals 5 Minuten kochen und rühren, bis die Flüssigkeit opak ist. Auf eine großzügig mit Tapioka bestäubte Arbeitsfläche geben und 10 Minuten abkühlen lassen. Dann den Teig mit bemehlten Händen 10 Minuten kneten (dabei Arbeitsfläche und Hände ständig

OBEN: Spinat-Wasserkastanien-Teigtaschen

mit Tapioka bestäuben). Den Teig halbieren, und eine Hälfte in Frischhaltefolie wickeln.

3 Die andere Hälfte 2 mm dick ausrollen. Kreise von 9 cm Ø ausstechen. In die Mitte jedes Kreises 1 gehäuften Teelöffel Füllung setzen, den Rand befeuchten, den Teig umschlagen und die Ränder zusammenpressen. Auf ein leicht bemehltes Brett oder Backblech legen, und die restlichen Teigtaschen zubereiten. Teigreste nicht nochmals ausrollen. Vor dem Dämpfen die Taschen leicht mit Öl einstreichen.

4 Einen Wok oder Topf zur Hälfte mit Wasser füllen, Deckel auflegen und zum Kochen bringen. Die Teigtaschen portionsweise mit ausreichendem Abstand in einen Bambussiebeinsatz setzen, der mit leicht geöltem Backpapier ausgelegt ist. Deckel auflegen und 10 Minuten dämpfen, bis der Teig Farbe angenommen hat. Zusammen mit dem Dip servieren.

5 Für den Dip alle Zutaten in einer kleinen Schale verquirlen.

Hinweis: Wasserspinat, der auch als Kang Kung bezeichnet wird, ist bei asiatischen Gemüsehändlern erhältlich. Reismehl, Tapioka, Arrowroot und stärkereiches Reismehl findet man in großen Asialäden und auch in einigen Supermärkten.

THAILÄNDISCHE HÄHNCHENROLLEN

Zubereitungszeit: 25 Minuten
Kochzeit: 10 Minuten
Ergibt 30 Stück

★★

600 g Hähnchenfleisch, zu Hack verarbeitet

4 Stengel Zitronengras, feingehackt

4 rote Chillies, entkernt, feingehackt

6 asiatische rote Schalotten, feingehackt

2 EL frische Vietnamesische Minze, feingehackt

3 EL frischer Koriander, feingehackt

2 EL Fischsauce

2 EL frischer Limettensaft

100 g Bean Curd Skin (siehe Seite 145)

Öl zum Fritieren

4 Kaffir-Limettenblätter, feingeschnitten, zum Garnieren

1 Fleisch, Zitronengras, Chillies, Schalotten, Minze, Koriander, Fischsauce und Limettensaft mit scharfen Messern oder in einer Küchenmaschine vermischen. Aus der Bean Curd Skin 30 Rechtecke (10 x 16 cm) schneiden. Diese leicht

mit Wasser einstreichen, damit sie elastisch werden. Je 1 Eßlöffel der Hähnchenmasse zu einem Oval formen und auf die Rechtecke setzen. Dann an der kurzen Seite beginnend aufrollen, dabei die Enden einfalten.

2 Einen tiefen, gußeisernen Topf zu $^1/_3$ mit Öl füllen, und das Öl auf 180 °C erhitzen. Es hat die richtige Temperatur, wenn ein Brotwürfel darin in 15 Sekunden goldbraun wird. Die Hähnchenrollen 1 Minute fritieren, bis sie goldbraun und die Füllung durchgebraten ist. Wird die Bean Curd Skin braun, ohne daß das Hähnchen gar ist, muß die Hitze reduziert werden. Auf Küchenpapier abtropfen lassen. Zum Servieren mit feingeschnittenen Kaffir-Limettenblättern garnieren. Hähnchenrollen sofort servieren, so daß sie möglichst knusprig sind.

OBEN: Thailändische Hähnchenrollen

RINDFLEISCHPÄCKCHEN CHA PLU

Zubereitungszeit: 25 Minuten
Kochzeit: 10 Minuten
Ergibt ca. 45 Stück

- 1 mittelgroße Porreestange, Enden abgeschnitten
- 250 g mageres Rinderhack
- 1 Minigurke, feingehackt
- ½ rote Zwiebel, feingehackt
- 5–6 frische Blätter Vietnamesische Minze, feingehackt
- 2 EL Limettensaft
- 2 EL Fischsauce
- 2 EL Kokosraspel, geröstet
- 500 g Cha Plu (Betelblätter)
- 250 ml süße Chilisauce zum Dippen

1 Die Porreestange längs halbieren, gründlich waschen und die äußeren Blätter sowie harte Teile entfernen. In eine feuerfeste Schüssel legen, mit kochendem Wasser übergießen und 5 Minuten blanchieren, bis der Porree weich ist. Gut abgießen und zur Seite stellen.
2 In einer Pfanne 1 Eßlöffel Öl erhitzen. Das Hackfleisch 5–8 Minuten kräftig braten, bis es gut gebräunt und durchgebraten ist. Größere Stücke mit der Gabelrückseite zerkleinern. Vom Herd nehmen und etwas abkühlen lassen.
3 Fleisch, Gurke, Zwiebel, Minze, Limettensaft, Fischsauce und Kokosraspel in einer Schüssel gut vermischen. Zur Seite stellen.
4 Das untere Ende der Porreestange abschneiden und den Porree längs in dünne Streifen von ca. 5 mm Breite schneiden. Die benötigte Menge an Betelblättern zurechtschneiden (größere Blätter eignen sich besser), waschen und gut trocknen.
5 In die Mitte jedes Blattes 1 Teelöffel Füllung setzen. Nun entweder die Seiten zu einem Päckchen einklappen oder über der Füllung zu einem Säckchen zusammenfassen. In beiden Fällen vorsichtig mit einem Porreestreifen zusammenbinden. Auf einem Teller mit süßer Chilisauce zum Dippen anrichten und sofort servieren.
Hinweis: Betelblätter und Vietnamesische Minze sind in asiatischen Gemüseläden sowie bei einigen anderen Gemüsehändlern erhältlich. Falls nicht, kann man die Betelblätter durch blanchierte Chinakohlblätter und die Vietnamesische Minze durch Pfefferminze ersetzen.

GLÄNZENDE SCHWARZE HÄHNCHEN

Zubereitungszeit: 15 Minuten + Ruhezeit
Kochzeit: 1 Stunde
Ergibt ca. 25 Stück

- 3 getrocknete Chinesische Pilze
- 125 ml dunkle Sojasauce
- 50 g feiner brauner Zucker
- 2 EL Shaosing (Chinesischer Wein)
- 1 EL Sojasauce
- 1 TL Sesamöl
- ¼ TL Fünf-Gewürz-Pulver
- 1,4 kg Hähnchenunterschenkel
- 1 Stück frischer Ingwer, 4 cm, gerieben

1 Die Pilze in einer kleinen, feuerfesten Schüssel mit kochendem Wasser übergießen. 20 Minuten einweichen, bis sie weich sind. Abgießen, die Flüssigkeit auffangen und in einem kleinen Topf mit der dunklen Sojasauce, Zucker, Shaosing, Sojasauce, Sesamöl und Fünf-Gewürz-Pulver vermischen. Unter ständigem Rühren zum Kochen bringen.
2 Das Hähnchen mit Ingwer und 1 Teelöffel Salz einreiben. In einen großen Topf legen. Mit der Sojamarinade und den Pilzen bedecken; Hähnchenteile wenden, so daß sie gleichmäßig überzogen sind. Deckel auflegen und auf niedriger Stufe unter regelmäßigem Wenden 20 Minuten garen, bis ein klarer Saft austritt, wenn man in die Schenkel sticht. Das Hähnchen herausnehmen und leicht abkühlen lassen. Die Sauce bei sehr hoher Temperatur kochen, bis sie die Konsistenz von Sirup annimmt. Die Pilze entfernen und wegwerfen.
3 Das Hähnchen auf einem Servierteller anrichten und leicht mit Sauce einstreichen. Die restliche Sauce als Dip servieren.
Hinweis: Dunkle Sojasauce hat eine dickere Konsistenz als normale Sojasauce; man bekommt sie in Asialäden. Unterschenkel sind die fleischigen Teile der Hähnchenschlegel.

CHA PLU

In die Mitte der Blattunterseite je 1 Teelöffel Füllung setzen.

Die Seiten jedes Blattes zu einem Päckchen oder einem Säckchen falten. Jeweils mit einem Porreestreifen zusammenbinden.

GEGENÜBERLIEGENDE SEITE: Rindfleischpäckchen Cha Plu (oben); Glänzende schwarze Hähnchen

Zitronensaft begießen. Abgedeckt 15 Minuten kalt stellen. Abgießen und trockentupfen.

2 Speisestärke, Salz, Pfeffer und Zucker in einer Schüssel mischen. Den Tintenfisch in das Eiweiß tauchen und mit der Stärkemischung bestäuben; überschüssige Stärke abschütteln. Einen tiefen, gußeisernen Topf zu ¹/₃ mit Öl füllen, und das Öl auf 180 °C erhitzen (d. h. bis ein Brotwürfel darin in 15 Sekunden goldbraun wird). Die Kalmare portionsweise 1–2 Minuten fritieren, bis sie weiß sind und sich einrollen. Auf Küchenpapier abtropfen lassen. Sofort mit Zitronenspalten und Koriander verziert servieren.

GARNELEN-PILZE

Zubereitungszeit: 40 Minuten + Ruhezeit
Kochzeit: 40 Minuten
Ergibt ca. 20 Stück

★

60 g getrocknete Shiitakepilze

2 EL Sojasauce

3 EL Sesamöl

I EL Palmzucker, gerieben

I kg rohe Riesengarnelen, ohne Schale und Darm

6 Frühlingszwiebeln, feingehackt

¹/₂ große Selleriestange, feingehackt

2 EL frischer Koriander, feingehackt

I Stück frischer Ingwer, 2¹/₂ cm, gerieben

¹/₂ TL Fischsauce

I rote Chilischote, feingehackt

¹/₄ TL Sesamöl

I Die Pilze 20 Minuten in kochendem Wasser einweichen, abtropfen lassen, die Flüssigkeit auffangen. Die Stiele entfernen und wegwerfen. 250 ml der Flüssigkeit abmessen und mit Sojasauce und 1 Eßlöffel Sesamöl vermischen.
2 Das restliche Sesamöl in einem Wok oder einer Pfanne erhitzen. Die Pilze auf der hellen Seite hellbraun braten. Mit Palmzucker bestreuen, nochmals 1 Minute garen. Die gewürzte Flüssigkeit zugießen; zugedeckt 15 Minuten bei schwacher Hitze köcheln. Abgießen, Flüssigkeit erneut auffangen und abkühlen lassen.
3 Die Garnelen in einer Küchenmaschine grob zerkleinern. Dann in einer Schüssel mit den Frühlingszwiebeln, Sellerie, Koriander, Ingwer, Fischsauce, Chili und Sesamöl mischen.
4 Zum Anrichten auf jeden Pilz 1 gehäuften Teelöffel der Paste geben und zu einer Kuppel

PFEFFER-UND-SALZ-KALMARE

Zubereitungszeit: 30 Minuten + Marinierzeit
Kochzeit: 10 Minuten
Für 10 Personen

★★

I kg Kalmarmäntel, längs halbiert

250 ml Zitronensaft

250 g Speisestärke

I¹/₂ EL Salz

I EL weißer Pfeffer, gemahlen

2 TL feiner Zucker

4 Eiweiß, leicht geschlagen

Öl zum Fritieren

Zitronenspalten zum Servieren

frische Korianderblätter zum Garnieren

I Die Kalmarmäntel ausbreiten, waschen und trockentupfen. Mit der Innenseite nach oben auf ein Brett legen. Ein feines Rombenmuster einritzen, aber nicht ganz durchschneiden. In ca. 5 x 3 cm große Stücke schneiden. Auf einen flachen nicht-metallenen Teller legen und mit

OBEN: Pfeffer-und-Salz-Kalmare

formen. In einen Siebeinsatz setzen. Die aufgefangene Flüssigkeit in einem Topf zum Kochen
bringen. Die Pilze darüber 15 Minuten dämpfen,
bis die Füllung gar ist. Eventuell Wasser ergänzen.

GEMISCHTE TEMPURA

Zubereitungszeit: 20 Minuten
Kochzeit: 10 Minuten
Ergibt ca. 30 Stück

★★

12 rohe Riesengarnelen

1 Noriblatt, in 12 dünne Streifen geschnitten

250 g Tempura-Mehl oder normales Mehl

500 ml Eiswasser

2 Eigelbe, leicht geschlagen

Öl zum Fritieren

Mehl zum Bestäuben

60 g Brokkoliröschen

100 g Champignons

1 rote Paprika, in dünne Streifen geschnitten

Sojasauce zum Servieren

1 Schale und Darm der Garnelen entfernen,
Schwänze intakt lassen. Auf der Unterseite einschlitzen (dadurch rollen sie sich nicht auf) und
einen Noristreifen um den Schwanz wickeln.
2 Das Mehl in eine Schüssel sieben. In die Mitte
eine Vertiefung drücken; das Eiswasser sowie die
Eigelbe hineingeben. Mit Stäbchen verrühren,
bis sich die Zutaten gerade verbunden haben.
Der Teig sollte leicht klumpig sein.
3 Einen tiefen, gußeisernen Topf zu $1/3$ mit Öl
füllen, und das Öl auf 180 °C erhitzen. Es hat
die richtige Temperatur, wenn ein Brotwürfel
darin in 15 Sekunden goldbraun wird.
4 Die Garnelen rundum in Mehl wenden,
überschüssiges Mehl abschütteln, dann in den
Teig tauchen. Portionsweise knusprig-goldbraun
fritieren. Auf Küchenpapier abtropfen lassen. Das
Gemüse ebenso verarbeiten. Die Tempura sofort
mit Sojasauce servieren.
Hinweis: Der Teig für Tempura sollte sehr leicht
sein, und Tempura müssen sofort nach dem Fritieren serviert werden. Es ist wichtig, daß das
Wasser eiskalt ist, dadurch wird der Teig locke-
rer. Gegebenenfalls einige Eiswürfel zugeben.
Verwendet man normales Mehl, sollte man
etwas mehr Wasser zugießen, damit der Teig
dünner wird.

*UNTEN: Gemischte
Tempura*

KNÖDEL

Die Teigportionen leicht flach drücken, an den Rändern etwas dünner.

Den Teig über die Füllung falten und fest zusammendrücken.

Jeden Kloß auf einem Stück Butterbrotpapier in einen Siebeinsatz setzen.

SCHWEINEFLEISCHKNÖDEL

Zubereitungszeit: 40 Minuten
Kochzeit: 15 Minuten
Ergibt ca. 24 Stück

★ ★

450 g Char-Sui-Schweineknödelmehl
250 ml Milch
125 g feiner Zucker
1 EL Öl

Füllung

2 TL Öl
1 Knoblauchzehe, zerdrückt
2 Frühlingszwiebeln, feingehackt
3 TL Speisestärke
2 TL Hoisin-Sauce
1½ TL Sojasauce
½ TL feiner Zucker
150 g chinesisches, gegrilltes Schwein,
    feingehackt

1 Vom Mehl 2 Eßlöffel zur Seite stellen. Milch und Zucker in einem kleinen Topf auf niedriger Stufe unter Rühren erhitzen, bis sich der Zucker aufgelöst hat. Das Restmehl in eine große Schüssel sieben; in die Mitte eine Mulde drücken. Langsam die Milch zugießen. Rühren, bis sich die Zutaten gerade verbinden. Eine Arbeitsfläche leicht mit dem zurückbehaltenen Mehl bestäuben. Den Teig darauf 10 Minuten glatt und elastisch kneten. Nach und nach den Eßlöffel Öl unterkneten, dies dauert ca. 10 Minuten. Mit Frischhaltefolie abgedeckt 30 Minuten kalt stellen.

2 Für die Füllung das Öl in einem Topf erhitzen; Knoblauch und Zwiebeln bei mittlerer Hitze bißfest dünsten. Die Speisestärke mit 80 ml Wasser, den Saucen und Zucker mischen und zugießen. Bei mittlerer Hitze rühren, bis die Sauce aufkocht und eindickt. Vom Herd nehmen, und das Schweinefleisch unterrühren. Abkühlen lassen.

3 Den Teig in 24 Portionen teilen. Jede etwas flach drücken; die Ränder sollten etwas dünner sein als die Mitte. In die Mitte jedes Kreises 1 Teelöffel Füllung setzen. Den Teig darüberfalten; fest zusammendrücken. Jeden Knödel auf ein Stück Butterbrotpapier setzen und mit einem Abstand von 3 cm in einen Bambus- oder Metallsiebeinsatz legen. Auf einem großen Topf mit simmerndem Wasser portionsweise 15 Minuten dämpfen, bis sie aufgegangen und gar sind.

Hinweis: Char-Sui-Schweineknödelmehl erhält man in Asialäden. Es verleiht dem Teig eine feine, leichte Konsistenz.

OBEN: Schweinefleischknödel

GEBRATENE NUDELN MIT MAIS UND ERDNÜSSEN

Zubereitungszeit: 25 Minuten
Kochzeit: 10 Minuten
Ergibt 35 Stück

90 g Erdnüsse, geröstet

60 ml Kokosmilch

2 EL Limettensaft

½ TL Gelbwurz, gemahlen

60 ml Öl

3 Eier, leicht geschlagen

125 g getrocknete Reis-Vermicelli

3 Knoblauchzehen, zerdrückt

1 EL frischer Ingwer, feingehackt

2 TL Garnelenpaste

6 Frühlingszwiebeln, in dünne Scheiben
geschnitten

400 g Babymaiskolben aus der Dose, abgetropft
und längs geviertelt

150 g Mungobohnensprossen

500 g Chinakohl, Strünke entfernt, in dünne
Streifen geschnitten

½ rote Paprikaschote, in dünne Streifen
geschnitten

10 g frische Korianderblätter

1½ EL Fischsauce

2–3 große Bananenblätter zum Servieren

90 g geröstete Erdnüsse, gehackt, zusätzlich
zum Servieren

Limettenspalten zum Servieren

1 Erdnüsse, Kokosmilch, Limettensaft und Gelbwurz in der Küchenmaschine vermischen, jedoch sollten die Erdnüsse nur grob gehackt werden.

2 In einem großen Wok 1 Eßlöffel Öl erhitzen. Die Eier zugeben, den Wok schwenken, so daß sie bis an den Rand des Woks verteilt werden. Zu einem Omelette backen, aus dem Wok nehmen und fest aufrollen. In dünne Scheiben schneiden.

3 Die Vermicelli in einer Schüssel mit kochendem Wasser übergießen und 5 Minuten quellen lassen. Abgießen und mit einer Schere in kurze Stücke schneiden.

4 Das restliche Öl im Wok erhitzen. Knoblauch, Ingwer und Garnelenpaste zugeben; 30 Sekunden unter Rühren dünsten, bis die Gewürze ihren Duft entfalten. Das Gemüse zugeben und unter Rühren garen. Die Vermicelli hineingeben; weiter rühren, bis sie warm sind. Nun noch die Erdnußmischung ergänzen, gut verrühren und erwärmen. Den Herd ausschalten. Vorsichtig das Omelette, die Korianderblätter und die Fischsauce unterheben.

5 Die Bananenblätter in Quadrate (11 x 11 cm) schneiden und in heißem Wasser 10-15 Sekunden blanchieren. Auf eine flache Arbeitsfläche legen. Immer eine Ecke jedes Quadrats mit dem Finger festhalten, dann das Bananenblatt diagonal überklappen und zu einer Tüte falten. An der Seite bis zur Spitze hin mit einem Spießchen feststecken. Auf diese Weise insgesamt 35 Tüten herstellen.

6 Die Füllung auf die Tüten verteilen, mit den zusätzlichen Erdnüssen bestreuen und zu den Limettenspalten servieren.

Hinweis: Man erhält Bananenblätter in gut sortierten Asialäden.

*OBEN: Gebratene Nudeln
mit Mais und Erdnüssen*

TAPAS & MEZE

Tapas und Meze sind leckere, kleine Snacks aus der aromatischen Küche des Mittelmeerraums. Tapas sind ein fester Bestandteil des geselligen Lebens Spaniens. Das Wort kommt von *tapa* – ‚Deckel‘, und ursprünglich waren Tapas genau dies: kleine Brot- oder Schinkenscheiben, die in einer Bar auf ein Glas Sherry gelegt wurden, um Fliegen abzuhalten. Seitdem haben sich Tapas zu raffinierten Köstlichkeiten entwickelt und können sogar der Hauptgrund für den Besuch einer spanischen Taverne sein. Meze ist griechisch und bedeutet ‚Leckerbissen‘. In ihnen vereinigen sich die Küchen Griechenlands, der Türkei und des Nahen Ostens. Ursprünglich wurden sie vor dem Hauptgang serviert, doch inzwischen gilt auch eine Meze-Platte allein als kulinarisches Fest.

FRITIERTE GARNELEN

Zubereitungszeit: 20 Minuten
Kochzeit: 10 Minuten
Ergibt ca. 30 Stück

★★

125 g Mehl, vermischt mit ½ TL Backpulver

2 Frühlingszwiebeln, gehackt

2 EL frische, glatte Petersilie, gehackt

1 Prise Cayennepfeffer

185 ml Eiswasser

125 g kleine gekochte Garnelen ohne Schale,
   zerkleinert

Olivenöl zum Fritieren

1 Mehl und Backpulver in eine große Schüssel sieben. Zwiebeln, Petersilie, Cayennepfeffer und etwas Salz zugeben und gut mischen. In die Mitte eine Mulde drücken; nach und nach mit dem Schneebesen das Eiswasser unterrühren, so daß ein glatter Teig entsteht. So viel Wasser verwenden, bis der Teig vom Löffel tropft. Garnelen unterrühren.

OBEN: Fritierte Garnelen

2 Einen tiefen, gußeisernen Topf zu ⅓ mit Öl füllen, und das Öl auf 180 °C erhitzen. Es hat die richtige Temperatur erreicht, wenn ein Brotwürfel darin in 15 Sekunden goldbraun wird. Jeweils ½ Eßlöffel Teig in das heiße Öl geben und portionsweise 1–2 Minuten fritieren, bis der Teig aufgegangen und rundum goldbraun ist. Zwischendurch wenden. Mit einem Schaumlöffel herausnehmen; auf Küchenpapier abtropfen lassen. Heiß servieren.

OLIVENSTANGEN

1 Eßlöffel Kapern und 4 Anchovis feinhacken und mit 2 Eßlöffeln Olivenpaste, etwas frischer gehackter Petersilie und einigen Tropfen Öl zu einer glatten Paste vermischen. 2 fertig ausgerollte Blätterteige mit der Paste bestreichen und in 1½ cm breite Streifen schneiden. Jede Stange ungefähr viermal drehen und auf mit Backpapier ausgelegten Blechen bei 200 °C (Gas 3) ca. 5–10 Minuten goldbraun backen. Ergibt ca. 50 Stück.

SCHINKEN-PILZ-KROKETTEN

Zubereitungszeit: 35 Minuten + Kühlzeit
Kochzeit: 20 Minuten
Ergibt 36 Stück

★ ★

90 g Butter

1 kleine Zwiebel, feingehackt

100 g Champignons, feingehackt

90 g Mehl

250 ml Milch

185 ml Hühnerbrühe

100 g Kochschinken, feingehackt

60 g Mehl, zusätzlich

2 Eier, leicht geschlagen

50 g Paniermehl

Olivenöl zum Fritieren

1 Die Butter in einem Topf bei schwacher Hitze zerlassen; die Zwiebel 5 Minuten glasig dünsten. Champignons zugeben und unter gelegentlichem Rühren bei schwacher Hitze weitere 5 Minuten garen. Dann bei mittlerer Hitze 1 Minute das Mehl unterrühren, bis die Masse trocken und krümelig ist und beginnt, die Farbe zu ändern.

2 Vom Herd nehmen. Nach und nach Milch und Brühe einrühren. Wieder auf den Herd stellen und unter stetigem Rühren erwärmen, bis die Masse aufkocht und sehr dick wird. Den Schinken und etwas schwarzen Pfeffer untermischen, dann in eine Schüssel füllen und ca. 2 Stunden abkühlen lassen.

3 Jeweils 1 Eßlöffel der vollkommen abgekühlten Masse zu einer Krokette formen. Das zusätzliche Mehl, die geschlagenen Eier und das Paniermehl in 3 flache Schüsseln geben. Die Kroketten zuerst in das Mehl, dann in die Eier tunken; überschüssiges Ei abtropfen lassen. Zum Abschluß im Paniermehl wenden. Auf einem mit Backpapier ausgelegten Blech ca. 30 Minuten in den Kühlschrank stellen.

4 Einen tiefen, gußeisernen Topf zu $\frac{1}{3}$ mit Öl füllen, und das Öl auf 180 °C erhitzen. Es hat die richtige Temperatur, wenn ein Brotwürfel darin in 15 Sekunden goldbraun wird. Die Kroketten portionsweise ca. 3 Minuten fritieren, bis sie rundum braun und durchgewärmt sind. Auf Küchenpapier abtropfen lassen. Warm oder heiß servieren.

UNTEN: Schinken-Pilz-Kroketten

SPARGELTASCHEN

Den Blätterteig in Rechtecke schneiden. Je eine Spargelstange darauflegen.

Die kurzen Seiten des Teigs umschlagen, dann wie ein Päckchen aufrollen, so daß der Spargel vollständig eingeschlossen ist.

GEGENÜBERLIEGENDE SEITE: Jakobsmuschel-Ceviche (oben); Teigtaschen mit Spargel

JAKOBSMUSCHEL-CEVICHE

Zubereitungszeit: 20 Minuten + Marinierzeit
Kochzeit: entfällt
Ergibt 15 Stück

★ ★

15 Jakobsmuscheln in je einer Schale

1 TL geriebene Limettenschale

2 Knoblauchzehen, gehackt

2 rote Chillies, entkernt und gehackt

60 ml Limettensaft

1 EL frische Petersilie, gehackt

1 EL Olivenöl

1 Die Jakobsmuscheln aus den Schalen nehmen. Müssen sie gelöst werden, die entsprechende Stelle vorsichtig mit einem kleinen, scharfen Messer durchtrennen, damit möglichst wenig Fleisch in der Schale haften bleibt. Den dunklen Darm und den weißen Muskel entfernen und die Muschelschalen auswaschen.
2 Limettenschale, Knoblauch, Chillies, Limettensaft, Petersilie und Olivenöl in einer Schüssel mischen und mit Salz und frisch gemahlenem schwarzen Pfeffer würzen. Die Muscheln hineinlegen und darin wenden, so daß sie gleichmäßig vom Dressing überzogen sind. Mit Frischhaltefolie abgedeckt 2 Stunden im Kühlschrank marinieren, damit das Fleisch zart wird.
3 Zum Servieren dieses kalten Gerichts die Jakobsmuscheln wieder in die Schalen gleiten lassen und das Dressing darüber verteilen.

TEIGTASCHEN MIT SPARGEL

Zubereitungszeit: 20 Minuten
Kochzeit: 25 Minuten
Ergibt 16 Stück

★

16 grüne Spargelstangen

$^1\!/_2$ TL Salz

$^1\!/_2$ TL schwarzer Pfeffer

2 EL geriebene Zitronenschale

2 Blätterteige, fertig ausgerollt

1 Eigelb

1 EL Sesamsamen

1 Den Backofen auf 200 °C (Gas 3) vorheizen.
2 Den Spargel in einem großen Topf mit leicht gesalzenem, kochendem Wasser ca. 3 Minuten garen. Abgießen; unter fließend kaltem Wasser abschrecken. In 10 cm lange Stücke schneiden.
3 Salz, Pfeffer und Zitronenschale in einer flachen Schüssel mischen; die Spargelstangen darin wenden.
4 Die Blätterteige in Rechtecke (12 x 6 cm) schneiden; auf jedes Rechteck 1 Spargelstange legen. Eigelb und 2 Teelöffel Wasser in einer Schüssel verquirlen und damit die Ränder der Blätterteige einstreichen. Dann die Stücke zu Päckchen aufrollen, die Seiten einschlagen, so daß der Spargel vollkommen umhüllt ist. Die Ränder mit einer Gabel zusammendrücken.
5 Die Teigtaschen auf ein leicht gefettetes Backblech legen. Mit dem restlichen Ei einpinseln und mit Sesamsamen bestreuen. 15–20 Minuten goldgelb backen. Schmecken warm und kalt köstlich zu Tzatziki (siehe Seite 167).

TEIGTASCHEN MIT PILZEN

Zubereitungszeit: 40 Minuten + Abkühlzeit
Kochzeit: 40 Minuten
Ergibt 24 Stück

★

4 Scheiben Frühstücksspeck

250 g Pilze

1 EL Olivenöl

1 Zwiebel, gehackt

$^1\!/_4$ TL Paprikapulver

6 Blätterteige, fertig ausgerollt

1 Frühstücksspeck und Pilze in 5 mm große Würfel schneiden. Das Olivenöl auf mittlerer Stufe in einer Pfanne erhitzen, die Zwiebel mit dem Paprikapulver 3 Minuten glasig dünsten. Den Speck zugeben. Weitere 3 Minuten braten. Die Pilze zufügen und nochmals 5 Minuten dünsten, bis alle Zutaten bißfest sind. Mit Salz und grob gemahlenem Pfeffer würzen. In eine Schüssel umfüllen. Vollkommen abkühlen lassen.
2 Mit einer Ausstechform (Ø 10 cm) aus jedem Teigblatt 4 Kreise ausstechen. Diese Kreise zunächst eine Weile kalt stellen, dann ist die spätere Verarbeitung leichter. Den Backofen auf 200 °C (Gas 3) vorheizen.
3 In die Mitte jedes Kreises 1 Eßlöffel Pilz-Speck-Mischung setzen. Den Teig darüberklappen, die Ränder mit feuchten Fingerspitzen zusammenpressen.
4 Die Taschen auf mit Backpapier ausgelegten Backblechen 20–30 Minuten goldbraun backen. Heiß oder warm servieren.

OBEN: Spanische Kebabs

SPANISCHE KEBABS

Zubereitungszeit: 15 Minuten + Marinierzeit
Kochzeit: 5 Minuten
Ergibt 18–20 Stück

★ ★

1 kg Rumpsteak

3 Knoblauchzehen, gehackt

1 EL frische, glatte Petersilie, gehackt

80 ml Zitronensaft

1/2 TL schwarzer Pfeffer

18–20 kleine Holzspieße

Paprikadressing

2 TL Paprikapulver

1 starke Prise Cayennepfeffer

1/2 TL Salz

2 EL Rotweinessig

80 ml Olivenöl

Zitronenspalten, zum Servieren

1 Überschüssiges Fett vom Rumpsteak entfernen und in 2 cm große Stücke schneiden. Anschließend mit Knoblauch, Petersilie, Zitronensaft und Pfeffer in einer Schüssel mischen und mit Frischhaltefolie abgedeckt 2 Stunden im Kühlschrank marinieren. Derweil die Holzspieße 1 Stunde in Wasser legen, damit sie beim Grillen nicht verbrennen.

2 Für das Dressing alle Zutaten gut verquirlen.

3 Einen leicht geölten heißen Stein oder einen Grill vorheizen. Das marinierte Fleisch auf die Spieße stecken; ca. 4–5 Minuten grillen, gelegentlich wenden. Mit Paprikadressing beträufeln und noch heiß mit Zitronenspalten servieren.

HALLOUMI

Halloumi ist ein fester Käse, der in Salzlake (Salzwasser) reift. Er hat einen salzigen, kräftigen, an Feta erinnernden Geschmack. Sehr gut paßt Halloumi auf eine Käseplatte mit frischem Obst. Man kann ihn aber auch in Olivenöl braten oder mit Olivenöl bestreichen und grillen. Zerlassen hat er eine glatte, cremige Konsistenz.

GEGRILLTER HALLOUMI

10 Baguettescheiben beidseitig leicht mit Olivenöl einstreichen und goldbraun rösten. 250 g Halloumi-Käse in 5 mm dicke Scheiben schneiden. Etwas Öl und zerdrückten Knoblauch mischen; den Käse damit einstreichen. 1 Minute auf einem heißen Stein grillen, bis er weich und auf der Unterseite goldbraun ist. Mit einem Pfannenheber auf dem Brot verteilen. Mit Olivenöl beträufeln und mit gehackter Minze und zerstoßenem schwarzem Pfeffer bestreuen. Ergibt 10 Stück.

BABA GANOUJ
(AUBERGINEN-DIP)

Zubereitungszeit: 15 Minuten + Ruhezeit
Kochzeit: 35 Minuten
Ergibt ca. 250 ml

2 mittelgroße Auberginen
3–4 Knoblauchzehen, zerdrückt
2 EL Zitronensaft
2 EL Tahin
1 EL Olivenöl
Paprikapulver zum Servieren

1 Auberginen längs halbieren, mit Salz bestreuen und 15–20 Minuten ruhen lassen. Abspülen und mit Küchenpapier trockentupfen. Den Backofen auf 180 °C (Gas 2–3) vorheizen.
2 Die Auberginen auf ein Backblech legen und 35 Minuten backen, bis sie weich sind. Die Haut abziehen und wegwerfen. Das Auberginenfleisch, Knoblauch, Zitronensaft, Tahin und Olivenöl in eine Küchenmaschine geben und mit Salz und Pfeffer würzen. 20–30 Sekunden pürieren. Mit Paprika bestäuben und zu Fladenbrot servieren.
Hinweis: Auberginen werden mit Salz bestreut, weil sie einen leicht bitteren Geschmack haben können. Das Salz zieht die bittere Flüssigkeit aus der Frucht. Bei dünneren Auberginen ist dies nicht nötig. Tahin ist eine Sesampaste, die man im Supermarkt und im Naturkostladen erhält.

TZATZIKI
(MINZ-GURKEN-DIP)

1 Minigurke fein reiben, die Flüssigkeit ausdrücken. In einer Schüssel mit 2 zerdrückten Knoblauchzehen, 250 g Naturjoghurt, 1 Teelöffel Weißweinessig und je 1 Teelöffel gehacktem Dill und gehackter Pfefferminze mischen. Mit Salz und schwarzem Pfeffer würzen. Zu Pitta- oder Fladenbrot servieren.

UNTEN: Auberginen-Dip

GEBACKENE POLENTA MIT TOMATEN-RELISH

Polenta nach und nach mit einem Schneebesen unter die kochende Milch schlagen, bis sie eindickt.

Die eingedickte Masse 20 Minuten stetig mit einem Holzlöffel verrühren, bis sie sich von den Topfseiten löst.

GEGENÜBERLIEGENDE SEITE: Gebackene Polenta mit Tomaten-Relish (oben); Tomaten-Anchovis-Toasts

GEBACKENE POLENTA MIT TOMATEN-RELISH

Zubereitungszeit: 20 Minuten + Kühlzeit
Kochzeit: 1 Stunde
Ergibt 48 Stück

600 ml Milch
100 g Polenta
25 g Butter, gewürfelt
1 EL Olivenöl
1 EL Polenta, zusätzlich

Tomaten-Relish

1 EL Öl
2 rote Zwiebeln, grobgehackt
500 g Eiertomaten, grobgehackt
1 große rote Chilischote, feingehackt
1/4 TL mexikanisches Chilipulver, oder nach Geschmack
1 EL feiner brauner Zucker
1 EL Rotweinessig

1 Eine Backform (30 x 20 cm) leicht einfetten. Die Milch in einem Topf zum Kochen bringen. Die Hitze reduzieren und bei mittlerer Temperatur langsam die Polenta zugeben; mit einem Schneebesen verrühren, bis die Masse eindickt. Anschließend 20 Minuten mit einem Holzlöffel weiterrühren, bis sie sich von den Topfseiten löst. Vom Herd nehmen und die Butter unterrühren. Abschmecken.
2 Die Polenta in der Backform verteilen, die Oberfläche glätten. 2 Stunden kalt stellen, bis sie fest ist.
3 Für das Tomaten-Relish das Öl in einem Topf erhitzen; die Zwiebeln darin auf hoher Stufe 3 Minuten unter Rühren anbraten. Tomaten, Chili, Chilipulver, Zucker und Essig zugeben. 20 Minuten köcheln lassen, gelegentlich umrühren, bis die Masse eindickt. Mit Salz würzen.
4 Den Backofen auf 200 °C (Gas 3) vorheizen. Die Polenta auf ein Brett stürzen, in 5 x 5 cm große Quadrate schneiden und diese wiederum diagonal halbieren. Auf ein mit Backpapier ausgelegtes Backblech legen, mit Olivenöl einstreichen und mit der zusätzlichen Polenta bestreuen. 10 Minuten backen, bis die Polenta goldfarben ist und eine Kruste hat. Heiß oder warm mit den warmen Tomaten servieren.
Hinweis: Man kann, sofern erhältlich, auch Instant-Polenta verwenden, die nur 3 Minuten Kochzeit benötigt.

TOMATEN-ANCHOVIS-TOASTS

Zubereitungszeit: 10 Minuten
Kochzeit: 5 Minuten
Ergibt 16 Stück

16 Ciabatta-Scheiben, 1 cm dick
3 Knoblauchzehen, halbiert
8 reife Tomaten
80 ml Olivenöl, extra vergine
100 g Anchovis aus der Dose, abgetropft und längs in Scheiben geschnitten

1 Das Brot auf jeder Seite goldbraun rösten. Noch warm beidseitig mit Knoblauch einreiben.
2 Die Tomaten halbieren und die Ciabatta-Scheiben damit ebenfalls auf beiden Seiten einreiben, so daß Saft und Kerne in das Brot eindringen, allerdings ohne es aufzuweichen. Die restlichen Tomaten aufschneiden und auf den Toasts verteilen.
3 Die Toasts mit Öl beträufeln und mit Anchovis belegen. Mit Salz und gemahlenem Pfeffer würzen und servieren.

FETA-BROTAUFSTRICH

Zubereitungszeit: 10 Minuten
Kochzeit: entfällt
Ergibt 250 ml

175 g Fetakäse, zerbröckelt
100 g Ricotta
3 EL Olivenöl
15 g frische Pfefferminze, gehackt
knuspriges Brot zum Servieren

1 Fetakäse, Ricotta und Olivenöl in einer Schüssel mit einer Gabel zerdrücken und gut vermischen. Es sollten allerdings noch kleine Käsestücke vorhanden sein.
2 Die Pfefferminze und nach Geschmack etwas zerstoßenen schwarzen Pfeffer zugeben. Luftdicht verschlossen ist der Aufstrich im Kühlschrank bis zu 5 Tagen haltbar. Dazu geröstetes Brot servieren.
Hinweis: Man kann die Brote zusätzlich mit gegrillten Tomaten- oder Paprikascheiben belegen.

GEGRILLTE SARDINEN MIT GURKE

Zubereitungszeit: 20 Minuten + Marinierzeit
Kochzeit: 10 Minuten
Ergibt 30 Stück

★★

30 Sardinen-Doppelfilets, ohne Köpfe, siehe
   Hinweis
2 EL Olivenöl
2 EL Pflanzenöl
2 EL Zitronensaft
2 Knoblauchzehen, in Scheiben geschnitten
1 EL frische Oreganoblätter
1 Minigurke
1/4 TL Zucker

1 Die Hälfte der Sardinenfilets nebeneinander
in eine nicht-metallene Schüssel legen. Olivenöl,
Pflanzenöl, Zitronensaft, Knoblauch und
Oreganoblätter zu einer Marinade vermischen
und zur Hälfte über die Sardinen gießen. Darauf
die zweite Hälfte der Sardinen schichten und mit
der restlichen Marinade begießen. Mit Frischhaltefolie abgedeckt 30 Minuten im Kühlschrank
marinieren.

2 Derweil mit einem Sparschäler die Gurke längs
in Streifen schneiden; sobald man an die Samen
kommt, aufhören. Man sollte ca. 15 Gurkenstreifen erhalten. Halbieren, so daß schlußendlich
30 Streifen von der Länge der Sardinen zur
Verfügung stehen.
3 Die Gurkenstreifen flach in einem Durchschlag
verteilen und mit Zucker und etwas Salz bestreuen. Für 15 Minuten auf eine Schüssel setzen
und den Saft abtropfen lassen.
4 Den Backofengrill vorwärmen. Die Gurke gut
abspülen und mit Küchenpapier trockentupfen.
Auf die Innenseite jeder Sardine 1 Gurkenstreifen legen und aufrollen. Mit kleinen Holzstäb-
chen zusammenstecken.
5 Die Hälfte der Sardinen 5 Minuten grillen, bis
sie durchgebraten sind. Dann die zweite Hälfte
unter den Grill legen. Nach Wunsch die
Sardinen warm mit Tzatziki (siehe Seite 167)
servieren.
Hinweis: Sardinen-Doppelfilets sind ausge-
nommene, filetierte und flach ausgebreitete
Sardinen.
Vorbereitung: Man kann die Sardinen mit den
Gurken am Vortag aufrollen. Abgedeckt im
Kühlschrank aufbewahren.

*OBEN: Gegrillte Sardinen
mit Gurke*

HÄHNCHENROLLEN

Zubereitungszeit: 1 Stunde 15 Minuten
Kochzeit: 1 Stunde 5 Minuten
Ergibt ca. 40 Stück

✦ ✦

60 g Butter

1 große Zwiebel, gehackt

2 Knoblauchzehen, zerdrückt

2 EL Mehl

125 ml Hühnerbrühe

125 ml Milch

1 großes Grillhähnchen, das Fleisch gelöst und
   feingeschnitten, Haut und Knochen entfernt

25 g Parmesan, gerieben

2 TL frische Thymianblätter

25 g Paniermehl

2 Eier, leicht geschlagen

13 Blatt Filoteig, quer gedrittelt

140 g Butter, zusätzlich, zerlassen

1 Die Butter in einem Topf zerlassen; die Zwiebel bei schwacher Hitze 12 Minuten weich dünsten, gelegentlich umrühren. Die Hitze erhöhen und bei mittlerer Temperatur den Knoblauch zugeben. Unter ständigem Rühren 1 Minute dünsten. Nun das Mehl zufügen, nochmals 1 Minute kochen. Vom Herd nehmen. Nach und nach die Brühe und die Milch einrühren. Wieder auf den Herd stellen und stetig rühren, bis die Sauce aufkocht und eindickt. 1 Minute kochen, vom Herd nehmen. Hähnchenfleisch, Parmesan, Thymian, Paniermehl, Salz und Pfeffer zugeben. Abkühlen lassen, dann die Eier einrühren.

2 Den Backofen auf 220 °C (Gas 3–4) vorheizen. 3 Backbleche leicht einfetten.

3 Ein Filoteigblatt mit der kurzen Seite nach vorn auf die Arbeitsfläche legen (die restlichen Teigblätter währenddessen mit einem feuchten Geschirrtuch abdecken). Mit der zerlassenen Butter einpinseln. Dann an das vordere Ende 1 gestrichenen Eßlöffel der Hähnchenmischung setzen. Die Seiten einklappen und die Ränder mit Butter einstreichen; dann fest zu einer Rolle von 8 cm aufrollen. Auf ein Backblech legen. Die Oberseite mit Butter einpinseln. Mit den restlichen Teigblättern ebenso verfahren.

4 In der oberen Hälfte des Backofens 15 Minuten goldbraun backen. Heiß servieren.

UNTEN: Hähnchenrollen

GEFÜLLTE MUSCHELN

Muscheln mit einer festen Bürste säubern, Bärte entfernen. Offene oder beschädigte wegwerfen.

Die Muschelmischung auf die Schalen verteilen, mit Sauce begießen und mit einer Streichpalette glätten.

GEFÜLLTE MUSCHELN

Zubereitungszeit: 40 Minuten + Abkühlzeit
Kochzeit: 16 Minuten
Ergibt 18 Stück

☆ ☆

18 Miesmuscheln

2 TL Olivenöl

2 Frühlingszwiebeln, feingehackt

1 Knoblauchzehe, zerdrückt

1 EL Tomatenpüree

2 TL Zitronensaft

3 EL frische, glatte Petersilie, gehackt

35 g Paniermehl

2 Eier, geschlagen

Olivenöl zum Fritieren

Sauce

40 g Butter

30 g Mehl

80 ml Milch

1 Muscheln säubern, die Bärte entfernen. Offene Exemplare, die sich auch bei kräftiger Berührung nicht schließen, wegwerfen. 250 ml Wasser in einem mittelgroßen Topf zum Kochen bringen.

Muscheln zugedeckt 5 Minuten kochen, dabei den Topf gelegentlich schwenken. Abgießen, 80 ml der Kochflüssigkeit auffangen. Noch ungeöffnete Muscheln wegwerfen. Die anderen aus den Schalen nehmen; die Hälfte der Schalen aufbewahren. Das Muschelfleisch zerkleinern.
2 Das Öl in einem Topf erhitzen; Zwiebeln 1 Minute dünsten. Knoblauch zugeben, 1 weitere Minute garen. Muscheln, Tomatenpüree, Zitronensaft und 2 Eßlöffel Petersilie untermischen, salzen und pfeffern. Zur Seite stellen.
3 Für die Sauce Butter bei schwacher Hitze in einem Topf zerlassen. Das Mehl zugeben; 1 Minute kochen, bis es schäumt. Vom Herd nehmen. Langsam die aufgefangene Muschelflüssigkeit, Milch und etwas Pfeffer einrühren. Wieder auf den Herd stellen. Stetig rühren, bis die Sauce aufkocht, eindickt und sich von der Topfseite löst. Zum Abkühlen in eine Schüssel geben.
4 Leicht gewölbt die Muschelmasse auf die Schalen verteilen. Mit Sauce begießen und glätten.
5 Paniermehl und Petersilie mischen. Muscheln in das Ei tauchen und dann in das Paniermehl einstippen; das Paniermehl leicht festdrücken.
6 Einen tiefen, gußeisernen Topf zu $1/3$ mit Öl füllen, und auf 180 °C erhitzen, bis ein Brotwürfel in 15 Sekunden goldbraun wird. Muscheln portionsweise 2 Minuten goldbraun fritieren. Mit einem Schaumlöffel herausnehmen. Auf Küchenpapier abtropfen lassen. Heiß servieren.

OBEN: Gefüllte Muscheln

GEFÜLLTE PILZE

Zubereitungszeit: 25 Minuten + Abkühlzeit
Kochzeit: 25 Minuten
Ergibt ca. 30 Stück

✷✷

850 g Champignons

40 g Butter

1 kleine Zwiebel, feingehackt

100 g Schweinehack

60 g Chorizo, feingehackt

1 EL Tomatenpüree

2 EL Paniermehl

1 EL frische, glatte Petersilie, gehackt

 Die Pilzstiele abschneiden und fein hacken.
Zur Seite stellen.
2 Die Butter bei schwacher Hitze in einer Pfanne
zerlassen, die Zwiebel 5 Minuten weich dünsten;
gelegentlich umrühren. Die Hitze erhöhen; das
Hackfleisch 1 Minute unter ständigem Rühren
anbraten, größere Stücke zerkleinern. Pilzstiele
und Chorizo zugeben. Nochmals 1 Minute garen,
bis die Flüssigkeit verdampft und die Fleischmasse
gebraten ist. Tomatenpüree und 125 ml Wasser
untermischen. Zum Kochen bringen, dann die
Hitze reduzieren. Bei schwacher Hitze 5 Minuten

köcheln, bis die Masse eindickt. Paniermehl einrühren. Zum Abkühlen in eine Schüssel füllen.
3 Den Backofen auf 210 °C (Gas 3) vorheizen.
Ein Backblech leicht fetten. Auf jeden Pilzkopf
1^1/$_2$ Teelöffel der abgekühlten Fleischmasse
geben; die Oberfläche mit einer Palette glätten,
so daß die Füllung einen kleinen Kegel bildet.
Auf das Backblech setzen und in der oberen
Hälfte des Backofens 10 Minuten backen. Mit
Petersilie bestreut heiß servieren.

PAPRIKA-WALNUSS-DIP

2 rote Paprikaschoten vierteln und entkernen.
Mit der Außenseite nach oben grillen, bis die
Haut schwarz ist und Blasen wirft. In einem
Gefrierbeutel abkühlen lassen, dann die Haut
abziehen. 1 Eßlöffel Olivenöl in einem Topf
erhitzen. 1 gehackte Zwiebel und 1 zerdrückte
Knoblauchzehe darin weich dünsten. ^{1}/$_2$ Teelöffel getrocknete, zerstoßene Chillies
einrühren. 60 g Walnüsse feinhacken, Paprika,
Zwiebelmischung, 3 Eßlöffel Olivenöl, 2
Teelöffel Rotweinessig und ^{1}/$_4$ Teelöffel Salz
zugeben. In der Küchenmaschine fein, fast
glatt hacken. Kann bis zu 5 Tagen im voraus
zubereitet werden; luftdicht verschlossen im
Kühlschrank aufbewahren. Ergibt 250 ml.

OBEN: Gefüllte Pilze

FRITIERTER BLUMENKOHL

Zubereitungszeit: 15 Minuten + Ruhezeit
Kochzeit: 15 Minuten
Ergibt ca. 40 Stück

600 g Blumenkohl
60 g Besanmehl (Kichererbsenmehl)
2 TL Kreuzkümmel, gemahlen
1 TL Koriander, gemahlen
1 TL Gelbwurz, gemahlen
1 Prise Cayennepfeffer
1 Ei, leicht geschlagen
1 Eigelb
Öl zum Fritieren

1 Blumenkohl in Röschen schneiden. Mehl und Gewürze in eine Schüssel sieben, 1/2 Teelöffel Salz zugeben. In die Mitte eine Mulde drücken.
2 Ei, Eigelb und 60 ml Wasser mischen. Nach und nach in die Mulde gießen; mit dem Schneebesen verrühren, so daß ein glatter Teig entsteht. Abgedeckt 30 Minuten ruhen lassen.
3 Einen tiefen, gußeisernen Topf zu 1/3 mit Öl füllen und auf 180 °C erhitzen (bis ein Brotwürfel darin in 15 Sekunden goldbraun wird). Die Röschen am Stengel festhaltend in den Teig tauchen; etwas abtropfen lassen. Portionsweise 3–4 Minuten goldbraun fritieren. Abtropfen lassen, würzen und heiß servieren.

ZUCCHINIBLÜTEN MIT KÄSE

Zubereitungszeit: 1 Stunde 20 Minuten + Ruhezeit
Kochzeit: 10 Minuten
Ergibt 24 Stück

185 g Mehl
7 g Trockenhefe oder 15 g frische Hefe
24 Zucchini mit Blüten
50 g Kefalotiri-Käse oder Parmesan
8 Anchovis in Öl, abgetropft
Öl zum Fritieren

1 Mehl und 1 1/4 Teelöffel Salz in eine Schüssel sieben. In die Mitte eine Mulde drücken. Die Hefe in 315 ml warmem Wasser verquirlen und auflösen; in die Mulde gießen. Langsam zu einem dicken Teig schlagen. Mit Frischhaltefolie abgedeckt an einem warmen Ort 1 Stunde ruhen lassen, bis sich Bläschen bilden. Nicht umrühren.
2 Die Zucchiniblüten vorsichtig öffnen und die Staubblätter entfernen. Abspülen und trockentupfen. Den Käse in 1 cm große Würfel schneiden, die Anchovis in 1 1/2 cm große Stücke.
3 Je 1 Käsewürfel und 1 Stück Anchovis in jede Blüte legen. Die Blütenblätter schließen. Einen tiefen Topf zu 1/3 mit Öl füllen, und das Öl auf 180 °C erhitzen (bis ein Brotwürfel darin in 15 Sekunden goldbraun wird). Die Blüten in den Teig tunken, leicht drehen und etwas abtropfen lassen. Portionsweise 1–2 Minuten fritieren, bis der Teig aufgegangen und hellbraun ist. Auf Küchenpapier abtropfen lassen. Heiß servieren.

SPANISCHE TORTILLA

Zubereitungszeit: 20 Minuten
Kochzeit: 30 Minuten
Ergibt 16 Stücke

125 ml Olivenöl
600 g große Kartoffeln, geschält und in 5 mm dicke Scheiben geschnitten
2 große Zwiebeln, in Scheiben geschnitten
3 Eier
1/2 TL Salz
1/2 TL Pfeffer

1 Das Öl in einer 5 cm tiefen, beschichteten Pfanne (Ø 20 cm) erhitzen. Kartoffeln und Zwiebeln abwechselnd darin schichten. 8 Minuten bei schwacher Hitze garen. Abschnittsweise mit einer Zange wenden (eventuelle Beschädigungen sind nicht wichtig). Deckel auflegen und 8 Minuten braten, ohne daß die Kartoffeln braun werden.
2 Einen Durchschlag auf eine Schüssel setzen. Die Kartoffelmischung darin abtropfen lassen; 1 Eßlöffel Öl auffangen. (Das Restöl mit seinem süßen Zwiebelgeschmack anderweitig verwenden.)
3 Eier, Salz und Pfeffer in einer Schüssel verquirlen. Die Kartoffeln zugeben und mit dem Löffelrücken herunterdrücken, so daß sie vollständig mit Ei bedeckt sind.
4 Das aufgefangene Öl in derselben Pfanne auf hoher Stufe erhitzen. Die Eimasse zugeben; mit einem Löffel gleichmäßig flachdrücken. Die Hitze reduzieren. 12 Minuten zugedeckt braten, bis das Ei fest ist. Die Pfanne etwas schwenken, damit nichts ansetzt. 5 Minuten ruhen lassen; auf einen Teller stürzen. Heiß servieren.

ANCHOVIS

Anchovis sind kleine, in Italien seit Jahrhunderten sehr beliebte Meeresfische. Im Mittelmeer sind sie inzwischen allerdings selten geworden, daher kommen Anchovis heutzutage meist aus Afrika und Südamerika. Es gibt auch eine australische Art. Anchovis haben ein leicht öliges Fleisch und einen kräftigen Geschmack. Wem sie zu salzig sind, der kann sie vor dem Verzehr 20 Minuten in Milch oder Wasser einweichen. Meist werden Anchovis in Gläsern oder Dosen verkauft und zum Konservieren in Öl oder Salz eingelegt.

GEGENÜBERLIEGENDE SEITE: Fritierter Blumenkohl (oben); Zucchiniblüten mit Käse

GEFÜLLTE PAPRIKA

Die Füllung auf das Ende eines Paprikastreifens setzen, aufrollen und zusammenstecken.

Erst in Mehl wenden, dann in Ei tauchen (überschüssiges Ei abtropfen lassen) und zum Abschluß im Paniermehl rollen.

OBEN: Gefüllte Paprika

GEFÜLLTE PAPRIKA

Zubereitungszeit: 40 Minuten + Abkühlzeit
Kochzeit: 25 Minuten
Ergibt 20 Stück

☆☆

5 große rote Paprikaschoten

60 g Butter

1 kleine Perlzwiebel, feingehackt

1 Knoblauchzehe, zerdrückt

30 g Mehl

250 ml Milch

300 g Thunfisch in Öl aus der Dose, abgetropft

1 EL frische, glatte Petersilie, gehackt

85 g Mehl, zusätzlich

2 Eier, leicht geschlagen

$1/2$ TL Paprikapulver

70 g Paniermehl

Olivenöl zum Fritieren

1 Den Backofengrill vorheizen. Die Paprikaschoten vierteln. Mit der Außenseite nach oben unter den heißen Grill legen, bis die Haut schwarz ist und Blasen wirft. In einen Gefrierbeutel füllen und abkühlen lassen, dann die Haut abziehen.

2 Die Butter in einem Topf bei mittlerer Hitze zerlassen. Die Zwiebel unter gelegentlichem Umrühren 2 Minuten weich dünsten. Knoblauch zugeben; 1 weitere Minute garen. Das Mehl hineingeben und unter Rühren 1 Minute kochen, bis es Blasen wirft und leicht die Farbe verändert. Vom Herd nehmen. Nach und nach die Milch einrühren. Auf den Herd zurückstellen und stetig rühren, bis die Masse aufkocht, eindickt und sich von den Seiten des Topfes löst. Thunfisch, Petersilie und etwas Salz zufügen. In eine Schüssel umfüllen und abkühlen lassen.

3 An den kurzen Rand jeder Paprika 1 Eßlöffel Füllung setzen, aufrollen und mit einem Holzspießchen feststecken. Das zusätzliche Mehl und die Eier jeweils in eine flache Schüssel geben. Paprikapulver und Paniermehl mischen und in einer weiteren flachen Schüssel verteilen.

4 Die Paprika im Mehl wenden, in die Eier tauchen, überschüssiges Ei abtropfen lassen und dann im Paniermehl rollen.

5 Einen tiefen, gußeisernen Topf zu $1/3$ mit Öl füllen, und das Öl auf 180 °C erhitzen. Es hat die richtige Temperatur, wenn ein Brotwürfel darin in 15 Sekunden goldbraun wird. Portionsweise 2 Minuten goldbraun fritieren. Mit einem Schaumlöffel herausnehmen und auf Küchenpapier abtropfen lassen. Die Spießchen herausziehen. Heiß oder warm servieren.

TAHIN-CHILI-SCHWEINS-OHREN

Zubereitungszeit: 25 Minuten + Kühlzeit
Backzeit: 20 Minuten
Ergibt 32 Stück

135 g Tahin
1 frische, rote Chilischote, ohne Samen, feingehackt
1/2 TL Paprikapulver
2 Blätterteige, fertig ausgerollt

1 Den Backofen auf 200 °C (Gas 3) vorheizen.
2 Tahin, Chili und Paprikapulver in einer Schüssel mischen und salzen. Die Hälfte der Paste gleichmäßig auf den Teigblättern verteilen und bis an den Rand ausstreichen.
3 Ein Teigblatt von 2 gegenüberliegenden Seiten einklappen, so daß die Ränder in der Mitte zusammenstoßen. Dann eine Seite über die andere legen, so daß der Teig wie ein geschlossenes Buch aussieht. Mit dem zweiten Teigblatt und der Tahin-Masse wiederholen. Anschließend mindestens 30 Minuten in den Kühlschrank stellen, damit die Platten fest werden und sich leichter verarbeiten lassen.
4 Den Teig in 1 cm dicke Scheiben schneiden. Zwei Backbleche mit Backpapier auslegen, und die Schweinsohren mit ausreichendem Abstand zueinander darauf verteilen.
5 Dann 10–12 Minuten von einer Seite backen, wenden und weitere 5–6 Minuten backen, bis der Teig goldgelb und durchgebacken ist. Die Schweinsohren schmecken sowohl zimmerwarm als auch kalt köstlich.
Hinweis: Zum Einfrieren die geschnittenen, ungebackenen Schweinsohren auf ein Blech legen, tiefkühlen, bis sie fest sind, und dann in einen Gefrierbeutel umfüllen. Auf einem Backblech auftauen und wie oben angegeben backen. Das fertige Gebäck hält luftdicht verschlossen bis zu 1 Woche. Sind die Schweinsohren zu weich geworden, kann man sie bei mittlerer Temperatur 3–5 Minuten im Backofen aufbacken. Anschließend auf einem Kuchengitter abkühlen lassen. Tahin ist eine Paste aus zerstoßenen Sesamsamen. Man erhält sie im Supermarkt und in Naturkostläden.

TAHIN

Diese dicke, glatte Paste aus zerstoßenen Sesamsamen stammt ursprünglich aus dem Nahen Osten. Tahin wird in Hummus und in anderen Dips und Saucen verwendet. Aber auch zur Herstellung von Süßwaren, beispielsweise Halva, und für Kekse und Kuchen wird es eingesetzt.

LINKS: Tahin-Chili-Schweinsohren

OLIVEN In sterilisierten Gläsern sind alle eingelegten Oliven im

Kühlschrank bis zu 3 Monaten haltbar. Zum Sterilisieren Gläser und Deckel in kochen-

dem Wasser waschen und bei 150 °C (Gas 1) 30 Minuten im Backofen trocknen.

OLIVEN MIT KRÄUTERN DER PROVENCE

500 g *niçoise*- oder *liguria*-Oliven abspülen und trocknen. 1 zerdrückte Knoblauch- zehe, 2 Teelöffel frisches, kleingeschnitte- nes Basilikum, je 1 Teelöffel gehackten frischen Thymian, Rosmarin, Majoran, Oregano und Pfefferminze, 1 Teelöffel Fenchelsamen, 2 Eßlöffel Zitronensaft und 125 ml Olivenöl in einer Schüssel mischen. Mit den Oliven in einem sterilisierten 750-ml-Einmachglas schichten; zusätzliches

Öl darübergießen, so daß die Oliven be- deckt sind. Verschließen. Vor dem Ver- zehr mindestens 1 Woche im Kühlschrank marinieren. Zimmerwarm servieren.

HONIG-ZITRUS-OLIVEN

Die Schale von je 1 ungespritzten Zitrone, Limette und Orange sowie 2 Eßlöffel Limettensaft, 4 Eßlöffel Zitronensaft, 1 Eßlöffel Orangensaft, 1 Eßlöffel Honig, 2 Teelöffel körnigen Senf, 125 ml Oliven- öl extra vergine, 2 in dünne Scheiben

geschnittene Knoblauchzehen, $1/4$ Tee- löffel getrockneten Oregano oder 1 Eß- löffel gehackte frische Oreganoblätter und 6 dünne Zitronen- und Limettenscheiben mischen. 250 g abgetropfte, entkernte schwarze Oliven, 250 g abgetropfte, entkernte grüne Oliven und 2 Eßlöffel gehackte frische Petersilie zugeben. In ein sterilisiertes 750-ml-Einmachglas füllen, verschließen und vor dem Verzehr min- destens 1 Woche im Kühlschrank mari- nieren. Zimmerwarm servieren.

ZITRONENOLIVEN MIT WERMUT

3 Eßlöffel trockenen Wermut, 1 Eßlöffel Zitronensaft, 2 Teelöffel kleingeschnittene Zitronenschale und 2 Eßlöffel Olivenöl extra vergine mischen. 170 g spanische grüne oder gefüllte Oliven abspülen und trockentupfen. Gründlich mit der Marinade vermengen. Abgedeckt über Nacht kalt stellen. Zimmerwarm servieren.

OLIVEN IN DILL, KNOBLAUCH UND ORANGEN

500 g *kalamatas*-Oliven mit 3 Eßlöffeln grobgehacktem frischem Dill, 1 zerdrückten Knoblauchzehe, 4 dünnen, geachtelten Orangenscheiben und 2 zerpflückten Lorbeerblättern mischen. In ein sterilisiertes 1-l-Einmachglas füllen und mit ca. 450 ml Olivenöl auffüllen, so daß die Oliven vollständig bedeckt sind. Verschließen und mindestens 2 Tage im Kühlschrank marinieren. Zimmerwarm servieren.

CHILI-ZITRONEN-OLIVEN

500 g in Salzlake eingelegte Oliven (sie haben eine runzelige Haut), 2 Teelöffel feingeriebene Zitronenschale, 2 Teelöffel frischer, gehackter Oregano und 3 Teelöffel getrocknete, zerstoßene Chillies mischen. In einem sterilisierten 750-ml-Glas mit Olivenöl bedecken. Verschließen. Mindestens 2 Tage kalt stellen. Zimmerwarm servieren.

TOMATEN-OLIVEN

500 g spanische schwarze Oliven abspülen, trockentupfen, einschlitzen oder etwas zerdrücken. In einem sterilisierten 750-ml-Einmachglas abwechselnd mit 100 g abgetropften, gehackten getrockneten Tomaten (Öl auffangen), 2 zerdrückten Knoblauchzehen, 2 Lorbeerblättern, 3 Teelöffeln frischen Thymianblättern und 2 Teelöffeln Rotweinessig schichten. Das aufgefangene Öl sowie ausreichend Olivenöl extra vergine (ca. 250 ml)

darüber gießen. Verschlossen über Nacht kalt stellen. Zimmerwarm servieren.

EINGELEGTE OLIVEN

200 g große, grüne Oliven, 4 diagonal in dicke Scheiben geschnittene Gewürzgurken, 1 Eßlöffel Kapern, 2 geviertelte Perlzwiebeln, 2 Teelöffel Senfsamen und 1 Eßlöffel frische Dillzweige mischen. In ein sterilisiertes 500-ml-Einmachglas füllen. 125 ml Estragonessig darüber gießen. Mit ausreichend Olivenöl auffüllen (ca. 125 ml), so daß das Gemüse bedeckt ist. Verschließen und mindestens 2 Tage kalt stellen. Das Glas gelegentlich schütteln. Zimmerwarm servieren.

IM UHRZEIGERSINN, VON LINKS OBEN: Oliven mit Kräutern der Provence; Honig-Zitrus-Oliven; Zitronenoliven mit Wermut; Oliven in Dill, Knoblauch und Orangen; Chili-Zitronen-Oliven; Tomaten-Oliven; Eingelegte Oliven

PINIENKERNE

Erst ab einem Alter von 70 Jahren erbringen die Bäume, an denen Pinienkerne wachsen, eine bedeutende Ernte. Dies ist einer der Gründe, weshalb Pinienkerne so teuer sind. Pinien sind in Südeuropa, Mexiko und in Teilen der USA beheimatet. Sie sind reich an Eiweiß, Eisen, Phosphor und Vitamin B 1.

VEGETARISCHE DOLMADES

Zubereitungszeit: 1 Stunde + Abkühlzeit
Kochzeit: 1 Stunde 15 Minuten
Ergibt ca. 50 Stück

★ ★ ★

125 ml Olivenöl

6 Frühlingszwiebeln, gehackt

150 g Langkornreis

15 g frische Pfefferminze, gehackt

2 EL frischer Dill, gehackt

170 ml Zitronensaft

35 g Korinthen

40 g Pinienkerne

250 g Weinblätter (ca. 50 Stück), abgepackt

2 EL Olivenöl, zusätzlich

1 Das Öl in einem mittelgroßen Topf erhitzen, und die Zwiebeln bei mittlerer Hitze 1 Minute dünsten. Reis, Pfefferminze, Dill und die Hälfte des Zitronensaftes zugeben. Mit Salz und Pfeffer würzen. 250 ml Wasser zugießen. Zum Kochen bringen, dann die Hitze reduzieren und zugedeckt 20 Minuten köcheln. Den Deckel abneh-men; Korinthen und Pinienkerne mit einer Gabel unterrühren. Mit etwas Küchenpapier und dem Deckel abdecken. Abkühlen lassen.

2 Weinblätter abspülen, vorsichtig trennen, abtropfen lassen und mit Küchenpapier trockentupfen. Dicke Stiele mit einer Schere abschneiden. Den Boden eines Topfes (Ø 20 cm) mit zerrissenen oder beschädigten Blättern auslegen. Die größeren Blätter zum Füllen verwenden und mit den kleineren eventuelle Lücken schließen.

3 Ein Blatt mit der glänzenden Seite nach unten ausbreiten. 1 Eßlöffel der Füllung in die Mitte geben, die Seiten einfalten und vom Stielende beginnend fest aufrollen. Die Dolmades mit der Naht nach unten und dem Stielende nach vorn dicht nebeneinander auf den Topfboden legen.

4 Den restlichen Zitronensaft, das zusätzliche Öl und ca. 185 ml Wasser darüber gießen, so daß sie gerade bedeckt sind. Darauf umgedreht einen Teller legen und mit einer Dose beschweren, um die Dolmades beim Kochen zu fixieren. Den Deckel auflegen.

5 Zum Kochen bringen, dann die Hitze reduzieren und 45 Minuten köcheln lassen. Im Topf abkühlen lassen. Zimmerwarm servieren.

Hinweis: In der Kochflüssigkeit im Kühlschrank bis zu 2 Wochen haltbar.

OBEN: Vegetarische Dolmades

FELAFEL

Zubereitungszeit: 2 Stunden 15 Minuten + Ruhezeit über Nacht
Kochzeit: 15 Minuten
Ergibt ca. 16 Stück

✷✷

250 g getrocknete Kichererbsen

4 Frühlingszwiebeln, gehackt

2 Knoblauchzehen, zerdrückt

15 g frische, glatte Petersilie, gehackt

15 g frische Pfefferminze, gehackt

25 g frischer Koriander, gehackt

1/4 TL Cayennepfeffer

2 TL Kreuzkümmel, gemahlen

2 TL Koriander, gemahlen

1/2 TL Backpulver

Öl zum Fritieren

1 Die Kichererbsen in einer großen Schüssel gut mit kaltem Wasser bedeckt über Nacht einweichen. Abgießen.
2 Kichererbsen, Zwiebeln, Knoblauch, Petersilie, Pfefferminze, Koriander, Cayennepfeffer, Kreuzkümmel, Koriander, Backpulver und 1 Teelöffel Salz mischen. Portionsweise 30–40 Sekunden in der Küchenmaschine zu einer feinen Mischung verarbeiten. Ohne abzudecken 2 Stunden kalt stellen.
3 In der Handfläche aus 2 Eßlöffeln Teig kleine Taler formen. Einen tiefen, gußeisernen Topf zu 1/3 mit Öl füllen, und das Öl auf 180 °C erhitzen (bis ein Brotwürfel darin in 15 Sekunden goldbraun wird). Felafel portionsweise 3–4 Minuten goldbraun fritieren. Auf Küchenpapier abtropfen lassen und heiß mit Hummus servieren.

LABNEH

Zubereitungszeit: 20 Minuten + 4 Tage Kühlzeit
Kochzeit: entfällt
Ergibt 12 Stück

✷✷

500 g fester, griechischer Naturjoghurt

2 TL Meersalz

1 EL getrockneter Oregano

2 TL getrocknete Thymianblätter

350 ml Olivenöl

1 Lorbeerblatt

1 Ein Stück Musselin (60 x 30 cm) in der Mitte zu einem 30 x 30 cm großen Quadrat falten.
2 Joghurt, Salz und 1 Teelöffel schwarzen Pfeffer mischen. Eine Schüssel mit dem Musselin auslegen; die Mischung in die Mitte geben. Die Ecken des Tuchs zusammenfassen und mit einem Küchenfaden so eng wie möglich abbinden; am Ende eine Schlaufe machen. Die Schlaufe über den Stiel eines Holzkochlöffels ziehen und zum Abtropfen 3 Tage im Kühlschrank über eine Schüssel hängen.
3 Oregano und Thymian in einer flachen Schüssel mischen. Die Hälfte des Öls in ein 500-ml-Schraubglas gießen, das Lorbeerblatt zugeben.
4 Gestrichene Eßlöffel Joghurt zu Bällen rollen. In den Kräutern wenden, dann in das Glas mit Öl setzen. Das restliche Öl zugießen, so daß die Bälle vollkommen davon bedeckt sind. Das Glas verschließen und mindestens 1 Tag kalt stellen. Zimmerwarm zu knusprigem Brot servieren.

OBEN: Felafel (oben); Labneh

HUMMUS

Hummus ist arabisch für Kichererbsen. In dem traditionellen syrischen Rezept *Hummus-bi-tahina* wird zusätzlich Tahin verwendet: Um es zuzubereiten, dem hier vorgestellten Rezept einfach 2 Eßlöffel Tahin zugeben. Die gekochten Kichererbsen erst kurz vor dem Zerkleinern zufügen. Tahin ist eine Paste aus zerdrückten Sesamsamen, die man im Supermarkt erhält.

OBEN: Fritierte Kichererbsen

FRITIERTE KICHERERBSEN

Zubereitungszeit: 30 Minuten + Ruhezeit
Kochzeit: 15 Minuten
Ergibt ca. 600 g

★ ★

300 g getrocknete Kichererbsen
Öl zum Fritieren
$^1/_2$ TL mildes oder scharfes Paprikapulver
$^1/_4$ TL Cayennepfeffer

1 Kichererbsen in einer großen Schüssel gut mit kaltem Wasser bedeckt über Nacht einweichen. Abgießen; mit Küchenpapier trockentupfen.
2 Einen tiefen, gußeisernen Topf zu $^1/_3$ mit Öl füllen; auf 180 °C erhitzen (bis ein Brotwürfel in 15 Sekunden goldbraun wird). Die Kichererbsen in 2 Portionen je 3 Minuten fritieren. Mit einem Schaumlöffel herausnehmen. Auf Küchenpapier abtropfen lassen. Den Topf beim Fritieren etwas abdecken, da einige Erbsen aufspringen können. Das Öl nicht unbeaufsichtigt lassen.
3 Das Öl wieder erhitzen. Die Kichererbsen nochmals 3 Minuten je Portion braun fritieren. Abtropfen lassen. Paprika, Cayennepfeffer und etwas Salz mischen und über die heißen Kichererbsen streuen. Abkühlen lassen.

HUMMUS

Zubereitungszeit: 30 Minuten + Ruhezeit
Kochzeit: 1 Stunde
Ergibt ca. 500 g

★ ★

125 g getrocknete Kichererbsen
1 EL Olivenöl
1 kleine Zwiebel, feingehackt
1$^1/_2$ TL Kreuzkümmel, gemahlen
1 Prise Cayennepfeffer
2 EL Zitronensaft
125 ml Olivenöl, zusätzlich
3 Knoblauchzehen, zerdrückt

1 Kichererbsen in einer großen Schüssel gut mit kaltem Wasser bedeckt über Nacht einweichen. Abspülen. In einen Topf mit kochendem Wasser geben. Bei mittlerer Hitze zugedeckt 1 Stunde weich kochen. Abgießen und in den Topf zurückgeben. 1 Eßlöffel Olivenöl, Zwiebel, Kreuzkümmel und Cayennepfeffer zufügen; bei starker Hitze 1 Minute kochen. Mit Zitronensaft, zusätzlichem Olivenöl, Knoblauch und etwas Salz in der Küchenmaschine glattpürieren. Soll die Paste dünner sein, mehr Wasser verwenden.

FLEISCHKLÖPSE MIT HALLOUMI-FÜLLUNG

Zubereitungszeit: 25 Minuten + Kühlzeit
Kochzeit: 10 Minuten
Ergibt 24 Stück

★★

8 Scheiben Weißbrot, Kanten entfernt

700 g Lamm- oder Rinderhack

1 EL frische, glatte Petersilie, gehackt

3 EL frische Pfefferminzblätter, gehackt

1 Zwiebel, gerieben

2 Eier, leicht geschlagen

150 g Halloumi-Käse (siehe Hinweis)

40 g Mehl

Olivenöl zum Braten

1 Das Brot in eine Schüssel legen, mit Wasser begießen. Anschließend wieder möglichst viel Wasser ausdrücken. Brot, Hackfleisch, Petersilie, Pfefferminze, Zwiebel, Ei, etwas Pfeffer und $1/2$ Teelöffel Salz in einer Schüssel mit den Händen 2–3 Minuten zu einer glatten Mischung kneten, die sich vom Schüsselrand löst; große Fleisch- und Brotstücke dabei zerkleinern. Abgedeckt 30 Minuten kalt stellen.

2 Den Halloumi-Käse in 24 Rechtecke (3 x 1 x 1 cm) schneiden. Das Mehl in einer flachen Schale verteilen. Je 1 gestrichenen Eßlöffel der Hackfleischmischung zu einem Oval formen und in der Handfläche flach drücken. Den Käse in die Mitte setzen, einen zweiten Eßlöffel Hackfleischmischung hineinsetzen. Die Ränder zusammendrücken und zu einer Rolle von 6 cm Länge formen. Mit den restlichen Zutaten ebenso verfahren.

3 In einer tiefen, gußeisernen Pfanne 2 cm Öl auf 180 °C erhitzen (bis ein Brotwürfel darin in 15 Sekunden braun wird). Die Fleischrollen im Mehl wenden, überschüssiges Mehl abschütteln und portionsweise 3–5 Minuten fritieren, bis sie braun und durchgebraten sind. Auf Küchenpapier abtropfen lassen. Heiß servieren.

Hinweis: Halloumi ist ein cremiger Käse aus Schafmilch, der in Lake aufbewahrt wird. Man erhält ihn in Feinkostgeschäften und in gut sortierten Supermärkten.

UNTEN: Fleischklöpse mit Halloumi-Füllung

FRITIERTE MINIFISCHCHEN

Zubereitungszeit: 10 Minuten + Kühlzeit
Kochzeit: 10 Minuten
Für 6–8 Personen

★ ★

500 g frische Sprotten, siehe Hinweis

2 TL Meersalz

40 g Mehl

30 g Speisestärke

2 TL frische, glatte Petersilie, feingehackt

Olivenöl zum Fritieren

1 Zitrone, in Spalten geschnitten, zum Servieren

1 Fisch und Meersalz in einer Schüssel gut mischen. Abgedeckt kalt stellen.
2 Mehl und Speisestärke sieben und mit der Petersilie in eine Schüssel füllen; mit zerstoßenem Pfeffer würzen. Einen tiefen, gußeisernen Topf zu $^1/_3$ mit Öl füllen, und das Öl auf 180 °C erhitzen (bis ein Brotwürfel darin in 15 Sekunden goldbraun wird). $^1/_3$ der Fische im Mehl wenden, überschüssiges Mehl abschütteln und $1^1/_2$ Minuten goldgelb-knusprig fritieren. Mit einem Schaumlöffel herausnehmen und auf Küchenpapier abtropfen lassen. Die restlichen Sprotten in 2 Portionen fritieren.
3 Das Öl wieder erhitzen und die Fische nochmals in 3 Portionen je 1 Minute hellbraun fritieren. Abtropfen lassen. Heiß mit Zitrone servieren.
Hinweis: Oft sind Sprotten nur geräuchert erhältlich. Fragen Sie Ihren Händler nach Alternativen.

TARAMOSALATA

Von 4 Scheiben Weißbrot die Kanten abschneiden. Das Brot in eine Schüssel legen und mit Wasser bedecken. Dann abtropfen lassen und wieder möglichst viel Wasser ausdrücken. In eine Schüssel legen. 1 kleine Zwiebel in eine Schüssel reiben. 100 g Tarama (Kabeljaurogen), 2 Eßlöffel frisch gepreßten Zitronensaft, 3 Eßlöffel Olivenöl und 1 Prise schwarzen Pfeffer hinzufügen. Mit einer Gabel gut mischen oder in der Küchenmaschine pürieren. Taramosalata kann bis zu 3 Tagen im voraus zubereitet und luftdicht verschlossen im Kühlschrank aufbewahrt werden. Ergibt 250 ml.

OBEN: Fritierte
Minifischchen

KLIPPFISCHKROKETTEN MIT SKORDALIA

Zubereitungszeit: 50 Minuten + 8 Stunden
 Ruhezeit
Kochzeit: 55 Minuten
Ergibt 24 Stück

400 g Klippfisch (siehe Hinweis)
300 g mehligkochende Kartoffeln, ungeschält
1 kleine, braune Perlzwiebel, gerieben
2 EL frische, glatte Petersilie, gehackt
1 Ei, leicht geschlagen
Öl zum Fritieren

Skordalia

250 g mehligkochende Kartoffeln, ungeschält
2 Knoblauchzehen, zerdrückt
1 EL Weißweinessig
2 EL Olivenöl

1 Überschüssiges Salz vom Klippfisch entfernen: Dafür 8–12 Stunden in einer großen Schüssel in kaltem Wasser einweichen. In dieser Zeit das Wasser dreimal austauschen. Auf Küchenpapier abtropfen lassen.

2 Für die Skordalia die Kartoffeln gar kochen oder dämpfen, pellen und zerstampfen. Abkühlen lassen, Knoblauch, Essig und Öl zugeben. Mit Salz und zerstoßenem schwarzem Pfeffer würzen, gut mischen und zur Seite stellen.

3 Den Fisch in einem Topf mit Wasser bedecken. Zum Kochen bringen; dann die Hitze reduzieren und 15 Minuten köcheln. Abgießen und auf Küchenpapier trocknen. Ist der Fisch etwas abgekühlt, Haut und Gräten entfernen, das Fleisch mit den Fingern etwas zerkleinern und in eine Schüssel geben. In der Zwischenzeit die Kartoffeln kochen oder dämpfen, pellen und stampfen.

4 Die Kartoffeln mit der Zwiebel, Petersilie, Ei und $1/2$ Teelöffel zerstoßenem Pfeffer zum Fisch geben. Mit einem Holzlöffel zu einer dicken Masse verrühren. Vor dem Salzen probieren.

5 Einen tiefen, gußeisernen Topf zu $1/3$ mit Öl füllen; auf 180 °C erhitzen (bis ein Brotwürfel in 15 Sekunden goldbraun wird). Gestrichene Eßlöffel der Masse portionsweise 2–3 Minuten goldbraun ausbacken. Auf Küchenpapier abtropfen lassen. Heiß mit Skordalia servieren.

Hinweis: Klippfisch ist in Spezialgeschäften erhältlich. Skordalia bis zu 4 Tage im voraus zubereiten; im Kühlschrank aufbewahren.

KARTOFFELN

Entscheidend für die Wahl einer Kartoffelsorte ist ihre Konsistenz: Sie kann fest- oder mehligkochend sein. Festkochende Sorten wie Cilena, Grata, Hansa oder Nicola haben einen hohen Feuchtigkeitsgehalt und einen geringen Stärkeanteil. Ihr Fruchtfleisch ist meist fest und cremig und für Salate und Gratins gut geeignet. Mehligkochende Kartoffeln wie Bintje, Aula, Desirée, Datura oder Erntestolz, dagegen haben umgekehrt einen geringeren Feuchtigkeitsgehalt und einen höheren Stärkeanteil, ihr Fruchtfleisch ist grobkörniger. Daher empfehlen sie sich zum Pürieren, Backen und zur Zubereitung von Pommes frites. Im Handel sind zahlreiche Sorten erhältlich; einige lassen sich auch sehr vielseitig einsetzen.

LINKS: Klippfischkroketten mit Skordalia

SPINATPIE

Zubereitungszeit: 50 Minuten + Kühlzeit
Kochzeit: 50 Minuten
Ergibt ca. 15 Stück

★★

250 g Mehl

30 g Butter, zerkleinert

60 ml Olivenöl

125 ml warmes Wasser

Füllung

400 g Spinat

1 Porreestange, nur den weißen Abschnitt, längs halbiert, in dünne Scheiben geschnitten

1/4 TL Muskatnuß, gerieben

2 TL frischer Dill, gehackt

200 g Fetakäse, zerbröckelt

1 EL Paniermehl

3 Eier, leicht geschlagen

2 EL Olivenöl

OBEN: Spinatpie

1 Eine 3 cm tiefe Backform (26 x 17 cm) leicht einfetten.

2 Das Mehl und 1/2 Teelöffel Salz in eine Schüssel sieben. Die Butter zugeben. Mit den Fingerspitzen zu einer krümeligen Mischung verreiben. Öl zugießen und unterreiben, indem man die Mehlmischung auf eine Hand nimmt und die andere Hand leicht auf der Oberfläche reibt. Die Zutaten sollten sich gerade verbinden. In die Mitte eine Mulde drücken und nach und nach mit den Händen ausreichend Wasser einarbeiten, so daß ein fester, elastischer Teig entsteht. Vorsichtig kneten – eventuell ist der Teig nicht ganz glatt. Mit Frischhaltefolie abgedeckt 1 Stunde kalt stellen.

3 Das untere Viertel der Spinatstiele abschneiden. Den Spinat waschen. Blätter und Reststiele hacken. Auf ein sauberes Geschirrtuch legen, fest zusammendrehen und möglichst viel Flüssigkeit ausdrücken. Mit Porree, Muskatnuß, Dill, Fetakäse, Paniermehl und 1/2 Teelöffel zerstoßenem schwarzem Pfeffer in eine Schüssel geben.

4 Den Backofen auf 220 °C (Gas 3–4) vorheizen. Etwas über die Hälfte des Teigs auf einer leicht bemehlten Arbeitsfläche ausrollen, bis er eine ausreichende Größe hat, um Boden und Seiten der Backform auszukleiden. In die Form legen, Boden und Seiten gleichmäßig festdrücken.

5 Mit den Händen Eier und Olivenöl unter den Spinat mischen, allerdings nicht zu stark, da das Gemüse sonst zu feucht wird. Mit einem Löffel in die Teigschale füllen.

6 Den restlichen Teig auf einer leicht bemehlten Arbeitsfläche auf die Größe der Backform ausrollen. Auf die Füllung legen; die Teigränder fest zusammenpressen. Überstehenden Teig mit einem scharfen Messer abschneiden, dann die Oberseite mit etwas zusätzlichem Olivenöl einstreichen. Mit einem scharfen Messer 3 Längsstreifen einritzen, und diese dann diagonal in Romben unterteilen. Zudem in den Teigdeckel 2–3 kleine Schlitze schneiden, damit während des Backens Dampf entweichen kann.

7 Die Pie auf mittlerer Schiene 45–50 Minuten goldbraun backen. Mit Alufolie abdecken, wenn die Oberfläche zu dunkel wird. Die Pie ist fertig, wenn sie beim Schwenken der Backform hin- und herrutscht. Auf einem Kuchengitter 10 Minuten abkühlen lassen, dann auf ein Brett oder zurück in die Form legen und in Romben schneiden. Warm oder kalt servieren.

KIBBEH

Zubereitungszeit: 45 Minuten + Kühlzeit
Kochzeit: 25 Minuten
Ergibt 15 Stück

240 g feiner Bulgur (Weizenschrot)
150 g mageres Lammfleisch, zerkleinert
1 Zwiebel, gerieben
2 EL Mehl
1 TL Piment, gemahlen

Füllung

2 Teelöffel Olivenöl
1 kleine Zwiebel, feingehackt
100 g mageres Lammhack
$1/2$ TL Piment, gemahlen
$1/2$ TL Zimt, gemahlen
80 ml Rinderbrühe
2 EL Pinienkerne
2 EL frische Pfefferminze, gehackt

1 Bulgur in einer großen Schüssel mit kochendem Wasser begießen und 5 Minuten einweichen. Durch ein Sieb abgießen; das Wasser gut ausdrücken. Auf Küchenpapier ausbreiten, so daß die restliche Flüssigkeit aufgesogen wird.

2 Dann mit den restlichen Zutaten in der Küchenmaschine zu einer glatten Paste verarbeiten. Gut würzen. 1 Stunde kalt stellen.

3 Für die Füllung Öl in einer Pfanne erhitzen; die Zwiebel bei schwacher Hitze 3 Minuten weich dünsten. Hack, Piment und Zimt zugeben. Bei großer Hitze 3 Minuten unter Rühren anbraten. Brühe zugießen, den Deckel halb auflegen. Bei schwacher Hitze 6 Minuten köcheln, bis das Fleisch gar ist. Pinienkerne grob hacken. Mit der Minze einrühren. Mit Salz und zerstoßenem Pfeffer würzen. In einer Schüssel abkühlen lassen.

4 Je 2 Eßlöffel der Weizenmischung zu Ovalen von 6 cm Länge formen. Die Hände in kaltes Wasser tauchen, und mit dem Finger eine lange Furche in der Mitte ziehen; diese vergrößern, bis eine Schale entsteht. 2 Teelöffel Füllung hineingeben, schließen und zu einer ovalen Rolle formen. Eventuelle Risse mit den Fingern glätten. Auf ein mit Frischhaltefolie ausgelegtes Backblech legen und ohne Abdeckung 1 Stunde kalt stellen.

5 Einen tiefen, gußeisernen Topf zu $1/3$ mit Öl füllen; auf 180 °C erhitzen (bis ein Brotwürfel darin in 15 Sekunden goldbraun wird). Kibbeh portionsweise 2–3 Minuten rundum braun fritieren. Auf Küchenpapier abtropfen lassen. Heiß servieren.

ZWIEBELN

Zwiebeln gehören zu den Liliengewächsen. Aus der Küche sind sie nicht wegzudenken. Es gibt große Unterschiede in Farbe, Form und Intensität des Geschmacks. Rohe Zwiebeln haben einen kräftigen Geschmack, der durch Kochen gemildert wird. Vielen würzigen Speisen wie Suppen, Saucen, Pies, Schmorgerichten und Currys gibt man 1–2 Zwiebeln zu, um ihr Aroma zu unterstreichen. Roh sind sie beliebte Zutat in Salaten. Aber man kann sie auch als Gemüse braten, backen oder kochen. Obwohl es viele unterschiedliche Sorten gibt, wählen die meisten Verbraucher Zwiebeln nach der Farbe aus. Am häufigsten werden braune Zwiebeln gekauft, gefolgt von weißen und roten.

LINKS: Kibbeh

1 Hefe, Zucker, 2 Eßlöffel Mehl und 60 ml warmes Wasser in einer Schüssel mischen. Mit Frischhaltefolie abgedeckt 10 Minuten an einem warmen Ort ruhen lassen, bis sich an der Oberfläche Bläschen bilden.

2 Restmehl, Vollkornmehl und Zimt in eine große Schüssel sieben, die Spelzen wieder zugeben. Sesamsamen und ¹/₂ Teelöffel Salz untermischen. Öl zugießen und einreiben, indem man die Mehlmischung auf eine Hand nimmt und die andere Hand leicht über die Oberfläche reibt. In die Mitte eine Mulde drücken; Hefe sowie ca. 60 ml warmes Wasser zugeben, so daß der Teig glatt, aber nicht klebrig ist. Auf einer bemehlten Arbeitsfläche ca. 2 Minuten zu einem glatten, elastischen Teig verkneten. In eine leicht geölte Schüssel legen, den Teig drehen, so daß er rundum mit Öl überzogen ist. Locker mit Frischhaltefolie abgedeckt an einem warmen Ort 45–60 Minuten ruhen lassen, bis sich das Volumen verdoppelt hat.

3 Den Backofen auf 200 °C (Gas 3) vorheizen. Ein Backblech leicht einfetten. Dem Teig einen festen Faustschlag versetzen, damit die Luft entweicht, und ihn in 3 Portionen teilen. Jede Portion auf einer leicht bemehlten Arbeitsfläche zu einer Rolle von ca. 30 cm ausrollen. Die erste Rolle auf das Backblech legen. Im Abstand von 2 cm mit einem Brotmesser tief einschneiden (ca. 15 Teile). Mit den restlichen Rollen ebenso verfahren.

4 Mit einem Geschirrtuch abgedeckt 30 Minuten an einem warmen Ort gehen lassen. 30 Minuten backen, bis die Brote unterseits braun sind und hohl klingen, wenn man daraufklopft. Die Hitze auf 120 °C (Gas ¹/₂) reduzieren. Die Rollen 5 Minuten auf dem Backblech abkühlen lassen. Dann auf ein Brett legen und an den Markierungen zerschneiden. Mit einer Schnittfläche nach oben auf 2 Backblechen verteilen. 30 Minuten backen, bis die Oberseiten trocken sind. Die Kekse wenden und nochmals 30 Minuten backen, so daß sie vollkommen trocken und knusprig sind. Abkühlen lassen. Luftdicht verschlossen sind sie bis zu 3 Wochen haltbar.

5 Jeden Keks kurz in kaltes Wasser tauchen und auf einen Teller legen. Mit einer Mischung aus Tomate und Fetakäse belegen. Öl und Essig mischen und darüber träufeln. Mit Oregano bestreuen. Würzen.

Hinweis: Es gibt auch andere Belagmöglichkeiten, z. B. 1 in Scheiben geschnittene, gegrillte Paprikaschote, 10 entkernte und geviertelte *kalamatas*-Oliven und 2 Eßlöffel gehackte, glatte Petersilie mischen und würzen. 3 Eßlöffel Olivenöl extra vergine und 1 Eßlöffel Rotweinessig verrühren und darüber träufeln.

OLIVENÖL-KEKSE

Zubereitungszeit: 30 Minuten + Ruhezeit
Backzeit: 1 Stunde 30 Minuten
Ergibt ca. 45 Stück

★★★

7 g Trockenhefe oder 15 g frische
  Hefe
1 TL Zucker
185 g Mehl
225 g Vollkornmehl
1 TL Zimt, gemahlen
1¹/₂ TL Sesamsamen, geröstet
125 ml Olivenöl

Belag

4 reife Tomaten, gewürfelt
160 g Fetakäse, zerbröckelt
80 ml Olivenöl, extra vergine
2 EL Rotweinessig
1 TL getrockneter Oregano

OBEN: Olivenöl-Kekse

KALAMARI ROMANA

Zubereitungszeit: 10 Minuten + Kühlzeit
Kochzeit: 10 Minuten
Ergibt ca. 30 Stück

✶✶

350 g kleine Kalmarmäntel, gesäubert

¹/₂ TL Salz

40 g Mehl

¹/₄ TL schwarzer Pfeffer

Öl zum Fritieren

Zitronenspalten zum Servieren

1 Die Kalmare in 1 cm breite Ringe schneiden. Mit Salz mischen und abgedeckt ca. 30 Minuten kalt stellen. Mit Küchenpapier trockentupfen.
2 Mehl und Pfeffer in einer Schüssel mischen. Einen tiefen, gußeisernen Topf zu ¹/₃ mit Öl füllen; auf 180 °C erhitzen. Es hat die richtige Temperatur, wenn ein Brotwürfel darin in 15 Sekunden goldbraun wird. Einige Kalmarringe in Mehl wenden. Dann 3 Minuten goldgelb-knusprig fritieren. Zwischendurch mit einem langstieligen Löffel wenden. Mit den restlichen Ringen ebenso verfahren. Auf Küchenpapier abtropfen lassen und heiß mit Zitronenspalten servieren.

ZUCCHINITALER

Zubereitungszeit: 20 Minuten
Kochzeit: 15 Minuten
Ergibt ca. 25 Stück

✶✶

2 mittelgroße Zucchini, gerieben

1 kleine Zwiebel, gerieben

30 g Mehl

¹/₂ TL Backpulver

35 g Kefalotiri-Käse oder Parmesan, gerieben

1 EL frische Pfefferminze, gehackt

2 TL frische Petersilie, gehackt

1 Prise Muskatnuß, gerieben

25 g Paniermehl

1 Ei

Olivenöl zum Braten

1 Zucchini und Zwiebel in die Mitte eines sauberen Geschirrtuchs legen, dieses so fest wie möglich drehen und Flüssigkeit herausdrücken. Dann mit Mehl, Backpulver, Käse, Pfefferminze, Petersilie, Muskatnuß, Paniermehl und Ei in einer großen Schüssel mischen. Mit Salz und zerstoßenem Pfeffer würzen und mit den Händen zu einer festen Masse verarbeiten; die Zutaten sollten zusammenhalten.
2 Das Öl in einer großen Pfanne auf mittlerer Stufe erhitzen. Gestrichene Eßlöffel des Teigs hineingeben und 2–3 Minuten rundum goldbraun braten. Einmal wenden. Auf Küchenpapier abtropfen lassen und heiß servieren. Man kann Zucchinitaler nur mit Salz bestreut servieren; sie schmecken aber auch zu Tzatziki sehr gut (siehe Seite 167).
Hinweis: Kefalotiri ist ein heller griechischer Hartkäse aus Schafmilch. Für Zucchinitaler kann man statt dessen auch Parmesan oder Pecorino verwenden.
Vorbereitung: Zucchinitaler werden am besten erst kurz vor dem Braten zubereitet. Gebratene Taler können auf einem mit Backpapier ausgelegten Backblech aufgewärmt werden. Dafür schiebt man sie ca. 3–5 Minuten bei 180 °C (Gas 2–3) in den Backofen.

OBEN: Kalamari Romana

FETAKÄSE

Fetakäse ist ein halbfester
Käse, der leicht zerbröckelt.
Er reift nicht, sondern wird
in einer Flüssigkeit aus
Molke und Salzlake
konserviert. Fetakäse
stammt aus Griechenland,
wo er aus Ziegen- oder
Schafmilch hergestellt
wurde. Er ist ein Muß auf
einem griechischen Salat
und wird außerdem in Pies,
Törtchen und zum Füllen
von Gemüse verwendet.

FLEISCHBÄLLCHEN

Zubereitungszeit: 25 Minuten + Kühlzeit
Kochzeit: 20 Minuten
Ergibt ca. 28 Stück

★ ★

4 Scheiben Weißbrot, Kanten entfernt

150 g Schweinehack

150 g Kalbshack

1 EL frische, glatte Petersilie, gehackt

1 EL frische Pfefferminze, gehackt

1 Zwiebel, gerieben

$1/2$ TL Kreuzkümmel, gemahlen

1 Ei

25 g Kefalotiri-Käse oder Parmesan, gerieben

60 g Mehl

Olivenöl zum Braten

1 Das Brot in einer Schüssel mit Wasser einweichen. Dann wieder möglichst viel Wasser
ausdrücken. Mit dem Fleisch, Petersilie, Pfefferminze, Zwiebel, Kreuzkümmel, Ei und Käse in
eine große Schüssel geben. Würzen. Mit den
Händen 2–3 Minuten zu einer glatten Mischung
verkneten. Abgedeckt 30 Minuten kalt stellen.
2 Das Mehl in eine flache Schüssel geben. Je
1 gestrichenen Eßlöffel Fleischteig mit feuchten
Händen zu einem Bällchen formen. Das Öl bei

mittlerer Temperatur erhitzen. Die Fleischbällchen in Mehl wenden. Portionsweise 3–5 Minuten braten, bis sie braun und durchgebraten
sind. Auf Küchenpapier abtropfen lassen. Heiß
servieren.

KÄSETASCHEN

Zubereitungszeit: 40 Minuten
Backzeit: 20 Minuten
Ergibt 16 Stück

★

160 g Fetakäse, gerieben

60 g Ricotta

2 EL frische Pfefferminze, gehackt

1 Ei, leicht geschlagen

2 Frühlingszwiebeln, feingehackt

2 EL Paniermehl

4 Blätterteige, fertig ausgerollt

1 Ei, zusätzlich, leicht geschlagen

1 EL Sesamsamen

1 Den Backofen auf 220 °C (Gas 3–4) vorheizen. 2 Backbleche leicht einfetten.
2 Feta, Ricotta, Pfefferminze, Ei, Zwiebeln,
Paniermehl und $1/2$ Teelöffel zerstoßenen

OBEN: Fleischbällchen

Mit einer Geflügelschere die Wirbelsäule heraustrennen.

Die Wachteln auf der Arbeitsfläche ausbreiten und etwas flach drücken.

Die Wachteln entlang des Brustbeines halbieren, und die Hälften nochmals teilen.

schwarzen Pfeffer in einer Schüssel mit einer Gabel vermischen, den Ricotta dabei zerkleinern.
3 Mit einem Ausstecher oder einer Untertasse Kreise von 10 cm Ø aus den Teigen ausstechen. Gestrichene Eßlöffel der Käsemischung in die Mitte jedes Kreises setzen. Die Ränder leicht befeuchten. Den Teig über die Füllung falten, eventuelle Luft herausdrücken, und den Rand mit einer Gabel fest zusammendrücken, so daß ein Halbkreis entsteht. Mit dem zusätzlichen Ei einstreichen und mit Sesamsamen bestreuen.
4 Auf Backbleche legen. 15–20 Minuten goldbraun backen. Heiß servieren.

GEGRILLTE WACHTELN

Zubereitungszeit: 40 Minuten + Kühlzeit
Kochzeit: 10 Minuten
Ergibt 24 Stück

★★★

6 Wachteln
250 ml trockener Rotwein
2 Selleriestangen mit Grün, gehackt
1 Karotte, gehackt
1 kleine Zwiebel, gehackt
1 Lorbeerblatt, in kleine Stücke gerissen
1 TL Piment
1 TL getrocknete Thymianblätter
2 Knoblauchzehen, zerdrückt
2 EL Olivenöl
2 EL Zitronensaft
Zitronenspalten zum Servieren

1 Wachteln mit einer Geflügelschere beidseitig an der Wirbelsäule durchtrennen; die Wirbelsäule entfernen. Eingeweide herausnehmen, den Hals abschneiden, die Wachteln abspülen und trockentupfen. Mit der Brust nach oben ausbreiten und vorsichtig flach drücken. Mit einer Geflügelschere entlang des Brustbeins halbieren, dann jede Hälfte in das Bruststück mit dem Flügel und die Keule trennen.
2 In einer nicht-metallenen Schüssel Wein, Sellerie, Karotte, Zwiebel, Lorbeerblatt und Piment mischen. Die Wachteln darin wenden. Abgedeckt 3 Stunden oder über Nacht kalt stellen, gelegentlich umrühren. Abgießen und mit Thymian, Salz und Pfeffer bestreuen.
3 Knoblauch, Öl und Zitronensaft in einer kleinen Schüssel mischen.
4 Einen leicht geölten heißen Stein erhitzen oder einen Grill auf höchster Stufe vorheizen. Hitze reduzieren. Die Bruststücke bei mittlerer Temperatur von jeder Seite 4–5 Minuten, die Schenkel je 3 Minuten zart garen. Dabei häufig mit Zitronensaft einpinseln. Heiß zu Zitronenspalten servieren.

OBEN: Gegrillte Wachteln

OREGANO

Oregano ist ein Boden-
decker mit langen Stengeln.
Die schmalen Blätter haben
ein kräftiges Aroma, das in
der griechischen und
italienischen Küche sehr
beliebt ist. Oregano paßt
gut zu Tomaten, Aubergine
und anderem Gemüse,
Rindfleisch, Lammfleisch
und Fisch, und natürlich
wird er in vielen Saucen
und auf Pizza verwendet.
Oregano läßt sich gut im
eigenen Kräutergarten
anpflanzen. Falls kein
frischer Oregano erhältlich
ist, kann man ihn durch
getrockneten ersetzen, der
ebenfalls einen kräftigen
Geschmack hat.

GEBRATENE KÄSESCHEIBEN

Zubereitungszeit: 10 Minuten
Kochzeit: 5 Minuten
Ergibt 12 Stück

250 g Kefalograviera (siehe Hinweis)
2 EL Mehl
60 ml Olivenöl
$^1/_2$ TL getrockneter Oregano
$^1/_2$ Zitrone, in Spalten geschnitten, zum
  Servieren

1 Den Käse in ca. 1 cm dicke Scheiben schneiden. Die genaue Größe der Stücke ist dabei
nicht wichtig, da man sie zum Servieren nochmals in kleinere Stücke schneiden kann.
2 Das Mehl in einer flachen Schale verteilen und
kräftig mit zerstoßenem Pfeffer würzen. Den
Käse im Mehl wenden. Das Öl in einer Pfanne
stark erhitzen. Den Käse darin 1 Minute braten,
bis er unterseits braun und knusprig ist. Vorsichtig wenden, um die andere Seite zu braten.
Auf einen Teller heben und mit Oregano
bestreuen. Heiß mit Zitronenspalten und
frischem Brot servieren.
Hinweis: Kefalograviera und Kefalotiri sind helle,
griechische Hartkäse aus Schafmilch.

*OBEN: Gebratene
Käsescheiben*

TOMATEN-AUBERGINEN-
TASCHEN

Zubereitungszeit: 50 Minuten + Kühlzeit
Kochzeit: 1 Stunde
Ergibt 30 Stück

75 g Butter, zerlassen
80 ml Olivenöl
185 g Mehl

Füllung

250 g Tomaten
2 TL Olivenöl
1 kleine Zwiebel, gehackt
$^1/_2$ TL Kreuzkümmel, gemahlen
300 g Aubergine, in 2 cm große Würfel
  geschnitten
2 TL Tomatenpüree
1 EL frischer Koriander, gehackt
1 Ei, leicht geschlagen

1 Butter, Öl und 80 ml Wasser in eine Schüssel
geben. Gut salzen. Portionsweise das Mehl
zugeben und mit einem Holzlöffel verrühren, so
daß eine ölige, stückige Mischung entsteht, die
sich vom Schüsselrand löst. Vorsichtig kneten, so
daß sich der Teig verbindet. Mit Frischhaltefolie
abgedeckt 1 Stunde kalt stellen.

2 Über den Stielansatz der Tomaten ein kleines Kreuz ritzen. Dann 1 Minute in einer Schüssel mit kochendem Wasser überbrühen. Abgießen. In eiskaltem Wasser abschrecken, dann die Haut abziehen. Tomaten halbieren. Über einer Schüssel die Kerne herausdrücken, das Fleisch kleinschneiden.

3 Das Öl in einer Pfanne erhitzen; die Zwiebel unter Rühren bei schwacher Hitze 2–3 Minuten weich dünsten. Kreuzkümmel zugeben, nochmals 1 Minute dünsten, dann die Aubergine zugeben und unter Rühren 8–10 Minuten weich garen. Die Tomaten und das Tomatenpüree einrühren. Bei mittlerer Hitze 15 Minuten dünsten, bis die Flüssigkeit größtenteils verdampft ist. Gelegentlich umrühren. Würzen; Koriander untermischen. Abkühlen lassen.

4 Den Backofen auf 180 °C (Gas 2–3) vorheizen. 2 Backbleche leicht einfetten.

5 Die Hälfte des Teigs auf einer leicht bemehlten Arbeitsfläche 2 mm dick ausrollen. Kreise von 8 cm Ø ausstechen. In die Mitte jedes Kreises 2 gestrichene Teelöffel Füllung setzen, die Ränder leicht mit Wasser bestreichen. Den Teig über die Füllung falten, Luft herausdrücken, die Ränder fest zusammenpressen und mit einer Gabel verzieren. Auf die Backbleche legen und mit geschlagenem Ei einstreichen. In der oberen Hälfte des Backofens 25 Minuten backen, bis die Teigtaschen goldbraun und knusprig sind.

SCHINKEN-OLIVEN-EMPANADILLAS

Zubereitungszeit: 45 Minuten + Kühlzeit
Backzeit: 25 Minuten
Ergibt ca. 15 Stück

2 hartgekochte Eier, grobgehackt

40 g gefüllte grüne Oliven, zerkleinert

100 g Kochschinken, feingehackt

30 g Cheddar, gerieben

3 Blätterteige, fertig ausgerollt

1 Eigelb, leicht geschlagen

1 Den Backofen auf 220 °C (Gas 3–4) vorheizen. 2 Backbleche leicht einfetten. Eier, Oliven, Schinken und Cheddar in einer Schüssel mischen.

2 Aus jedem Blätterteig ca. 5 Kreise (Ø 10 cm) ausstechen. In die Mitte jedes Kreises 1 Eßlöffel Füllung geben, den Teig darüberfalten, die Ränder zusammenpressen und leicht wellen.

3 Die Teigtaschen mit einem Abstand von 2 cm auf Backbleche legen. Mit Eigelb einstreichen und 15 Minuten goldbraun backen. Nach 10 Minuten die Bleche austauschen. Locker mit Alufolie abdecken, wenn die Oberflächen zu dunkel wird. Heiß servieren.

AUBERGINE

Auberginen sind im Mittelmeerraum weit verbreitet und Bestandteil vieler Gerichte. Die Farbe der Haut variiert von dunkellila (fast schwarz) bis zu helleren Tönen; es gibt sogar weiße Auberginen. Das Fruchtfleisch ist cremefarben, manchmal auch hellgrün. Auberginen haben unterschiedliche Formen, einige sind lang und dünn, andere dick und rund; wieder andere haben die Größe von Weintrauben. Beim Kauf sollten sie relativ fest sein. Größere Auberginen können einen leicht bitteren Geschmack haben. Um diese Bitterstoffe vor dem Garen herauszuziehen, schneidet man die Aubergine wie im Rezept angegeben auf und bestreut sie großzügig mit Salz. Dann 30 Minuten ruhen lassen, abspülen, trockentupfen und garen. Dünne Auberginen müssen nicht gesalzen werden.

LINKS: Schinken-Oliven-Empanadillas

TEX-MEX

Zwar trennt die Grenze zwischen Mexiko und Texas zwei sehr unterschiedliche Staaten, doch im Hinblick auf ihre Küchentraditionen verwischt sie sich. Tex-Mex-Gerichte sind so fröhlich und farbenfroh wie das Gebiet, aus dem sie stammen. Während eine Antipasti-Platte oder ein Tablett mit Canapés auch zu ruhigen Empfängen paßt, schreien feurige Tex-Mex-Speisen geradezu nach einer ausgelassenen Party, voller Leben, Spaß und guter Laune – und natürlich krugweise kalten Margaritas –, auch wenn Sie Ihre Gäste aus Platzgründen vielleicht überzeugen sollten, die Sombreros zu Hause zu lassen. Und wenn es auf Ihrer Party richtig heiß hergehen soll, servieren Sie Jalapeños. *Olé!*

EMPANADAS

Empanadas werden ganz unterschiedlich zubereitet. Manchmal werden große, flache Pies gebacken und stückweise angeboten; häufig erhält man aber auch kleine Teigtaschen. Die Füllungen können sowohl würzig als auch süß sein oder eine Mischung aus beidem. Empanadas werden gebraten oder gebacken.

OBEN: Kartoffel-Empanadas

KARTOFFEL-EMPANADAS

Zubereitungszeit: 1 Stunde
Kochzeit: 40 Minuten
Ergibt 32 Stück

3 EL Olivenöl

1 kleine Zwiebel, feingewürfelt

2 Frühlingszwiebeln, in dünnen Scheiben

1 Knoblauchzehe, zerdrückt

100 g Rinderhack

1 TL Kreuzkümmel, gemahlen

1 TL getrockneter Oregano

125 g Kartoffeln, gewürfelt

4 Blätterteige, fertig ausgerollt

50 g schwarze Oliven, entkernt und geviertelt

1 Ei, hartgekocht und feingehackt

1 Ei, getrennt

1 Prise Paprikapulver

1 Prise Zucker

1 In einer gußeisernen Pfanne 1 Eßlöffel Öl erhitzen; Zwiebel und Frühlingszwiebeln 5 Minuten unter Rühren dünsten, dann mit dem Knoblauch weitere 3 Minuten. Aus der Pfanne nehmen und zur Seite stellen.

2 Erneut 1 Eßlöffel Öl in der Pfanne auf mittlerer Stufe erhitzen. Das Fleisch anbraten; größere Stücke mit der Gabel zerkleinern. Zwiebelmischung zugeben und gut verrühren.

3 Kreuzkümmel, Oregano und je ¹/₂ Teelöffel Salz und Pfeffer zugeben. Nochmals 2 Minuten unter Rühren garen. In eine Schüssel füllen und abkühlen lassen. Die Pfanne auswischen.

4 Wieder 1 Eßlöffel Öl darin erhitzen; Kartoffeln bei starker Hitze 1 Minute unter Rühren braten. Hitze reduzieren, auf niedriger Stufe 5 Minuten weich dünsten. Leicht abkühlen lassen. Dann vorsichtig unter die Fleischmischung heben.

5 Den Backofen auf 200 °C (Gas 3) vorheizen. Aus den Teigen Kreise von 8 cm Ø ausstechen. 2 Backbleche einfetten.

6 Auf eine Hälfte jedes Kreises je 1 gehäuften Teelöffel Füllung setzen (ausreichenden Rand zum Falten des Teiges einrechnen). Darauf einige Oliven und etwas Ei verteilen. Den Rand mit Eiweiß einstreichen. Vorsichtig zu einem Halbkreis umschlagen, die Ränder fest zusammenpressen. Zum Verzieren den Rand mit einer bemehlten Gabel eindrücken; dann die Teigtaschen vorsichtig auf die Backbleche setzen. Eigelb, Paprika und Zucker verrühren, die Empanadas damit einstreichen. 15 Minuten backen, bis sie goldbraun und aufgegangen sind.

Vorbereitung: Teigtaschen 2 Tage im voraus zubereiten und bis zu 2 Monaten einfrieren.

FEURIGE TORTILLA-DREIECKE

Zubereitungszeit: 20 Minuten
Kochzeit: 5 Minuten
Ergibt 24 Stück

★ ★

2 runde Weizentortillas (Ø 23 cm)
60 ml Öl

Belag

1 Zwiebel, feingehackt

2 Knoblauchzehen, zerdrückt

2 kleine rote Chillies, feingehackt

425 g Wachtelbohnen aus der Dose, abgetropft
    und grob zerdrückt

250 ml dickflüssige Salsasauce
    (Fertigprodukt)

2 EL frische Korianderblätter, gehackt

90 g Cheddar, gerieben

1 Die Tortillas vierteln, und jedes Viertel in
3 Dreiecke schneiden.
2 In einer Pfanne 2 Eßlöffel Öl erhitzen. Die
Dreiecke portionsweise je Seite 30 Sekunden
knusprig und goldbraun braten. Aus der Pfanne
nehmen und auf Küchenpapier abtropfen lassen.
Gegebenenfalls mehr Öl zugeben.
3 Für den Belag in einem mittelgroßen Topf
1 Eßlöffel Öl erhitzen; Zwiebel, Knoblauch und
Chillies bei mittlerer Hitze 3 Minuten unter
Rühren weich dünsten. Die Wachtelbohnen,
Salsa und frischen Koriander einrühren. Vom
Herd nehmen und abkühlen lassen.
4 Den Belag auf den Dreiecken verteilen, dabei
einen ausreichenden Rand frei lassen. Mit
Cheddar bestreuen. 1 Minute grillen, bis der
Käse zerlaufen ist.
Hinweis: Statt sie zu braten und zu grillen, kann
man Tortilla-Dreiecke auch im Ofen backen.
Dafür auf ein Backblech legen und im vorgeheizten Ofen bei 180 °C (Gas 2–3) 5 Minuten
knusprig backen. Den Belag darauf verteilen und
nochmals 3–5 Minuten backen, bis der Käse
zerlaufen ist.
    Statt Wachtelbohnen kann man auch Rote
Kidneybohnen verwenden.
Vorbereitung: Die Tortilla-Dreiecke am Vortag
zubereiten und luftdicht verschlossen aufbewahren; den Belag ebenfalls am Vortag zubereiten und im Kühlschrank lagern. Dann bis zu
1 Stunde vorher auf den Dreiecken verteilen.
Kurz vor dem Servieren überbacken.

TORTILLAS

Mexikanische Tortillas sind
kleine, flache Pfannkuchen,
traditionell hergestellt aus
Maismehl. Sie werden von
beiden Seiten gebraten und
bilden die Grundlage für so
beliebte Speisen wie Tacos,
Burritos, Enchiladas und
Tostadas. Dafür werden die
Tortillas entweder um eine
Füllung gerollt oder gefaltet
oder knusprig gebraten und
dann mit traditionellen
mexikanischen Mischungen
aus Fleisch, Gemüse und
Gewürzen belegt.

*OBEN: Feurige Tortilla-
Dreiecke*

OBEN: Würstchen im Maismantel

WÜRSTCHEN IM MAISMANTEL

Zubereitungszeit: 10 Minuten
Kochzeit: 8–10 Minuten
Ergibt 16 Stück

★ ★ ★

8 Frankfurter Würstchen
8 Holzspieße
Maismehl zum Bestäuben
Öl zum Fritieren
Tomatensauce zum Dippen

Teig

220 g Mehl, vermischt mit 2 TL Backpulver
35 g Maismehl
1 Ei, leicht geschlagen
1 EL Öl

1 Die Würstchen und 8 Holzspieße halbieren. Je eine Spießhälfte in jedes Wurststück stechen; an einem Ende zur leichteren Handhabung etwas herausragen lassen. Mit ein wenig Maismehl bestäuben.

2 Für den Teig das mit Backpulver vermischte Mehl in eine große Schüssel sieben. Maismehl zugeben. In die Mitte eine Mulde drücken. Ei, Öl und 375 ml Wasser mischen und nach und nach zugießen. Zu einem glatten Teig verquirlen.
3 Einen tiefen, gußeisernen Topf zu 1/3 mit Öl füllen, und das Öl auf 180 °C erhitzen. Es hat die richtige Temperatur, wenn ein Brotwürfel darin in 15 Sekunden goldbraun wird. Mehrere Frankfurter gleichzeitig in den Teig tunken, überschüssigen Teig abtropfen lassen. Mit einer Zange vorsichtig in das Öl geben. Bei mittlerer Temperatur 1–2 Minuten goldgelb-knusprig fritieren. Vorsichtig herausnehmen, auf Küchenpapier abtropfen lassen und warm stellen. Mit den restlichen Würstchen ebenso verfahren. Zusammen mit der Tomatensauce servieren.
Hinweis: Man kann 1 Teelöffel gehackte Chillies oder 1 Prise Chilipulver zum Teig geben.

HONIG-KNOBLAUCH-RIPPCHEN

Zubereitungszeit: 20 Minuten + Marinierzeit
Kochzeit: 55 Minuten
Ergibt ca. 30 Stück

★

1 1/2 kg Spareribs am Stück
175 g Honig
6 Knoblauchzehen, zerdrückt
1 Stück frischer Ingwer, 5 cm, feingerieben
1/4 TL Tabasco
3 EL Chilisauce
2 TL Orangenschale, gerieben

1 Die einzelnen Rippchen auseinanderschneiden und in eine große Schüssel geben. Die restlichen Zutaten mischen und darübergießen. Die Rippchen sollten gleichmäßig überzogen sein. Mehrere Stunden oder über Nacht kalt stellen.
2 Den Backofen auf 200 °C (Gas 3) vorheizen. Die Rippchen abtropfen lassen, und die Marinade in einen kleinen Topf gießen. Die Rippchen nebeneinander in eine oder zwei flache, feuerfeste Schüsseln legen.
3 Die Marinade aufkochen lassen; dann sanft 3–4 Minuten köcheln, bis sie leicht eingekocht ist.
4 Die Rippchen mit der Marinade bestreichen und ca. 50 Minuten braten, zwischendurch 3–4mal erneut Marinade darüber geben. Solange braten, bis die Rippchen braun und gar sind. Heiß mit der restlichen Marinade servieren.

AMERIKANISCHE GRILLRIPPCHEN

Zubereitungszeit: 30 Minuten + Marinierzeit
über Nacht
Kochzeit: 15 Minuten
Ergibt ca. 30 Stück

½ TL Senfpulver oder scharfer Senf

½ TL süßes Paprikapulver

¼ TL Oregano, gemahlen

¼ TL Kreuzkümmel, gemahlen

1½ TL Erdnußöl

1 TL Tabasco

1 Knoblauchzehe, zerdrückt

125 ml Tomatensauce

2 EL Tomatenpüree

2 EL feiner brauner Zucker

1 EL Worcestersauce

2 TL dunkler Essig

1½ kg Spareribs am Stück

1 Senf, Paprikapulver, Oregano, Kreuzkümmel und Öl in einem Topf mischen. Die restlichen Zutaten bis auf die Rippchen zugeben. Auf mittlerer Stufe unter Rühren 3 Minuten zu einer Sauce vermischen und erhitzen. Anschließend abkühlen lassen.

2 Die Rippchen in der Sauce wenden und über Nacht marinieren. Auf einem heißen Holzkohlengrill grillen. Häufig wenden. Vor dem Servieren in einzelne Rippchen schneiden.

Hinweis: Möglichst magere Rippchen verwenden, da fettige leicht Feuer fangen und verbrennen. Eine Alternative sind vorab gekochte und abgetropfte Rinderrippen.

GEBRATENES HÄHNCHEN

1 kg Hähnchenunterschenkel mit 500 ml Buttermilch in einer Schüssel abgedeckt 2 Stunden kalt stellen, gelegentlich wenden. Einen tiefen, gußeisernen Topf zur Hälfte mit Öl füllen; auf 180 °C erhitzen. Es hat die richtige Temperatur, wenn ein Brotwürfel darin in 15 Sekunden goldbraun wird. 185 g Mehl in eine flache Schüssel geben und würzen. Die Hähnchenteile abgießen, überschüssige Buttermilch abtropfen lassen und im Mehl wenden. Portionsweise 6–8 Minuten fritieren. Darauf achten, daß das Öl nicht zu heiß wird, sonst sind die Hähnchenteile außen gar und innen nicht durch. Auf Küchenpapier abtropfen lassen. Ergibt ca. 20 Stück.

TOMATEN

Tomaten sind frisch, in Dosen oder als Saucen und Pasten unterschiedlicher Konsistenz erhältlich, manchmal auch mit zusätzlichen Geschmacksstoffen versehen. Bei Tomatenpüree handelt es sich um konzentrierte, durch ein Sieb passierte Tomaten, die mehrere Stunden zu einer dicken, dunklen Paste gekocht wurden. Dieser Paste wird Salz und manchmal auch Zucker zugegeben. Aufgrund des kräftigen Geschmacks wird Tomatenpüree meist nur sparsam in Eintöpfen, Brühen, Saucen und Suppen eingesetzt. Je nach Hersteller unterscheiden sich die Pürees in ihrer Konzentration; verschiedene auszuprobieren, kann sich also lohnen. Tomatensauce hat eine wesentlich dünnere Konsistenz und enthält häufig Zucker, Salz, Gewürze und andere Geschmacksstoffe.

LINKS: Amerikanische Grillrippchen

MAISKUCHEN MIT AVOCADO UND GARNELEN

Zubereitungszeit: 25 Minuten
Kochzeit: 15–20 Minuten
Ergibt 32 Stück

100 g TK-Mais, aufgetaut und grobgehackt

1¹/₂ Chipotle-Chillies aus der Dose, grobgehackt, und 2 TL der Sauce

60 g Mehl

50 g Polenta (Maismehl)

¹/₂ TL Backpulver

¹/₄ TL Natron

1 TL Salz

¹/₂ TL Zucker

250 ml Buttermilch

20 g Butter, zerlassen

1 Ei

32 mittelgroße Garnelen, gekocht, Schale und
Darm entfernt

32 frische Korianderblätter zum Garnieren

Avocadosauce

1 reife Avocado, grobgehackt

2 EL Limettensaft

1 Chipotle-Chili aus der Dose, mit Sauce

15 g frische Korianderblätter

1 Knoblauchzehe, gehackt

¹/₂ TL Salz

1 TL Kreuzkümmel, gemahlen

2 EL Sauerrahm

1 Mais und Chili in der Küchenmaschine in kurzen Intervallen grob zerkleinern.
2 Die trockenen Zutaten in einer großen Schüssel mischen. In die Mitte eine Mulde drücken. But-termilch, Butter und Ei verquirlen, langsam zugießen und mit dem Schneebesen vollständig unterschlagen. Mais und Chili unterrühren. (Der Teig sollte die Konsistenz von Pfannkuchenteig haben.) Gegebenenfalls zum Verdünnen 1 Eß-löffel Wasser zugeben. Zur Seite stellen.
3 Die Saucenzutaten in der Küchenmaschine zu einer glatten Mischung pürieren. Würzen.
4 Bei mittlerer Temperatur eine leicht gefettete Pfanne erhitzen. Den Maisteig eßlöffelweise hineingeben, so daß 5 cm große Küchlein ent-stehen, und portionsweise ca. 1 Minute je Seite goldbraun braten. Aus der Pfanne nehmen. Den restlichen Teig backen. Die Kuchen bis zum

Servieren warm stellen. Oder die Maiskuchen bis zu 2 Tagen im voraus backen und in Frischhalte-folie gewickelt im Kühlschrank aufbewahren. Dann bei 170 °C (Gas 1–2) auf einem mit Back-papier ausgekleideten Backblech ca. 5 Minuten im Ofen erwärmen. (Maiskuchen können auch zimmerwarm serviert werden.)
5 Zum Servieren je 1 gehäuften Teelöffel Avo-cadosauce auf die warmen Maiskuchen geben. Darauf 1 Garnele setzen. Mit Koriander garnieren.

MINI-TORTILLAS MIT CHORIZO-SALSA

Zubereitungszeit: 25 Minuten
Kochzeit: 12–15 Minuten
Ergibt 30 Stück

4 runde Weizentortillas (Ø 20 cm)

2 EL Olivenöl

250 g Chorizo

90 g griechischer Naturjoghurt

20 g frischer Koriander, feingehackt

1 reife Avocado

1 große Tomate, ohne Kerne

¹/₄ rote Zwiebel

2 TL Balsamico-Essig

1 EL Olivenöl, extra vergine

30 kleine, frische Korianderblätter zum
Garnieren

1 Den Backofen auf 180 °C (Gas 2–3) vorheizen. Die Tortillas entweder mit einem Ausstecher in 7–8 Kreise von 5¹/₂ cm Ø unterteilen oder in Dreiecke schneiden. In einer großen, beschich-teten Pfanne 1 Eßlöffel Öl erhitzen, ¹/₃ der Mini-Tortillas zugeben und nebeneinander goldgelb und knusprig braten. Einmal wenden. Auf Küchenpapier abtropfen lassen. Mit dem rest-lichen Öl und den Tortillas wiederholen.
2 Die Chorizo kleinwürfeln. 10 Minuten auf einem Backblech backen. Abkühlen und auf Küchenpapier abtropfen lassen.
3 Währenddessen Joghurt und Koriander in einer kleinen Schüssel mischen; beiseite stellen.
4 Avocado, Tomate und Zwiebel kleinwürfeln und in einer Schüssel mischen. Die Wurst, Essig und Öl sowie nach Geschmack Salz und Pfeffer zugeben und vorsichtig unterrühren.
5 Zum Anrichten die Chorizo-Mischung auf den Tortillas verteilen. Darauf 1 Klacks Joghurt und 1 Korianderblatt setzen.

GEGENÜBERLIEGENDE SEITE: Maiskuchen mit Avocado und Garnelen (links); Mini-Tortillas mit Chorizo-Salsa

GEGRILLTE GARNELEN MIT PAPRIKA-MAYONNAISE

Zubereitungszeit: 20 Minuten + Marinierzeit
Kochzeit: 40 Minuten
Ergibt 24 Stück

⭐⭐

1 kg große, rohe Garnelen

4 Knoblauchzehen, zerdrückt

3 EL Limettensaft

1 TL Kreuzkümmel, gemahlen

3 EL frischer Koriander, gehackt

Limettenspalten zum Servieren

Paprika-Mayonnaise

1 kleine, rote Paprikaschote

6 Knoblauchzehen mit Schale

1 EL Olivenöl

90 g Mayonnaise

1 EL Limettensaft

1 Garnelen auspulen, Darm entfernen, Schwänze intakt lassen. Knoblauch, Limettensaft, Kreuzkümmel und Koriander in einer Schüssel mischen. Garnelen darin wenden und abgedeckt mindestens 2 Stunden kalt stellen.

2 Für die Paprika-Mayonnaise den Backofen auf 190 °C (Gas 2–3) vorheizen. Die Paprika vierteln, Kerne und Rippen entfernen. Mit dem Knoblauch auf ein Backblech legen und mit Olivenöl beträufeln. 20–30 Minuten backen, bis die Haut der Paprika Blasen wirft und der Knoblauch weich, aber nicht verbrannt ist. In einem Gefrierbeutel abkühlen lassen, dann von beidem die Haut abziehen.

3 Mit der Mayonnaise in der Küchenmaschine zu einer glatten Paste verarbeiten. In eine Schüssel füllen, Limettensaft unterrühren. Nach Geschmack salzen.

4 Einen leicht geölten Holzkohlegrill oder eine gußeiserne Pfanne erhitzen, bis sie zu rauchen beginnt. Die Garnelen abgießen (die Marinade wird nicht mehr benötigt) und portionsweise von jeder Seite 2 Minuten braten. Zusammen mit der Mayonnaise und garniert mit einer Limettenspalte servieren.

OBEN: Gegrillte Garnelen mit Paprika-Mayonnaise

EMPANADAS

Zubereitungszeit: 45 Minuten + Abkühlzeit
Kochzeit: 1 Stunde
Ergibt 48 Stück

 ✷ ✷

Öl zum Braten

1 kleine Zwiebel, feingehackt

1 kleine, grüne Paprikaschote, feingehackt

1 Knoblauchzehe, zerdrückt

350 g Rinderhack

200 g Schweinehack

185 ml Passata oder Tomaten aus der Dose,
   zerkleinert

100 g grüne Oliven, entkernt und zerkleinert

8 Fertig-Mürbeteige, ausgerollt

1 Etwas Öl in einer Pfanne erhitzen; die Zwiebel bei schwacher Hitze 3 Minuten weich dünsten. Erst die Paprika zugeben und nochmals 3 Minuten dünsten, dann den Knoblauch 1 Minute mitgaren. Das Fleisch zugeben und rundum anbraten, größere Stücke mit der Gabel zerkleinern.

2 Passata und Oliven untermischen. Zum Kochen bringen. Hitze reduzieren. 10 Minuten köcheln, bis die Flüssigkeit größtenteils verdampft ist. Gelegentlich umrühren. Vom Herd nehmen, würzen und vollkommen abkühlen lassen.

3 Aus jedem Teigblatt 6 Kreise (Ø 8 cm) ausstechen. 2 gehäufte Teelöffel Füllung auf jeden Kreis geben; den Teig über die Füllung falten, die Ränder mit einer Gabel zusammendrücken.

4 In einer tiefen Pfanne 2 cm Öl auf 180 °C erhitzen. Es hat die richtige Temperatur, wenn ein Brotwürfel darin in 15 Sekunden goldbraun wird. Die Empanadas portionsweise knusprig und goldgelb braten, dann auf Küchenpapier abtropfen lassen. Oder bei 200 °C (Gas 3) 20–25 Minuten im Backofen goldgelb backen.

Vorbereitung: Empanadas lassen sich bis zu 2 Tagen im voraus zubereiten oder ungebacken einfrieren.

ZWIEBELN

Braune Zwiebeln sind gut haltbar, haben einen kräftigen Geschmack und schmecken gegart am besten. Weiße Zwiebeln sind gewöhnlich milder und süßer, daher werden sie nicht nur zum Kochen sondern auch roh im Salat verwendet. Die Haltbarkeit von roten Zwiebeln ist kürzer als bei anderen Sorten. Ihre Farbe und Süße wird jedoch in Salaten geschätzt. Gehackte oder in Scheiben geschnittene Zwiebeln sollten langsam bei mittlerer Temperatur gegart werden, so daß sie weich werden und ihre ganze Süße entfalten können.

LINKS: Empanadas

CEVICHE

Zubereitungszeit: 20 Minuten + Kühlzeit über Nacht
Kochzeit: entfällt
Ergibt ca. 48 Stücke

★

600 g sehr frischer, weißer Speisefisch, z. B. Schnapperfilet, ohne Haut
80 ml Limettensaft
1/2 rote Zwiebel, sehr feingewürfelt
1 TL rote Chilischote, feingehackt
1 TL grüne Chilischote, feingehackt
1 Tomate, ohne Kerne, kleingewürfelt
2 EL frische Petersilie, feingehackt

1 Aus dem Fisch eventuelle Gräten mit einer Pinzette entfernen. Dann in mundgerechte Stücke schneiden und in einer flachen Glasschüssel mit Limettensaft begießen. Mit Frischhaltefolie abgedeckt über Nacht kalt stellen.
2 Zwiebel, Chillies, Tomate und Petersilie unter den Fisch heben.
3 Auf einem Teller anrichten und sofort servieren. Cocktailstäbchen bereitstellen, damit sich die Gäste selbst bedienen können.

TEX-MEX-KÄSECRACKER

Zubereitungszeit: 20 Minuten + Kühlzeit
Kochzeit: 12 Minuten
Ergibt 80 Stück

★

215 g Mehl
1 TL Chilipulver
1 TL Knoblauchsalz
1/2 TL Paprikapulver
200 g Butter, zerkleinert
1 Ei, leicht geschlagen
200 g Cheddar, gerieben

1 Den Backofen auf 210 °C (Gas 3) vorheizen.
2 Backbleche leicht mit zerlassener Butter fetten.
2 Mehl, Chili, Knoblauchsalz und Paprika in eine große Schüssel sieben. Butter zugeben. Mit den Fingerspitzen zu einer krümeligen Mischung verreiben. Ei und Käse einrühren, bis sich die Zutaten verbinden. Auf einer leicht bemehlten Fläche zu einer Kugel formen. In Frischhaltefolie gewickelt 20 Minuten kalt stellen.

3 Auf einer leicht bemehlten Arbeitsfläche 3 mm dick ausrollen. Mit einer Ausstechform 6 cm große Sterne ausstechen und mit ausreichendem Abstand zueinander auf die Backbleche legen. 12 Minuten goldbraun und knusprig backen. 2 Minuten ruhen lassen, bevor man die Cracker zum Abkühlen auf ein Kuchengitter legt.

TORTILLA-RÖLLCHEN

Zubereitungszeit: 25 Minuten
Kochzeit: 15 Minuten
Ergibt 24 Stück

★ ★

60 ml Olivenöl
2 kleine Zwiebeln, feingehackt
2 Knoblauchzehen, zerdrückt
1/2 TL Chilipulver
2 TL Kreuzkümmel, gemahlen
1 kg Grillhähnchen, Fleisch kleingeschnitten
2 EL frischer Koriander, feingehackt
24 weiche Weizen- oder Maistortillas
Öl zum Braten
rote oder grüne Chilisauce zum Servieren
1 Avocado, in Scheiben geschnitten, zum Servieren

1 Das Olivenöl in einer Pfanne auf mittlerer Stufe erhitzen; Zwiebeln und Knoblauch 2–3 Minuten bißfest dünsten. Chilipulver und Kreuzkümmel zugeben und 1 Minute unter Rühren erhitzen.
2 Das Fleisch gut untermischen, und die Zutaten bei mittlerer Hitze erwärmen. Den Koriander unterrühren. Vom Herd nehmen.
3 Die Tortillas einzeln in einer ungefetteten, gußeisernen Pfanne bei starker Hitze von jeder Seite ca. 30 Sekunden braten, damit sie biegsam werden.
4 Dann flach auf einer Arbeitsfläche ausbreiten. Jeweils in der Mitte 1 gehäuften Eßlöffel Fleischmischung verteilen. Vorsichtig aufrollen.
5 In einer tiefen Pfanne 5 cm Öl auf 180 °C erhitzen. Es hat die richtige Temperatur, wenn ein Brotwürfel darin in 15 Sekunden goldbraun wird. Die Röllchen mit einer Zange zusammenhalten (oder mit Spießchen zusammenstecken) und einzeln kroß braten. Auf Küchenpapier abtropfen lassen. Mit Chilisauce und Avocadoscheiben servieren.

CEVICHE

Ceviche ist ursprünglich ein peruanisches Gericht. Kleine, rohe Fischstückchen werden dafür in einer Zitronen- oder Limettenmarinade eingelegt. Das macht den Fisch zart und verleiht im Geschmack. Normalerweise wird das Gericht kalt mit Toast serviert oder auf Salatblättern mit gekochter Süßkartoffel und Maiskolben.

GEGENÜBERLIEGENDE SEITE, IM UHRZEIGERSINN VON OBEN:
Ceviche; Tortilla-Röllchen; Tex-Mex-Käsecracker

GUACAMOLE

Guacamole ist ein mexikanischer Dip oder Aufstrich aus zerdrückten, reifen Avocados, Limetten- oder Zitronensaft sowie gehackten Zwiebeln, Tomaten und Chili, manchmal noch ergänzt durch weitere Zutaten. Traditionell wird Guacamole mit Tortillas oder Nachos gereicht; man kann aber auch andere Cracker zum Dippen servieren.

OBEN: Mexikanischer Dip

MEXIKANISCHER DIP

Zubereitungszeit: 1 Stunde + Kühlzeit
Kochzeit: entfällt
Für 12 Personen

☆ ☆

Guacamole

3 reife Avocados
1 kleine Tomate
1–2 rote Chilischoten, feingehackt
1 kleine rote Zwiebel, feingehackt
1 EL frischer Koriander, feingehackt
1 EL Limetten- oder Zitronensaft
2 EL Sauerrahm
1–2 Tropfen Habanerosauce oder Tabasco

450 g Refried beans (Mexikanische Bohnen)
35 g Taco-Würzmischung
300 g Sauerrahm
200 g Salsasauce (Fertigprodukt)
60 g Cheddar, gerieben
2 EL schwarze Oliven, entkernt und gehackt
200 g Maischips
frische Korianderblätter, gehackt, zum Garnieren

1 Das Avocadofleisch kleinschneiden, dann leicht mit einer Gabel zerdrücken. Die Tomate horizontal halbieren; mit einem Teelöffel die Kerne entfernen. Die Tomate fein würfeln und zur Avocado geben. Chili, Zwiebel, Koriander, Limettensaft, Sauerrahm und Tabasco zugeben. Mit Salz und zerstoßenem schwarzem Pfeffer würzen. Abgedeckt bis zum Verzehr kalt stellen.
2 Mit einer Gabel Bohnen und Taco-Gewürz in einer kleinen Schüssel mischen.
3 Dann die Bohnen in die Mitte eines großen Tellers (hier wurde ein 30 x 35 cm großer Teller verwendet) geben, einen Rand für die Maischips einplanen. Darauf den Sauerrahm verteilen; einen kleinen Rand lassen, so daß man die Bohnen sieht. Mit der Guacamole und der Salsasauce wiederholen, so daß jede Schicht sichtbar ist. Obenauf den Käse und die Oliven verteilen.
4 Kurz vor dem Servieren einige Maischips am Rand arrangieren und mit Koriander dekorieren. Mit den restlichen Maischips servieren.
Hinweis: Tabasco und Habanerosauce werden beide aus sehr scharfen Chillies hergestellt. Immer erst probieren, bevor man sie zugibt.
Vorbereitung: Den Dip 2 Stunden vorher zubereiten; abgedeckt in den Kühlschrank stellen. Chips erst kurz vor dem Servieren hinzufügen.

MAISBRATLINGE

Zubereitungszeit: 15 Minuten
Kochzeit: 20–25 Minuten
Ergibt 20 Stück

★ ★

150 g Mehl

1½ TL Backpulver

½ TL Koriander, gemahlen

¼ TL Kreuzkümmel, gemahlen

130 g Mais aus der Dose, gut abgetropft

130 g Creamed corn (Maispüree)
  aus der Dose

80 ml Milch

2 Eier, leicht geschlagen

2 EL frischer Schnittlauch, gehackt

125 ml Olivenöl

Dip

1 EL dunkler Essig

3 TL feiner brauner Zucker

1 TL Chilisauce

1 EL frischer Schnittlauch, gehackt

Salz nach Geschmack

1 Mehl, Backpulver, Koriander und Kreuzkümmel in eine Schüssel sieben. In die Mitte eine Mulde drücken. Mais, Maispüree, Milch, Eier und Schnittlauch auf einmal zugeben. Rühren, bis sich die Zutaten vermischt und alle Mehlklumpen aufgelöst haben. Mit Salz und Pfeffer abschmecken.

2 Das Öl in einer großen Pfanne auf 180 °C erhitzen. Es hat die richtige Temperatur, wenn ein Brotwürfel darin in 15 Sekunden goldbraun wird. Gehäufte Eßlöffel des Teigs mit einem Abstand von ca. 2 cm hineinsetzen und mit der Löffelrückseite flach drücken. Portionsweise bei mittlerer Temperatur die Unterseite 2 Minuten goldgelb backen. Wenden und die andere Seite backen. Aus der Pfanne nehmen und auf Küchenpapier abtropfen lassen. Den restlichen Teig backen. Zum Dip servieren.

3 Für den Dip Essig, Zucker und Chilisauce in einem kleinen Topf 1–2 Minuten erhitzen, bis die Zutaten warm sind und sich der Zucker aufgelöst hat. Den Schnittlauch zugeben und mit Salz abschmecken.

Vorbereitung: Die Bratlinge können mehrere Stunden im voraus gebacken werden. Dann auf mit Backpapier ausgelegten Backblechen 5 Minuten bei 180 °C (Gas 2–3) im Backofen erwärmen.

LINKS: Maisbratlinge

CHILLIES IN MAISMEHL

Zubereitungszeit: 40 Minuten + Kühlzeit
Kochzeit: 2–3 Minuten je Portion
Ergibt 24 Stück

★★

650 g ganze, milde Chilischoten
    aus dem Glas
125 g Cheddar, gerieben
200 g Doppelrahmfrischkäse, streichfähig
85 g Mehl
4 Eier, leicht geschlagen
185 g Maismehl
125 g Paniermehl
Öl zum Fritieren
Sauerrahm zum Servieren

1 24 große, gleichmäßige Chilischoten auswählen. Gut abtropfen lassen und mit Küchenpapier trockentupfen. Mit einem scharfen Messer auf einer Seite längs aufschlitzen. Samen und Rippen entfernen.

2 Cheddar und Rahmkäse mischen und mit einem Löffel in die Chillies füllen. Das Mehl auf einen großen Teller schütten; die Eier in eine kleine Schale geben. Das Maismehl mit dem Paniermehl auf einem flachen Teller mischen. Die Chillies einzeln im Mehl wenden, überschüssiges Mehl abschütteln, in das Ei tauchen und dann rundum im Paniermehl rollen. 1 Stunde kalt stellen. Nochmals in das Ei tunken und im Paniermehl rollen. 1 weitere Stunde kalt stellen.

3 Einen tiefen, gußeisernen Topf zu $1/3$ mit Öl füllen, und das Öl auf 180 °C erhitzen. Es hat die richtige Temperatur, wenn ein Brotwürfel darin in 15 Sekunden goldbraun wird. Jeweils einige Chillies goldbraun fritieren. Auf Küchenpapier abtropfen lassen. Mit Sauerrahm servieren.

Vorbereitung: Die Chillies können bis zu 3 Stunden im voraus zubereitet werden.

OBEN: Chillies in Maismehl

GARNELEN-MAIS-KÜCHLEIN MIT LIMETTEN-MAYONNAISE

Zubereitungszeit: 40 Minuten + Kühlzeit
Kochzeit: 10 Minuten
Ergibt 30 Stück

500 g Garnelen, gekocht

1 EL leichtes Olivenöl

2 Jalapeño-Chillies, entkernt und feingehackt

1 TL Koriander, gemahlen

4 Frühlingszwiebeln, feingehackt

20 g frische Korianderblätter, gehackt

130 g Mais aus der Dose, abgetropft

130 g Creamed corn (Maispüree) aus der Dose

1 Ei, leicht geschlagen

90 g Sauerrahm

200 g Paniermehl

Öl zum Braten

Limetten-Mayonnaise

2 Eigelb

1 Knoblauchzehe, zerdrückt

80 ml Pflanzenöl

80 ml Olivenöl

2 EL Limettensaft

1 kleine grüne Chili, feingehackt

1 Garnelen auspulen, Darm entfernen und das Fleisch fein hacken. Das Öl in einem Topf auf mittlerer Stufe erhitzen. Chillies, Koriander und Zwiebeln 2–3 Minuten weich dünsten, bis die Gewürze duften. Vom Herd nehmen. Koriander, Garnelen, Mais und Maispüree zugeben. Mischen und in eine Schüssel füllen.

2 Ei, Sauerrahm und 80 g Paniermehl untermischen und nach Geschmack würzen. Abgedeckt 2 Stunden kalt stellen.

3 Gestrichene Eßlöffel der Mischung zu Küchlein formen. Rundum im restlichen Paniermehl wenden und nochmals 30 Minuten kalt stellen.

4 In einer großen Pfanne 2 cm Öl erhitzen. Die Küchlein portionsweise 3–4 Minuten von jeder Seite goldbraun backen. Auf Küchenpapier abtropfen lassen.

5 Für die Mayonnaise Eigelbe und Knoblauch in einer Schüssel mischen. Tropfenweise Pflanzenöl zugeben; dabei stetig mit dem Schneebesen schlagen, so daß eine glatte Masse entsteht. Ist das Pflanzenöl vollständig untergeschlagen, langsam das Olivenöl in dünnem Strahl zugießen, weiter schlagen. Limettensaft und Chili gut untermischen. Mit Salz und Pfeffer würzen und bis zum Verzehr abgedeckt kalt stellen. Zusammen mit den Garnelen-Mais-Küchlein servieren.

Hinweis: Der Teig ist sehr weich und muß vorsichtig verarbeitet werden; eventuell 30 Minuten einfrieren. Will man Zeit sparen, einfach etwas geriebene Limettenschale, gehackte Chillies und Knoblauch in Fertig-Mayonnaise geben.

GARNELEN

Ganze, gekochte Garnelen können mit der Schale in großen Eisblöcken eingefroren werden. Dafür in einem Plastikbehälter, wie man ihn beispielsweise für Eiscreme verwendet, schichten, mit Eiswasser begießen und einfrieren. Später in einer großen Schüssel im Kühlschrank auftauen.

LINKS: Garnelen-Mais-Küchlein mit Limetten-Mayonnaise

QUESADILLAS Ideal für mexikanische Snacks

sind fertige Weizentortillas aus der internationalen Abteilung des Supermarktes. Dann

muß man nur noch den Namen richtig aussprechen … ‚ke-se-di-jah'.

GUACAMOLE-ROLLEN
Eine 450-g-Dose Refried beans (Mexi-kanische Bohnen) mit 90 g geriebenem Cheddar mischen. Mit einem Ausstecher Kreise von 8 cm Ø aus 7 Weizentortillas stechen. In Alufolie gewickelt bei 180 °C (Gas 2–3) 2–3 Minuten im Ofen erwär-men. Für die Guacamole 2 Avocados mit 1 kleinen, gehackten roten Zwiebel, 1 Eßlöffel Mayonnaise, 1 gehackten roten Chili, 1 Eßlöffel Limettensaft und 1 Eß-löffel gehacktem, frischem Koriander

mischen. Etwas Bohnenmischung auf den Tortillas verstreichen, und diese zu einem Tütchen aufrollen. Mit der Naht nach un-ten auf ein Backblech legen. 5 Minuten knusprig backen. Je 1 Teelöffel Guaca-mole in die Tütchen füllen und servieren. Ergibt 42 Stück.

KÄSE-QUESADILLAS
2 Jalapeño-Chillies rösten, indem man sie mit einer Zange über eine Flamme hält, bis sie schwarz sind und Blasen werfen.

Oder unter einen heißen Grill legen. In einem Gefrierbeutel abkühlen lassen. An-schließend kann man die Haut leicht ab-ziehen. Die Chillies feinhacken und mit 250 g geriebenem Cheddar und 75 g ge-riebenem Mozzarella mischen. Gleichmä-ßig auf 3 Weizentortillas verteilen. 3 wei-tere Weizentortillas darauf legen. Daraus Kreise von 6 cm Ø ausstechen, und diese in etwas Öl von jeder Seite 1–2 Minuten goldbraun braten. Mit selbstgemachter Salsa servieren. Ergibt ca. 25–30 Stück.

HÄHNCHEN-QUESADILLAS

In einer großen Pfanne 1 Eßlöffel Öl erhitzen, 1 feingehackte rote Zwiebel und 1 feingehackte rote Paprika dünsten, bis die Zwiebel weich ist. 2 zerdrückte Knoblauchzehen, 1/4 Teelöffel Paprika, 1 Teelöffel gemahlenen Kreuzkümmel und 1 Teelöffel gemahlenen Koriander zugeben; weitere 2 Minuten dünsten. 400 g kleingehacktes Hähnchenfleisch zufügen und 5–8 Minuten rundum gut anbraten; größere Stücke dabei zerkleinern. 400 g Tomaten in Stücken aus der Dose zugeben. 20 Minuten köcheln und einkochen lassen. Aus 7 Weizentortillas Kreise von 8 cm Ø ausstechen. Je 1 Teelöffel Füllung auf die Hälfte jedes Kreises setzen. Mit 220 g geriebenem Cheddar bestreuen. Bei 180 °C (Gas 2–3) 1 Minute backen, bis der Käse zerlaufen ist. Die Tortillas über die Füllung falten; etwas festhalten, bis sie fest sind. Mit in Scheiben geschnittenen Frühlingszwiebeln garnieren. Ergibt 42 Stück.

MAIS-TOMATEN-BOHNEN-QUESADILLAS

1 feingehackte rote Zwiebel, 2 zerkleinerte Tomaten, 300 g Mais aus der Dose, abgetropft und abgespült, und 1 gewürfelte rote Paprika mischen. 425 g Wachtelbohnen aus der Dose abspülen und abtropfen lassen und mit einer Gabel zerdrücken. Dann gleichmäßig auf 3 Weizentortillas verteilen. Darüber die Tomaten-Mais-Mischung geben. Mit 90 g geriebenem Cheddar bestreuen. Zum Abschluß 3 Weizentortillas darauflegen. 2 Teelöffel Öl in einer Pfanne (Ø 25 cm) erhitzen. Die Doppeldecker von jeder Seite 3–4 Minuten goldbraun braten. Herausnehmen und in 12 Dreiecke schneiden. Ergibt 36 Stück.

RINDFLEISCH-QUESADILLAS

1 Eßlöffel Öl in einer Pfanne erhitzen. 1 gehackte Zwiebel und 2 zerdrückte Knoblauchzehen 2–3 Minuten darin dünsten. 400 g Rinderhack zugeben und 5–7 Minuten anbraten, größere Stücke zerkleinern. 300 g mexikanische Schwarze-Bohnen-Salsa aus der Flasche einrühren. Aufkochen lassen, dann die Hitze reduzieren und 3–4 Minuten köcheln, bis die Flüssigkeit eindickt. Würzen. 3 Weizentortillas auf der Arbeitsfläche ausbreiten und mit 125 g geriebenem Cheddar bestreuen. Darauf gleichmäßig die Hackfleischmischung verteilen und obenauf 3 weitere Tortillas legen. 2 Teelöffel Öl in einer Pfanne (Ø 25 cm) erhitzen, und die Doppeldecker von jeder Seite 3–4 Minuten goldbraun braten. Herausnehmen, die Ränder abschneiden und in 5 x 5 cm große Quadrate schneiden. Ergibt ca. 36 Stück.

VON LINKS: Guacamole-Rollen; Käse-Quesadillas; Hähnchen-Quesadillas; Mais-Tomaten-Bohnen-Quesadillas; Rindfleisch-Quesadillas

REFRIED BEANS (MEXI-KANISCHE BOHNEN)

Refried beans (Mexikani-sche Bohnen) sind getrock-nete Bohnen (Wachtel-, Rote Kidney- oder Schwarze Bohnen), die zuerst weich gekocht und anschließend nochmals gebraten wurden, bis sie sehr weich sind. Sie werden in vielen mexikanischen Gerichten verwendet.

OBEN: Maisbrot mit Bohnen

MAISBROT MIT BOHNEN

Zubereitungszeit: 1 Stunde
Backzeit: 30 Minuten
Ergibt 24 Stück

★★

je 1 große grüne und rote Chili

150 g Maismehl (Polenta)

125 g Mehl

1 TL Backpulver, gehäuft

60 g Cheddar, gerieben

1 Ei, leicht geschlagen

185 ml Milch

300 g Creamed corn (Maispüree) aus der Dose

Tabascosauce zum Servieren

frische Korianderblätter zum Garnieren

Belag

230 g Refried beans (Mexikanische Bohnen)

2 EL Sauerrahm

 TL Kreuzkümmel, gemahlen

1/2 TL Koriander, gemahlen

1/2 TL Paprika

1 Den Backofen auf 200 °C (Gas 3) vorheizen. Eine flache Backform (20 x 30 cm) einfetten. Chillies einzeln mit einer Zange über eine Gas-flamme halten und schwarz rösten. Oder halbie-ren, Samen und Rippen entfernen und flach mit der Haut nach oben unter einen heißen Grill legen, bis sie schwarz sind und Blasen werfen. In einem Gefrierbeutel abkühlen lassen, die Haut abziehen. Halbieren und feinhacken.

2 Dann mit Maismehl, Mehl, Backpulver, Ched-dar und 1 Teelöffel Salz in einer Schüssel mischen. In die Mitte eine Mulde drücken. Ei, Milch und Maispüree zugeben. Rühren, bis sich alles gerade vermischt hat; nicht zu lange schlagen.

3 In die Form gießen. 20 Minuten goldbraun und druckfest backen. Auf einem Kuchengitter abkühlen lassen.

4 Für den Belag alle Zutaten in einer kleinen Schüssel gut vermischen.

5 Die Ränder mit einem Brotmesser glatt ab-schneiden. Dann das Brot in 3 cm große Quadrate schneiden. Auf einem Servierteller verteilen und je 1 Klacks Belag daraufsetzen. Mit einem Tropfen Tabasco beträufeln und mit einem Korianderblatt garnieren.

Vorbereitung: Den Belag am Vortag zubereiten; abgedeckt im Kühlschrank aufbewahren.

MEXIKANISCHE HACKBÄLLCHEN

Zubereitungszeit: 30 Minuten
Kochzeit: 35 Minuten
Ergibt ca. 28 Stück

2 Scheiben Weißbrot, Kanten entfernt

3 EL Milch

250 g Kalbs- oder Rinderhack

250 g Schweinehack

1 kleine Zwiebel, gerieben

1 Ei, leicht geschlagen

1 TL Kreuzkümmelsamen

2 EL frischer Koriander, gehackt

1 l Rinderbrühe

2 EL Tomatenpüree

Korianderzweige zum Garnieren

Tomaten-Chili-Sauce

3–4 rote Serrano-Chillies (nach Geschmack)

1 kleine Zwiebel, feingehackt

2 Knoblauchzehen, zerdrückt

400 g Tomaten aus der Dose, zerkleinert

2 TL Zucker

1 Das Brot in große Stücke reißen. In einer Schüssel 2 Minuten in der Milch einweichen. Ausdrücken und in kleine Stücke zupfen. Mit Fleisch, Zwiebel, Ei, Kreuzkümmel und frischem Koriander mischen. Würzen. Der Fleischteig ist relativ weich. Mit den Händen verkneten und zu 28 kleinen Bällchen formen.

2 Rinderbrühe und Tomatenpüree in einem großen Topf zum Kochen bringen. Die Hackbällchen zugeben, nochmals aufkochen, dann die Hitze reduzieren und 20 Minuten bei schwacher Hitze gar köcheln. Mit einem Schaumlöffel herausnehmen. In eine vorgewärmte Schale legen. Cocktailstäbchen bereitstellen und mit Koriander garnieren. Die Flüssigkeit durch ein Sieb passieren, anderweitig verwenden oder einfrieren.

3 Für die Sauce Chillies halbieren, Samen entfernen und das Fleisch feinhacken. Etwas Öl in einem Topf erhitzen; die Zwiebel bei schwacher Hitze 3 Minuten weich und goldgelb dünsten. Knoblauch und Chillies zugeben. 1 Minute verrühren. Tomaten und Zucker unterrühren und 15 Minuten köcheln. Etwas abkühlen lassen, dann in der Küchenmaschine pürieren. Mit Salz und Pfeffer würzen und zum Fleisch servieren.

Hinweis: Beim Formen des Fleischs die Finger mit Wasser befeuchten, dann bleibt nichts kleben.

LINKS: Mexikanische Hackbällchen

HÄHNCHEN-TAMALES

Zubereitungszeit: 45 Minuten
Kochzeit: 1 Stunde 15 Minuten
Ergibt 12 Stück

★ ☆

Teig

100 g Butter, weich
1 Knoblauchzehe, zerdrückt
1 TL Kreuzkümmel, gemahlen
210 g Maismehl
80 ml Sahne
80 ml Hühnerbrühe

Füllung

1 Maiskolben
2 EL Öl
150 g Hähnchenbrustfilet
2 Knoblauchzehen, zerdrückt
1 rote Chili, entkernt und gehackt
1 rote Zwiebel, gehackt
1 rote Paprikaschote, zerkleinert
2 Tomaten, ohne Haut und zerkleinert

1 Für den Teig die Butter mit dem elektrischen Handrührgerät cremig schlagen. Knoblauch, Kreuzkümmel und 1 Teelöffel Salz zugeben, gut mischen. Abwechselnd Maismehl und eine Sahne-Brühe-Mischung vollständig unterrühren.
2 Für die Füllung den Mais in kochendem Wasser 5–8 Minuten bißfest kochen. Abkühlen lassen, dann die Körner mit einem scharfen Messer lösen. Das Öl in einer Pfanne erhitzen, das Hähnchen goldgelb braten. Herausnehmen, abkühlen lassen und kleinschneiden. Knoblauch, Chili und die Zwiebel in die Pfanne geben und weich dünsten. Paprika und Mais zugeben; 3 Minuten unterrühren. Fleisch, Tomaten und 1 Teelöffel Salz zufügen. Die Flüssigkeit ca. 15 Minuten einkochen lassen.
3 Einen großen Topf mit Wasser zum Kochen bringen und einen großen Bambussiebeinsatz daraufsetzen (er darf das Wasser nicht berühren).
4 Aus Backpapier 12 Rechtecke (20 x 15 cm) ausschneiden. Auf jedem eine dicke Schicht Teig ausstreichen; rundherum einen Rand frei lassen. Etwas Füllung in die Mitte geben, aufrollen und beide Enden mit einem Küchenfaden zusammenbinden. 35 Minuten im Siebeinsatz dämpfen, bis die Tamales fest sind.
Vorbereitung: Die Füllung kann am Vortag zubereitet werden. Die Tamales aber erst am jeweiligen Tag füllen.

RIND-BOHNEN-TAMALES

Zubereitungszeit: 1 Stunde
Kochzeit: 50 Minuten
Ergibt 30 Stück

★ ☆

1 EL Öl
1 kleine Zwiebel, feingehackt
250 g Rinderhack
1 Knoblauchzehe, zerdrückt
1/4 TL Chilipulver
200 g Tomaten aus der Dose, in Stücken
375 ml Rinderbrühe
300 g Rote Kidneybohnen aus der Dose, abgetropft
350 g Maismehl
1 TL Backpulver
125 g Butter, gewürfelt und gekühlt
125 g Cheddar, gerieben
Sauerrahm zum Servieren

1 Das Öl in einer Pfanne erhitzen, die Zwiebel bei schwacher Hitze 3–4 Minuten weich dünsten. Die Hitze erhöhen, das Hackfleisch rundum anbraten. Knoblauch, Chili, Tomaten sowie 125 ml Brühe zugeben. Zum Kochen bringen, dann die Hitze reduzieren und 35 Minuten köcheln, bis die Flüssigkeit verdampft und eine dicke Sauce entstanden ist. Die Bohnen unterrühren und abkühlen lassen.
2 Von tiefen Muffinblechen 30 Förmchen leicht einfetten. Maismehl, Backpulver und 1/2 Teelöffel Salz in eine Schüssel sieben. Butter zugeben. Mit den Fingerspitzen zu einer krümeligen Mischung verreiben. In die Mitte eine Mulde drücken. Die restliche Brühe zugießen und mit einem Messer einarbeiten. Dann den Teig mit den Händen zu einer Kugel formen. Den Teig dritteln. 2/3 davon zwischen 2 Blatt Backpapier ausrollen. Mit einem Ausstecher Kreise von 7 cm Ø ausstechen und die Muffinformen damit auslegen. Die Ränder gerade abschneiden, Teigreste aufheben.
3 Einen Backofen auf 200 °C (Gas 3) vorheizen. Die Füllung auf die Teigschalen verteilen und mit Cheddar bestreuen. Den restlichen Teig sowie die Teigreste ausrollen. Runde Deckel von 4 cm Ø ausstechen. Die Ränder mit Wasser einstreichen, und die Deckel auf die Füllung setzen. Die Ränder glatt abschneiden und fest zusammendrücken. 20–25 Minuten knusprig und hellbraun backen. Mit Sauerrahm servieren.

HÄHNCHEN-TAMALES

Die Zutaten für den Teig mischen und zu einer glatten Masse verrühren.

Auf jedem Backpapierrechteck eine dicke Teigschicht verteilen.

Etwas Füllung in die Mitte geben, und die Tamales fest aufrollen.

Die Papierenden fest mit einem Küchenfaden zusammenbinden.

GEGENÜBERLIEGENDE SEITE: Hähnchen-Tamales (oben); Rind-Bohnen-Tamales

TOSTADAS MIT EI UND CHORIZO

Zubereitungszeit: 15 Minuten
Kochzeit: 10 Minuten
Ergibt 28 Stück

4 Weizentortillas

25 g Butter, zerlassen

1 TL Olivenöl

1 Chorizo, ohne Pelle und feingehackt

25 g Butter

5 Eier, leicht geschlagen

3 EL Milch

1 EL frischer Koriander, gehackt, zum
   Garnieren

1 Den Backofen auf 200 °C (Gas 3) vorheizen.
Aus den Tortillas 28 Kreise von 6 cm Ø ausstechen. 2 Backbleche mit Backpapier auslegen,
die Mini-Tortillas darauf verteilen und mit
zerlassener Butter einpinseln. 5–6 Minuten
goldbraun und knusprig backen. Aufpassen, daß
sie nicht verbrennen. Auf einen Servierteller
legen.

2 Zwischenzeitlich das Öl in einem kleinen Topf
erhitzen, und die Chorizo knusprig anbraten.
Auf Küchenpapier abtropfen lassen. Den Topf
mit Küchenpapier auswischen, und langsam die
Butter zerlassen. Eier und Milch verquirlen, in
den Topf geben und bei schwacher Hitze unter
ständigem Rühren garen, bis sie weich und
cremig sind.

3 Vom Herd nehmen und in eine vorgewärmte
Schüssel füllen. (Dies verhindert, daß die Eier
weiter garen.) Die Paprikawurst unterheben und
mit Salz und Pfeffer abschmecken. Jeweils 2–3
Teelöffel der Eiermischung auf den Tostadas
verteilen, frischen Koriander darüber streuen
und sofort servieren.

Vorbereitung: Man kann die Tostadas im voraus
zubereiten; in Alufolie wickeln und kurz vor
dem Servieren einige Minuten im Backofen
erwärmen. Die Eier und die Paprikawurst dürfen
allerdings erst in der allerletzten Minute gebraten
werden.

*OBEN: Tostadas mit Ei
und Chorizo*

HÄHNCHENSCHLEGEL MIT RANCH-DRESSING

Zubereitungszeit: 25 Minuten + Marinierzeit
Kochzeit: 10 Minuten
Ergibt 32 Stück

32 kleine Hähnchenunterschenkel
1 EL schwarzer Pfeffer, zerstoßen
1 EL Knoblauchsalz
1 EL Zwiebelpulver
Öl zum Fritieren
250 ml Tomatensauce
80 ml Worcestersauce
40 g Butter, zerlassen
1 EL Zucker
Tabasco nach Geschmack

Ranch-Dressing

250 g Mayonnaise
250 g Sauerrahm
80 ml Zitronensaft
20 g frischer Schnittlauch, gehackt

1 Die Haut von den Hähnchenschlegeln abziehen und mit einem Hackbeil oder einem großen Messer die Gelenke abtrennen. Die Hähnchenteile gründlich waschen, mit Küchenpapier trockentupfen. Pfeffer, Knoblauchsalz und Zwiebelpulver mischen, und das Hähnchen damit einreiben.
2 Einen tiefen, gußeisernen Topf zu 1/3 mit Öl füllen, und das Öl auf 180 °C erhitzen. Es hat die richtige Temperatur, wenn ein Brotwürfel darin in 15 Sekunden goldbraun wird. Die Hähnchenteile portionsweise je 2 Minuten fritieren, mit einer Zange oder einem Schaumlöffel herausnehmen und auf Küchenpapier abtropfen lassen.
3 In eine große nicht-metallene Schüssel oder flache Auflaufform legen. Saucen, Butter, Zucker und Tabasco mischen und darübergießen. Das Hähnchen wenden, damit es rundum mariniert ist. Abgedeckt mehrere Stunden oder über Nacht kalt stellen. Den Holzkohlengrill 1 Stunde im voraus vorbereiten und anzünden.
4 Die Hähnchenteile auf dem heißen, leicht geölten Holzkohlengrill (oder einem heißen Stein) 20–25 Minuten garen, bis sie durchgebraten sind. Zwischendurch wenden und mit der Marinade einstreichen. Mit dem Ranch-Dressing servieren.
5 Für das Dressing alle Zutaten mischen. Nach Geschmack Salz und Pfeffer zugeben.

TABASCO

Tabasco ist eine sehr scharfe, rote Sauce aus roten Chillies, die insbesondere in Louisiana, USA, angebaut werden. Die Chillies werden mit Essig und Salz gemahlen und reifen dann 3 Jahre in Eichenfässern. Tabasco wird zum Würzen von Tex-Mex-Gerichten sehr oft verwendet. Aber auch einigen Cocktails verleiht er das gewisse Etwas.

LINKS: Hähnchenschlegel mit Ranch-Dressing

PARTYZEIT

Die Einladungen sind geschrieben, jetzt gibt es kein Zurück mehr ... es ist kein lockeres Beisammensein, keine Einladung auf ein Glas Wein, es ist eine richtige Party – und schon stellt sich die Spannung ein. Bleiben Sie ruhig, und übertreiben Sie es nicht. Mit einer Auswahl von fünf oder sechs Leckerbissen (eventuell einfach in größeren Mengen) behalten Sie eher einen kühlen Kopf, als wenn Sie 20 verschiedene Gerichte vorbereiten. Bieten Sie z. B. Miniaturausgaben von Speisen an, die sonst immer ‚groß' sind – kleine Fleischpies oder gebackene Sandwiches. Oder soll es einmal ganz edel sein? Dann servieren sie nichts als den besten Champagner und erstklassige Meeresfrüchte, die direkt aus der Schale gegessen werden.

KRÄUTER

Getrocknete Kräuter haben ein kräftigeres Aroma als frische und werden daher sparsamer eingesetzt. Werden für ein Rezept frische Kräuter benötigt, die nicht erhältlich sind, kann man sie in vielen Fällen durch getrocknete ersetzen, muß jedoch die Menge entsprechend reduzieren. Für 1 Eßlöffel gehackter frischer Kräuter rechnet man 1 Teelöffel getrockneter Kräuter. Getrocknete Kräuter werden am besten luftdicht verschlossen an einem dunklen Ort gelagert. Frische Kräuter kann man hacken und mit etwas Wasser in einer Eiswürfelschale einfrieren. Die Eiswürfel kann man dann für Saucen verwerten.

MINI-FLEISCHPIES

Zubereitungszeit: 20 Minuten
Kochzeit: 25 Minuten
Ergibt 24 Stück

★★

6 Fertig-Mürbeteige, ausgerollt
2 kleine Tomaten, in Scheiben geschnitten
1/2 TL getrockneter Oregano

Füllung

1 EL Öl
1 Zwiebel, gehackt
2 Knoblauchzehen, zerdrückt
500 g Rinderhack
2 EL Mehl
375 ml Rinderbrühe
80 ml Tomatensauce
2 TL Worcestersauce
1/2 TL Kräutermischung, getrocknet

1 Den Backofen auf 200 °C (Gas 3) vorheizen. Für traditionelle Pies mit Deckel 48 Kreise von 7 cm Ø aus dem Teig ausstechen (24 Kreise für offene Pies). Die Vertiefungen von 2 leicht gefetteten flachen Muffinblechen mit 24 Kreisen auslegen.

2 Für die Füllung das Öl in einem gußeisernen Topf erhitzen. Zwiebel und Knoblauch zugeben, und die Zwiebel bei mittlerer Hitze 2 Minuten weich dünsten. Das Fleisch zugeben. Auf hoher Stufe unter Rühren 3 Minuten rundum anbraten, bis die Flüssigkeit vollständig verdampft ist. Größere Fleischstücke mit einer Gabel zerkleinern.

3 Das Mehl zugeben, unterrühren und 1 Minute bei mittlerer Hitze garen. Brühe, Saucen und Kräuter zufügen. Unter Rühren zum Kochen bringen. Die Hitze reduzieren und auf niedriger Stufe 5 Minuten köcheln, bis die Masse einkocht und eindickt. Gelegentlich umrühren. Abkühlen lassen.

4 Die Füllung auf die Teigschalen verteilen. Je 2 halbe Tomatenscheiben darauflegen und mit etwas Oregano bestreuen. 25 Minuten goldbraun und knusprig backen. Für traditionelle Pies legt man vor dem Backen die restlichen Teigkreise auf die Tomate mit dem Oregano und streicht die Ränder mit geschlagenem Ei ein. Heiß servieren.

OBEN: Mini-Fleischpies

HÄHNCHEN-MAIS-GEBÄCK

Zubereitungszeit: 15 Minuten
Backzeit: 15 Minuten
Ergibt 50 Stück

180 g Mehl, vermischt mit 2 TL Backpulver
2 TL Instant-Hühnerbrühe
1/2 TL Hähnchengewürz
60 g Butter, zerkleinert
50 g Maischips, zerkrümelt
2 Eier, leicht geschlagen
Hähnchengewürz, zusätzlich

1 Den Backofen auf 180 °C (Gas 2–3) vorheizen. Ein Backblech mit Backpapier auslegen.
2 Mehl, Backpulver, Instantbrühe und Hähnchengewürz in eine große Schüssel sieben. Butter zugeben. Mit den Fingerspitzen zu einer krümeligen Mischung verreiben. Die Maischips unterrühren. In die Mitte eine Mulde drücken. Die Eier zugeben. Mit einem breiten Messer einarbeiten, bis sich die Zutaten zu Kugeln verbinden.
3 Den Teig vorsichtig zusammenbringen, auf eine leicht bemehlte Arbeitsfläche legen und zu einer Kugel formen. 4 mm dick ausrollen. Verschiedene Formen ausstechen.
4 Auf ein Backblech legen und mit Hähnchengewürz bestreuen. 15 Minuten goldbraun backen. Auf dem Blech abkühlen lassen.
Vorbereitung: Luftdicht verschlossen bis zu 2 Tagen haltbar; oder einfrieren.

POLENTA-ECKEN MIT GE- RÄUCHERTER PUTENBRUST UND PREISELBEERSAUCE

Zubereitungszeit: 25 Minuten + Kühlzeit
Kochzeit: 20 Minuten
Ergibt 35 Stück

1 l Hühnerbrühe
250 g Instant-Polenta
150 g geräucherte Putenbrust, kleingeschnitten
180 g Mayonnaise
2 EL Preiselbeersauce
1 Knoblauchzehe, zerdrückt
1/2 TL Limettenschale, feingerieben
2 TL Limettensaft
1 TL frischer Thymian, feingehackt

Öl zum Fritieren
Thymianblätter, zusätzlich, zum Garnieren

1 Eine flache Backform (20 x 30 cm) leicht einfetten. Die Hühnerbrühe in einen großen Topf gießen, zum Kochen bringen. Die Hitze reduzieren. Langsam unter stetigem Rühren Polenta zugeben. 2 Minuten bei mittlerer Hitze kochen, bis sie eindickt. In der Backform verteilen. Zum Festwerden 30 Minuten kalt stellen.
2 Putenbrust, Mayonnaise, Preiselbeeren, Knoblauch, Limettenschale und -saft und Thymian in einer Schüssel mischen. Mit Salz und Pfeffer würzen.
3 Die Polenta in 35 Quadrate schneiden. Einen tiefen, gußeisernen Topf zu 1/3 mit Öl füllen, und das Öl auf 180 °C erhitzen. Es hat die richtige Temperatur, wenn ein Brotwürfel darin in 15 Sekunden goldbraun wird. Die Polenta portionsweise goldbraun fritieren. Auf Küchenpapier abtropfen lassen. Die Putenmischung auf den Polenta-Ecken verteilen und mit Thymian garnieren. Warm servieren.
Vorbereitung: Belag und Polenta können bereits am Vortag zubereitet werden. Allerdings darf man die Polenta erst kurz vor dem Servieren fritieren.

OBEN: Hähnchen-Mais-Gebäck

KABANOSSI IM SCHLAFROCK

Zubereitungszeit: 20 Minuten
Backzeit: 20 Minuten
Ergibt ca. 25 Stück

★

2 Fertig-Mürbeteige, ausgerollt
2 EL Französischer Senf
5 Kabanossi
1 Eigelb, geschlagen

1 Den Backofen auf 200 °C (Gas 3) vorheizen. Jedes Teigblatt halbieren, dann in Dreiecke mit einer Grundlinie von 6 cm schneiden. 1 kleinen Klacks Senf an der Grundlinie jedes Dreiecks verteilen. Die Kabanossi in 7 cm lange Stücke schneiden und auf den Senf legen.
2 Die Spitzen der Dreiecke mit etwas Wasser befeuchten. Von der Grundlinie beginnend die Würstchen in den Dreiecken einrollen. Die Spitze leicht festdrücken, damit sie sich nicht löst.
3 Auf ein leicht gefettetes Backblech legen; das Eigelb mit 2 Teelöffeln kaltem Wasser mischen und den Teig damit einstreichen. 15–20 Minuten goldbraun backen.
Vorbereitung: Kabanossi im Schlafrock kann man 2 Tage im voraus backen. Kurz vor dem Servieren vorsichtig im Backofen aufwärmen.

GLASIERTE HÄHNCHENFLÜGEL

Zubereitungszeit: 30 Minuten + Marinierzeit
Kochzeit: 45 Minuten
Ergibt ca. 40 Stück

★

2 kg Hähnchenflügel
125 ml Barbecuesauce
160 g Aprikosenmarmelade
2 EL Weißweinessig
2 EL Sojasauce
2 EL Tomatensauce
1 EL Sesamöl
2 Knoblauchzehen, zerdrückt

1 Von den Flügeln überschüssiges Fett entfernen. Die restlichen Zutaten in einem kleinen Topf bei schwacher Hitze gerade verrühren. Leicht abkühlen lassen, über die Hähnchenflügel gießen und gut mischen. Abgedeckt mindestens 2 Stunden im Kühlschrank marinieren.
2 Den Backofen auf 180 °C (Gas 2–3) vorheizen. Die Marinade abgießen und auffangen. Die Flügel in einer leicht gefetteten Fettpfanne 45 Minuten backen. Damit sie nicht am Boden ansetzen, kann man etwas Wasser zugeben. Einmal wenden. Gelegentlich mit Marinade einstreichen.

RECHTS: Kabanossi im Schlafrock (links); Glasierte Hähnchenflügel; Zucchini-Boote

ZUCCHINI-BOOTE

Zubereitungszeit: 20 Minuten
Kochzeit: 10 Minuten
Ergibt 30 Stück

5 große Zucchini
1 große Tomate, feingehackt
2 Frühlingszwiebeln, feingehackt
1 EL frische Petersilie, gehackt
2 Scheiben Salami, feingehackt
60 g Cheddar, gerieben

1 Jede Zucchini in 3 gleich große Stücke von ca.
4 cm schneiden. Jedes Stück längs halbieren.
2 Die einzelnen Stücke mit einem Teelöffel
leicht aushöhlen. Anschließend ca. 3 Minuten in
einem Topf mit simmerndem Wasser bißfest
kochen, abgießen. Unter kaltem Wasser abschrecken, dann mit Küchenpapier trockentupfen.
3 Die restlichen Zutaten in einer kleinen Schüssel mischen. Die Füllung auf die Zucchini-Boote
verteilen. Unter einen vorgeheizten Backofengrill stellen, bis der Cheddar geschmolzen ist und
die Boote warm sind. Sofort servieren.

CHILI-GARNELEN MIT KOKOSRASPEL

Zubereitungszeit: 40 Minuten + Marinierzeit
Kochzeit: 8–10 Minuten
Ergibt ca. 48 Stück

250 ml Tomatensauce
3 Knoblauchzehen, zerdrückt
1 TL Chilipulver
60 ml Zitronensaft
2 TL Zitronenschale, feingerieben
2 EL Sojasauce
2 EL Honig
2 kg rohe Riesengarnelen, ohne Schale und Darm
1 EL Öl
60 g Kokosraspel

1 Tomatensauce, Knoblauch, Chili, Zitronensaft
und -schale, Sojasauce und Honig in einer großen Schale mischen. Garnelen zugeben. Im
Kühlschrank mindestens 2 Stunden marinieren.
Abgießen. Die Marinade auffangen.
2 Das Öl in einer großen Pfanne erhitzen, und
die Garnelen rosa braten. Die Marinade einrühren. 2 Minuten köcheln, bis alles durchgewärmt ist. Die Kokosraspel unterrühren. Auf
einem Servierteller anrichten.

KOKOSNUSS

In der indischen und
asiatischen Küche sowie in
vielen anderen Ländern ist
Kokosnuß sehr beliebt. Man
erhält sie in vielen Formen,
u. a. als Milch, Sahne, Öl,
Flocken, Raspel und Pulver.
Kokosnuß hat einen hohen
Anteil gesättigter Fette; wer
auf sein Gewicht achtet,
sollte sie daher nur sparsam
verwenden.

*OBEN: Chili-Garnelen mit
Kokosraspel*

SÜSSKARTOFFELRÖSTI

Zubereitungszeit: 30 Minuten
Kochzeit: 45 Minuten
Ergibt 30 Stück

3 Süßkartoffeln mit Schale
2 TL Speisestärke
40 g Butter
150 g Mozzarella, in 30 Würfel geschnitten

1 Die Süßkartoffeln in Wasser oder in der Mikrowelle bißfest garen. Zum Abkühlen beiseite stellen, dann schälen und grob in eine Schüssel reiben. Speisestärke und ¹/₂ Teelöffel Salz zugeben, vorsichtig unterheben.
2 Etwas Butter in einer Pfanne zerlassen. Den Kartoffelteig teelöffelweise hineingeben, und je 1 Käsewürfel in die Mitte jedes Häufleins setzen. Einen zweiten Teelöffel Kartoffelteig daraufsetzen und vorsichtig zu einem Kreis flach drücken. Die Rösti bei mittlerer Hitzen von jeder Seite ungefähr 3 Minuten goldbraun backen. Mit den restlichen Zutaten ebenso verfahren.
Vorbereitung: Die Süßkartoffeln können bis zu 2 Stunden vorher gekocht und gerieben werden. Rösti jedoch erst kurz vor dem Servieren braten.

MAIS-PAPRIKA-TÖRTCHEN

Zubereitungszeit: 20 Minuten
Kochzeit: 25 Minuten
Ergibt 36 Stück

3 Blätterteige, fertig ausgerollt
300 g Mais aus der Dose, abgetropft
150 g Red Leicester, gerieben
1 kleine rote Paprikaschote, feingehackt
2 Eier, leicht geschlagen
60 ml Buttermilch
170 ml Crème double
1 TL Dijon-Senf
1 Spritzer Tabasco

1 Den Backofen auf 200 °C (Gas 3) vorheizen. 3 flache Muffinbleche mit je 12 Vertiefungen leicht einfetten. Aus den Teigblättern Kreise von 6 cm Ø ausstechen und in die vorbereiteten Vertiefungen pressen. Die Böden mit einer Gabel einstechen.

2 Mais, Leicester und Paprika in einer Schüssel mischen und mit Salz und frisch gemahlenem Pfeffer würzen. Ei, Buttermilch, Crème double, Senf und Tabasco verquirlen. Die Gemüsemischung auf die Teigschalen verteilen, dann fast bis zum Rand die Eimasse zugießen. 20–25 Minuten backen, bis die Törtchen aufgegangen und fest sind. Sie schmecken sowohl heiß als auch kalt. Nach Wahl mit Kräutern garnieren.
Vorbereitung: Die Törtchen können bis zu 1 Tag im voraus zubereitet werden; luftdicht verschlossen im Kühlschrank aufbewahren. Man kann sie auch bis zu 2 Monaten einfrieren.

EIER MIT LACHS UND KAPERN

Zubereitungszeit: 20 Minuten
Kochzeit: 10 Minuten
Ergibt 24 Stück

12 Eier
1 EL Kapern, abgetropft und feingehackt
1 EL frischer Dill, feingehackt
125 g Mayonnaise
200 g Räucherlachs, in Scheiben geschnitten
zusätzlicher Dill zum Garnieren

1 Die Eier in einem Topf mit kaltem Wasser bedecken und langsam zum Kochen bringen. Während des Kochens die Eier vorsichtig rühren, damit das Eigelb in der Mitte bleibt. 7 Minuten kochen, in kaltem Wasser abschrecken und pellen. Längs halbieren.
2 Die Eigelbe aus den Eihälften herausnehmen und durch ein Sieb pressen oder fein in eine Schüssel reiben; Kapern, Dill und Mayonnaise zugeben. Mit einer Gabel gut mischen. Nach Geschmack würzen.
3 Mit einem Spritzbeutel mit Sterntülle (1 cm) je 1 kleine Rosette der Eimischung in jede Eihälfte setzen.
4 Die Lachsscheiben zerschneiden und auf die Eihälften legen. Mit Dill garnieren. Nach Geschmack mit schwarzem Pfeffer bestreuen. Servieren.

GEGENÜBERLIEGENDE SEITE: Süßkartoffelrösti (oben); Mais-Paprika-Törtchen

SANDWICHES
Sandwiches müssen keine

dicken Brote mit Lachscreme oder Schmelzkäse sein – die hier vorgeschlagenen

Party-Sandwiches beweisen es, und sie könnten der Renner des Abends sein.

SCHINKEN-MAIS-STREIFEN
250 g Sauerrahm mit 140 g Mais-Relish mischen. Auf 8 Scheiben Weißbrot verteilen. Darauf je 1 Scheibe Vollkornbrot, 1 Scheibe Kochschinken und zuletzt 1 gebutterte Scheibe Weißbrot legen. Die Kanten abschneiden und jedes Sandwich dritteln. Ergibt 24 Steifen.

GEMÜSEDREIECKE
500 g Butternuß-Kürbis in Stücke schneiden. In einer Fettpfanne mit Öl beträufeln und bei 200 °C (Gas 3) 1 Stunde im Ofen bißfest garen. Abkühlen lassen und pürieren. 1 Eßlöffel Tomatensalsa auf 4 Scheiben Leinsamenbrot verteilen. Mit marinierter Aubergine, Korianderblättern und

Zwiebelringen belegen. Darauf 4 weitere Scheiben Leinsamenbrot mit püriertem Kürbis legen. Kanten abschneiden und in Dreiecke schneiden. Ergibt 16 Stück.

HÄHNCHEN-GUACAMOLE-ECKEN
2 Avocados zerdrücken und mit 1 Eßlöffel Mayonnaise, 1 Teelöffel gehackter

Chili, 1 Eßlöffel Zitronensaft, 1 kleinen gehackten Tomate und ¹/₂ feingehackten roten Zwiebel mischen. Auf 8 Scheiben Vollkorntoast verteilen und mit 250 g geräuchertem Hähnchenbrustaufschnitt belegen. Zuckerschotenkeime darüber streuen. Mit einer weiteren Brotscheibe abschließen, Kanten abschneiden und in Quadrate schneiden. Ergibt 32 Stück.

PUTEN-BRIE-DREIECKE

Die Kanten von 8 Scheiben Toastbrot abschneiden. Auf 4 Scheiben davon Preiselbeeren verteilen. Mit 120 g Putenbrust, 120 g in Scheiben geschnittenem Brie, 4 Salatblättern und dem restlichen Toastbrot Sandwiches zusammensetzen. In Dreiecke schneiden. Ergibt 16 Stück.

ROASTBEEF-RAUKE-STREIFEN

Die Kanten von 16 Scheiben Toastbrot entfernen. 160 g Pfefferpastete auf der Hälfte des Brots verteilen. Mit 250 g rosa Roastbeef-Aufschnitt, 160 g getrockneten Tomaten und Rauke Sandwiches zusammensetzen. Jeweils in 3 Streifen schneiden. Ergibt 24 Stück.

ZITRONENSANDWICHES MIT GARNELEN

1¹/₂ unbehandelte Zitronen mit dünner Schale waschen. In dünne Scheiben schneiden. Aus 10 Scheiben Mehrkorntoast Zitronensandwiches zusammensetzen; jedes in 8 Dreiecke schneiden. Die Kanten entfernen. Mit 500 g gekochten Riesengarnelen (ohne Schale, mit Schwanz) servieren. Ergibt 40 Stück.

HÄHNCHEN-RAUKE-WALNUSS-SANDWICHES

250 g Hähnchenbrust- und 500 g Hähnchenschenkelfilets braten. Abkühlen lassen und feinhacken. Mit 250 g Mayonnaise, etwas feingehacktem Sellerie und gehackten Walnüsse mischen. Abschmecken. Aus der Füllung und 20 Scheiben Toastbrot Sandwiches zusammensetzen, jeweils etwas Rauke zugeben. Kanten abschneiden und in Streifen schneiden. Ergibt 30 Stück.

IM UHRZEIGERSINN, VON LINKS UNTEN: Hähnchen-Guacamole-Ecken; Gemüsedreiecke; Schinken-Mais-Streifen; Puten-Brie-Dreiecke; Roastbeef-Rauke-Streifen; Hähnchen-Rauke-Walnuß-Sandwiches; Zitronensandwiches mit Garnelen

MARINIERTER GEMÜSEDIP

Zubereitungszeit: 55 Minuten + Marinierzeit
Kochzeit: 50 Minuten
Für 8 Personen

✶ ✶

1 kleine Aubergine, in Scheiben geschnitten

2 Zucchini, in Scheiben geschnitten

3 rote Paprikaschoten

125 ml Olivenöl, extra vergine

2 Knoblauchzehen, in Scheiben geschnitten

2 Eiertomaten

200 g Artischockenherzen aus der Dose, abgetropft

7 g frischer Oregano

250 g Ricotta

50 g schwarze Oliven, entkernt, in Scheiben geschnitten

OBEN: Marinierter Gemüsedip

1 Einen Durchschlag auf eine Schüssel setzen; Aubergine und Zucchini darin gut mit Salz bestreuen. 15–20 Minuten ruhen lassen. Währenddessen die Paprika in große, flache Stücke schneiden, Samen und Rippen entfernen. Mit der Außenseite nach oben unter einen heißen Back-ofengrill legen, bis die Haut schwarz ist und Blasen wirft. In einem Gefrierbeutel abkühlen lassen, dann die Haut abziehen. Ungefähr ¹/₄ zum Garnieren beiseite stellen; den Rest in eine große nicht-metallene Schüssel füllen.

2 Die Hälfte des Olivenöls sowie 1 Knoblauch-zehe und 1 Prise Salz in einer Schüssel mischen. Aubergine und Zucchini abspülen, mit Küchen-papier trockentupfen. Die Aubergine auf ein beschichtetes oder mit Alufolie ausgelegtes Back-blech legen und mit Knoblauchöl einstreichen. Unter einem sehr heißen Grill von jeder Seite 4–6 Minuten goldbraun grillen, zwischendurch mit dem Öl einstreichen. Achtung, Auberginen verbrennen schnell! Etwas abkühlen lassen; die Zucchini ebenso grillen. Zur Paprika geben.

3 Die Tomaten längs in Scheiben schneiden. 10–15 Minuten bei reduzierter Hitze wie die Aubergine grillen. Zum anderen Gemüse geben.

4 Die Artischocken vierteln und zugeben. Das restliche Knoblauch- und Olivenöl, Oregano und den restlichen Knoblauch unterrühren. Mit einem festsitzenden Deckel oder Frischhaltefolie abge-deckt mindestens 2 Stunden kalt stellen.

5 Gemüse abtropfen lassen. Mit dem Ricotta in der Küchenmaschine 20 Sekunden glattpürieren. 1 Teelöffel Oliven zur Seite stellen, die restlichen in die Küchenmaschine geben. In kurzen Inter-

vallen untermischen. In eine nicht-metallene Schüssel füllen. Mit Frischhaltefolie abdecken. Mindestens 2 Stunden kalt stellen.

6 Die restliche Paprika in dünne Streifen schneiden. Mit den Oliven zum Dekorieren verwenden.

JAKOBSMUSCHEL-SPIESSE

Zubereitungszeit: 1 Stunde + Ruhezeit
Kochzeit: 10 Minuten
Ergibt 24 Stück

24 Jakobsmuscheln

6 große Frühlingszwiebeln, nur grüne Abschnitte

2 Zucchini

2 Karotten

20 g Butter, zerlassen

2 TL Zitronensaft

1 EL Weißwein

2 TL getrocknete Kräutermischung

1/4 TL Zwiebelpulver

1 In kaltem Wasser 24 Holzspieße 30 Minuten einweichen. Die Jakobsmuscheln wie auf Seite 120 angegeben säubern und mit Küchenpapier trockentupfen. Die Frühlingszwiebeln längs halbieren, dann in 8 cm lange Stücke schneiden. Ein Backblech mit Alufolie auslegen.

2 Mit einem Sparschäler Zucchini und Karotten längs in dünne Bänder schneiden. Die Streifen in einer Schüssel mit kochendem Wasser 1 Minute blanchieren, dann abgießen. In eiskaltem Wasser abschrecken und darin abkühlen lassen. Abgießen und mit Küchenpapier trockentupfen.

3 Jede Muschel in einem Zwiebel-, Karotten- und Zucchinistreifen einwickeln und mit einem Holzspieß feststecken.

4 Butter, Zitronensaft und Weißwein in einer kleinen Schüssel mischen. Die Muscheln damit einpinseln. Kräuter und Zwiebelpulver mischen und darüber streuen. Dann die Spieße 5–10 Minuten unter einen heißen Grill oder auf einen Holzkohlengrill legen, bis die Jakobsmuscheln zart und durchgebraten sind.

Vorbereitung: Man kann die Spieße mehrere Stunden vorher zubereiten. Bis zur Verwendung abgedeckt im Kühlschrank aufbewahren.

JAKOBSMUSCHELN

Es gibt weltweit über 400 Arten dieser beliebten zweischaligen Muschel. Sowohl der Rogensack als auch der Muskel, der die Muschel öffnet und schließt, sind eßbar. Die hübschen, fächerförmigen, gewellten Schalen von unterschiedlicher Farbe sind ideal zum Servieren.

LINKS: Jakobsmuschel-Spieße

PILZE MIT KREBSFLEISCH

Zubereitungszeit: 25 Minuten
Kochzeit: 6 Minuten
Ergibt 24 Stück

★

24 kleine Champignons

30 g Butter, weich

4 Frühlingszwiebeln, gehackt

200 g Krebsfleisch aus der Dose, abgetropft

2 EL Zitronensaft

½ TL Chilipulver

250 g Sauerrahm

25 g Parmesan, gerieben

125 g Cheddar, gerieben

1 Prise Paprikapulver

1 Den Backofen auf 180 °C (Gas 2–3) vorheizen. Die Pilzstiele abschneiden und feinhacken; beiseite stellen. Die Pilzköpfe auf ein Backblech legen.
2 Butter, Zwiebeln, Krebsfleisch, Zitronensaft, Chilipulver und nach Geschmack frisch gemahlenen Pfeffer in einer Schüssel mischen.
3 Pilzstiele, Sauerrahm und Parmesan untermischen. Gleichmäßig auf die Pilzköpfe verteilen und mit einer Mischung aus Cheddar und Paprika bestreuen.
4 Ca. 5–6 Minuten backen, bis der Cheddar geschmolzen ist und die Pilze warm sind. Warm servieren.

KAVIAR-EIER

Zubereitungszeit: 20 Minuten
Kochzeit: 7 Minuten
Ergibt 40 Stück

★

20 Eier

1 EL Currypulver

375 g Mayonnaise

50 g roter Kaviar aus dem Glas

50 g schwarzer Kaviar aus dem Glas

1 Die Eier in einem Topf mit kaltem Wasser bedecken. Langsam zum Kochen bringen. Vorsichtig umrühren, damit das Eigelb später in der Mitte sitzt. 7 Minuten kochen, abschrecken und pellen.
2 Die Eier längs halbieren, die Eigelbe herausnehmen und durch ein feines Sieb in eine Schüssel drücken. Currypulver und Mayonnaise zugeben; zu einer glatten Mischung verrühren.
3 Die Füllung in einen Spritzbeutel mit Sterntülle (1 cm) geben, und kleine Rosetten auf die Eihälften geben. Vor dem Servieren mit rotem und schwarzem Kaviar garnieren.
Vorbereitung: Die Eier mehrere Stunden vorher zubereiten; abgedeckt kühl stellen. Aber erst kurz vor dem Servieren mit Kaviar garnieren.

SESAMHÄHNCHEN

Zubereitungszeit: 25 Minuten + Marinierzeit über Nacht
Kochzeit: 25 Minuten
Ergibt ca. 32 Stück

★ ★

4 Hähnchenbrustfilets, in Streifen geschnitten

60 ml Teriyakisauce

1 EL Chilisauce

1 EL Naturjoghurt

2 TL Currypulver

100 g Cornflakes, zerstoßen

40 g Sesamsamen

35 g Parmesan, gerieben

Süß-saure Sauce

1 EL Speisestärke

125 ml Weißweinessig

125 g feiner Zucker

60 ml Tomatensauce

1 TL Instant-Hühnerbrühe

1 Hähnchenstreifen mit Teriyakisauce, Chilisauce, Joghurt und Currypulver in einer Schüssel gut mischen und über Nacht kalt stellen.
2 Den Backofen auf 190 °C (Gas 2–3) vorheizen. Cornflakes, Sesam und Parmesan in einer flachen Schüssel mischen. Überschüssige Marinade vom Fleisch abgießen. Die Hähnchenstreifen in der Sesammischung wenden.
3 Dann nebeneinander auf ein gefettetes Backblech legen. 20–25 Minuten knusprig-goldbraun backen. Warm zur Sauce servieren.
4 Für die Sauce die Speisestärke im Essig auflösen und dann mit den restlichen Zutaten sowie 250 ml Wasser in einem kleinen Topf mischen. Auf mittlerer Stufe unter Rühren erhitzen, bis die Sauce aufkocht und eindickt.
Vorbereitung: Die panierten Hähnchenstreifen nebeneinander bis zu 2 Monaten einfrieren.

KAVIAR

Bei echtem Kaviar, der sehr teuer ist, handelt es sich um den Rogen oder die Eier von Stören. Die Größe des Rogens unterscheidet sich je nach Fischart, und die Farbe variiert zwischen hellgrau und schwarz. Roter Kaviar stammt entweder von Lachsen, deren Rogen von Natur aus rot ist, oder von Seehasen. Seehasenrogen ist winzig und rosa, wird schwarz oder rot gefärbt und ist im Handel als Deutscher Kaviar erhältlich.

GEGENÜBERLIEGENDE SEITE, VON LINKS: Pilze mit Krebsfleisch; Kaviar-Eier; Sesamhähnchen

OBEN: Süß-salzige
Partynüsse

1 Den Backofen auf 180 °C (Gas 2–3) vorheizen. Mandeln und Pekannüsse auf einem großen Backblech verteilen und 5–10 Minuten rösten, bis sie knusprig sind und etwas Farbe haben. Herausnehmen und abkühlen lassen.

2 Zucker, Salz und Gewürze in einer kleinen Schüssel gut mischen.

3 Eine große beschichtete Pfanne erhitzen, Mandeln und Pekannüsse zugeben. Die Gewürzmischung darüber streuen und auf mittlerer Stufe unter Rühren 5 Minuten erhitzen, bis die Nüsse goldbraun sind. Dabei schmilzt der Zucker und überzieht die Nüsse. Für ein gleichmäßiges Rösten die Pfanne häufig schwenken. Zusammenklebende Nüsse mit einem Holzlöffel trennen. Zum Abkühlen auf ein leicht gefettetes Backblech geben.

Hinweis: Bei einer kleinen Pfanne die Nüsse portionsweise braten. Alternativ Cashew-, Macadamia- oder Erdnüsse einsetzen oder nur eine Sorte.

Vorbereitung: Die abgekühlten Nüsse luftdicht verschlossen lagern. Sie halten mehrere Wochen.

ZIEGENKÄSETÖRTCHEN MIT PAPRIKA UND KARAMELISIERTEN ZWIEBELN

Zubereitungszeit: 20 Minuten + Kühlzeit
Backzeit: 55 Minuten
Ergibt 48 Stück

250 g Mehl

125 g Butter, zerkleinert

1 rote Paprikaschote

150 g fester Ziegenkäse, gerieben

250 g Sauerrahm oder Crème fraîche

2 Eier

1 Knoblauchzehe, zerdrückt

2 TL frischer Zitronenthymian, feingehackt

30 g Butter

1 große rote Zwiebel, halbiert und in dünne Scheiben geschnitten

2 TL feiner brauner Zucker

1 TL Balsamico-Essig

1 Den Backofen auf 190 °C (Gas 2–3) vorheizen. 2 flache Muffinbleche mit je 12 Vertiefungen leicht einfetten.

2 Das Mehl mit 1 Prise Salz in eine große Schüssel sieben. Butter zugeben. Mit den Fingerspitzen zu einer krümeligen Mischung verreiben. In

SÜSS-SALZIGE PARTYNÜSSE

Zubereitungszeit: 20 Minuten
Backzeit: 15 Minuten
Für 6–8 Personen

250 g Mandeln, blanchiert

250 g Pekannüsse

60 g Zucker

1 TL Salz

1 TL Zimt, gemahlen

1 Prise Nelken, gemahlen

1/2 TL Currypulver

1/4 TL Kreuzkümmel, gemahlen

1/2 TL schwarzer Pfeffer, gemahlen

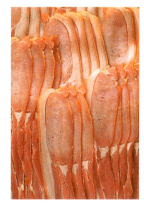

die Mitte eine Mulde drücken, und bis zu 4 Eß-löffel Wasser einarbeiten, so daß ein fester Teig entsteht. Vorsichtig auf eine leicht bemehlte Arbeitsfläche legen, zu einer Kugel formen und etwas flach drücken. In Frischhaltefolie gewickelt 30 Minuten kalt stellen.

3 Die Hälfte des Teigs auf einer leicht bemehlten Arbeitsfläche 2 mm dick ausrollen. 24 Kreise von 5 cm Ø ausstechen. In die Muffinformen legen und 10 Minuten kalt stellen.

4 Die Paprikaschote vierteln, Samen und Rippen entfernen. Mit der Außenseite nach oben unter einen heißen Backofengrill legen, bis die Haut schwarz ist und Blasen wirft. In einem Gefrier-beutel abkühlen lassen, dann die Haut abziehen. Das Fruchtfleisch in dünne Streifen schneiden.

5 Ziegenkäse, Sauerrahm, Eier, Knoblauch, Thymian sowie Salz und Pfeffer mischen und beiseite stellen.

6 Die Butter in einer Pfanne zerlassen, und die Zwiebel 5 Minuten goldbraun dünsten. Zucker und Essig zugeben und nochmals 5 Minuten dünsten, bis die Zwiebel karamelisiert.

7 Die Hälfte der Ziegenkäsemischung gleich-mäßig auf die Teigschalen verteilen. Die Hälfte der Paprikastreifen und der karamelisierten Zwiebel darüber geben. 20 Minuten goldbraun backen. Mit den restlichen Zutaten ebenso ver-fahren. Sofort servieren.

KLEINE TEUFEL

Zubereitungszeit: 10 Minuten + Ruhezeit
Kochzeit: 6 Minuten
Ergibt 24 Stück

8 Scheiben Frühstücksspeck
12 Dörrpflaumen, ohne Kerne
12 Austern, mit Schale oder aus dem Glas
2 EL Worcestersauce
Tabasco nach Geschmack

1 24 Holzspieße 30 Minuten in Wasser ein-weichen. Vom Speck die Schwarte entfernen, und jede Scheibe in 3 Stücke schneiden. Jeweils 1 Stück Speck um 1 Pflaume wickeln und mit einem Spieß feststecken.

2 Die Austern aus den Schalen nehmen, oder die Flüssigkeit abtropfen lassen. Etwas Worcester-sauce und nach Geschmack schwarzen Pfeffer darüber geben. Jede Auster in ein Stück Speck wickeln und ebenfalls mit einem Spieß fest-stecken.

3 Unter einen vorgeheizten Grill oder auf den äußeren Rand eines geölten, vorgeheizten heißen Steins legen und unter gelegentlichem Wenden garen, bis der Speck knusprig ist. Warm mit 1 Spritzer Tabasco servieren.

KLEINE TEUFEL

Es gibt zwei Variationen dieses Partysnacks. Bei der einen werden Austern in Speck eingewickelt, bei der anderen Dörrpflaumen. Manchmal werden die Pflaumen vorher in Wein gekocht und mit Mango-Chutney oder einer Mandel gefüllt. Durch den Spritzer Tabasco werden aus den ‚Engeln' kleine Teufel.

OBEN: Kleine Teufel

KARTOFFEL-ROSMARIN-MINI-PIZZAS

Zubereitungszeit: 25 Minuten + Ruhezeit
Backzeit: 12–15 Minuten
Ergibt 48 Stück

★ ★

1 TL Trockenhefe
¹/₂ TL Zucker
300 g Mehl
80 ml Olivenöl
400 g rote Süßkartoffeln, mit Schale
2 EL Olivenöl, zusätzlich
1 EL frischer Rosmarin

1 Hefe, Zucker und 80 ml Wasser in einer kleinen Schüssel mischen, abdecken und an einem warmen Ort ruhen lassen, bis sich an der Oberfläche Bläschen bilden.
2 Das Mehl und ¹/₄ Teelöffel Salz in eine große Schüssel sieben. In die Mitte eine Vertiefung drücken, die Hefemischung, das Öl und 80 ml Wasser einrühren und zu einem weichen Teig verarbeiten. Auf eine leicht bemehlte Arbeitsfläche geben, und den Teig in 5 Minuten glatt und elastisch kneten. In eine geölte Schüssel legen, abdecken und 1 Stunde an einem warmen Ort gehen lassen, bis sich das Volumen verdoppelt hat.
3 Den Backofen auf 220 °C (Gas 3–4) vorheizen. Dem Teig einen festen Faustschlag versetzen, so daß die Luft entweicht. Aus der Schüssel nehmen und nochmals 1 Minute glattkneten. In 48 Portionen teilen, und jede Portion zu einem 5 cm großen Kreis ausrollen. Auf leicht gefetteten Backblechen verteilen.
4 Die Kartoffeln in Scheiben schneiden. In die Mitte jedes Teigkreises 1 Kartoffelscheibe legen; dabei sollte ein Rand von 1 cm frei bleiben. Mit dem zusätzlichen Olivenöl einpinseln und mit Rosmarin und Salz bestreuen. Auf der obersten Schiene 12–15 Minuten knusprig und goldbraun backen. Sofort servieren.
Vorbereitung: Am besten bereitet man die Mini-Pizzas erst kurz vor dem Servieren zu. Der Teig kann morgens bis zum zweiten Kneten vorbereitet und mit Frischhaltefolie abgedeckt in den Kühlschrank gestellt oder eingefroren werden. Dafür zunächst auf den Backblechen einfrieren, dann in Gefrierbeutel geben. Auf leicht gefetteten Backblechen auftauen. Die Pizzas können mehrere Stunden im voraus gebacken und bei 180 °C (Gas 2–3) 5 Minuten im Backofen aufgewärmt werden.

KARTOFFELKÖRBCHEN MIT KÄSE

Zubereitungszeit: 15 Minuten
Kochzeit: 55 Minuten
Ergibt 40 Stück

★

20 kleine, neue Kartoffeln
250 g Ricotta
35 g Cheddar, gerieben
25 g Parmesan, gerieben
Öl zum Einstreichen
15 g frischer Schnittlauch, feingehackt, zum Garnieren

1 Den Backofen auf 200 °C (Gas 3) vorheizen. Die Kartoffeln 10 Minuten bißfest kochen oder dämpfen (zur Garprobe einen Spieß hineinstecken; die Kartoffeln dürfen nicht zu weich werden, sonst fallen sie später auseinander). Abgießen und vollkommen abkühlen lassen.
2 Zwischenzeitlich Ricotta, Cheddar und Parmesan in einer kleinen Schüssel mischen. Würzen und zur Seite stellen.
3 Die gekochten Kartoffeln halbieren. Mit einem Kugelausstecher aushöhlen; dabei einen Rand von 5 mm lassen. Das Fruchtfleisch wegwerfen.
4 Mit etwas Öl besprühen und 30–45 Minuten auf Backblechen knusprig-goldgelb backen. Den Grill auf höchste Stufe schalten.
5 Die Kartoffelhälften mit je 1 Teelöffel der Käsemischung füllen und 5–8 Minuten grillen, bis die Oberflächen goldgelb sind und der Käse zerlaufen ist. Auf einem Servierteller anrichten, und mit gehacktem Schnittlauch garnieren. Sofort servieren.
Vorbereitung: Man kann die Kartoffeln im voraus kochen und füllen. Erst kurz vor dem Servieren grillen.

GURKENHAPPEN

1 Salatgurke in 1 cm dicke Scheiben schneiden und dann – falls gewünscht – mit Ausstechern in dekorative Formen schneiden. 1 Klacks Taramasalata (s. S. 184) oder Sahnigen Lachsdip (s. S. 236) daraufgeben. Mit frisch gehacktem Dill und einem kleinen Stück Zitronenscheibe garnieren. Obenauf kann man auch gekochte, ausgepulte Garnelen oder kleine Stückchen Räucherlachs legen. Bis zum Verzehr kalt stellen.

ROSMARIN

Dieses stark duftende Kraut ist im Mittelmeerraum beheimatet. Die silbergrauen, harten Blätter geben vielen Speisen ein besonderes Aroma, beispielsweise Lamm, Fisch, Tomaten und Gemüse. Aufgrund seines starken Geschmacks sollte Rosmarin allerdings sparsam eingesetzt werden. Die Blätter sind auch getrocknet oder gemahlen erhältlich.

GEGENÜBERLIEGENDE SEITE: Kartoffel-Rosmarin-Mini-Pizzas (oben); Kartoffelkörbchen mit Käse

DIPS
Dips sind auf Partys immer wieder ein Hit. Sie schmecken wunderbar mit rohem, geschnittenem Gemüse, Crackern oder knusprigem Brot. Und meist kann man befriedigt beobachten, wie schnell sich die einzelnen Schalen leeren.

SAHNIGER LACHS-DIP
200 g Doppelrahmfrischkäse mit 100 g zerkleinertem Räucherlachs und 5 Eßlöffeln Sahne in einer Küchenmaschine zu einer glatten Mischung verarbeiten. Mit frisch gemahlenem Pfeffer würzen und gehacktem Schnittlauch bestreuen. Bis zum Verzehr kalt stellen. Ergibt ca. 350 ml.

SCHARFES APFEL-CHUTNEY
60 g Sauerrahm, 125 g Naturjoghurt, 70 g pikantes Apfel-Chutney und 1 Teelöffel Ahornsirup zu einem glatten Dip verrühren, salzen und pfeffern. Bis zum Verzehr kalt stellen. Ergibt ca. 350 ml.

BLAUSCHIMMELKÄSE-DIP
250 g Blauschimmelkäse mit 125 ml Sahne in der Küchenmaschine zu einer glatten Masse verrühren. In eine Schüssel füllen. Nochmals 125 ml Sahne und 2 Teelöffel Apfelessig einrühren. Mit Salz und Pfeffer würzen. Abgedeckt bis zum Verzehr kalt stellen. Ergibt ca. 350 ml.

SÜSS-SAURER DIP
250 g Naturjoghurt und 80 ml süßsaure

Fertigsauce aus der Flasche zu einem glatten Dip verrühren. 1 Eßlöffel feingehackten Schnittlauch zugeben, salzen und pfeffern. Abgedeckt bis zum Verzehr kalt stellen. Ergibt ca. 350 ml.

GURKEN-BIRNEN-DIP

2 Eßlöffel Mayonnaise, 2 Eßlöffel Naturjoghurt, 1 Eßlöffel Sauerrahm und 1 Teelöffel Dijon-Senf gut mischen und zu einer glatten Masse verrühren. $1/2$ Birne und $1/4$ kleine Gurke feinwürfeln und mit 1 Teelöffel Zitronensaft unterrühren. Mit Salz und frisch gemahlenem schwarzem Pfeffer würzen. Abgedeckt bis zum Verzehr kalt stellen. Ergibt ca. 250 ml.

REFRIED BEANS (MEXI-KANISCHE BOHNEN)

450 g Refried beans (Mexikanische Bohnen) aus der Dose und 60 g Sauer-

rahm in der Küchenmaschine mischen. Mit Salz und Pfeffer würzen. Bis zum Verzehr abgedeckt, zimmerwarm aufbewahren. Ergibt ca. 350 ml.

AVOCADO MIT KRÄUTERN

1 Avocado, je 1 Eßlöffel Sauerrahm, Zitronensaft und leichtes Olivenöl, 1 kleine Tomate ohne Kerne und 25 g Koriander in der Küchenmaschine zu einem glatten Dip verarbeiten, salzen und pfeffern. In eine Glasschüssel füllen, 1 Stück Frischhaltefolie direkt auf die Oberfläche legen (damit sich keine Haut bildet). Bis zum Verzehr kalt stellen. Möglichst erst kurz vor dem Servieren zubereiten, damit sich der Dip nicht verfärbt. Ergibt ca. 500 ml.

MAIS-SPECK-DIP

Von 2 Maiskolben die Körner lösen und ca. 10 Minuten zugedeckt in kochendem

Wasser kochen, dann abgießen. Währenddessen 250 g feingeschnittenen mageren Speck in einer beschichteten Pfanne kroß braten; auf Küchenpapier abtropfen lassen. Den Mais und 1 zerdrückte Knoblauchzehe in der Küchenmaschine pürieren. 250 g streichfähigen Doppelrahmfrischkäse zugeben und zu einer glatten Mischung verrühren. In eine Schale füllen, auf Zimmertemperatur abkühlen lassen und mit Speck und etwas gehacktem Schnittlauch bestreuen. Ergibt ca. 500 ml.

IM UHRZEIGERSINN, VON LINKS OBEN:
Sahniger Lachs-Dip; Blauschimmelkäse-Dip; Gurken-Birnen-Dip; Avocado mit Kräutern; Mais-Speck-Dip; Refried beans (Mexikanische Bohnen); Süß-saurer Dip; Scharfes Apfel-Chutney

2 Das Hähnchenhack, Ingwer, Schnittlauch und Senf in einer kleinen Schüssel mischen. Die Eier pellen und leicht in Mehl wenden.

3 Die Hähnchenmischung in 24 Portionen teilen. Mit feuchten Händen die Eier damit ummanteln. Dann mit geschlagenem Ei einpinseln und in Paniermehl rollen. Überschüssiges Paniermehl abschütteln.

4 Einen tiefen, gußeisernen Topf zu $^1/_3$ mit Öl füllen, und das Öl auf 180 °C erhitzen. Es hat die richtige Temperatur, wenn ein Brotwürfel darin in 15 Sekunden goldbraun wird. Die umhüllten Eier goldbraun fritieren und auf Küchenpapier abtropfen lassen. Heiß servieren, entweder ganz oder halbiert.

Vorbereitung: Die Eier können bis zu 4 Stunden vorher vorbereitet und abgedeckt im Kühlschrank aufbewahrt werden. Kurz vor dem Servieren fritieren und mit frischen Kräutern garnieren.

RATATOUILLE-DREIECKE

Zubereitungszeit: 45 Minuten + Kühlzeit
Kochzeit: 40 Minuten
Ergibt 18 Stück

★

3 EL Öl
1 Frühlingszwiebel, feingehackt
1–2 Knoblauchzehen, zerdrückt
1 Aubergine, gewürfelt
1 rote Paprika, gewürfelt
2 Zucchini, gewürfelt
6 Champignons, gewürfelt
1 Tomate, geschält, entkernt und
   zerkleinert
1 EL Kapern, gehackt
2 EL frische Petersilie, gehackt
50 g Parmesan, gerieben
2 Blätterteige, fertig ausgerollt

1 Das Öl in einer gußeisernen Pfanne erhitzen; Zwiebel und Knoblauch 2 Minuten unter Rühren dünsten. Aubergine, Paprika, Zucchini und Pilze zugeben und 10 Minuten bißfest garen. Dabei stetig weiterrühren.

2 Vom Herd nehmen. Tomate, Kapern und Petersilie zugeben. Abkühlen lassen. Parmesan zufügen. Die Teige jeweils in 3 Streifen und jeden Streifen in 3 Dreiecke schneiden. Die Dreiecke am Rand leicht aufrollen, so daß eine kleine Erhebung entsteht; die Ecken zusammendrehen. Auf ein gefettetes Backblech legen und

SCHOTTISCHE WACHTELEIER

Zubereitungszeit: 30 Minuten
Kochzeit: 20 Minuten
Ergibt 24 ganze oder 48 halbe Eier

★★

24 Wachteleier
600 g Hähnchenfleisch, zu Hack verarbeitet
2 TL frischer Ingwer, gerieben
2 EL frischer Schnittlauch, gehackt
2 TL Dijon-Senf
60 g Mehl
2 Eier, leicht geschlagen
100 g Paniermehl
Öl zum Fritieren

1 Die Eier in einen Topf legen und mit Wasser bedecken. Auf mittlerer Stufe unter Rühren (dadurch bleibt das Eigelb in der Mitte) erhitzen, bis die Eier kochen. 5 Minuten kochen. Abgießen und in einer Schüssel mit kaltem Wasser abschrecken. Abkühlen lassen.

*OBEN: Schottische
Wachteleier*

rundum mit einer Gabel einstechen. Abgedeckt 10–15 Minuten kalt stellen.

3 Den Backofen auf 190 °C (Gas 2–3) vorheizen, und die Dreiecke 15 Minuten knusprig backen. Dann je 1 Eßlöffel Füllung darauf verteilen und nochmals 5–10 Minuten erwärmen.

Vorbereitung: Teigdreiecke und Ratatouille können bis zu 2 Tagen im voraus vorbereitet werden. Separat abgedeckt im Kühlschrank aufbewahren. Kurz vor dem Servieren füllen und auf gefetteten Backblechen bei 180 °C (Gas 2–3) im Backofen aufwärmen.

KARTOFFEL-NUDEL-SNACKS

Zubereitungszeit: 30 Minuten + Abkühlzeit
Kochzeit: 40 Minuten
Für 6 Personen

✸✸

450 g mehligkochende Kartoffeln, geschält und zerkleinert

40 g Butter, weich

2 Eßlöffel Parmesan oder Pecorino, gerieben

100 g Besan (Kichererbsenmehl)

2 TL Kreuzkümmel, gemahlen

2 TL Garam Masala

1 TL Koriander, gemahlen

1 TL Chilipulver

1 TL Cayennepfeffer

1½ TL Gelbwurz, gemahlen

Öl zum Fritieren

1 Die Kartoffeln bißfest kochen oder dämpfen. Abgießen. 15–20 Minuten abkühlen lassen, dann mit Butter und Käse zerstampfen. Besan, Kreuzkümmel, Garam Masala, Koriander, Chilipulver, Cayennepfeffer, Gelbwurz und ¾ Teelöffel Salz zugeben. Mit einem Holzlöffel zu einem leichten, weichen Teig verrühren. Herausnehmen und 10–12 mal sanft zu einem glatten Teig kneten.

2 Einen tiefen, gußeisernen Topf zu ⅓ mit Öl füllen, und das Öl auf 180 °C erhitzen. Es hat die richtige Temperatur, wenn ein Teigbällchen darin sofort wieder an die Oberfläche steigt.

3 Mit einem Spritzbeutel mit Sterntülle (1 cm) kurze Teigstücke in das Öl drücken, dabei den Teig mit einem Messer abschneiden. In kleinen Portionen fritieren. Der Teig steigt an die Oberfläche und wird schnell goldbraun. Mit einem Schaumlöffel herausheben und auf Küchenpapier abtropfen lassen. Innerhalb von 2 Stunden servieren.

RÄUCHERLACHS AUF RAUKE

Zubereitungszeit: 20 Minuten
Kochzeit: entfällt
Ergibt 36 Stück

✸

200 g Ricotta

60 g Crème fraîche oder Sauerrahm

2 TL Wasabi-Paste

1 EL Limettensaft

12 Scheiben Vollkornbrot, Kanten entfernt

300 g Räucherlachs

100 g kleine Raukeblätter, geputzt

zusätzliche Rauke zum Garnieren

1 Ricotta, Crème fraîche, Wasabi und Limettensaft mischen.

2 Das Brot mit einem Nudelholz etwas flach drücken.

3 Die Ricottamischung darauf verteilen und mit Lachs und Rauke belegen. Dabei einen Rand frei lassen. Längs aufrollen. Fest in Frischhaltefolie wickeln, damit die Rolle ihre Form behält. 30 Minuten kalt stellen.

4 Die Frischhaltefolie entfernen, die Enden glatt abschneiden und in 2 cm dicke Scheiben schneiden. Mit Rauke garnieren.

KARTOFFEL-NUDEL-SNACKS

Den Teig mit einem Löffel in einen Spritzbeutel mit Sterntülle füllen und kurze Stücke in das Öl drücken; den Teig jeweils mit einem Messer abschneiden.

OBEN: Kartoffel-Nudel-Snacks

DILL

Dill ist ein hohes, einjähriges Kraut mit zarten, langen Blättern. Er hat ein kräftiges Aroma und einen charakteristischen Geschmack. Die gehackten Blätter werden zu Fisch, Kartoffeln und Gemüse gegeben oder unter Butter und Saucen gerührt. Zudem paßt der Geschmack gut zu einigen Suppen und Salaten. Auch die Samen werden in der Küche eingesetzt; ihr Aroma erinnert an Anissamen.

GEGENÜBERLIEGENDE SEITE: Kleine Kartoffeln (Mitte); Roastbeef-Röllchen

KLEINE KARTOFFELN

Zubereitungszeit: 10 Minuten
Kochzeit: 40 Minuten
Ergibt 30 Stück

30 kleine, neue Kartoffeln (siehe Hinweis)
250 g Sauerrahm
2 EL Kaviar

1 Den Backofen auf 200 °C (Gas 3) vorheizen. Kartoffeln rundum mit einer Gabel einstechen. Auf ein Backblech legen. 40 Minuten weich backen. Auf Zimmertemperatur abkühlen lassen.
2 Jede Kartoffel oben kreuzweise einritzen, aufdrücken und 1 kleinen Klacks Sauerrahm und etwas Kaviar darauf verteilen.
Vorbereitung: Kartoffeln bis zu 4 Stunden vorher garen. Dann 30 Minuten vor dem Servieren mit Sauerrahm und Kaviar belegen.
Hinweis: Es ist wichtig, kleine, gleich große Kartoffeln auszuwählen, so daß die Garzeit identisch ist und sie leicht zu essen sind. Man kann roten, schwarzen oder auch anderen Kaviar verwenden oder eine Mischung.

ROASTBEEF-RÖLLCHEN

Zubereitungszeit: 30 Minuten
Kochzeit: 30 Minuten
Ergibt ca. 20 Stück

500 g Rinderfilet, 8 cm im Durchmesser
3 EL Olivenöl
1¹/₂ EL Meerrettichsahne
1¹/₂ EL körniger Senf
1 Zucchini, in feine Streifen geschnitten
1 kleine Möhre, in feine Streifen geschnitten
1 kleine rote Paprikaschote, in feine Streifen geschnitten
60 g Zuckerschoten, in feine Streifen geschnitten

1 Den Backofen auf 200 °C (Gas 3) vorheizen. Das Filet parieren und mit etwas Öl einstreichen. Eine gußeiserne Pfanne auf hoher Stufe erhitzen. Das Fleisch rundum scharf anbraten, so daß sich die Poren schließen. In eine Fettpfanne legen und 20 Minuten in den Backofen schieben. Herausnehmen und abkühlen lassen.
2 In sehr dünne Scheiben schneiden. Meerrettichsahne und Senf mischen und dünn auf dem Rindfleisch verstreichen.
3 Das restliche Öl in einem Topf erhitzen. Zucchini, Möhre, Paprika und Zuckerschoten bei starker Hitze kurz garen. Abkühlen lassen. Ein kleines Bündel Gemüsestreifen auf das Ende jeder Fleischscheibe legen und diese aufrollen. Auf einem Teller anrichten und servieren.
Vorbereitung: Das Rindfleisch kann bis zu 2 Stunden im voraus gebraten und das Gemüse geschnitten werden. Das Gemüse aber frühestens 30 Minuten vor dem Servieren garen.

MAISMUFFINS MIT GARNELEN UND DILLMAYONNAISE

Zubereitungszeit: 15 Minuten
Kochzeit: 40 Minuten
Ergibt ca. 50 Stück

250 g Mehl, gesiebt
100 g Maismehl
1 EL Backpulver
60 g Zucker
2 Eier, leicht geschlagen
125 g Butter, zerlassen
250 ml Milch
3 EL frischer Dill, feingehackt
1 EL Zitronensaft
1 TL Meerrettichsahne
375 g Mayonnaise
300 g kleine Garnelen, gekocht

1 Den Backofen auf 200 °C (Gas 3) vorheizen. 2 flache Muffinbleche mit je 12 Vertiefungen einfetten. Das Mehl in eine große Schüssel sieben, mit Maismehl, Backpulver, Zucker und ¹/₂ Teelöffel Salz mischen. Eier, Butter und Milch zugeben. Rühren, bis sich die Zutaten gerade verbunden haben. In jede Muffinform etwas Teig geben, so daß die Vertiefungen zu ³/₄ gefüllt sind. 15–20 Minuten goldbraun backen. Zum Abkühlen auf ein Kuchengitter setzen. Fortfahren, bis der ganze Teig gebacken ist.
2 Dill, Zitronensaft und Meerrettichsahne unter die Mayonnaise heben und mit reichlich Salz und schwarzem Pfeffer würzen.
3 Aus den abgekühlten Muffins oben einen Kreis herausschneiden. Etwas Dillmayonnaise hineingeben. Eine Garnele darauf setzen und mit frisch gemahlenem schwarzem Pfeffer würzen.

PETERSILIE

Petersilie ist wahrscheinlich das in der Küche am häufigsten verwendete Kraut. Angebaut werden 2 verschiedene Arten. Die hier abgebildete krause Petersilie wird häufig im Garten gepflanzt und ist milder als die glatte Petersilie. Petersilie verleiht vielen Saucen, Gemüsen, Suppen und Schmorgerichten zusätzliches Aroma und ist gleichzeitig eine hübsche Garnierung. Sie ist reich an Vitaminen und Mineralstoffen.

KRÄUTERKÄSE-CRACKER

Zubereitungszeit: 40 Minuten
Backzeit: 8 Minuten je Blech
Ergibt 20 Stück

Keksteig

125 g Mehl

$^1/_2$ TL Backpulver

60 g Butter, zerkleinert

1 Ei, leicht geschlagen

60 g Cheddar, gerieben

1 TL frischer Schnittlauch, gehackt

1 TL frische Petersilie, gehackt

Käsefüllung

80 g Doppelrahmfrischkäse, streichfähig

20 g Butter

1 EL frischer Schnittlauch, gehackt

1 EL frische Petersilie, gehackt

$^1/_4$ TL Zitronenpfeffer

100 g Cheddar, gerieben

1 Den Backofen auf 190 °C (Gas 2–3) vorheizen. 2 Backbleche mit Backpapier auslegen.
2 Für den Keksteig Mehl und Backpulver in eine große Schüssel sieben. Butter zugeben. Mit den Fingerspitzen zu einer krümeligen Mischung verreiben.

3 In die Mitte eine Vertiefung drücken; Ei, Cheddar, die Kräuter und 1 Eßlöffel Eiswasser hineingeben. Mit einem breiten Messer einarbeiten, bis sich die Zutaten verbinden. Vorsichtig zusammenfassen und auf eine leicht bemehlte Arbeitsfläche geben. Zu einer Kugel formen.
4 Den Teig zwischen Backpapier 3 mm dick ausrollen. Das obere Backpapier abnehmen. Kreise von 5 cm Ø ausstechen und auf die Backbleche setzen. Die Teigreste nochmals ausrollen und weitere Kreise ausstechen. 8 Minuten goldgelb backen. Auf ein Kuchengitter geben und abkühlen lassen.
5 Für die Füllung den Rahmkäse und die Butter in einer kleinen Schüssel mit dem elektrischen Handrührgerät leicht und cremig aufschlagen. Kräuter, Pfeffer und Käse zugeben und zu einer glatten Mischung verquirlen. Auf der Hälfte der Kekse jeweils $^1/_2$ Teelöffel Füllung verstreichen, die anderen Kekse darauf setzen.
Hinweis: Statt Petersilie kann man auch frischen Zitronenthymian verwenden.
Vorbereitung: Die Kekse können bis zu 2 Tagen im voraus gebacken werden; luftdicht verschlossen aufbewahren oder einfrieren. Die Füllung kann am Vortag zubereitet werden. Abgedeckt im Kühlschrank aufbewahren.

OBEN: Kräuterkäse-Cracker

Die Hälfte des Rahmkäses mit einer Palette auf der Eierschicht verteilen.

Ist der Dip fest, kann man die Backform vorsichtig lösen.

EIER-KAVIAR-DIP

Zubereitungszeit: I Stunde + Kühlzeit
Kochzeit: 7 Minuten
Für 8–12 Personen

★ ★

7 Eier

3 EL frische Petersilie, feingehackt

3 EL Mayonnaise

80 g Schnittlauch, feingehackt

500 g Doppelrahmfrischkäse, streichfähig

100 g schwarzer Kaviar

300 g Sauerrahm

zusätzliche Schnittlauchstücke und schwarzen
   Kaviar zum Servieren

1 Einen Topf mit kaltem Wasser füllen. Die Eier vorsichtig hineinlegen. Zum Kochen bringen, dann die Hitze reduzieren und 7 Minuten köcheln. Abgießen, und die Eier in kaltem Wasser abschrecken. Abkühlen lassen.
2 Eine tiefe, gewellte Obstkuchenform, Ø ca. 18 cm, mit Frischhaltefolie auslegen, und diese großzügig am Rand überhängen lassen, damit sich der Dip später besser herausnehmen läßt.

3 Die Eier pellen und zerdrücken. Petersilie und Mayonnaise zugeben, salzen und pfeffern.
4 Die Eiermischung halbieren. Eine Hälfte in der Backform verteilen. Festdrücken, und die Oberfläche mit einer Palette oder einer Löffelrückseite glätten. Gut in die Ecken der Form pressen. Die Hälfte des Schnittlauchs darüber streuen und in den Dip drücken. Mit einer sauberen, warmen Palette die Hälfte des zimmerwarmen Rahmkäses darauf verstreichen. Darauf wiederum die Hälfte des Kaviars geben und leicht eindrücken.
5 Mit der restlichen Eiermischung, Schnittlauch, Rahmkäse und Kaviar wiederholen. Den Dip mit Frischhaltefolie abdecken. Festdrücken, damit die Schichten zusammenbleiben. 2 Stunden kalt stellen.
6 Die obere Frischhaltefolie abnehmen und einen Teller auf die Form legen. Den Dip auf den Teller stürzen, dabei die Form festhalten. Die Form vorsichtig abnehmen. Die Frischhaltefolie entfernen, den Rand dabei möglichst nicht beschädigen.
7 Den Sauerrahm in großen Klecksen auf den Dip geben und etwas verstreichen. Mit den zusätzlichen Schnittlauchstücken und etwas Kaviar garnieren. Dazu Cracker reichen.

OBEN: Eier-Kaviar-Dip

PASTETEN
Zwar zählen Pasteten insofern nicht zu den Snacks, als man sie nicht einfach mit den Fingern essen kann, sondern ein Messer benötigt, um sie auf Brot zu streichen; dennoch würde ohne sie auf dem Buffet etwas fehlen.

GRAND-MARNIER-PASTETE
90 g Butter in einem Topf zerlassen. 1 gehackte Zwiebel und 1 zerdrückte Knoblauchzehe darin weich dünsten. 250 g parierte Enten- oder Hühnerleber zugeben und 5–10 Minuten braten. Mit 2 Eßlöffeln Orangensaft, 1 Eßlöffel Grand Marnier (oder Portwein oder einem Likör nach Wahl), 1 Eßlöffel Sauerrahm und frisch gemahlenem Pfeffer in der Küchenmaschine oder dem Mixer zu einer glatten Paste verarbeiten. 2 Orangenscheiben (eventuell geviertelt) und frischen Schnittlauch oder Petersilie auf den Boden einer Servierschüssel (500 ml) legen. 1¹/₂ Teelöffel Gelatine auf 125 ml heiße Hühnerbrühe streuen; kräftig mit der Gabel schlagen, bis sie sich löst. 1 cm dick über die Orangen gießen. Im Kühlschrank fest werden lassen. Dann die Pastete darauf verteilen, die Form leicht aufklopfen und die Oberfläche glätten. Kalt stellen, bis die Pastete fest ist. Auf einen Servierteller stürzen. Mit Crackern oder Melba-Toast servieren. (Man kann die Pastete auch ohne den Gelatinebelag zubereiten und auf Crackern servieren.) Für 12–15 Personen.

FORELLENPASTETE
250 g geräucherte Forelle ohne Haut und Gräten, 125 g weiche Butter und 125 g weichen Doppelrahmfrischkäse 20 Se-

244

kunden in der Küchenmaschine glattpürieren. 1 Eßlöffel Zitronensaft, 1 Teelöffel
Meerrettichsahne, je 15 g feingehackte
Petersilie und Schnittlauch zugeben und
10 Sekunden einarbeiten. Mit Salz und
frisch gemahlenem schwarzem Pfeffer
würzen, gegebenenfalls noch mehr Zitronensaft ergänzen. Zum Servieren in eine
kleine Schale füllen. Dazu warmen Vollkorntoast reichen. Für 8–10 Personen.

ZITRONEN-GARNELEN-PASTETE

100 g Butter in einer Pfanne zerlassen.
Wenn sie schäumt, 3 zerdrückte Knoblauchzehen und 750 g rohe Garnelen
(ausgepult, Darm entfernt) zugeben und
3–4 Minuten braten, bis die Garnelen
rosa und durchgebraten sind. Abkühlen
lassen. Mit 1 Teelöffel geriebener Zitronenschale, 3 Eßlöffeln Zitronensaft und
$1/4$ Teelöffel geriebener Muskatnuß 20
Sekunden in der Küchenmaschine grob

pürieren. Würzen. Je 2 Eßlöffel Mayonnaise und gehackten Schnittlauch zugeben. 20 Sekunden verarbeiten, bis sich
alles vermischt hat. In eine Schüssel füllen,
und mindestens 1 Stunde kalt stellen, bis
die Pastete fest ist. Für 6–8 Personen.

PILZPASTETE

40 g Butter und 1 Eßlöffel Öl in einer
großen Pfanne erhitzen. 400 g zerkleinerte Wiesenchampignons und 2 zerdrückte
Knoblauchzehen darin dünsten, bis die
Pilze weich sind und die Flüssigkeit verdampft ist. 3 gehackte Frühlingszwiebeln
zugeben. Abkühlen lassen. Dann mit
1 Eßlöffel Zitronensaft, 100 g Ricotta,
100 g weichem Doppelrahmfrischkäse
und 2 Eßlöffeln frischem, gehacktem
Koriander in der Küchenmaschine glattrühren. Nach Geschmack würzen. In
eine Schüssel füllen. Abgedeckt 2 Stunden kalt stellen. Für 8–10 Personen.

WEICHKÄSE-PASTETE

150 g geröstete Pinienkerne in der
Küchenmaschine grob hacken. 500 g
zerbröckelten Fetakäse, 185 ml Sahne
und 2 Teelöffel grob gemahlenen Pfeffer
zugeben und zu einer glatten Mischung
verrühren. Je 30 g gehackte, frische
Pfefferminze, Dill und Petersilie zugeben
und gut mischen. Eine Schüssel (750 ml)
mit Frischhaltefolie auslegen. Die Käse-
masse hineingeben und festdrücken.
Abgedeckt mindestens 1 Stunde kalt
stellen, bis die Pastete fest ist. Auf einen
Teller stürzen, die Oberfläche mit einem
Messer glätten. Mit Toastdreiecken servieren. Für 12–15 Personen.

*IM UHRZEIGERSINN, VON LINKS: Grand-
Marnier-Pastete; Forellenpastete; Zitronen-
Garnelen-Pastete; Weichkäse-Pastete;
Pilzpastete*

1 Mehl, Hähnchengewürz und Fleisch in einem Gefrierbeutel mischen, so daß das Hähnchen paniert wird. Überschüssiges Mehl abschütteln.
2 Die Eier in einer flachen Schüssel leicht verquirlen. Das Paniermehl in einen Gefrierbeutel füllen.
3 Jeweils einige Hähnchenteile zuerst in das Ei tunken und dann im Paniermehl wenden. Ein Backblech mit Backpapier auslegen, das Fleisch darauf legen und ca. 30 Minuten kalt stellen.
4 In einer großen Pfanne 3 cm Öl auf 180 °C erhitzen (bis ein Brotwürfel darin in 15 Sekunden goldbraun wird). Die Hähnchenstreifen portionsweise goldbraun fritieren. Auf Küchenpapier abtropfen lassen. Mit der Sauce servieren.
5 Für die Sauce Saft, Essig, Sojasauce, Zucker und Tomatensauce in einen kleinen Topf geben. Auf niedriger Stufe unter Rühren erhitzen, bis sich der Zucker gelöst hat. Die Speisestärke in 1 Eßlöffel Wasser auflösen, in den Topf geben und stetig rühren, bis die Sauce aufkocht und eindickt. Hitze reduzieren. 2 Minuten köcheln.

WÜRSTCHEN IM SCHLAFROCK – GRUNDREZEPT

Zubereitungszeit: 30 Minuten
Backzeit: 15 Minuten
Ergibt 36 Stück

3 Blätterteige, fertig ausgerollt

2 Eier, leicht geschlagen

750 g Wurstbrät

1 Zwiebel, feingehackt

1 Knoblauchzehe, zerdrückt

80 g frisches Paniermehl

3 EL frische Petersilie, gehackt

3 EL frischer Thymian, gehackt

je $^1/_2$ TL Salbei, Muskatnuß, schwarzer Pfeffer und Nelken, gemahlen

1 Den Backofen auf 200 °C (Gas 3) vorheizen. Die Blätterteige halbieren, die Ränder leicht mit etwas geschlagenem Ei einstreichen.
2 Die Hälfte des restlichen Eis mit den verbleibenden Zutaten in einer großen Schüssel vermischen; in 6 Portionen teilen. Mit einem Spritzbeutel oder einem Löffel in der Mitte der Teigstücke verteilen. Den Teig über die Füllung falten, so daß sich die Ränder überlappen und die Naht unten liegt. Die Blätterteigrollen nochmals mit Ei einstreichen. In 6 kleine Stücke schneiden.

HÄHNCHENSTÜCKE MIT SÜSS-SAURER SAUCE

Zubereitungszeit: 30 Minuten + Kühlzeit
Kochzeit: 30 Minuten
Ergibt 35–40 Stück

60 g Mehl

1 EL Hähnchengewürz

4 Hähnchenbrustfilets, in 2 cm dicke Streifen geschnitten

2 Eier

150 g Paniermehl

Öl zum Braten

Süß-saure Sauce

250 ml Ananassaft

3 EL Weißweinessig

2 TL Sojasauce

2 EL feiner brauner Zucker

2 EL Tomatensauce

1 EL Speisestärke

OBEN: Hähnchenstücke mit süß-saurer Sauce

3 Jedes Blätterteigstück zweimal leicht einschlitzen und auf ein gefettetes Backblech legen. 15 Minuten backen, dann die Temperatur auf 180 °C (Gas 2–3) reduzieren und nochmals 15 Minuten goldgelb backen.

Zur Abwechslung kann man das Grundrezept variieren und eine der folgenden Füllungen ausprobieren.

SCHWEIN UND KALB IN CURRY

3 getrocknete Chinesische Pilze 30 Minuten in heißem Wasser quellen lassen. Ausdrücken und fein schneiden. 4 feingehackte Frühlingszwiebeln, 1 zerdrückte Knoblauchzehe, 1 feingehackte kleine rote Chilischote und 2–3 Teelöffel Currypulver in 1 Eßlöffel Öl anbraten. In einer Schüssel mit 750 g Schweine- und Kalbshack, 90 g frischem Paniermehl, den Pilzen, 1 leicht geschlagenen Ei, 3 Eßlöffeln gehacktem Koriander und je 1 Eßlöffel Soja- und Austernsauce mischen.

WÜRZIGES LAMM

750 g Lammhack, 90 g frisches Paniermehl, 1 kleine, geriebene Zwiebel, 1 Eßlöffel Soja-sauce, je 2 Teelöffel frischen, geriebenen Ingwer und feinen braunen Zucker, 1 Teelöffel gemahlenen Koriander, je ½ Teelöffel gemahlenen Kreuzkümmel und Sambal Oelek mischen. Nach dem Glasieren die Teigrollen leicht mit Mohnsamen bestreuen, dann backen.

PIKANTES RINDFLEISCH

1 gehackte Zwiebel und 1–2 zerdrückte Knoblauchzehen in 20 g Butter weich dünsten. 750 g mageres Rinderhack, die Zwiebel mit dem Knoblauch, 3 Eßlöffel feingehackte frische Petersilie, 3 Eßlöffel Mehl, 3 Eßlöffel Tomatensauce, je 1 Eßlöffel Worcester- und Sojasauce und 2 Teelöffel Piment gut mischen.

CHUTNEY-HÄHNCHEN

750 g Hähnchenfleisch, zu Hack verarbeitet, 4 feingehackte Frühlingszwiebeln, 80 g Paniermehl, 1 feingeriebene Karotte, 2 Eßlöffel Frucht-Chutney und je 1 Eßlöffel süße Chilisauce und geriebenen Ingwer mischen. Nachdem die Teigrollen mit Ei glasiert wurden, leicht mit Sesamsamen bestreuen. Anschließend wie angegeben backen.

UNTEN: Würstchen im Schlafrock – Grundrezept (links); Chutney-Hähnchen

LACHS-SATAY MIT INGWER-LIMETTEN-MAYONNAISE

Zubereitungszeit: 30 Minuten + Kühlzeit
Kochzeit: 4 Minuten
Ergibt 24 Spieße

500 g Atlantischer Lachs (oder Lachsforelle)
24 kleine Holzspieße
leichtes Olivenöl

Ingwer-Limetten-Mayonnaise

250 g Mayonnaise
60 g Naturjoghurt
1 TL frischer Ingwer, feingerieben
1 TL ungespritzte Limettenschale, feingerieben
2 TL Limettensaft

1 Die Haut vom Lachs abziehen. Mit einer Pinzette eventuelle Gräten entfernen; dann den Fisch in Frischhaltefolie gewickelt 1 Stunde einfrieren. Die Holzspieße 30 Minuten in kaltem Wasser einweichen (dadurch verbrennen sie beim Grillen nicht).
2 Das Lachsfilet in 5 cm breite Streifen schneiden. Locker auf die Holzspieße auffädeln und auf ein geöltes Backblech legen. Mit Öl einstreichen und nach Geschmack mit Salz und frisch gemahlenem Pfeffer bestreuen. In 2 Portionen jeweils 2 Minuten grillen. Vorsicht, Lachs wird trocken, wenn er zu lange gart. Mit der Ingwer-Limetten-Mayonnaise servieren.
3 Für die Ingwer-Limetten-Mayonnaise die Mayonnaise in eine kleine Schüssel geben und zu einer glatten Mischung verrühren. Joghurt, Ingwer, Limettenschale und -saft zugeben. Mit Salz und Pfeffer würzen und gut verrühren. Mindestens 1 Stunde kalt stellen.
Vorbereitung: Man kann die Spieße bis zu 1 Stunde im voraus zusammenstecken und im Kühlschrank aufbewahren. Erst kurz vor dem Servieren grillen. Die Mayonnaise hält abgedeckt im Kühlschrank bis zu 2 Tagen. Man kann die fertigen Spieße aber auch bis zu 2 Monaten einfrieren.

MINI-LINSENBURGER MIT TOMATEN-RELISH

Zubereitungszeit: 40 Minuten
Kochzeit: 55 Minuten
Ergibt 32 Stück

185 g braune Linsen
1 Lorbeerblatt
1 Zwiebel, grobgehackt
1 Knoblauchzehe, zerdrückt
1 kleiner Porree, in dünne Scheiben geschnitten
1 kleine Karotte, feingerieben
80 g frisches Paniermehl
2 Eigelb
2 EL frischer Koriander, gehackt
2 EL Öl
8 Scheiben Brot, in 4 x 4 cm große Quadrate geschnitten
Tomaten-Relish (Fertigprodukt) zum Servieren

1 Linsen und Lorbeerblatt in einem Topf mit reichlich Wasser begießen. Aufkochen lassen, dann 20–30 Minuten köcheln, bis die Linsen weich sind. Abgießen, das Lorbeerblatt entfernen.
2 Die Hälfte der gekochten Linsen mit der Zwiebel und dem Knoblauch in der Küchenmaschine zu einer glatten Paste verarbeiten. In einer Schüssel mit den restlichen Linsen, Porree, Karotte, Paniermehl, Eigelben und Koriander mischen. Mit Salz und frisch gemahlenem schwarzem Pfeffer würzen. Je 1 gestrichenen Eßlöffel zu einem kleinen Burger formen.
3 In einer beschichteten Pfanne etwas Öl erhitzen. Die Burger portionsweise von beiden Seiten braten. Gegebenenfalls mehr Öl zugeben. Auf Küchenpapier abtropfen lassen. Warm auf dem Brot (oder auf Toast) mit 1 Klacks Tomaten-Relish servieren. Mit frischen Kräutern garnieren.

AUSTERN MIT LACHSROGEN

Reichlich Steinsalz auf einem großen Teller verteilen. Darauf 1 Dutzend geöffneter Austern anrichten. Auf jede von ihnen 1 Teelöffel Crème fraîche geben sowie 1/2 Teelöffel Lachsrogen (man benötigt insgesamt 60 g). Mit schwarzem Pfeffer würzen und frischem Dill garnieren. Mit Limettenspalten servieren.

BRAUNE LINSEN

Linsen gibt es in unterschiedlichen Farben – u. a. braune, grüne und rote – und in verschiedenen Größen. Schon seit Jahrtausenden dienen sie als Nahrungsmittel und sind eine gute Quelle für Protein, Ballaststoffe, Kalium, Magnesium, Zink sowie für einige Vitamine des Vitamin-B-Komplexes. Vor der Zubereitung muß man Linsen verlesen, um mögliche kleine Steine zu entfernen. Je nach Sorte werden Linsen vor dem Kochen eingeweicht oder sofort weich gekocht. Man verwendet sie in den verschiedensten Gerichten, u. a. Suppen, Schmorgerichten, Dal und Salaten.

GEGENÜBERLIEGENDE SEITE: Lachs-Satay mit Ingwer-Limetten-Mayonnaise (oben); Mini-Linsenburger mit Tomaten-Relish

RINDFLEISCH-PASTINAKEN-BRATLINGE

Zubereitungszeit: 20 Minuten
Kochzeit: 25 Minuten
Ergibt 24 Stück

★ ★

2 Pastinaken, zerkleinert

100 g Paniermehl

200 g Rinderhack

1 Eigelb

¼ kleine Zwiebel, feingehackt

20 g frische Pfefferminzblätter, feingehackt

1 EL Zitronensaft

3 TL körniger Senf

2 EL Mehl

1 Ei

1 EL Milch

60 ml Olivenöl

150 g würziges Tomaten-Chutney

24 kleine, frische Pfefferminzblätter, zum
 Garnieren

*OBEN: Rindfleisch-
Pastinaken-Bratlinge*

1 Die Pastinaken in einem großen Topf mit kochendem Wasser 10 Minuten weich kochen. Abgießen und zu einer glatten Paste zerstampfen. Beiseite stellen und abkühlen lassen.

2 Die Pastinaken mit 35 g des Paniermehls, Fleisch, Eigelb, Zwiebel, Pfefferminze, Zitronensaft, Senf, Salz und frisch gemahlenem Pfeffer mischen.

3 Aus diesem Teig 24 Bratlinge formen und fest zusammendrücken. Mit Mehl bestäuben, überschüssiges Mehl abschütteln. Ei und Milch mischen, die Bratlinge darin eintauchen und anschließend in dem restlichen Paniermehl wenden.

4 Das Öl in einer großen Pfanne auf mittlerer Stufe erhitzen, und die Bratlinge portionsweise von jeder Seite 2–3 Minuten goldbraun braten. Auf Küchenpapier abtropfen lassen. Auf jedem Bratling 1 Teelöffel Tomaten-Chutney verteilen und obenauf ein Pfefferminzblatt legen. Sofort servieren.

Vorbereitung: Die Bratlinge können am Vortag zubereitet werden. Bis zum Braten abgedeckt im Kühlschrank aufbewahren.

MARINIERTE LAMM-KOTELETTS MIT SALSA VERDE

Zubereitungszeit: 30 Minuten + Marinierzeit
Kochzeit: 20–25 Minuten
Ergibt 24 Stück

2 ungespritzte Zitronen

4 EL mittelfeines Olivenöl

1 EL Dijon-Senf

3 Lammkronenkoteletts mit 8 kleinen Lamm-
	koteletts (ca. 1 kg), Fett abgeschnitten

40 g glatte Petersilie

3 Anchovis, abgetropft und feingehackt

1 Knoblauchzehe, zerdrückt

1 EL Olivenöl

1¹/₂ EL kleine Kapern, abgespült und abgetropft

1 Die Schale der Zitronen fein reiben und den Saft auspressen. 1 Teelöffel der Schale und 2 Eßlöffel des Saftes mit der Hälfte des Olivenöls und dem Senf in einer großen Schüssel mischen. Die Kotelettstücke zugeben und in der Marinade wenden. Abgedeckt mindestens 3 Stunden oder über Nacht kalt stellen.

2 Für die Salsa verde Petersilie, Anchovis, Knoblauch und 1 Eßlöffel des restlichen Zitronensaftes sowie 1 Teelöffel der Schale in der Küchenmaschine fein hacken. Bei laufendem Motor das restliche Olivenöl zugießen und zu einer glatten, dicken Paste verarbeiten. In eine Schüssel umfüllen, abdecken und mindestens 2¹/₂ Stunden kalt stellen.

3 Den Backofen auf 200 °C (Gas 3) vorheizen. Das Lamm abtropfen lassen, die Marinade wird nicht mehr benötigt. Das Olivenöl bei mittlerer Hitze in einer großen Fettpfanne erhitzen, die Lammkronen 5 Minuten rundum anbraten. Gelegentlich wenden. Die Fettpfanne in den Ofen stellen und 15–20 Minuten backen, bis das Fleisch zart ist. Mindestens 10 Minuten ruhen lassen, dann die Knochen trennen. Die Koteletts nebeneinander auf einen Teller legen, die Salsa verde darauf verteilen und mit Kapern bestreuen.

Hinweis: Bitten Sie den Metzger beim Kauf der Kronen, die Knochen am Ansatz durchzuschneiden. Dann lassen sie sich später besser in Koteletts trennen.

Vorbereitung: Man kann das Lamm am Vortag braten und kalt stellen. Kurz vor dem Servieren aus dem Kühlschrank nehmen, in Koteletts schneiden und servieren. Die Salsa verde kann am Vortag zubereitet und kalt gestellt werden.

OLIVENÖL

Olivenöl wird durch Pressen von Oliven gewonnen. Dabei kennt man 2 Verfahren. Bei der sogenannten Kaltpressung werden die Oliven einfach zerdrückt, und man erhält unraffiniertes Öl. Werden Oliven mittels Hitze gepreßt und zusätzlich behandelt, u. a. durch Zugabe von Konservierungsmitteln, erhält man das raffinierte Öl. Olivenöl wird in unterschiedlichen Qualitäten verkauft, die für verschiedene Zwecke verwendet werden. Natives Olivenöl extra vergine gilt als eines der besten Öle. Es wird kaltgepreßt und aus ausgewählten Oliven gewonnen. Man setzt es hauptsächlich für Salatsaucen und zur Aromaverfeinerung ein. Feines und mittelfeines Olivenöl ist zwar auch kaltgepreßt, wird aber aus reiferen Oliven gewonnen und zum Kochen und als Salatsauce verwendet. Für das billigere heißgepreßte Olivenöl werden manchmal Olivenreste verwendet, die bei der Kaltpressung angefallen sind.

LINKS: Marinierte Lammkoteletts mit Salsa verde

AUS DER SCHALE Einige Nahrungs-

mittel benötigen kaum Zubereitung – als seien sie für eine Party erfunden. Muscheln

beispielsweise … einfach mit etwas Sauce beträufeln und in der Schale servieren.

AUSTERN MIT PROSCIUTTO UND BALSAMICO-ESSIG
24 frische Austern auf ein Backblech legen und mit 2–3 Eßlöffeln Balsamico-Essig beträufeln. 6 Scheiben Prosciutto zerkleinern und darüber verteilen. Mit zerstoßenem schwarzem Pfeffer bestreuen und 1 Minute unter einen heißen Grill stellen, bis der Schinken kroß wird. Ergibt 24 Stück.

AUSTERN MIT ESTRAGON
24 frische Austern aus den Schalen nehmen. Die Schalen abspülen und beiseite stellen. Die Austern mit einem Eßlöffel frischem, gehacktem Estragon, 1 klein-gehackten Frühlingszwiebel, 2 Teelöffeln Weißweinessig, 1 Eßlöffel Zitronensaft und 2 Eßlöffeln Olivenöl extra vergine mischen, abdecken und 30 Minuten kalt stellen. Die Schalen auf einem Teller ar-

rangieren, die Austern wieder hinein-geben. Mit der restlichen Vinaigrette beträufeln. Ergibt 24 Stück.

JAKOBSMUSCHELN MIT LIMETTEN-HOLLANDAISE
Mit einem scharfen Messer 24 Jakobsmu-scheln vorsichtig aus den Schalen lösen, den grauen Rand entfernen. Die Schalen mit warmem Wasser abspülen; auf einem

Backblech bei 180 °C (Gas 2–3) 5 Minuten im Ofen erwärmen. Die Muscheln 2–4 Minuten grillen oder braten, dann in ihre Schalen zurückgeben. Für die Sauce 1 Eigelb und 1 Eßlöffel Limettensaft 30 Sekunden in der Küchenmaschine (oder einer Schüssel) verquirlen. Bei laufendem Motor 50 g zerlassene Butter in dünnem Strahl zugießen. In eine Schüssel füllen, 1 Eßlöffel gehackten Schnittlauch zugeben, salzen und pfeffern. 1 Teelöffel Sauce auf jede Muschel geben. Ergibt 24 Stück.

ZITRUS-JAKOBSMUSCHELN

Mit einem scharfen Messer 24 Jakobsmuscheln vorsichtig aus den Schalen lösen, den grauen Rand entfernen. Die Schalen mit warmem Wasser abspülen und auf einem Backblech bei 180 °C (Gas 2–3) 5 Minuten im Ofen erwärmen. Die Muscheln 2–4 Minuten grillen oder

braten, dann in die Schalen zurückgeben. Für die Sauce 3 Eßlöffel Limettensaft, 1 Eßlöffel Zitronensaft, 1 feingehackte rote Chili, 1 Eßlöffel Fischsauce, 2 Teelöffel Zucker, 3 Teelöffel gehackten, frischen Koriander und 2 Teelöffel gehackte, frische Minze mischen. 1 Teelöffel Sauce auf jede Jakobsmuschel verteilen und servieren. Ergibt 24 Stück.

MUSCHELN MIT BLOODY-MARY-SAUCE

24 Miesmuscheln abschrubben, die Bärte entfernen (offene Muscheln, die sich bei Berührung nicht schließen, wegwerfen). Mit dem Saft von 1 Zitrone und 1 Eßlöffel Wasser in einen großen, gußeisernen Topf geben. Deckel auflegen. Bei mittlerer Hitze 2–3 Minuten dämpfen. Die Muscheln herausnehmen, sobald sie sich öffnen. (Muscheln, die sich nicht geöffnet

haben, wegwerfen.) Die obere Schale entfernen. Mit einem kleinen Messer an der Schale entlangfahren und die Muscheln lösen, dann in den Schalen auf ein dick mit Salz bestreutes Backblech legen (so liegen sie gerade und die Füllung fällt nicht heraus). Für die Sauce 2 Eßlöffel Wodka, 2 Eßlöffel Tomatensaft, 1 Eßlöffel Zitronensaft, 2 Teelöffel Worcestersauce, 1 Spritzer Tabasco und 1/4 Teelöffel Selleriesalz mischen. Je 1 Teelöffel Sauce auf die Muscheln verteilen und einige Sekunden grillen, bis die Sauce warm ist. Frisch gemahlenen Pfeffer darüber streuen und sofort servieren. Ergibt 24 Stück.

VON LINKS: Austern mit Prosciutto und Balsamico-Essig; Austern mit Estragon; Jakobsmuscheln mit Limetten-Hollandaise; Zitrus-Jakobsmuscheln; Muscheln mit Bloody-Mary-Sauce

FLORENZER MINI-EIER

Zubereitungszeit: 15 Minuten + Kühlzeit
Kochzeit: 30 Minuten
Ergibt 24 Stück

★★

Sauce Hollandaise

3 Eigelb
2 EL Limetten- oder Zitronensaft
125 g Butter, zerlassen

6–8 Scheiben Toastbrot
Öl
24 Wachteleier
250 g Spinat, geputzt

1 Den Backofen auf 180 °C (Gas 2–3) vorheizen. Für die Sauce Hollandaise die Eigelbe und den Saft 5 Sekunden in der Küchenmaschine verquirlen, dann langsam die zerlassene Butter zugeben. In eine Schüssel umfüllen. 30 Minuten kalt stellen, bis sie eindickt.

2 Aus dem Brot 24 Kreise von 4 cm Ø ausstechen. Auf ein Backblech legen, mit Öl besprühen und 10 Minuten backen. Wenden und nochmals 5 Minuten trocken und knusprig backen.

3 In eine große, beschichtete Pfanne 2¹/₂ cm Wasser füllen. Zum Köcheln bringen. Die Hitze reduzieren, so daß sich das Wasser nicht mehr bewegt. Die Eier vorsichtig hineinschlagen. Sobald sie kochen, mit dem Löffel etwas Wasser darüber geben. Sind sie fest geworden, herausnehmen und auf Küchenpapier abtropfen lassen.

4 Den Spinat 2 Minuten dämpfen oder in der Mikrowelle garen, bis er zusammenfällt, dann abgießen. Zum Anrichten etwas Spinat auf den Brotkreisen verteilen, ein Ei darauf legen und mit Sauce Hollandaise beträufeln. Sofort servieren.

Hinweis: Wachteleier erhält man in Delikatessengeschäften oder bestellt sie im Geflügelfachgeschäft. Sauce Hollandaise wird auch als Fertigprodukt angeboten. Saucenreste halten abgedeckt im Kühlschrank bis zu 5 Tagen.

SAUCE HOLLANDAISE

Die Ursprünge dieser gehaltvollen, cremigen Sauce sind unbekannt, doch sprachlich wird sie oftmals mit Holland verbunden. Man serviert sie zu Fisch, Eiern und Gemüse, insbesondere Spargel.

RECHTS: Florenzer Mini-Eier

GERÖSTETE KÄSE-SANDWICHES

Zubereitungszeit: 20 Minuten
Kochzeit: 20 Minuten
Ergibt ca. 40 Stück

20 dicke Scheiben Weißbrot
2–3 EL Dijon-Senf
10 Scheiben Cheddarkäse
Öl zum Braten
Mehl zum Bestäuben
3 Eier, leicht geschlagen
Brunnenkresse zum Garnieren

1 Die Kanten vom Brot abschneiden. Mit Senf bestreichen. Mit 1 Käsescheibe und 1 weiteren Brotscheibe belegen.
2 Etwas Öl in einer Pfanne erhitzen. Die Sandwiches leicht mit Mehl bestäuben und kurz in das geschlagene Ei tauchen.
3 Von jeder Seite goldgelb braten; auf Küchenpapier abtropfen lassen. Anschließend die Sandwiches vierteln und mit Brunnenkresse garnieren. Heiß servieren.
Vorbereitung: Man kann die Sandwiches bis zu 4 Stunden vorher belegen, sollte sie allerdings erst kurz vor dem Braten in Mehl und Ei wenden.

KÄSEHAPPEN MIT MANDELN

Zubereitungszeit: 30 Minuten + Kühlzeit
Kochzeit: 20 Minuten
Ergibt 24 Stück

500 g Cheddar, gerieben
250 g Kürbis, gekühlt und zerdrückt
40 g Mehl
1 Knoblauchzehe, zerdrückt
2 EL frischer Schnittlauch oder Petersilie, gehackt
2 Eiweiß
250 g gehobelte Mandeln, grobgehackt
Öl zum Fritieren

1 Käse, Kürbis, Mehl, Knoblauch und Schnittlauch in einer großen Schüssel mischen. Das Eiweiß in einer zweiten Schüssel steif schlagen und unterheben.
2 Die Mischung löffelweise zu Kugeln formen. In den Mandeln rollen, auf ein Backblech legen und 1 Stunde kalt stellen.
3 Einen tiefen, gußeisernen Topf zu $^1/_3$ mit Öl füllen, und das Öl auf 180 °C erhitzen (bis ein Brotwürfel darin in 15 Sekunden goldbraun wird). Die Kugeln portionsweise goldbraun fritieren. Auf Küchenpapier abtropfen lassen.

KÜRBIS

Der bekannte Speise- oder Riesenkürbis hat einen süßen Geschmack und ist sehr vielseitig. Man kann ihn backen, dämpfen, zerstampfen oder pürieren, in Risotto verwenden oder daraus eine leckere Suppe zubereiten. Ein ganzer Kürbis hält an einem kalten, dunklen Ort ca. 6 Wochen. Sobald er jedoch angeschnitten ist, muß man ihn bald verwerten. Die Samen herausnehmen, in Frischhaltefolie wickeln und im Kühlschrank aufbewahren. Angeboten werden im Handel verschiedene Kürbissorten. Einige sind riesig, andere winzig, einige sind rund und dick, andere, wie der Butternuß-Kürbis, länglich. Beim Kauf sollten Kürbisse fest und für ihre Größe schwer sein.

OBEN: Geröstete Käsesandwiches

255

OLIVEN-KÄSE-AUFSTRICH

Zubereitungszeit: 15 Minuten
Kochzeit: entfällt
Ergibt 500 ml

250 g Doppelrahmfrischkäse, streichfähig
200 g Fetakäse
20 g Basilikum
3 EL Olivenöl
15 Kalamata-Oliven, entkernt und grobgehackt

1 Käse, Basilikum, 1 Eßlöffel Öl und ¼ Teelöffel zerstoßenen, schwarzen Pfeffer in einer Schüssel zu einer glatten Masse verrühren.
2 Die Oliven unterheben. In eine Servierschüssel füllen. Die Oberfläche glätten. Das restliche Öl darübergießen. Mit etwas zerstoßenem Pfeffer garnieren und zu warmer Bruschetta servieren.

RÄUCHERLACHSPASTETE AUF SCHNITTLAUCH-PIKELETS

Zubereitungszeit: 30 Minuten + Ruhezeit
Kochzeit: 40 Minuten
Ergibt ca. 30 Stück

125 g Räucherlachs
2 TL Butter, weich
1 kleine Zwiebel, gehackt
1½ TL Meerrettichsahne
30 g Butter, weich, zusätzlich
3 TL Estragon, gehackt
1 Limette, in winzige Spalten geschnitten
roter oder schwarzer Kaviar zum Garnieren

Schnittlauch-Pikelets

60 g Mehl, vermischt mit ½ TL Backpulver
1 EL Schnittlauch, grobgehackt
1 Eigelb, leicht geschlagen
125 ml Milch

1 Den Lachs grob zerkleinern. Die Butter in einem kleinen Topf erhitzen; die Zwiebel weich dünsten. Mit dem Lachs, der Meerrettichsahne der zusätzlichen Butter und etwas Salz und frisch gemahlenem schwarzem Pfeffer in der Küchenmaschine pürieren. Den Estragon zugeben und kurz einarbeiten.

2 Für die Pikelets Mehl, Backpulver und 1 Prise Salz in eine Schüssel sieben. Schnittlauch unterrühren. In die Mitte eine Mulde drücken. Nach und nach Eigelb und so viel Milch unterschlagen, daß ein glatter Teig von der Konsistenz dickflüssiger Sahne entsteht. 15 Minuten beiseite stellen. Eine beschichtete Pfanne leicht fetten. Den Teig teelöffelweise hineingeben. Pikelets wenden, sobald Blasen an der Oberfläche erscheinen. Auf einem Kuchengitter abkühlen lassen.
3 Die Pastete auf den Pikelets verteilen. Mit Limette und etwas Kaviar garnieren.
Vorbereitung: Pikelets bis zu 3 Stunden vorher zubereiten; abgedeckt im Kühlschrank lagern.

OLIVEN-MANDEL-SCHWEINSOHREN

Zubereitungszeit: 30 Minuten
Backzeit: 20 Minuten
Ergibt ca. 24 Stück

75 g schwarze Oliven, entkernt und gehackt
100 g Mandeln, gemahlen
25 g Parmesan, gerieben
2 EL frisches Basilikum, gehackt
3 EL Olivenöl
2 TL körniger Senf
2 Blätterteige, fertig ausgerollt
60 ml Milch

1 Den Backofen auf 200 °C (Gas 3) vorheizen.
2 Backbleche mit Backpapier auslegen. Oliven, Mandeln, Parmesan, Basilikum, Öl, Senf, ¼ Teelöffel Salz und ½ Teelöffel zerstoßenen schwarzen Pfeffer in der Küchenmaschine zu einer Paste verarbeiten.
2 Die Hälfte der Paste auf einem Blätterteig verstreichen. Zwei gegenüberliegende Seiten einklappen, so daß sie in der Mitte zusammenstoßen.
3 Nochmals so falten. Den Teig mit Milch einstreichen. Mit dem zweiten Blätterteig und der Restpaste wiederholen. In 1½ cm dicke Scheiben schneiden. Diese zu einem V formen, bei dem sich die Seiten leicht nach außen wölben. Mit ausreichendem Abstand auf die Backbleche legen. 15–20 Minuten goldgelb backen. Warm oder abgekühlt servieren.
Vorbereitung: Schweinsohren können bis zu 6 Stunden im voraus gebacken werden; luftdicht verschlossen aufbewahren.
Hinweis: Alternativ fertige Olivenpaste nehmen.

SCHWEINSOHREN

Normalerweise handelt es sich bei Schweinsohren um süßes Blätterteiggebäck, dessen Form eher an Schmetterlinge als an die Ohren besagter Tiere erinnert. Hier wurde der Blätterteig dagegen mit einer würzigen Mischung bestrichen; diese pikante Variante paßt gut zu einem Glas Wein.

GEGENÜBERLIEGENDE SEITE: Oliven-Käse-Aufstrich (oben); Räucherlachspastete auf Schnittlauch-Pikelets

SÜSSKARTOFFEL-CRÊPES MIT ENTE

Die Entenbrüste auf einem Rost über einer Fettpfanne braten.

Den Teig in der Pfanne schnell mit der Löffelrückseite ausstreichen.

Die Crêpes über die Füllung klappen und dann vierteln.

OBEN: Süßkartoffel-Crêpes mit Ente

SÜSSKARTOFFEL-CRÊPES MIT ENTE

Zubereitungszeit: 25–30 Minuten + Kühlzeit
Kochzeit: 55 Minuten
Ergibt 24 Stück

★ ★ ★

125 g Mehl

1/2 TL Natron

3 Eier, leicht geschlagen

375 ml Milch

1 EL leichtes Olivenöl

2 TL Kreuzkümmel, gemahlen

3 Entenbrustfilets (ca. 450 g)

60 ml Olivenöl

2 EL Orangensaft

1 EL Limettensaft

1 TL Grenadine-Sirup

1/4 TL Orangenschale, feingerieben

1/2 TL Zucker

1 Prise Kreuzkümmel, gemahlen

60 g Süßkartoffeln, feingerieben

2 EL frischer Koriander, gehackt

frische Korianderblätter,
  zusätzlich

1 Den Backofen auf 200 °C (Gas 3) vorheizen. Mehl und Natron in eine große Schüssel sieben. In die Mitte eine Mulde drücken. Eier, Milch, Olivenöl und Kreuzkümmel mischen. Nach und nach zugeben und zu einem glatten Teig verquirlen. Abgedeckt 30 Minuten kalt stellen.
2 Die Filets rundum salzen und pfeffern. Eine beschichtete Pfanne erhitzen. Die Ente bei mittlerer Temperatur anbraten, dann mit der Haut nach oben 20 Minuten auf einem Rost über einer Fettpfanne im Ofen garen. Danach mindestens 5 Minuten an einem warmen Ort ruhen lassen.
3 Olivenöl, Säfte, Grenadine, Orangenschale, Zucker und Kreuzkümmel in einem Schraubglas durch kräftiges Schütteln gut vermischen.
4 Von den Filets die Haut entfernen; dann quer zur Faser in dünne Scheiben oder kleine Stücke schneiden. In Alufolie im Ofen warm halten.
5 Kartoffeln zwischen 2 Blatt Küchenpapier ausdrücken; dabei so viel Flüssigkeit wie möglich herauspressen. Mit dem Koriander in den Teig rühren. 1 Eßlöffel Teig in eine beschichtete Pfanne oder eine gefettete Crêpe-Pfanne geben. Mit der Löffelrückseite schnell ausstreichen, so daß die Crêpe 12 cm Ø erreicht. Die Unterseite 1 Minute hellbraun backen. Wenden und von der anderen Seite backen. Auf diese Weise 24 Crêpes zubereiten. Man kann sie stapeln, locker in Alufolie wickeln und im Backofen warm halten.

BALSAMICO-ESSIG

Qualitativ guter Balsamico-Essig ist recht teuer, da seine Herstellung aus Trebbiano-Trauben langwierig ist. Echter Balsamico-Essig reift 30–50 Jahre und wird nur von ungefähr 40 Familien in Italien hergestellt, wodurch natürlich nur eine sehr begrenzte Produktion zur Verfügung steht. Gewöhnlich sagt der Preis etwas über die Qualität aus. Doch auch einige der billigeren Sorten mit kürzerem Reifeprozeß sind recht gut. Ganz billigen Balsamico-Essig sollte man allerdings meiden, da es sich um schlechte Imitationen handelt. Balsamico-Essig wird in vielen Salatsaucen, Marinaden und Saucen verwendet oder vor dem Grillen auf Grillfleisch gestrichen.

6 Zum Servieren auf einem Viertel jedes Crêpes etwas Fleisch verteilen. Mit dem Grenadine-Dressing beträufeln und den zusätzlichen Korianderblättern belegen. Die Crêpes zweimal falten, so daß sie geviertelt sind und die Füllung umschließen.

Hinweis: Grenadine ist ein Sirup aus Granatäpfeln.

Vorbereitung: Crêpes und Ente am Vortag zubereiten. Separat abgedeckt im Kühlschrank aufbewahren. In Alufolie gewickelt aufwärmen. Das Dressing am Vortag zubereiten und im Kühlschrank aufbewahren; zimmerwarm servieren.

COCKTAILWÜRSTCHEN MIT SAHNEMEERRETTICH

Zubereitungszeit: 15 Minuten
Kochzeit: 25 Minuten
Ergibt 12 Stück

2 EL Olivenöl, extra vergine

2 rote Zwiebeln, in dünne Spalten geschnitten

2 EL brauner Zucker

3 TL Balsamico-Essig

100 g Doppelrahmfrischkäse, streichfähig

1 EL Meerrettichsahne

12 Cocktailwürstchen

12 kleine Brötchen, vorgebacken

100 g Rauke, ohne Stiele

1 Den Backofen auf 220 °C (Gas 3–4) vorheizen. $1/2$ Eßlöffel Olivenöl in einem kleinen Topf erhitzen. Zwiebel und $1^1/_2$ Eßlöffel Wasser zugeben, Deckel auflegen und bei mittlerer Temperatur 10 Minuten kochen, gelegentlich umrühren, bis die Zwiebel weich ist und braun wird. Zucker und Essig einrühren. Ohne Deckel nochmals 3 Minuten kochen, bis die Sauce eindickt. Würzen und warm stellen.

2 Zwischenzeitlich Rahmkäse und Meerrettichsahne zu einer glatten Mischung verrühren.

3 Das restliche Öl in einer großen Pfanne erhitzen. Die Würstchen portionsweise bei mittlerer Hitze 6–8 Minuten braun braten. Herausnehmen, auf Küchenpapier abtropfen lassen.

4 Derweil die Brötchen entsprechend den Packungshinweisen aufbacken. Noch heiß in der Mitte auf-, aber nicht durchschneiden. Die Käsemischung darauf verteilen sowie mit Rauke, 1 Würstchen und Zwiebeln füllen. Servieren.

Hinweis: Alternativ zu Cocktailwürstchen lange dünne Würstchen verwenden und diese in der Mitte umknicken.

OBEN: Cocktailwürstchen mit Sahnemeerrettich

KICHERERBSEN

Kichererbsen sind die Samen einer aus Asien stammenden Hülsenfrucht. Sie bieten eine gute Quelle für Protein, Ballaststoffe, Eisen, B-Vitamine und Kalium und gelten daher als ausgezeichnetes Grundnahrungsmittel für Vegetarier. Da getrocknete Kichererbsen vor dem Kochen über Nacht eingeweicht werden müssen, ist es manchmal einfacher, Kichererbsen aus der Dose zu verwenden, die in Fachgeschäften ebenfalls erhältlich sind.

OBEN: Hähnchen-Felafel in Weizentortillas

HÄHNCHEN-FELAFEL IN WEIZENTORTILLAS

Zubereitungszeit: 30 Minuten + Ruhezeit
Kochzeit: 20 Minuten
Ergibt 24 Stück

50 g Bulgur (Weizenschrot)

4 Weizentortillas

2 Frühlingszwiebeln, in dünnen Scheiben

1 große Tomate, entkernt, feingeschnitten

1 Minigurke, feingeschnitten

15 g frische, glatte Petersilie, gehackt

1 EL Zitronensaft

1 EL Olivenöl, extra vergine

1 EL Olivenöl

1 Zwiebel, feingehackt

1 Knoblauchzehe, zerdrückt

2 TL Koriander, gemahlen

1 TL Kreuzkümmelsamen

1/2 TL Zimt, gemahlen

250 g Hähnchenfleisch, zu Hack verarbeitet

300 g Kichererbsen aus der Dose, abgespült, abgetropft und zerdrückt

10 g frische, glatte Petersilie, zusätzlich, gehackt

10 g frische Pfefferminzblätter, gehackt

2 EL Mehl

Pflanzenöl zum Fritieren

60 g griechischer Naturjoghurt

1 Den Bulgur 20 Minuten in heißem Wasser einweichen. Die Tortillas der Länge nach dritteln, dann halbieren. Mit einem feuchten Tuch abdecken, damit sie nicht austrocknen. Aus Backpapier 24 Rechtecke in der Größe der Tortillas zuschneiden und jeweils um die untere Hälfte der Tortillas wickeln, so daß eine Tüte entsteht. An der Spitze zusammendrehen.

2 Bulgur in einem Haarsieb abgießen; möglichst viel Wasser ausdrücken. In einer Schüssel mit Zwiebeln, Tomate, Gurke, Petersilie, Zitronensaft und dem Olivenöl extra vergine mischen. Würzen.

3 Das andere Olivenöl in einem Topf erhitzen; Zwiebel und Knoblauch bei mittlerer Hitze 5 Minuten weich dünsten. Die Gewürze zugeben und nochmals 1 Minute garen, bis diese duften.

4 Zwiebelmischung, Hähnchenfleisch, Kichererbsen, Petersilie und Pfefferminze in einer Schüssel mit Salz und Pfeffer würzen und gut vermischen. 24 Taler formen; fest zusammen-

drücken. Im Mehl wenden; überschüssiges Mehl abschütteln.

5 Einen tiefen, gußeisernen Topf zu $1/3$ mit Öl füllen, und das Öl auf 180 °C erhitzen (bis ein Brotwürfel darin in 15 Sekunden goldbraun wird). Die Felafel portionsweise von jeder Seite 3–4 Minuten goldfarben fritieren. Auf Küchenpapier abtropfen lassen.

6 In jede Tüte einen Taler, etwas Weizenmischung und $1/2$ Teelöffel Joghurt geben.

Vorbereitung: Der Weizensalat sollte erst am jeweiligen Tag zubereitet werden. Die Küchlein können am Vortag vorbereitet, sollten aber erst kurz vor dem Servieren fritiert werden.

KALAMARI MIT TARTARSAUCE

Zubereitungszeit: 30 Minuten
Kochzeit: 10 Minuten
Für 8 Personen

1 kg kleine Kalamarmäntel, gesäubert
4 EL Speisestärke
4 Eier, leicht geschlagen
2 Knoblauchzehen, zerdrückt

1 EL geriebene Zitronenschale
200 g Paniermehl
Öl zum Fritieren

Tartarsauce

250 g Mayonnaise
2 EL Schnittlauch, gehackt
2 kleine Perlzwiebeln, feingehackt
1 EL Senfsamen

1 Die Kalamari in dünne Ringe schneiden. In Speisestärke wenden, überschüssige Speisestärke abschütteln. Ei, Knoblauch und Zitronenschale mischen. Die Kalamari eintauchen. Im Paniermehl wenden; überschüssiges Mehl abschütteln.

2 Einen tiefen, gußeisernen Topf zu $1/3$ mit Öl füllen, und das Öl auf 180 °C erhitzen. Es hat die richtige Temperatur, wenn ein Brotwürfel darin in 15 Sekunden goldbraun wird. Die Kalamari in kleinen Portionen vorsichtig hineingeben und 1 Minute fritieren, so daß sie heiß und goldbraun sind. Mit einem Schaumlöffel herausnehmen. Auf Küchenpapier abtropfen lassen und warm stellen. Die restlichen Kalamari fritieren.

3 Für die Tartarsauce alle Zutaten mischen. Gut verrühren und zu den Kalamari servieren.

OBEN: Kalamari mit Tartarsauce

PORREE

Porree hat eine lange Geschichte. Sie reicht mindestens bis in das alte Ägypten zurück, als das Gemüse zu den Nahrungsmittelrationen der Erbauer der Pyramiden gehörte. Porree ist zudem die Nationalpflanze von Wales. In einem Gefecht im 7. Jahrhundert trugen die Walliser als Erkennungszeichen Porree an ihren Helmen, damit sie nicht die Falschen töteten. Heute tragen Walliser am St. Davids Day in Gedenken an den errungenen Sieg Porree im Knopfloch. Man kann Porree dämpfen oder dünsten und in Suppen, Pies oder Schmorgerichten verwenden oder Salaten zugeben.

GEGENÜBERLIEGENDE SEITE: Pastinaken-Hähnchen mit knusprigem Porree (links); Honigkalb auf Papadams

PASTINAKEN-HÄHNCHEN MIT KNUSPRIGEM PORREE

Zubereitungszeit: 15 Minuten
Kochzeit: 25 Minuten
Ergibt 24 Stück

✦ ✦

1 große Pastinake, zerkleinert
500 g Spinat
250 g Hähnchenfleisch, zu Hack verarbeitet
4 Frühlingszwiebeln, in dünnen Scheiben
1 Eigelb
50 g Paniermehl
1 EL Zitronensaft
2 TL frischer Thymian, gehackt
2 EL Polenta
1 Porreestange
60 ml leichtes Olivenöl
125 g fettarmer Sauerrahm
50 g sahniger Blauschimmelkäse

1 Die Pastinake in einem Topf mit kochendem Wasser 10 Minuten garen. Abgießen und zu einer glatten Masse zerstampfen, abkühlen lassen.
2 Den Spinat putzen, abspülen und in einem Topf mit kochendem Wasser 1 Minute kochen. Abgießen. Unter kaltem Wasser abspülen. Gründlich abtropfen lassen. Mit den Händen möglichst viel Flüssigkeit ausdrücken. Dann feinhacken.
3 Pastinaken, Spinat, Hähnchen, Zwiebeln, Eigelb, Paniermehl, Zitronensaft, Thymian, Salz und Pfeffer in einer Schüssel mischen. 24 Taler formen; fest zusammendrücken. Mit Polenta bestäuben, überschüssige Polenta abschütteln.
4 Den harten grünen Teil des Porrees abschneiden. Das untere Stück putzen. Die Porreestange in 6 cm lange Stücke und diese längs in dünne Streifen schneiden. Das Öl in einer großen Pfanne auf mittlerer Stufe erhitzen. Den Porree goldbraun braten; auf Küchenpapier abtropfen lassen. Die Taler in die Pfanne geben; portionsweise von jeder Seite 3–4 Minuten goldbraun braten. Auf Küchenpapier abtropfen lassen.
5 Zwischenzeitlich Sauerrahm und Käse in einer kleinen Schüssel verrühren; mit Salz und Pfeffer würzen. Zum Servieren 1 Teelöffel davon auf die Taler geben. Knusprigen Porree darüber streuen. Sofort servieren.
Vorbereitung: Taler am Vortag zubereiten und bis zum Braten abgedeckt im Kühlschrank aufbewahren. Oder bis zu 2 Monaten einfrieren. Den Porree erst kurz vor dem Servieren braten.

HONIGKALB AUF PAPADAMS

Zubereitungszeit: 20 Minuten
Kochzeit: 1 Stunde 10 Minuten
Ergibt 24 Stück

✦ ✦

2 EL Olivenöl
650 g Kalbshaxe, kleingewürfelt
1 Zwiebel, gehackt
2 Knoblauchzehen, zerdrückt
1 Zimtstange
2 TL Kreuzkümmel, gemahlen
1 TL Koriandersamen, zerdrückt
$\frac{1}{4}$ TL Kardamom, gemahlen
300 ml Hühnerbrühe
24 kleine Papadams
3 Datteln, entkernt und in dünne Scheiben geschnitten
4 Pflaumen, entkernt und feingehackt
3 TL Honig
125 g griechischer Naturjoghurt
frische Korianderblätter zum Garnieren

1 In einer Pfanne 1 Eßlöffel Olivenöl erhitzen; das Kalbfleisch portionsweise bei starker Hitze anbraten. Anschließend Fleisch und Bratensaft in eine Schüssel umfüllen.
2 Das restliche Öl in derselben Pfanne erhitzen; Zwiebel und Knoblauch zugeben. Die Zwiebel 5 Minuten unter Rühren bißfest dünsten. Die Gewürze zugeben. 1 weitere Minute dünsten, bis sie ihren Duft voll entfalten. Das Fleisch wieder hineingeben, die Brühe zugießen und aufkochen lassen. Die Hitze reduzieren; abgedeckt bei schwacher Hitze 30 Minuten köcheln.
3 Den Deckel abnehmen. Nochmals 30 Minuten köcheln, bis die Flüssigkeit eindickt und das Kalbfleisch durchgebraten ist. Derweil die Papadams entsprechend den Packungsanweisungen aufbacken.
4 Datteln, Pflaumen und Honig zum Kalbfleisch geben. Zum Anrichten das Kalbfleisch in die Mitte der Papadams füllen. Je 1 Teelöffel Joghurt und 1 Korianderblatt darauf setzen. Sofort servieren.
Vorbereitung: Das Kalbfleisch kann am Vortag zubereitet und im Kühlschrank aufbewahrt werden. Kurz vor dem Servieren aufwärmen. Die Papadams können am Vortag gebacken werden; luftdicht verschlossen aufbewahren.

GEMÜSE-FRITTATA MIT HUMMUS UND OLIVEN

Zubereitungszeit: 30 Minuten
Kochzeit: 35 Minuten
Ergibt 30 Stück

★ ★

Hummus

425 g Kichererbsen aus der Dose, abgetropft

2 Knoblauchzehen, zerdrückt

80 ml Zitronensaft

2 EL Naturjoghurt

2 große rote Paprikaschoten

600 g Süßkartoffeln

500 g Aubergine

3 EL Olivenöl

2 Porreestangen, in dünne Scheiben geschnitten

2 Knoblauchzehen, zerdrückt

250 g Zucchini, in dünne Scheiben geschnitten

8 Eier, leicht geschlagen

2 EL frisches Basilikum, feingeschnitten

125 g Parmesan, gerieben

60 g schwarze Oliven, entkernt und halbiert,
   zum Garnieren

1 Erbsen, Knoblauch, Saft, Joghurt und schwarzen Pfeffer in der Küchenmaschine pürieren.

2 Paprika vierteln und säubern. Mit der Außenseite nach oben unter einen heißen Grill legen, bis die Haut schwarz wird. In einem Gefrierbeutel abkühlen lassen, dann die Haut abziehen.

3 Die Süßkartoffeln in 1 cm dicke Scheiben schneiden und bißfest kochen; abgießen.

4 Die Aubergine in 1 cm dicke Scheiben schneiden. In einer tiefen Pfanne (Ø 23 cm) 1 Eßlöffel Öl erhitzen. Porree und Knoblauch bei mittlerer Hitze 1 Minute weich dünsten. Zucchini zugeben; nochmals 2 Minuten dünsten. Das Gemüse aus der Pfanne nehmen und beiseite stellen.

5 Das restliche Öl in der Pfanne erhitzen; die Aubergine portionsweise von beiden Seiten 1 Minute goldgelb braten. Dann die Hälfte davon auf dem Pfannenboden verteilen. Mit dem Porree belegen. Darauf die Paprika, die restlichen Auberginen und die Kartoffeln schichten.

6 Eier, Basilikum, Parmesan und etwas schwarzen Pfeffer mischen; über das Gemüse gießen. Bei schwacher Hitze 15 Minuten fast fest werden lassen. Dann die Pfanne 2–3 Minuten unter einen vorgeheizten Grill stellen, bis die Frittata goldgelb und fest ist. 10 Minuten abkühlen lassen. Auf ein Brett stürzen; die Ränder glatt abschneiden. In 30 Quadrate teilen. Mit Hummus und Oliven garnieren. Kalt oder zimmerwarm servieren.

FRITTATA

Frittata ist die italienische Version von einem Omelette, unterscheidet sich aber in der Zubereitung: Die Zutaten für die Füllung werden mit dem Ei verrührt, statt später eingerollt zu werden, und das Ei wird bei schwacher Hitze gebraten, bis es fest ist, anstatt weich und cremig serviert zu werden. Eine Frittata wird von beiden Seiten gegart und nicht umgeschlagen. Man kann die Frittata wenden. Meist wird jedoch die Unterseite gebraten und die Pfanne dann unter einen Grill gestellt, um die Oberseite zu garen.

RECHTS: Gemüse-Frittata mit Hummus und Oliven

BAGUETTE MIT RÜHREI, DILL-PESTO UND PROSCIUTTO

Zubereitungszeit: 20 Minuten
Kochzeit: 25 Minuten
Ergibt 30 Stück

 ✦ ✦

8 dünne Scheiben Prosciutto

50 g frischer Dill

80 g Pinienkerne, geröstet

60 g Parmesan, feingerieben

2 Knoblauchzehen, zerdrückt

80 ml Olivenöl, extra vergine

1 Baguette, diagonal in Scheiben geschnitten

2 TL Butter

7 Eier, leicht geschlagen

80 ml Milch

1 EL fettarmer Sauerrahm

1 Den Backofen auf 200 °C (Gas 6) vorheizen. Den Schinken auf ein Backblech mit Backpapier legen. 5 Minuten backen, bis er brutzelt und knusprig ist. Beiseite stellen.

2 Dill, Pinienkerne, Parmesan und Knoblauch in der Küchenmaschine fein zerkleinern. Bei laufendem Motor das Öl in dünnem Strahl zugießen. Zu einer glatten Paste pürieren. Würzen.

3 Das Brot auf Backblechen von beiden Seiten goldgelb rösten. Den Dillpesto darauf verteilen.

4 Die Butter in einer großen, beschichteten Pfanne bei schwacher Hitze erwärmen. Eier und Milch verquirlen und zugeben. Sobald das Ei stockt, mit einem Holzlöffel in langen Bewegungen lösen, so daß es in großen Stücken gewendet wird. In den nächsten 10 Minuten mehrmals wiederholen, bis die Masse fest aber cremig ist. Vom Herd nehmen. Sauerrahm unterrühren, salzen und pfeffern.

5 Das Ei auf dem Brot verteilen, obenauf etwas Schinken setzen. Sofort servieren.

Vorbereitung: Der Pesto kann bis zu 3 Tagen im voraus zubereitet und im Kühlschrank aufbewahrt werden. Zimmerwarm verwenden.

SAUERRAHM

Sauerrahm ist fester Bestandteil jeder Küche. Früher ließ man zu seiner Herstellung Sahne bei Zimmertemperatur sauer werden. Heute wird Sauerrahm industriell gewonnen, indem man Milchsäurebakterien in die Sahne gibt, durch die der Rahm seinen typischen, leicht sauren Geschmack erhält. Sauerrahm wird im Kühlschrank aufbewahrt. Hat sich Schimmel gebildet, muß man ihn wegwerfen.

OBEN: Baguette mit Rührei, Dillpesto und Prosciutto

265

ETWAS SÜSSES

Süßspeisen besitzen eine lange Tradition. Und obwohl sich vieles im Laufe ihrer Geschichte stark verändert hat, ist eines doch immer gleich geblieben: Etwas Süßes zu essen, ist einfach etwas Besonderes, ein wenig Luxus und ein wenig Verwöhnen. Auf der Zunge zergehende Schokolade, winzige Sahnetörtchen oder der erfrischende Geschmack frischer Beeren sind etwas Wunderbares. Runden Sie den gelungenen Abend deshalb doch mit einem Teller süßer Verlockungen ab. Ihre Gäste werden begeistert sein. Echte Naschkatzen können natürlich auch ganz auf pikante Snacks verzichten und eine ‚süße Party‘ feiern.

SCHOKOLADENTRÄNEN MIT SCHOKO-KIRSCH-MOUSSE

Kurz bevor die Schokolade fest wird, die kurzen Seiten zusammenbiegen, so daß eine Tränenform entsteht. Mit den Fingern festhalten.

Mit einem scharfen kleinen Messer am Außenrand jeder Träne entlangfahren. Dann die Schokolade vollständig aushärten lassen.

SCHOKOLADENTRÄNEN MIT SCHOKO-KIRSCH-MOUSSE

Zubereitungszeit: 1 Stunde
Kochzeit: entfällt
Ergibt ca. 24 Stück

★★★

Kunststoffolie aus PVC
200 g dunkle Kuvertüre, zerkleinert
150 g Schattenmorellen, entkernt und
    abgetropft

Schokoladenmousse

60 g Bitterschokolade, geschmolzen
1 EL Sahne
1 Eigelb
$^{1}/_{2}$ TL Gelatine
80 ml Sahne, zusätzlich
1 Eiweiß

1 Die Kunststoffolie in 24 Rechtecke (4 x 11 cm) schneiden. Backpapier auf ein Backblech legen.
2 Die Kuvertüre in eine kleine feuerfeste Schüssel geben. Einen kleinen Topf mit Wasser zum Kochen bringen und vom Herd nehmen. Die Schüssel daraufsetzen, ohne daß sie das Wasser

berührt. Gelegentlich umrühren, bis die Kuvertüre zu einer glatten Masse geschmolzen ist. Mit einer Palette oder einem breiten Messer etwas davon auf einem Folienrechteck verstreichen. Kurz bevor die Kuvertüre fest wird, die kurzen Seiten mit der Folie tränenförmig zusammenbiegen. Mit den Fingern festhalten, bis die Kuvertüre die Form hält. Die restlichen Folienrechtecke ebenso bearbeiten. (Es kann sein, daß die Kuvertüre zwischendurch mehrmals geschmolzen werden muß. Dafür die Schüssel wieder über dampfendes Wasser setzen.)
3 $1^{1}/_{2}$ Teelöffel der Kuvertüre auf einem Backblech zu einem Oval von ca. 5 cm Länge ausstreichen. Eine Träne in die Mitte setzen und vorsichtig festdrücken. Mit den anderen Tränen wiederholen. Fast fest werden lassen.
4 Mit einem scharfen kleinen Messer oder einem Skalpell am Außenrand jeder Träne entlangfahren. Sie müssen vollständig hart sein, bevor man sie vom Backpapier lösen kann. Vorsichtig die überschüssige Kuvertüre am Boden abbrechen, so daß ein glatter Abschluß entsteht. Langsam die Folie abziehen. Die Kirschen vierteln und auf Küchenpapier abtropfen lassen.
5 Für die Mousse Schokolade, Sahne und Eigelb in einer Schüssel glattrühren. Gelatine gleichmäßig auf 2 Teelöffel Wasser in einer kleinen, feuerfesten Schüssel streuen und einweichen. Einen kleinen Topf mit Wasser zum Kochen

bringen. Vom Herd nehmen. Die Gelatineschüssel hineinsetzen (sie sollte zur Hälfte im Wasser stehen). Rühren, bis die Gelatine klar ist und sich aufgelöst hat. Unter die Schokomasse rühren.

6 Zügig arbeiten, damit die Gelatine nicht fest wird. Die zusätzliche Sahne mit dem elektrischen Handrührgerät schlagen, bis sich weiche Spitzen bilden, und unterheben. Das Eiweiß in einer sauberen, trockenen Schüssel ebenfalls schlagen, bis sich weiche Spitzen bilden, und unterheben.

7 In jede Träne einige Kirschstückchen geben. Darauf Mousse verteilen. (Die Becher etwas über den Rand füllen, da die Mousse beim Erstarren leicht zusammenfällt.) Kalt stellen.

SCHOKOLADENBECHER MIT KARAMEL

Zubereitungszeit: 40 Minuten
Kochzeit: 5–10 Minuten
Ergibt 24 Stück

★★★

150 g dunkle Kuvertüre, zerkleinert
24 kleine Dekokapseln aus Alufolie
80 g Schokoriegel mit Karamelfüllung, zerkleinert
60 ml Sahne
50 g weiße Kuvertüre, zerkleinert

1 Die dunkle Kuvertüre in eine kleine, feuerfeste Schüssel geben. Einen kleinen Topf mit Wasser zum Kochen bringen; vom Herd nehmen. Die Schüssel darauf setzen, ohne daß sie das Wasser berührt. Gelegentlich umrühren, bis die Kuvertüre zu einer glatten Masse geschmolzen ist.

2 Mit einem kleinen, neuen Malpinsel die Dekokapseln dünn mit Schokolade auspinseln. Dann umgedreht auf ein Kuchengitter stellen. (Die restliche Kuvertüre wieder auf den Topf mit dampfenden Wasser stellen.)

3 Schokoriegel und Sahne in einem kleinen Topf auf niedriger Stufe unter Rühren erhitzen, bis die Schokolade geschmolzen und die Mischung glatt ist. In eine Schüssel umfüllen. Ruhen lassen, bis die Masse langsam fest wird, dann auf die Becher verteilen. Am oberen Rand sollten ca. 3 mm frei bleiben.

4 Darauf die restliche geschmolzene Kuvertüre mit einem Löffel verteilen, und die Schokolade fest werden lassen. Die weiße Kuvertüre wie die dunkle schmelzen. In eine kleine Spritztüte füllen, und Muster auf die Becher spritzen. Ist die Schokolade fest, vorsichtig die Alufolie entfernen.

Hinweis: Darauf achten, daß die Schokolade fest ist, bevor die weiße Schokolade aufgespritzt wird.

Vorbereitung: Die Schokoladenbecher können bis zu 3 Tagen im voraus zubereitet werden.

OBEN: Schokoladenbecher mit Karamel

ausstecher Kreise von 5 cm Ø ausstechen. Mit einer Palette in die Muffinförmchen legen. Die Pinienkerne auf einem flachen Backblech verteilen; 2–3 Minuten goldgelb rösten. Vom Blech nehmen, abkühlen lassen und auf die Teigschalen verteilen.

4 Butter, Sirup und Zucker mit einer Gabel verrühren. Über die Pinienkerne gießen. 15 Minuten goldbraun backen. Noch 5 Minuten in den Formen abkühlen lassen, dann zum vollständigen Abkühlen auf ein Kuchengitter setzen. Vor dem Servieren eventuell mit Puderzucker bestäuben.

Hinweis: Statt Pinienkernen kann man auch gehackte Walnüsse oder Pekannüsse verwenden.

Vorbereitung: Bis zu 8 Stunden im voraus zubereiten; luftdicht verschlossen aufbewahren.

GULAB JAMUN (FRITIERTE MILCHKUGELN IN ZUCKERSIRUP)

Zubereitungszeit: 20 Minuten
Kochzeit: 25 Minuten
Ergibt 35 Stück

100 g Milchpulver
50 g Mandeln, blanchiert und gemahlen
150 g Mehl
1 TL Backpulver
¹/₂ TL Kardamom, gemahlen
30 g Butter, zerkleinert
60 g Naturjoghurt
Öl zum Fritieren
250 g Zucker
einige Tropfen Rosenwasser

1 Die trockenen Zutaten in eine große Schüssel sieben. Butter zugeben; mit den Fingerspitzen zu einer krümeligen Masse verreiben. In die Mitte eine Mulde drücken. Joghurt und 2–3 Eßlöffel Wasser zugeben. Mit einem breiten Messer (oder der Küchenmaschine) zu einem weichen Teig verarbeiten. Zu kleinen Kugeln in der Größe von Wachteleiern formen, mit einem feuchten Tuch abdecken und beiseite stellen.

2 Einen gußeisernen Topf zu ¹/₃ mit Öl füllen; auf 180 °C erhitzen (bis ein Brotwürfel darin in 15 Sekunden goldbraun wird). Die Milchkugeln portionsweise dunkelbraun fritieren. Das Öl darf nicht zu heiß werden, sonst sind sie in der Mitte nicht durchgebacken. Die Milchkugeln sollten etwas aufgehen. In einem Sieb über einer Schüssel abtropfen lassen.

PINIENTÖRTCHEN

Zubereitungszeit: 25 Minuten
Backzeit: 15 Minuten
Ergibt 24 Stück

60 g Mehl
60 g Butter, zerkleinert
40 g Pinienkerne
20 g Butter, zerlassen
175 g Rohrzuckersirup (golden syrup)
2 EL feiner brauner Zucker

1 Den Backofen auf 180 °C (Gas 2–3) vorheizen. 2 flache Muffinbleche mit je 12 Förmchen fetten.
2 Das Mehl in eine Schüssel sieben. Butter zugeben; mit den Fingerspitzen verreiben. Auf einer leicht bemehlten Fläche zu einem Teig formen.
3 Ebenfalls auf einer leicht bemehlten Fäche 3 mm dick ausrollen. Mit einem gewellten Rund-

OBEN: Pinientörtchen

3 Zucker und 375 ml Wasser in einem gußeisernen Topf unter Rühren erhitzen, bis sich der Zucker gelöst hat. Aufkochen lassen, dann die Hitze reduzieren und 5 Minuten köcheln. Rosenwasser einrühren. Die warmen Milchkugeln in eine tiefe Schüssel legen; mit dem Sirup begießen. Etwas ziehen und abkühlen lassen. Abgießen, in einer Schüssel stapeln und zimmerwarm servieren.

BAKLAVA-RÖLLCHEN

Zubereitungszeit: 30 Minuten
Kochzeit: 20 Minuten
Ergibt 24 Stück

✷ ✷

Füllung

100 g Walnüsse, feingehackt
1 EL feiner brauner Zucker
1 TL Zimt, gemahlen
20 g Butter, zerlassen

8 Blatt Filoteig
50 g Butter, zerlassen

Sirup

250 g Zucker
2 EL Honig
2 TL Orangenblütenwasser, wahlweise

1 Den Backofen auf 210 °C (Gas 3) vorheizen. Ein Backblech mit Öl oder zerlassener Butter einstreichen.
2 Für die Füllung Walnüsse, Zucker, Zimt und Butter in einer kleinen Schüssel gut verrühren.
3 Ein Blatt Filoteig auf die Arbeitsfläche legen; die restlichen Blätter abdecken, damit sie nicht austrocknen. Den Teig mit zerlassener Butter einpinseln. In der Mitte falten und in 3 Streifen schneiden. Auf jeden der Streifen am vorderen Rand 1 gehäuften Teelöffel Füllung setzen. Aufrollen, dabei die Ränder mit einrollen. Auf das Backblech legen und mit zerlassener Butter einstreichen.
4 Mit den restlichen Teigblättern ebenso verfahren. 15 Minuten goldbraun backen.
5 Für den Sirup Zucker, Honig und 125 ml Wasser in einen kleinen Topf geben. Auf niedriger Stufe – ohne aufzukochen – unter Rühren erhitzen, bis sich der Zucker vollständig gelöst hat. Aufkochen lassen, dann die Hitze reduzieren und 5 Minuten köcheln. Vom Herd nehmen, und das Orangenblütenwasser zugeben.

6 Die Baklava auf ein Kuchengitter über einem Backblech legen. Den Sirup mit einem Löffel darüber verteilen, solange Gebäck und Sirup noch warm sind.
Vorbereitung: Luftdicht verschlossen bis zu 2 Tagen haltbar.

SCHOKO-ERDBEEREN

250 g Erdbeeren mit einem trockenen Backpinsel abbürsten, um eventuellen Schmutz zu entfernen. 150 g Bitterschokolade in einer kleinen, feuerfesten Schüssel über einem Topf mit kochendem Wasser zerlassen, und die untere Hälfte jeder Erdbeere in die Schokolade tauchen. Auf ein mit Backpapier ausgelegtes Backblech setzen. Die Schokolade fest werden lassen. Dann 100 g weiße Schokolade schmelzen und die Spitzen der Erdbeeren eintauchen. Erneut fest werden lassen.

OBEN: Baklava-Röllchen

WEISSE SCHOKOLADE

Genaugenommen handelt es sich bei weißer Schokolade nicht um Schokolade, da sie keine Kakaofeststoffe enthält. Es ist eine Mischung aus Kakaobutter, Zucker, Vanillearoma, Milchbestandteilen und Stabilisatoren. Sie ist weicher als echte Schokolade und daher schwerer zu verarbeiten. Aufgrund der unterschiedlichen Zusammensetzung kann man dunkle Schokolade in Rezepten nicht unbedingt durch weiße Schokolade ersetzen.

GEGENÜBERLIEGENDE SEITE: Schokoladentrüffel (oben); Rum-Rosinen-Trüffel

SCHOKOLADENTRÜFFEL

Zubereitungszeit: 40 Minuten + Kühlzeit
Kochzeit: 5 Minuten
Ergibt ca. 30 Stück

185 ml Crème double
400 g Bitterschokolade, gerieben
70 g Butter, zerkleinert
2 EL Cointreau
dunkles Kakaopulver zum Rollen

1 Crème double in einem kleinen Topf zum Kochen bringen. Vom Herd nehmen. Die Schokolade einrühren, bis sie vollständig geschmolzen ist. Butter zugeben und ebenfalls unter Rühren schmelzen. Cointreau unterrühren. In einer großen Schüssel abgedeckt mehrere Stunden oder über Nacht kalt stellen, bis die Masse so fest ist, daß man sie rollen kann.
2 Eßlöffelweise zügig Kugeln formen. Kalt stellen, bis sie fest sind. Dann in Kakao rollen, überschüssigen Kakao abschütteln. Erneut in den Kühlschrank stellen. Zimmerwarm servieren.
Vorbereitung: Bis zu 2 Wochen im voraus zubereiten. Dann nochmals kurz in Kakao rollen.

RUM-ROSINEN-TRÜFFEL

Zubereitungszeit: 30 Minuten + Ruhe- + Kühlzeit
Kochzeit: 5 Minuten
Ergibt ca. 40 Stück

60 g Rosinen, feingehackt
60 ml dunkler Rum
200 g Weizenvollkornkekse mit Schokoladenüberzug, zerkrümelt
60 g feiner brauner Zucker
1 TL Zimt, gemahlen
50 g Pekannüsse, feingehackt
60 ml Sahne
250 g Bitterschokolade, zerkleinert
90 g Rohrzuckersirup (golden syrup)
125 g Pekannüsse, feingemahlen

1 Die Rosinen in eine kleine Schüssel geben und 1 Stunde im Rum einweichen. Kekse, Zucker, Zimt und Pekannüsse in einer großen Schüssel gut vermischen.

2 Sahne, Schokolade und Sirup in einem Topf bei schwacher Hitze zu einer glatten Mischung verrühren. Über die Keksmischung gießen, Rosinen und Rum zugeben und gut untermischen. Kalt stellen, bis die Masse so fest ist, daß man sie formen kann.
3 Eßlöffelweise zu Kugeln formen, und diese in den gemahlenen Pekannüssen rollen. Kalt stellen, bis die Trüffel fest sind.
Vorbereitung: Die Trüffel können bis zu 2 Wochen vorher zubereitet werden.

WEISSE KUCHENTRÜFFEL

Zubereitungszeit: 25 Minuten
Kochzeit: entfällt
Ergibt ca. 25 Stück

250 g Englischer Teekuchen, zerkrümelt
2 EL kandierte Orangenschale oder kandierte Aprikosen, zerkleinert
1 EL Aprikosenmarmelade
2 EL Sahne
100 g weiße Schokolade, geschmolzen

Schokoladenüberzug

150 g weiße Schokolade, zerkleinert
20 g pflanzliches Trennfett, zerkleinert

1 Ein Backblech mit Alufolie auslegen. Den zerkrümelten Kuchen in einer Schüssel mit Orangenschale oder Aprikosen, Marmelade, Sahne und weißer Schokolade mischen. Zu einer glatten Mischung verrühren. Je 2 Teelöffel davon zu einer Kugel formen.
2 Für den Überzug die Schokolade und das Fett in einer feuerfesten Schüssel mischen. Einen Topf mit Wasser zum Kochen bringen, vom Herd nehmen. Die Schüssel darauf setzen, ohne daß sie das Wasser berührt. Gelegentlich rühren, bis die Schokolade und das Fett geschmolzen sind. Die Kugeln kurz hineintauchen, überschüssige Schokolade am Schüsselrand abstreifen. Auf einem Backblech fest werden lassen. Wahlweise mit einem Goldblatt verzieren.
Hinweis: Zum Garnieren kann man eßbare Goldblätter von 24 Karat in Fachgeschäften oder im Konditoreifachhandel kaufen.
Vorbereitung: Die Trüffel können bis zu 2 Wochen vorher zubereitet werden.

FEINER ZUCKER

Feiner Zucker ist besonders
fein gemahlener weißer
Zucker. Er wird häufig zum
Backen von Kuchen, Baisers
und Keksen verwendet, da
er sich leichter auflöst. Aber
auch für die Zubereitung
von Eiercremes und Saucen
ist er gut geeignet.

OBEN: Amaretti

AMARETTI

Zubereitungszeit: 15 Minuten + Ruhezeit
Backzeit: 20 Minuten
Ergibt 40 Stück

★

1 EL Mehl

1 EL Speisestärke

1 TL Zimt, gemahlen

160 g feiner Zucker

1 TL geriebene Zitronenschale, ungespritzt

185 g Mandeln, gemahlen

2 Eiweiß

30 g Puderzucker

1 Backpapier auf 2 Backbleche legen. Mehl,
Speisestärke, Zimt und die Hälfte des Zuckers in
eine große Schüssel sieben; Zitronenschale und
Mandeln zugeben.
2 Das Eiweiß in einer kleinen, trockenen Schüssel mit einem elektrischen Handrührgerät schlagen, bis sich weiche Spitzen bilden. Nach und
nach unter ständigem Rühren den restlichen
Zucker zugeben, bis die Masse dick und glän-
zend ist, feste Spitzen bildet und sich der Zucker
vollständig aufgelöst hat. Mit einem Metallöffel
unter die Mehlmischung heben, bis sich die
Zutaten gerade zu einem weichen Teig verbunden haben.
3 Mit gefetteten oder feuchten Händen je 2 gestrichene Teelöffel der Mischung zu einer Kugel
formen. Mit ausreichendem Abstand zueinander
auf die Backbleche legen. Vor dem Backen
1 Stunde ruhen lassen. Nicht abdecken.
4 Den Backofen auf 180 °C (Gas 2–3) vorheizen. Großzügig Puderzucker über die Kekse
sieben. 15–20 Minuten knusprig und goldbraun
backen. Auf einem Kuchengitter abkühlen
lassen.
Vorbereitung: Amaretti sind luftdicht verschlossen bis zu 2 Tagen haltbar.
Hinweis: Statt der Zitronenschale kann man
auch Orangenschale verwenden. Amaretti haben
eine etwas zähe Konsistenz und passen gut zum
Kaffee.

GEFÜLLTE FEIGEN

Zubereitungszeit: 20 Minuten
Kochzeit: 5 Minuten
Ergibt 30 Stück

100 g Mandeln, blanchiert

30 weiche Trockenfeigen

125 g ungespritzte, gemischte Zitrusschalen

200 g Marzipan, zerkleinert

1 Den Backofen auf 180 °C (Gas 2–3) vorheizen. Die Mandeln auf einem Backblech 5 Minuten goldgelb rösten. Abkühlen lassen.
2 Von den Feigen die harten Stiele abschneiden. Jede Feige oben kreuzweise bis zur Mitte einschneiden und wie eine Blüte öffnen.
3 Zitrusschalen und Mandeln in der Küchenmaschine fein hacken. Marzipan zugeben und in mehreren kurzen Intervallen zu einer feinen, krümeligen Mischung verarbeiten.
4 Je 2 Teelöffel davon mit den Händen zu einer Kugel formen. In eine Feige setzen, und diese rundum wieder andrücken. Zimmerwarm servieren.
Vorbereitung: Die gefüllten Feigen nebeneinander in einem geschlossenen Behälter aufbewahren. Sie sind im Kühlschrank bis zu 2 Tagen haltbar. Zimmerwarm servieren.
Hinweis: Als Variation die Böden der gefüllten Feigen in geschmolzene Schokolade tauchen.

PANFORTE

Zubereitungszeit: 15 Minuten
Backzeit: 40 Minuten
Ergibt ca. 32 Stück

120 g Mandeln, blanchiert und geröstet

70 g Haselnüsse, geröstet

60 g Walnüsse

90 g Rosinen

180 g kandierte Aprikosen, geachtelt

50 g ungespritzte, gemischte Zitrusschalen

80 g Mehl

2 EL Kakaopulver

1 TL Zimt, gemahlen

50 g Bitterschokolade, zerkleinert

90 g feiner Zucker

100 g Honig

1 Den Backofen auf 160 °C (Gas 1) vorheizen. Eine flache, runde Kuchenform (Ø 20 cm) leicht einfetten, den Boden mit Backpapier auslegen. Mandeln, Haselnüsse, Walnüsse, Rosinen, Aprikosen und Zitrusschalen in einer großen Schüssel mischen. Das gesiebte Mehl, Kakao und Zimt zugeben und gut verrühren. In die Mitte eine Mulde drücken.
2 Schokolade, Zucker und Honig in einem kleinen Topf mischen und bei schwacher Hitze unter Rühren schmelzen lassen; in die Mulde gießen. Rühren, bis sich die Zutaten gerade verbunden haben. Anfangs kann man dafür einen Löffel, später muß man die Hände verwenden, da die Mischung sehr fest wird.
3 Den Teig gleichmäßig in die vorbereitete Backform pressen. Die Hände leicht anfeuchten, damit er nicht kleben bleibt. Die Oberfläche mit einer Löffelrückseite glätten. 35 Minuten backen, bis die Panforte in der Mitte druckfest ist. Vollständig in der Form abkühlen lassen.
4 Aus der Form nehmen, großzügig mit Puderzucker bestäuben und zum Servieren in kleine Stücke schneiden.

OBEN: Gefüllte Feigen

MINI-PARIS-BREST

Zubereitungszeit: 30 Minuten
Backzeit: 35 Minuten
Ergibt 15 Stück

★★★

60 g Mehl
60 g Butter, zerkleinert
2 Eier, leicht geschlagen

Eiercremefüllung

315 ml Milch
3 Eigelb
2 EL feiner Zucker
1 EL Mehl
1 EL Vanillepuddingpulver
einige Tropfen Mandelaroma

Glasur

250 g feiner Zucker
60 g Mandeln, gehobelt und geröstet

1 Für den Brandteig das Mehl auf Backpapier sieben. Die Butter mit 125 ml Wasser in einem Topf bei schwacher Hitze zerlassen, dann aufkochen lassen. Vom Herd nehmen, das Mehl auf einmal zugeben und zügig mit einem Holzlöffel einrühren. Wieder auf den Herd stellen; stetig rühren, bis sich der Teig zu einer Kugel verbindet und von der Topfseite löst. In eine große, saubere Schüssel umfüllen; etwas abkühlen lassen. Mit einem elektrischen Handrührgerät schlagen, damit die Hitze entweicht. Nach und nach die Eier zugeben (je ca. 3 Teelöffel). Jedesmal vollständig einarbeiten, bis eine glatte, glänzende Mischung entstanden ist.
2 Den Backofen auf 190 °C (Gas 2–3) vorheizen. 3 Backbleche mit Backpapier auslegen. Den Teig in einen Spritzbeutel mit Sterntülle (5 mm) füllen. 3 cm große Ringe auf das Papier spritzen. 10 Minuten backen, dann die Hitze auf 180 °C (Gas 2–3) reduzieren. Weitere 15–20 Minuten backen, bis die Kuchen goldbraun und aufgegangen sind. Seitlich einstechen, damit der Dampf entweichen kann. Auf einem Kuchengitter abkühlen lassen.
3 Für die Füllung 250 ml Milch in einem Topf zum Köcheln bringen. In einer Schüssel die restliche Milch, Eigelbe, Zucker, Mehl und das Puddingpulver mischen. Langsam die heiße Milch darüber gießen. Kräftig rühren, bis alle Zutaten vermischt sind. Den Topf ausspülen, die Flüssigkeit zurückgießen und auf mittlerer Stufe unter Rühren erhitzen, bis die Flüssigkeit aufkocht und eindickt. Das Mandelaroma zugeben. In eine Schüssel füllen, abdecken und abkühlen lassen.
4 Für die Glasur Zucker und 125 ml Wasser unter stetigem Rühren auf niedriger Stufe in einem kleinen Topf erhitzen, bis sich der Zucker aufgelöst hat. Zum Kochen bringen und ohne zu Rühren ca. 10 Minuten sprudelnd kochen, bis der Zucker goldgelb ist. Den Topf sofort auf einen anderen Topf mit heißem Wasser setzen, damit die Glasur nicht fest wird.
5 Die Oberseite der Brandteigringe schnell in die Glasur tunken, mit einigen gehobelten Mandeln garnieren und zum Abkühlen auf ein Kuchengitter setzen. Dann aufschneiden, füllen und die Oberhälften wieder aufsetzen.

MINI-PITHIVIERS

Zubereitungszeit: 40 Minuten + Kühlzeit
Backzeit: 15 Minuten
Ergibt 26 Stück

★★★

Mandelfüllung

50 g Butter
40 g Puderzucker
1 Eigelb
70 g Mandeln, gemahlen
1 TL ungespritzte Orangenschale, feingerieben
einige Topfen Mandelaroma

3 Blätterteige, fertig ausgerollt
1 Ei, leicht geschlagen

1 Für die Füllung Butter und Puderzucker mit einem elektrischen Handrührgerät leicht und cremig schlagen, dann das Eigelb einarbeiten. Mandeln, Orangenschale und Mandelaroma unterrühren.
2 Den Backofen auf 210 °C (Gas 3) vorheizen. 2 Backbleche leicht einfetten. Aus den Blätterteigen Kreise von 5 cm Ø ausstechen. Auf die Hälfte der Kreise je 1½ Teelöffel Mandelfüllung geben. Einen Rand von 5 mm frei lassen und diesen mit Ei einstreichen.
3 Die andere Hälfte der Teigkreise darauf setzen, die Ränder fest zusammendrücken. Auf die Backbleche legen und 30 Minuten kalt stellen. Mit einem stumpfen Messer die Ränder rundherum festdrücken. Die Oberfläche vorsichtig in gleich große Stücke einritzen, dann mit dem geschlagenen Ei bestreichen. 10 Minuten goldgelb backen.

PARIS-BREST

Dieses klassische französische Gebäck ist dem Rad eines Fahrrades nachempfunden. Der Name stammt von einem Fahrradrennen, das Ende des 19. Jahrhunderts zwischen den Städten Paris und Brest stattfand.

GEGENÜBERLIEGENDE SEITE: Mini-Paris-Brest (oben); Mini-Pithiviers

KLEINE VERFÜHRUNG

Nur eines ist besser als ein großer Käsekuchen – ein Teller mit kleinen Käsekuchen

… denn man kann mehrmals zugreifen, ohne daß es auffällt.

SCHOKOLADEN-LIKÖR-KÄSEKUCHEN

4 Muffinbleche mit je 12 tiefen Förmchen einfetten und mit Backpapier auslegen. 250 g einfache süße Kekse zerkrümeln. 125 g geschmolzene Butter unterrühren. Je 1 gehäuften Teelöffel in jede Vertiefung drücken. Kalt stellen. 3 Teelöffel Gelatine in 60 ml kochendem Wasser auflösen. 250 g weichen Doppelrahmfrischkäse mit 90 g feinem Zucker verquirlen. 150 g geschmolzene Schokolade, 2 Teelöffel geriebene Orangenschale und 3 Eßlöffel

Tia Maria zugeben; zu einer glatten Mischung verrühren. Die Gelatine einrühren. Auf die Böden verteilen. 2 Stunden kalt stellen, bis die Masse fest ist. 300 ml Sahne schlagen, auf die Kuchen geben und mit Schokoladenröllchen dekorieren. Ergibt 48 Stück.

GEBACKENER KÄSEKUCHEN

Den Backofen auf 160 °C (Gas 1) vorheizen. 3 Muffinbleche mit je 12 tiefen Förmchen einfetten und mit Backpapier auskleiden. 250 g einfache süße Kekse

zerkrümeln, 125 g zerlassene Butter unterrühren und 1 gehäuften Teelöffel davon in jede Vertiefung drücken. Kalt stellen. 250 g weichen Doppelrahmfrischkäse, 125 g Sauerrahm und 125 g feinen Zucker zu einer glatten Mischung verrühren. 2 Eigelbe, 1 Eßlöffel Zitronensaft und 2 Teelöffel Mehl untermischen. 2 Eiweiße steif schlagen und unterheben. Auf jeden Boden 1 Eßlöffel Füllung setzen. 15–20 Minuten backen, bis die Kuchen fest sind. Abkühlen lassen. Ergibt 36 Stück.

EIERCREME-FRUCHTTÖRTCHEN

Den Backofen auf 180 °C (Gas 2–3) vorheizen. 3 flache Muffinbleche fetten. Aus 4 ausgerollten Fertig-Mürbeteigen Kreise von 7 cm Ø ausstechen. In die Formen geben; die Böden mehrmals mit einer Gabel einstechen. 12–15 Minuten goldbraun backen. Herausnehmen und abkühlen lassen. Eine Vanilleschote halbieren und mit 315 ml Milch in einem Topf langsam zum Kochen bringen. Vom Herd nehmen und leicht abkühlen lassen. 2 Eigelbe und 2 Eßlöffel Zucker in einer großen, feuerfesten Schüssel hellgelb-cremig aufschlagen. 3 Eßlöffel Mehl zugeben. Dann nach und nach die Vanillemilch einrühren. In einen sauberen Topf gießen. 5–10 Minuten langsam erhitzen, bis die Flüssigkeit kocht und eindickt. Abkühlen lassen, dann gleichmäßig auf die Teigschalen verteilen und mit einigen in Scheiben geschnittenen Früchten belegen. Mit warmer, durch ein Sieb passierter Aprikosenmarmelade glasieren. Ergibt 36 Stück.

LIMETTEN-BAISER-TÖRTCHEN

Den Backofen auf 180 °C (Gas 2–3) vorheizen. 3 flache Muffinbleche mit je 12 Vertiefungen leicht einfetten. Aus 4 ausgerollten Fertig-Mürbeteigen Kreise von 7 cm Ø ausstechen. In die Formen geben und mit einer Gabel einstechen. 12–15 Minuten goldbraun backen. Abkühlen lassen. 125 g feinen Zucker, 30 g Speisestärke, 2 Teelöffel Limettenschale, 80 ml Limettensaft und 185 ml Wasser in einem großen Topf mischen. Auf mittlerer Stufe unter Rühren erhitzen, bis die Mischung aufkocht und eindickt. Vom Herd nehmen und 30 g Butter zugeben. Gut mischen. Nach und nach 2 Eigelbe unterrühren. Je 1 gehäuften Teelöffel der Füllung auf die Böden verteilen. 3 Eiweiße steif schlagen, nach und nach 125 g Zucker zugeben. Schlagen, bis sich der Zucker aufgelöst hat und eine glänzende Masse entstanden ist. 1 Eßlöffel auf jedes Törtchen geben. 4–5 Minuten goldgelb backen. Ergibt 36 Stück.

PFIRSICH-MANDEL-STRUDEL

Den Backofen auf 180 °C (Gas 2–3) vorheizen. 2 Muffinbleche einfetten. 425 g zerkleinerte Pfirsiche aus der Dose, 60 g Mandelsplitter, 60 g Sultaninen und 1 Eßlöffel feinen braunen Zucker vermischen. Ein Blatt Strudelteig mit zerlassener Butter einstreichen, dann ein zweites Blatt darauflegen. Vierteln und jedes Stück nochmals vierteln. Den Vorgang mit 4 weiteren Blättern Strudelteig wiederholen. In jede Vertiefung 4 Vierecke setzen; 10 Minuten backen. 1 Eßlöffel Füllung daraufgeben, mit Zimt bestreuen. Nochmals 5–10 Minuten goldgelb backen. Ergibt 24 Stück.

VON LINKS: Schokoladen-Likör-Käsekuchen; Gebackener Käsekuchen; Eiercreme-Fruchttörtchen; Limetten-Baiser-Törtchen; Pfirsich-Mandel-Strudel

SACHERTORTE

Die Original-Sachertorte besteht aus 2 festen Schokoladenböden, zwischen denen sich eine Schicht Aprikosenmarmelade befindet; die ganze Torte ist mit sahniger Schokolade überzogen. Die Torte wurde von Franz Sacher, dem Konditor des österreichischen Politikers von Metternich während des Wiener Kongresses (1814-1815) kreiert. Später stritten Sachers Nachkommen und die bekannte Wiener Konditorei Demel lange darüber, ob das Original aus 2 Schichten bestand oder ob die Torte nur mit Marmelade bestrichen und mit Schokolade überzogen war.

UNTEN: Sacherwürfel

SACHERWÜRFEL

Zubereitungszeit: 1 Stunde
Backzeit: 40 Minuten
Ergibt 24 Stück

★ ★ ★

Boden

125 g Mehl

60 g Butter, zerkleinert

60 g Zucker

2 Eigelb, leicht geschlagen

Kuchen

125 g Mehl

40 g Kakaopulver

250 g feiner Zucker

100 g Butter

2 EL Aprikosenmarmelade

4 Eier, getrennt

325 g Aprikosenmarmelade, zusätzlich

Überzug

250 g Bitterschokolade

185 ml Sahne

1 Den Backofen auf 180 °C (Gas 2–3) vorheizen. Das Mehl in eine große Schüssel sieben. Butter zugeben. Mit den Fingerspitzen zu einer krümeligen Mischung verreiben. Den Zucker unterrühren. In die Mitte eine Mulde drücken. Die Eigelbe sowie 1 1/2 Teelöffel eiskaltes Wasser zugeben. Mit einem breiten Messer einarbeiten. Gegebenenfalls mehr Wasser verwenden. Den Teig vorsichtig zusammenfassen, auf eine leicht bemehlte Arbeitsfläche geben und zu einem 18 x 28 cm großen Rechteck ausrollen. Auf einem mit Backpapier ausgelegten Backblech 10 Minuten goldgelb backen. Abkühlen lassen.

2 Für den Kuchen die Backofentemperatur beibehalten. Eine flache Backform (18 x 28 cm) leicht fetten; Boden und Seiten mit Backpapier auslegen und dieses an 2 Seiten überhängen lassen. Mehl und Kakao in eine große Schüssel sieben. In die Mitte eine Mulde drücken. Zucker, Butter und Marmelade in einem kleinen Topf auf niedriger Stufe unter Rühren erhitzen, bis die Butter geschmolzen ist und sich der Zucker aufgelöst hat. Vom Herd nehmen. Zur Mehlmischung geben, leicht verrühren. Die Eigelbe unterrühren.

3 Das Eiweiß in einer kleinen, sauberen Schüssel mit einem elektrischen Handrührgerät schlagen, bis sich weiche Spitzen bilden. Mit einem Metalllöffel unter die Kuchenmischung heben. In die

WALNÜSSE

Seit Jahrtausenden verwendet man verschiedene Walnußsorten in der Küche. Die am häufigsten erhältliche Walnuß stammt vermutlich aus Persien und wurde von dort nach Europa gebracht. Andere Sorten sind in Asien, Amerika und Europa beheimatet. Doch inzwischen bauen auch viele andere Länder Walnüsse an. Walnußkerne im Kühl- oder Gefrierschrank aufbewahren.

vorbereitete Backform gießen. 30 Minuten backen, bis sich an einem in die Mitte des Kuchens gestochenen Spieß keine Kuchenreste mehr befinden. 15 Minuten in der Form abkühlen lassen, dann auf ein Kuchengitter stellen.

4 Die zusätzliche Marmelade in der Mikrowelle oder einem kleinen Topf erhitzen und durch ein feines Sieb passieren. Den Teigboden mit 3 Eßlöffeln einstreichen. Darauf den Kuchen setzen. Die Seiten glatt abschneiden, harte Kanten entfernen. Mit einem Brotmesser in 24 Würfel schneiden.

5 Oberfläche und Seiten jedes Würfels mit Marmelade einstreichen. Dann mit einem Abstand von mindestens 4 cm auf ein großes Kuchengitter setzen, unter das Backpapier gelegt wurde.

6 Für den Belag die Schokolade zerbrechen und in eine kleine Schüssel geben. Die Sahne in einem kleinen Topf aufkochen lassen. Vom Herd nehmen und über die Schokolade gießen. 5 Minuten ruhen lassen, dann zu einer glatten Flüssigkeit verrühren. Etwas abkühlen lassen. Die Würfel einzeln hintereinander mit dem Überzug begießen, und diesen mit einer Palette rundum verstreichen. Abgetropfte Reste des Überzugs vom Backpapier abkratzen und in eine kleine Spritztüte füllen. Die Spitze abschneiden und ein S auf jeden Würfel spritzen.

Vorbereitung: Luftdicht verschlossen bis zu 5 Tagen haltbar.

WALNUSSPRALINEN

Zubereitungszeit: 30 Minuten + Kühlzeit
Kochzeit: 2–3 Minuten
Ergibt 30 Stück

100 g Walnußstücke
60 g Puderzucker
2 TL Eiweiß
200 g Bitterschokolade
30 Walnußhälften

1 Walnußstücke in der Küchenmaschine zerkleinern. Puderzucker sieben; mit den Nüssen und Eiweiß zu einer feuchten Paste verarbeiten. Abgedeckt 20 Minuten kalt stellen.

2 Die Paste teelöffelweise zu Kugeln rollen und diese etwas flach drücken. Die Schokolade in eine feuerfeste Schüssel geben. Einen Topf mit Wasser zum Kochen bringen und vom Herd nehmen. Die Schüssel darauf setzen, ohne daß sie das Wasser berührt. Gelegentlich umrühren, bis die Schokolade geschmolzen ist.

3 Die Walnußpralinen in die Schokolade tauchen und auf Butterbrotpapier oder Alufolie legen. Auf jede Praline vorsichtig eine Walnußhälfte drücken. Fest werden lassen.

Vorbereitung: Bis zu 4 Tagen vorher zubereiten.

OBEN: Walnußpralinen

281

2 Einen tiefen, gußeisernen Topf zu $^1/_3$ mit Öl füllen; auf 180 °C erhitzen (bis ein Brotwürfel darin in 15 Sekunden goldbraun wird). Je 3–4 Stangen gleichzeitig auf beiden Seiten goldbraun fritieren. Auf Küchenpapier abtropfen lassen. Das Gebäck mit Puderzucker bestäuben, wenn es abgekühlt, aber noch warm ist.

Vorbereitung: Luftdicht verschlossen bis zu 2 Wochen haltbar.

MINI-FLORENTINER

Zubereitungszeit: 20 Minuten
Backzeit: ca. 50 Minuten
Ergibt ca. 50 Stück

90 g Zucker

125 g feiner Zucker

1 EL Honig

50 g Mandelsplitter, zerkleinert

50 g getrocknete Aprikosen, feingehackt

2 EL kandierte Kirschen, zerkleinert

50 g ungespritzte, gemischte Zitrusschalen

60 g Mehl

150 g Bitterschokolade

1 Den Backofen auf 180 °C (Gas 2–3) vorheizen. 2 Backbleche mit Backpapier auslegen. Butter, Zucker und Honig in einem Topf auflösen. Vom Herd nehmen. Mandeln, Aprikosen, Kirschen, Zitrusschale und Mehl einrühren. Gut mischen (die Mischung kann etwas ölig sein).

2 Teelöffelweise zu Kugeln formen und auf die Bleche legen; reichlich Abstand zum Ausdehnen lassen. Mit den Fingerspitzen vorsichtig zu 3 cm großen Kreisen flach drücken.

3 8–10 Minuten goldbraun backen. Auf den Blechen abkühlen und fester werden lassen, dann mit einer Palette vorsichtig abnehmen und auf Kuchengitter setzen. Die restliche Mischung ebenso backen.

4 Einen Topf mit Wasser zum Kochen bringen und vom Herd nehmen. Eine feuerfeste Schüssel mit der Schokolade darauf setzen, ohne daß sie das Wasser berührt. Gelegentlich umrühren, bis die Schokolade geschmolzen ist. Die Rückseite der Florentiner zügig mit einer dünnen Schicht Schokolade einstreichen (etwas wird an die Oberseite durchsickern). Mit der Schokoladenseite nach oben hart werden lassen. Luftdicht verschlossen halten Florentiner an einem kühlen Ort oder im Kühlschrank bis zu 2 Wochen.

SÜSSE STANGEN

Zubereitungszeit: 40 Minuten
Backzeit: 10 Minuten
Ergibt 45 Stück

1 Ei

1$^1/_2$ EL Zucker

125 ml Milch

250 g Mehl

Öl zum Fritieren

200 g Puderzucker

1 Ei und Zucker in einer Schüssel verquirlen, dann die Milch einrühren. Mehl und $^1/_2$ Teelöffel Salz sieben und unterrühren, so daß ein fester Teig entsteht. Gegebenenfalls mehr Milch zugeben. Auf einer leicht bemehlten Arbeitsfläche ausrollen. In Streifen von ungefähr 10 cm Länge und 3 cm Breite schneiden. In der Mitte einen Schnitt, wie für ein Knopfloch, setzen. Ein Ende in den Schlitz einführen und durchziehen, so daß eine Drehung entsteht.

OBEN: Süße Stangen

PETITS FOURS

Zubereitungszeit: 45 Minuten
Backzeit: 20 Minuten
Ergibt 32 Stück

2 Eier
60 g feiner Zucker
80 g Mehl
30 g Butter, zerlassen

Belag

315 g Aprikosenmarmelade, warm und durch
   ein Sieb passiert
2 TL Likör
200 g Marzipan
400 g helle Kuchenglasur

1 Den Backofen auf 180 °C (Gas 2–3) vorheizen.
2 längliche Backformen (26 x 8 x 4^1/$_2$ cm) mit
zerlassener Butter oder Öl fetten. Böden und Seiten mit Backpapier auslegen.
2 Eier und Zucker 5 Minuten mit dem elektrischen Handrührgerät hellgelb-cremig aufschlagen.
Schnell und vorsichtig mit einem Metallöffel das
gesiebte Mehl und die zerlassene Butter unterheben. Auf die Formen verteilen. 15 Minuten
goldgelb backen, bis der Teig elastisch auf Druck
reagiert. 3 Minuten in den Formen abkühlen
lassen, dann auf ein Kuchengitter setzen.
3 Mit einem Rundausstecher aus den Kuchen
Kreise von 3 cm Ø ausstechen. Marmelade und
Likör mischen. Oberflächen und Seiten der
Kreise damit einstreichen, dann mit Marzipan
ummanteln. Das Marzipan dafür 2 mm dick
ausrollen und in Kreise und Streifen schneiden.
4 Die Glasur und 2 Eßlöffel Wasser in einer
feuerfesten Schüssel auf einen Topf mit köchelndem Wasser setzen. Zu einer glatten Flüssigkeit
verrühren. Leicht abkühlen lassen.
5 Die mit Marzipan überzogenen Kuchen auf ein
Kuchengitter über einem Backblech setzen. Die
Glasur mit einem Löffel darauf verteilen; gleichmäßig mit einer Palette verstreichen. Wird die
Glasur zu dick, nochmals auf dem Topf erhitzen.
Die Kuchen fest werden lassen. Vorsichtig vom
Kuchengitter lösen. In farbige Pralinenkapseln setzen. Nach Wunsch mit Fondantblüten verzieren.
Hinweis: Fondantblüten zum Dekorieren erhält
man in einigen Supermärkten und im Fach-
handel.
Vorbereitung: Luftdicht verschlossen an einem
kalten, dunklen Ort bis zu 2 Tagen haltbar.
Nebeneinander lagern, nicht stapeln.

KLEINE LIEBESÄPFEL

2 große Äpfel schälen, und entweder mit
einem Kugelausstecher Kugeln ausstechen,
oder die Äpfel würfeln. Ein Cocktailstäbchen
in jede Kugel stecken. 200 g Zucker gleichmäßig auf dem Boden eines Topfes verteilen.
Bei schwacher Hitze gleichmäßig schmelzen
lassen; dafür den Topf langsam von einer Seite
zur anderen schwenken. Der Zucker muß
ständig in Bewegung sein, damit nicht eine
Seite früher dunkel wird als die andere. Ge-
winnt der Karamel an Farbe, stetig rühren, bis
diese gleichmäßig ist. Dann den Topf vom
Herd nehmen und den Kochvorgang been-
den, indem man den Topfboden in kaltes
Wasser hält. Den Karamel erneut vorsichtig
erhitzen, bis er flüssig ist. Jedes Apfelstück
hineintauchen und gleichmäßig überziehen.
Aufrecht auf Backpapier trocknen lassen. Gegebenenfalls den Karamel nochmals erhitzen.

PETITS FOURS

Ein Petit four ist ein kleiner
Keks oder Kuchen, oftmals
verziert oder glasiert.
Gewöhnlich werden Petits
fours nach dem Essen
gereicht. Die wörtliche
Übersetzung aus dem
Französischen bedeutet
‚kleiner Ofen' und bezieht
sich wahrscheinlich darauf,
daß Petits fours bei geringer
Hitze gebacken werden.

OBEN: Petits fours

EIERTÖRTCHEN

Den inneren Teig in die Mitte des äußeren legen; die Ränder darüber falten, so daß er eingeschlossen ist.

Etwas abkühlen lassen, dann die Törtchen mit einer Palette lösen und auf ein Kuchengitter setzen.

RECHTS: Eiertörtchen

EIERTÖRTCHEN

Zubereitungszeit: 10 Minuten + Ruhezeit
Backzeit: 20 Minuten
Ergibt 18 Stück

★★★

Äußerer Teig

160 g Mehl
2 EL Puderzucker
2 EL Öl

Innerer Teig

125 g Mehl
100 g Schweineschmalz, zerkleinert

Eiercreme

60 g feiner Zucker
2 Eier, leicht geschlagen

1 Den Backofen auf 210 °C (Gas 3) vorheizen. 18 Vertiefungen von flachen Muffinblechen leicht einfetten.
2 Für den äußeren Teig Mehl und Zucker in eine Schüssel sieben. In die Mitte eine Mulde drücken; Öl und 80 ml Wasser zugeben. Schnell rühren, dann kneten, so daß ein weicher Teig

entsteht. (Ist er sehr trocken, etwas mehr Wasser zugeben.) Abgedeckt 15 Minuten beiseite stellen.
3 Für den inneren Teig das Mehl in eine Schüssel sieben. Schweineschmalz mit den Fingerspitzen unterreiben, bis die Masse grob krümelig ist. Zu einem wenig elastischen Teig zusammenpressen. Abgedeckt 15 Minuten beiseite stellen.
4 Auf einer leicht bemehlten Arbeitsfläche den äußeren Teig auf eine Größe von 20 x 10 cm ausrollen, den inneren Teig zu einem Rechteck von ¹/₃ dieser Größe. Den inneren Teig in die Mitte des äußeren legen. Die Ränder darüber falten, so daß er vollständig eingeschlossen ist. Dann die Enden zusammendrücken.
5 Auf einer leicht bemehlten Arbeitsfläche zu einem langen Rechteck (ca. halb so dick wie die ursprünglichen) ausrollen. Den linken Rand über die Mitte hinaus einschlagen, dann den rechten Rand. Den Teig in Frischhaltefolie gewickelt 30 Minuten an einem kühlen Ort ruhen lassen.
6 Für die Eiercreme Zucker und 80 ml Wasser in einem Topf aufkochen lassen. Die Hitze reduzieren. Ohne Deckel köcheln, bis sich der Zucker aufgelöst hat. 5 Minuten abkühlen lassen, dann unter die Eier rühren, bis sich alles gerade verbunden hat. Durch ein Sieb abgießen.
7 Den Teig so legen, daß die Falte links ist. Auf einer leicht bemehlten Arbeitsfläche zu einem Rechteck (ca. 3 mm dick) ausrollen. Mit einem

gewellten Rundausstecher Kreise von 7 cm Ø ausstechen und in die Vertiefungen legen.

8 Die Teigschalen zu ²/₃ mit Eiercreme füllen. 15–18 Minuten backen, aber nicht zu lange; die Füllung soll gerade fest sein. 3 Minuten abkühlen lassen. Dann mit einer Palette lösen und auf ein Kuchengitter legen. Warm oder kalt servieren.

Hinweis: Man kann auch 3 Blatt backfertigen, ausgerollten Mürbeteig verwenden.

Vorbereitung: Luftdicht verschlossen bis zu 2 Tagen haltbar.

THAILÄNDISCHER KLEBREIS

Zubereitungszeit: 15 Minuten + Ruhezeit
Kochzeit: 1 Stunde
Ergibt 25–30 Stück

✹ ✹

500 g Klebreis
600 ml Kokosmilch
125 g feiner Zucker

Belag

90 g Kokosraspel
60 ml Kokosmilch, erwärmt
90 g Palmzucker, gerieben

1 Den Reis in einer großen Glasschüssel 8 Stunden oder über Nacht in Wasser einweichen; abgießen. Eine flache Backform (30 x 20 cm) mit Backpapier auslegen, an 2 Seiten überhängen lassen. Einen großen Bambus-Siebeinsatz mit Backpapier auslegen.

2 Den Boden des Einsatzes mit Reis bedecken. Abgedeckt auf einen zur Hälfte mit kochendem Wasser gefüllten Wok setzen. 45–50 Minuten weich dämpfen. Gegebenenfalls Wasser zugeben.

3 Reis, Kokosmilch und Zucker in einem großen, gußeisernen Topf auf niedriger Stufe unter Rühren erhitzen, bis die Milch vollständig aufgesogen wurde. In die Form füllen, die Oberfläche glätten. Zum Abkühlen beiseite stellen.

4 Für den Belag die Kokosnuß in einer kleinen Schüssel mit der Kokosmilch verrühren. Den Palmzucker mit 3 Eßlöffeln Wasser in einem kleinen Topf auf niedriger Stufe 3 Minuten unter Rühren erhitzen, bis er sich gelöst hat und der Sirup eingedickt ist. Unter die Kokosnuß rühren, bis sich alle Zutaten verbunden haben. Abgedeckt abkühlen lassen. Dann auf dem Reis verteilen. Zimmerwarm servieren; dafür in Romben schneiden.

Hinweis: Das Gericht schmeckt am besten am Tag der Zubereitung. Durch Kühlen wird der Reis fester und verliert an Geschmack. Klebreis und Palmzucker erhält man in Asia-Läden. Palmzucker mit einem Rollholz zerkleinern.

KLEBREIS

Daß Klebreis klebt, liegt an einer bestimmten Art von Stärke, die im Klebreis einen hohen Anteil hat. Klebreis wird hauptsächlich für Süßspeisen verwendet, aber in Teilen von Laos, in Kambodscha und in Vietnam ist er die wichtigste Feldfrucht und der bevorzugte Reis für alle Gerichte. Klebreis ist meist ein Rundkornreis.

OBEN: Thailändischer Klebreis

SORBETKUGELN

Sorbetkugeln auf ein Backblech legen; je ein Cocktailstäbchen hineinstecken.

Die gefrorenen Kugeln einzeln mit zerlassener Kuvertüre überziehen.

SORBETKUGELN

Zubereitungszeit: 15 Minuten + Gefrierzeit über Nacht
Kochzeit: 35 Minuten
Ergibt 24 Stück

 ★★★

400 g Sorbet
250 g dunkle Kuvertüre, zerkleinert

1 Das Sorbet leicht antauen (macht man diesen Arbeitsgang, sobald man vom Sorbetkauf nach Hause kommt, hat es vermutlich bereits die richtige Konsistenz) und in einem flachen Behälter von ca. 2$\frac{1}{2}$ cm Tiefe ausstreichen. Im Gefrierschrank hart werden lassen.

2 Ein Backblech mit Backpapier auslegen. In den Gefrierschrank legen. Mit einem Kugelausstecher kleine Kugeln aus dem Sorbet formen. Auf das Blech legen. In jede Kugel 1 Cocktailstäbchen stecken. Das Blech fest in Frischhaltefolie wickeln; es muß vollständig abgedeckt sein (siehe Hinweis). Über Nacht wieder einfrieren.

3 Einen Topf mit Wasser zum Kochen bringen. Vom Herd nehmen. Die Kuvertüre in einer feuerfesten Schüssel darauf setzen, ohne daß diese das Wasser berührt. Gelegentlich umrühren, bis die Kuvertüre geschmolzen ist. Die Schüssel vom Topf nehmen; etwas abkühlen lassen.

4 Die nächsten Schritte sind etwas knifflig, daher vorsichtig arbeiten. Etwas Kuvertüre in eine zweite Schüssel füllen – falls etwas mißlingt, ist so nicht alles unbrauchbar. Immer nur wenige Kugeln bearbeiten, damit sie nicht schmelzen. Kurz vollständig in Kuvertüre tauchen, wieder auf das Blech setzen und erneut einfrieren. Die Kuvertüre unter Umständen nochmals erhitzen. Sie muß so flüssig sein, daß der Überzug nicht zu dick ist. Falls erforderlich, mehr Kuvertüre in die Schüssel geben. Ist sie zu hart geworden, neue Kuvertüre in eine frische Schüssel geben. Bis zum Servieren in den Gefrierschrank stellen.

Hinweis: Ist das Sorbet nicht gut abgedeckt, trocknet es in einem eisfreien Gefrierschrank aus.

Sorbetkugeln auf einem Bett aus Trockeneis oder in einer Schale über einer Eisschüssel servieren. Zur Herstellung letzterer eine Schüssel zur Hälfte mit Wasser füllen; einige Blätter darin verteilen. Darauf eine zweite Schüssel setzen. So beschweren, daß sie im Wasser schwebt und den Boden nicht berührt. Das Wasser friert so zwischen den beiden Schalen zu einer Schüsselform. Über Nacht einfrieren. Zum Trennen der Schalen ein Tuch in heißes Wasser tauchen, über die Schalen reiben, und diese durch Drehen lösen.

GEGENÜBERLIEGENDE SEITE: Sorbetkugeln (oben); Mini-Pavlovas

MINI-PAVLOVAS

Zubereitungszeit: 50 Minuten
Backzeit: 50 Minuten
Ergibt 35–40 Stück

★

3 Eiweiß
125 g Puderzucker
150 g dunkle Kuvertüre, geschmolzen
250 ml Crème double
1 EL Puderzucker, zusätzlich
1 TL ungespritzte Orangenschale, feingerieben
verschiedene frische Früchte zum Garnieren, beispielsweise kleine Erdbeerstücke, in Scheiben geschnittene Papau, Kiwi oder Passionsfrucht

1 Den Backofen auf 150 °C (Gas 1) vorheizen. Das Eiweiß in einer großen Schüssel steif schlagen. Die Schüssel auf einen großen Topf mit kochendem Wasser setzen und den Puderzucker zum Eischnee geben. Ständig weiterschlagen. Der Puderzucker muß vorsichtig zugefügt werden, sonst fliegt er durch die ganze Küche. Mit dem elektrischen Handrührgerät zu einer dicken, festen Baisermasse verquirlen.

2 Mit Hilfe eines Ausstechers Kreise von 4 cm Ø auf 2 Blatt Backpapier zeichnen, dann das Papier umgedreht auf die Backbleche legen (damit der Bleistift die Unterseite der Pavlovas nicht verfärbt). Etwas Baisermasse in den Kreisen ausstreichen – diese ergeben die Böden. Die restliche Baisermasse mit einem Löffel in einen Spritzbeutel mit 5-mm-Tülle füllen.

3 Drei kleine Kreise übereinander um den Außenrand jedes Bodens spritzen; in der Mitte bleibt ein kleines Loch. Die Baisers 30 Minuten fest backen. Im Backofen bei leicht geöffneter Tür abkühlen lassen.

4 Die Böden der abgekühlten Baisers bis zu ca. 2 mm Höhe in die geschmolzene Kuvertüre tauchen. Auf Backbleche mit Backpapier legen und fest werden lassen.

5 Crème double, Puderzucker und Orangenschale verrühren, bis die Sahne gerade fest wird, gegebenenfalls leicht schlagen. Mit einem Löffel in einen Spritzbeutel mit einer kleinen Tülle füllen und in die Baisers spritzen. Obenauf die Früchte legen.

Vorbereitung: Die gebackenen und in Schokolade getauchten Baisers können bis zu 1 Woche im voraus zubereitet und luftdicht verschlossen aufbewahrt werden. Erst kurz vor dem Servieren füllen, sonst werden sie weich.

PRALINEN-DREIECKE

Wenn das Nougat kalt und fest ist, wird es in einen Gefrierbeutel gefüllt und mit einem Rollholz zerkleinert.

Die Schokolade mit den Nüssen in der vorbereiteten Form verteilen, und die Oberfläche glätten.

Auf jedes Dreieck eine ganze, geröstete Mandel drücken. Die Dreiecke mit 2 Gabeln hochheben und zum Überziehen in die geschmolzene Schokolade tauchen.

OBEN: Pralinen-Dreiecke

PRALINEN-DREIECKE

Zubereitungszeit: 40 Minuten + Kühlzeit
Kochzeit: 3 Minuten
Ergibt 36 Stück

60 g Mandelsplitter

125 g feiner Zucker

150 g Bitterschokolade, zerkleinert

40 g Butter

60 ml Sahne

80 g ganze Mandeln, blanchiert und geröstet

200 g dunkle Kuvertüre, geschmolzen

50 g weiße Kuvertüre, wahlweise

1 Ein Backblech mit Alufolie auslegen und dünn mit Öl einstreichen. Eine Backform (20 x 10 cm) ebenfalls mit Alufolie auslegen.
2 Mandeln und Zucker in einem kleinen Topf auf niedriger Stufe ohne umzurühren 3–5 Minuten erhitzen, bis der Zucker geschmolzen und goldgelb ist. (Den Topf leicht schwenken, damit sich der Zucker gleichmäßig löst.) Auf das Backblech gießen; abkühlen und erstarren lassen. Dann in große Stücke brechen, in einen Gefrierbeutel füllen und mit einem Rollholz zerkleinern oder zum Zerkleinern in die Küchenmaschine geben.
3 Die zerkleinerte Schokolade in eine feuerfeste Schüssel legen. Butter und Sahne in einem kleinen Topf auf niedriger Stufe erhitzen, bis die Butter geschmolzen ist. Aufkochen lassen. Vom Herd nehmen. Noch heiß über die Schokolade gießen. 2 Minuten ruhen lassen, dann zu einer glatten Mischung verrühren. Etwas abkühlen lassen. Das zerkleinerte Nougat untermischen.
4 Gleichmäßig in der Backform verteilen (dafür die Form leicht auf die Arbeitsfläche klopfen), die Oberfläche glätten. Zum Festwerden 1 Stunde in den Kühlschrank stellen. Aus der Form nehmen, die Folie abziehen und in 36 Dreiecke schneiden.
5 Ein Backblech mit Alufolie auslegen. Je 1 Mandel auf jedes Dreieck drücken. Mit 2 Gabeln die Dreiecke einzeln vollständig in Kuvertüre tauchen. Herausnehmen, überschüssige Kuvertüre abtropfen lassen und auf das Backblech legen. Wahlweise mit weißer Kuvertüre verzieren.
Hinweis: Im Sommer kalt stellen.

EIWEISS

In vielen Rezepten benötigt man nur das Eigelb. Oft ist es schade, das Eiweiß einfach wegzuwerfen. Alternativ kann man daraus leckere, süße Baisers backen. Damit Baisers gelingen, das Eiweiß zimmerwarm verarbeiten. Schüssel und Küchengeräte müssen sauber und frei von Fettrückständen sein. Beim Trennen der Eier darauf achten, daß kein Eigelb in das Eiweiß gelangt.

SCHOKO-BAISER-KÜSSE

Zubereitungszeit: 20 Minuten
Backzeit: 40 Minuten
Ergibt 25 Stück

2 Eiweiß, zimmerwarm
125 g feiner Zucker
$^1/_4$ TL Zimt, gemahlen

Füllung

125 g dunkle Kuvertüre, zerkleinert
90 g Sauerrahm

1 Den Backofen auf 150 °C (Gas 1) vorheizen. 2 Backbleche mit Backpapier auslegen.
2 Das Eiweiß mit dem elektrischen Handrührgerät in einer kleinen, sauberen Schüssel schlagen, bis sich weiche Spitzen bilden. Nach und nach den Zucker zugeben. Jedesmal gut einarbeiten, bis die Mischung steif ist und sich glänzende Spitzen bilden. Zimt zugeben und unterrühren.

3 Die Baisermasse in einen Spritzbeutel mit gewellter Tülle (1 cm Ø) füllen. In einem Abstand von 3 cm kleine Sterne auf die Bleche spritzen. 30 Minuten hell und knusprig backen. Den Backofen ausschalten, und die Baisers bei geöffneter Backofentür im Ofen abkühlen lassen.
4 Für die Füllung Kuvertüre und Sauerrahm in eine kleine, feuerfeste Schüssel geben. Einen Topf mit Wasser zum Kochen bringen. Vom Herd nehmen. Die Kuvertüre-Rahm-Schüssel darauf setzen, ohne daß sie das Wasser berührt. Gelegentlich umrühren, bis die Schokolade geschmolzen ist. Vom Topf nehmen und etwas abkühlen lassen. Jeweils 2 Baisers mit der Füllung zusammensetzen.
Hinweis: Statt dunkler Kuvertüre kann man auch weiße Kuvertüre verwenden und andere gemahlene Gewürze, beispielsweise Nelken, Nelkenpfeffer oder Muskatnuß. Baisers werden bei niedriger Temperatur gebacken. Im Idealfall sind sie außen knusprig und innen relativ weich.
Vorbereitung: Die ungefüllten Baisers können mehrere Tage im voraus gebacken werden. Luftdicht verschlossen zwischen Butterbrotpapier aufbewahren.

OBEN: Schoko-Baiser-Küsse

verstreichen. Sie sollte dick und lückenlos aufge‌tragen werden. Mit der Oberseite nach unten auf ein Kuchengitter stellen und fest werden lassen. Die restliche Kuvertüre beiseite stellen. Die anderen Dekokapseln ebenso verarbeiten.
3 Sahne, Schokolade und Tia Maria in einer feuerfesten Schüssel mischen. Über einem Topf mit köchelndem Wasser glattrühren. Leicht ab‌kühlen lassen, dann auf die Kapseln verteilen. In jede $1/2$ Kaffeebohne drücken. Fest werden lassen.
4 Die Kuvertüre nochmals schmelzen. Gleich‌mäßig auf der Füllung verteilen; dafür die Kapseln leicht aufklopfen. Fest werden lassen.

SCHOKOLADENBERGE

Zubereitungszeit: 35 Minuten
Kochzeit: entfällt
Ergibt ca. 40 Stück

125 g dunkle Kuvertüre, zerkleinert
125 g weiße Kuvertüre, zerkleinert
125 g gemischtes Trockenobst
125 g kandierter Ingwer, zerkleinert
je 30 g dunkle und weiße Kuvertüre zusätzlich, geschmolzen

1 Einen Topf mit Wasser zum Kochen bringen, vom Herd nehmen. Eine feuerfeste Schüssel mit der dunklen Kuvertüre darauf setzen, ohne daß sie das Wasser berührt. Gelegentlich umrühren, bis die Kuvertüre geschmolzen ist. Etwas abkühlen lassen. Mit der weißen Kuvertüre wiederholen.
2 Das Trockenobst in die dunkle Kuvertüre rüh‌ren, den Ingwer in die weiße.
3 Teelöffelweise auf ein mit Alufolie ausgelegtes Backblech geben. Bei Zimmertemperatur fest werden lassen. Mit Kuvertüre beträufeln.

SCHOKO-KAFFEE-BECHER

Zubereitungszeit: 40 Minuten
Kochzeit: 10 Minuten
Ergibt 20 Stück

★ ★

200 g dunkle Kuvertüre, zerkleinert
20 Dekokapseln aus Alufolie
1 EL Sahne
50 g weiße Schokolade, zerkleinert
1 EL Tia Maria
10 Kaffeebohnen, halbiert

1 Einen Topf mit Wasser zum Kochen bringen, vom Herd nehmen. Eine feuerfeste Schüssel mit der Kuvertüre darauf setzen, ohne daß sie das Wasser berührt. Umrühren, bis die Kuvertüre geschmolzen ist. Etwas abkühlen lassen.
2 In 1 Dekokapsel 1 Teelöffel Kuvertüre mit einem kleinen Malpinsel auf den Innenseiten

OBEN: Schokoladenberge (oben); Schoko-Kaffee-Becher

FRUCHTHAPPEN MIT WARMER SCHOKOSAUCE

2 oder 3 Stücke frisches Obst auf einen klei‌nen Spieß stecken und mit warmer Schoko‌ladensauce servieren. Dafür in einem kleinen Topf 250 g gute Bitterschokolade, 185 ml Sahne, 50 g Butter, 1 Eßlöffel Rohrzucker‌sirup (golden syrup) und 2 Eßlöffel Kaffeelikör mischen. Auf niedriger Stufe unter Rühren erhitzen, bis die Schokolade geschmolzen ist. In einer Schüssel zu den Früchten servieren.

SCHOKOLADENTÖRTCHEN

Zubereitungszeit: 40 Minuten + Kühlzeit
Backzeit: 30 Minuten
Ergibt ca. 45 Stück

150 g Mehl
80 g Butter, zerkleinert
60 g feiner Zucker
2 Eigelb
250 g Bitterschokolade, feingehackt
250 ml Sahne
1 EL Orangenlikör
1 ungespritzte Orange
125 g feiner Zucker, zusätzlich

1 2 flache Muffinbleche mit je 12 Vertiefungen leicht fetten. Das Mehl in eine Schüssel sieben. Butter zugeben. Mit den Fingerspitzen zu einer krümeligen Mischung verreiben. Zucker zugeben. In die Mitte eine Mulde drücken; Eigelbe und bis zu 2 Eßlöffel Wasser hineingeben. Mit einem breiten Messer einarbeiten, bis sich die Zutaten zu Kugeln verbinden. Zu einem Teig zusammenfassen. Auf einer leicht bemehlten Fläche zu einer Kugel formen; etwas flach drücken. In Frischhaltefolie gewickelt 20 Minuten kalt stellen.

2 Den Backofen auf 180 °C (Gas 2–3) vorheizen. Den Teig zwischen 2 Blatt Backpapier ausrollen. Kreise von 5 cm Ø ausstechen; in die Vertiefungen legen.

3 Ca. 10 Minuten goldbraun backen. Aus den Formen heben und abkühlen lassen. Mit dem restlichen Teig wiederholen.

4 Die Schokolade in eine feuerfeste Schüssel geben. Die Sahne in einem Topf aufkochen lassen. Über die Schokolade gießen. 1 Minute ruhen lassen, dann glattrühren. Likör untermischen. Beim Abkühlen ab und an umrühren.

5 Die Orange dünn schälen; dabei möglichst wenig bittere weiße Schale mit abschneiden. In kurze, dünne Streifen schneiden. Mit dem zusätzlichen Zucker und 125 ml Wasser in einem kleinen Topf unter Rühren erhitzen, bis sich der Zucker aufgelöst hat. 5–10 Minuten dick-sirupartig köcheln. Die Schale mit einer Zange herausnehmen und auf Backpapier abtropfen lassen.

6 Die Schokoladenmasse in einen Spritzbeutel mit einfacher Tülle (1 cm) füllen. Auf jede Teigschale 3 Klackse setzen, dabei den Spritzbeutel etwas hochziehen, so daß sich eine Spitze bildet. Mit Kakao bestäuben und Orangenzesten garnieren. Bis zum Servieren kalt stellen.

ORANGEN

Orangen sind inzwischen ganzjährig erhältlich; allerdings variiert das Angebot je nach Saison: Im Sommer und Frühjahr erhält man Valencia-Orangen, während von Herbst bis zum Frühjahr die kernlosen Navelorangen angeboten werden. Blutorangen mit rotem Fruchtfleisch sowie Sevilla, eine Bitterorange, die für Marmelade verwendet wird, sind im Winter erhältlich. Navelorangen haben eine dicke Schale, die sich leicht abpellen läßt. Die Schale von Valencia-Orangen ist glatt und dünn. Valencia-Orangen eignen sich gut zum Auspressen, da sie sehr saftig sind. Orangen werden im Kühlschrank oder an einem trockenen, kalten Platz aufbewahrt.

LINKS: Schokoladentörtchen

WEINBRANDRÖLLCHEN MIT KAFFEELIKÖR-SAHNE

1 gestrichenen Teelöffel der Mischung auf ein Backblech geben und mit einer Palette zu einem Kreis ausstreichen.

Die noch warmen Kekse um den Stiel eines Holzlöffels wickeln.

Die Sahne in einen Spritzbeutel geben und die abgekühlten Kekse füllen.

OBEN: Weinbrandröllchen mit Kaffeelikör-Sahne

WEINBRANDRÖLLCHEN MIT KAFFEELIKÖR-SAHNE

Zubereitungszeit: 12 Minuten + Kühlzeit
Backzeit: 20 Minuten
Ergibt 25 Stück

 ☆ ☆ ☆

60 g Butter

2 EL Rohrzuckersirup (golden syrup)

60 g feiner brauner Zucker

30 g Mehl

1$\frac{1}{2}$ TL Ingwer, gemahlen

80 g Bitterschokolade, geschmolzen

Kaffeelikör-Sahne

170 ml Sahne

1 EL Puderzucker, gesiebt

1 TL Instantkaffee

1 EL Kaffeelikör

1 Den Backofen auf 180 °C (Gas 2–3) vorheizen. 2 Backbleche mit Backpapier auslegen. Butter, Sirup und Zucker in einem kleinen Topf auf niedriger Stufe unter Rühren erhitzen, bis die Butter geschmolzen ist und sich der Zucker gelöst hat. Vom Herd nehmen. Das gesiebte Mehl und Ingwer zugeben. Gut mit einem Holzlöffel verrühren, jedoch nicht zu lange.

2 Gestrichene Teelöffel der Mischung mit einem Abstand von ca. 12 cm auf das Backblech setzen. (Nur jeweils 3–4 Kekse gleichzeitig backen.) Mit einer Palette zu einem Kreis (Ø 8 cm) ausstreichen. 6 Minuten hellbraun backen. 30 Sekunden auf dem Backblech abkühlen lassen, dann herunternehmen und noch warm um den Stiel eines Holzlöffels wickeln. Sind die Kekse schon zu hart und kalt geworden, nochmals kurz in den Backofen schieben. Zum Abkühlen beiseite stellen. Mit der restlichen Mischung ebenso verfahren.

3 Für die Kaffeelikör-Sahne alle Zutaten in einer kleinen Schüssel verrühren. Mit Frischhaltefolie abgedeckt 1 Stunde kalt stellen. Mit dem elektrischen Handrührgerät schlagen, bis sich feste Spitzen bilden. Die Keksröllchen mit der Sahne füllen. (Dafür mit einem Löffel in eine kleine Spritztüte geben, die Spitze abschneiden und in die Röllchen spritzen.) Vor dem Servieren mit geschmolzener Schokolade dekorieren.

Vorbereitung: Ohne Füllung kann man die Röllchen luftdicht verschlossen bis zu 2 Tagen lagern oder bis zu 1 Monat einfrieren.

CHINESISCHE GLÜCKSKEKSE

Zubereitungszeit: 15 Minuten
Backzeit: 5 Minuten je Blech
Ergibt ca. 30 Stück

★★

3 Eiweiß
60 g Puderzucker, gesiebt
50 g Butter, zerlassen
60 g Mehl

1 Den Backofen auf 180 °C (Gas 2–3) vorheizen. Ein Backblech mit Backpapier auslegen. 3 Kreise von 8 cm Ø auf das Papier aufzeichnen. Das Papier wenden.
2 Das Eiweiß schaumig schlagen. Puderzucker und Butter zugeben, und zu einer glatten Mischung verrühren. Das Mehl zufügen, wiederum glattrühren. 15 Minuten beiseite stellen. Mit einer Palette 1¹/₂ gestrichene Teelöffel Teig auf jedem Kreis verteilen. 5 Minuten backen, bis die Kekse am Rand goldbraun sind.

3 Dann die Kekse schnell mit einer Palette vom Backblech lösen. In jeden einen zusammengefalteten Zettel mit einem Sinnspruch legen.
4 Nun schnell arbeiten: Die Kekse in der Mitte umschlagen und dann noch einmal über einem stumpfen Gegenstand falten. Auf einem Kuchengitter abkühlen lassen. Mit dem restlichen Teig ebenso verfahren.
Hinweis: Jeweils nur 2–3 Glückskekse gleichzeitig backen, sonst werden sie zu hart und zerbrechen beim Falten. Ist dies schon der Fall, stellt man das Backblech nochmals kurz in den Backofen.
Vorbereitung: Glückskekse können bis zu 2 Tagen vorher gebacken und luftdicht verschlossen aufbewahrt werden.

CHINESISCHE GLÜCKSKEKSE

Chinesische Glückskekse sind kleine Kekse, in denen sich ein Stück Papier mit einem Horoskop, einem Witz oder einem Sprichwort befindet. Die Kekse wurden zu Beginn des 20. Jahrhunderts von in Amerika lebenden Chinesen erfunden.

OBEN: Chinesische Glückskekse

293

REGISTER

Kursiv gedruckte Seitenzahlen verweisen auf Abbildungen. **Fett** gedruckte Seitenzahlen verweisen auf Randspalten.

Cover-Illustration (von oben): Spargelboote (S. 72); Gurkenhappen (S. 235); Rindfleischtoast mit Béarner Sauce (S. 79); Räucherlachs-Pikelets (S. 47); Jakobsmuscheltaschen (S. 128); Marinierte Forelle mit Gurkentörtchen (S. 80)

DANKSAGUNG

FACHLICHE MITWIRKUNG: Miles Beaufort, Anna Beaumont, Anna Boyd, Wendy Brodhurst, Kerrie Carr, Rebecca Clancy, Bronwyn Clark, Michelle Earl, Maria Gargas, Wendy Goggin, Kathy Knudsen, Michelle Lawton, Melanie McDermott, Beth Mitchell, Kerrie Mullins, Justine Poole, Tracey Port, Kerrie Ray, Jo Richardson, Maria Sampsonis, Christine Sheppard, Dimitra Stais, Alison Turner, Jody Vassallo

REZEPTE: Roslyn Anderson, Anna Beaumont, Wendy Berecry, Janelle Bloom, Wendy Brodhurst, Janene Brooks, Rosey Bryan, Rebecca Clancy, Amanda Cooper, Anne Creber, Michelle Earl, Jenny Grainger, Lulu Grimes, Eva Katz, Coral Kingston, Kathy Knudsen, Barbara Lowery, Rachel Mackey, Voula Mantzouridis, Rosemary Mellish, Kerrie Mullins, Sally Parker, Jacki Passmore, Rosemary Penman, Tracey Port, Jennene Plummer, Justine Poole, Kerrie Ray, Jo Richardson, Tracy Rutherford, Stephanie Souvilis, Dimitra Stais, Beverly Sutherland Smith, Alison Turner, Jody Vassallo

FOTOS: Jon Bader, Paul Clarke, Joe Filshie, Andrew Furlong, Chris Jones, Andre Martin, Luis Martin, Andy Payne, Hans Sclupp, Peter Scott

FOODSTYLING: Marie-Helene Clauzon, Georgina Dolling, Kay Francis, Mary Harris, Donna Hay, Vicki Liley, Rosemary Mellish, Lucy Mortensen, Sylvia Seiff, Suzi Smith

Der Verlag dankt den folgenden Firmen für die freundliche Bereitstellung von Fotos:

The Bay Tree Kitchen Shop, NSW;
Made in Japan, NSW;
MEC-Kambrook Pty Ltd, NSW;
Orson & Blake Collectables, NSW;
Royal Doulton Australia Pty Ltd, NSW;
Ruby Star Traders Pty Ltd, NSW;
Sunbeam Corporation Ltd, NSW;
Villery & Boch Australia Pty Ltd, NSW;
Waterford Wedgwood Australia Ltd, NSW.